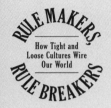

なぜ〈彼ら〉と〈私たち〉はこれほど違うのか

RULE MAKERS, RULE BREAKERS

How Tight and Loose Cultures Wire Our World

ルーズな文化とタイトな文化

ミシェル・ゲルファンド
Michele Gelfand

田沢恭子【訳】

白揚社

私を世界の探求に向けて後押ししてくれた父、
マーティン・J・ゲルファンドと、
世界を理解するための科学的な手立てを与えてくれた恩師、
ハリー・C・トリアンディスに捧げる

目次

第3部　応用編――変動する世界におけるタイトとルーズ

ルーズな文化とタイトな文化

本文中の［　］は著者による補足、〔　〕は訳者による訳注。
本文中の引用について、翻訳書が明記されているものはそれからの引用、明記されていないものは訳者による独自訳。

はじめに

ベルリンは夜の一一時を迎えた。車など一台も走っていないのに、歩行者は横断歩道の信号が青に変わるのをじっと待っている。一方、そこから六〇〇〇キロ離れたボストンはラッシュアワーで、通勤者たちは「横断禁止」の標識など気にも留めずにタクシーの前を駆け抜ける。南へ下ったサンパウロは夜の八時。ストリングビキニをつけた地元民が、公園で騒いでいる。シリコンバレーは昼下がりで、Tシャツ姿のグーグル社員がピンポンに興じている。スイスのチューリヒでは、長年にわたり四四ページからなる服装規定を守ってきたUBS銀行で、[1] 役員がネクタイをゆるめもせずに深夜まで働いている。

ドイツ人は過剰なまでに規律を守るとか、ブラジル人は肌を露出しすぎだなどと、私たちは笑うことはあっても、そのような違いが生まれる背景についてはほとんど考えない。服装規定や歩行者の行動パターンにとどまらず、社会によるふるまいの違いは根深く広範囲におよんでいる——政治から子育て、企業経営、信仰、働き方から休暇の過ごし方に至るまで。過去数千年のあいだに、人類は一九五カ国に暮らし、[2]七〇〇〇以上の言語をもち、[3]何千もの宗教を信仰するに至った。[4]たとえばアメリカという一つの国だけを見ても、ファッション、方言、道徳、政治的志向には無数の差異があり、ときにはすぐそばで暮らす人のあいだにもそうした違いが見られる。人間の行動には、想像を絶するほどの多様性がある。とりわけ、ゲノムの九六パーセントがヒトと同じであるチンパンジー[5]が、人間と比べてどの群れでもはるかに同質であること[6]を考えると、まさに驚きというしかない。

私たちが多様性をあがめて分断を嫌うのはもっともだが、それらの根底にある「文化」については驚くほど無頓着だ。文化とは私たちの経験をめぐる解きがたい謎であり、私たちに残された最後の未知なる領域の一つだ。私たちは大きな脳を使って、信じがたいようなテクノロジーの偉業をなし遂げてきた。重力の法則を発見し、原子を分裂させ、地球にケーブルを張りめぐらせ、死に至る病気を撲滅し、ヒトゲノムを解読し、ｉＰｈｏｎｅを発明した。犬を調教してスケートボードに乗らせることにさえ成功した。しかしテクノロジーがこれほどめざましく発展しているにもかかわらず、それらに劣らず大事な「自分たちの文化的差異」については愕然とするほど理解が進んでいない。

テクノロジーのおかげで私たちはかつてないほど互いにつながり合うようになったのに、なぜこれほど分断しているのだろう。分断の根底には文化が存在する。だから文化について、もっと知る必要がある。もうだいぶ前から、政策の専門家も一般人も、文化の随所に見られる複雑な特徴や差異を説明する根本的な要因を見出そうと努めてきた。多くの場合、私たちは「文化の表れ」である表面的な特質に目を向ける。住んでいる場所が民主党寄りの州か共和党寄りの州か、地方か都市か、西側の国か東側の国か、途上国か先進国かによって人の行動が決まるという考えにもとづいて、文化間の分断を地理的な観点から説明しようとする。文化というのは地域の違いで説明できるのか、それとも「文明」の違いで説明できるのか、[7]私たちは思いあぐねる。だが、これらの区別は答えよりもさらに多くの疑問をもたらすことが多い。なぜなら、文化間の差異の根底にあるものが見落とされているからだ。つまり、差異を生み出す文化の基本的な「枠組み」がとらえられていないのだ。

もっと説得力のある答えは、ずっと目の前にあったのに見過ごされてきた。物理学や生物学、数学などの分野では、単純な原理で膨大なことがらを説明できる。それと同様に、文化間の差異や分断の多くも、視点をちょっと変えるだけで説明できるのだ。

人の行動というのは、じつはその人を取り巻く文化が「タイト」か「ルーズ」かに強く影響される。文化がどちら側に属するかによって、社会規範の強さやその規範を強制する厳格さが異なる。[8]どの文化にも、社会規範、すなわち許容されるふるまいに関するルールが存在し、ふだんは当たり前だと受け止められている。私たちは子どものうちに何百もの社会規範を学習する。たとえば人の手から物をひったくってはいけないとか、歩道では右側（住んでいる地域によっては左側）を歩けとか、いつも服を身につけろなどというのがそれだ。さらに私たちは生涯にわたって新たな社会規範を学び続ける。葬儀には何を着ていくべきか、ロックコンサートや交響楽団の公演ではどうふるまうべきか、婚礼や礼拝などのさまざまな儀式をどう執り行なうべきか。社会規範は、集団を結束させる接着剤のようなものだ。私たちにアイデンティティーを与え、新たなかたちで互いに協調するのを助けてくれる。だが、その接着剤の「強さ」は文化によって異なり、それによって私たちの世界観、環境、さらには脳にも大きな影響が生じる。

タイトな文化は社会規範が強固で、逸脱はほぼ許容されない。一方、ルーズな文化は社会規範が弱く、きわめて寛容だ。[9] 前者は「ルールメーカー」(ルールを作る者)、後者は「ルールブレーカー」(ルールを破る者)と言える。比較的ルーズな文化をもつアメリカで街を歩けば、ほんのわずかなあいだでも、ごみのポイ捨てから信号無視、犬のふんの放置など、軽い逸脱を次々に目撃することになる。対照的に、めったに逸脱することのないシンガポールでは、舗道はごみ一つなく、信号無視などまるで見かけない。[10] ルーズな文化のブラジルはどうだろう。街なかの時計はすべて違った時刻を指し、[11] ビジネスの会議には遅刻するのがむしろふつうだ。[12] 絶対に遅れずに来てほしい相手には、「com pontualidade britânica」(イギリス人並みの時間厳守で)と言う。また、タイトな国である日本では、時間厳守が非常に重視される。電車の到着が遅れることは、ほぼ皆無だ。[13] まれに遅延が生じると、乗客は鉄道会社の発行する遅延証明書を職場の上司に提出し、始業時刻に遅れたことを釈明する。[14]

こうした文化間の差異や分断の事例が数多く存在するのと同じように、それらが生じる理由もたくさん存在するはずだ。何世紀ものあいだ、そう考えられていた。しかし本書では、文化間の差異の奥底に存在する構造は一つだということを示していく。そこで明らかになる重大な事実は、文化の規範の強さはランダムに決まるわけではない、ということだ。完璧に筋の通ったロジックが、そこにはひそんでいる。

おもしろいことに、国どうしの差異を説明する〈タイト/ルーズ〉のロジックで、州や組織や社会階級や家庭のあいだの差異も説明できる。タイトとルーズの差異は、役員会議室や教室や寝室でも見られるし、交渉のテーブルや食事のテーブルにも出現する。公共交通機関やジムでのふるまいや、友人やパートナーや子どもとのあいだで起きる対立など、日常生活の中で生じる、一見するとありふれた事象と思われるものが、じつはすべてその根本にタイトとルーズの差異をはらんでいる。あなたはルールメーカーだろうか、それともルールブレーカーだろうか。本書では、人がこのいずれかに分かれる理由のいくつかを明らかにしていく。

身近なコミュニティーにとどまらず、世界各地で見られる紛争や革命、テロ、ポピュリズムのパターンについても、タイトとルーズの差異で説明できる。世界のどこへ行ってもタイトとルーズが集団を分断し、文化内の結束を強めるとともに文化間の隔たりを広げる。この隔たりは派手なニュースになるものばかりではなく、日常の人間関係の中で露見することもある。

タイトとルーズの対比に目を向ければ、周囲の世界について説明するだけでなく、将来に起きる衝突を予想し、さらにはそれを回避する方法を示すこともできる。金ぴかのカフスボタンをつけたウォールストリートのビジネスマンを建設作業員が小馬鹿にした目でにらんだときには軽い衝突が起きるかもしれないし、聖典の教えに従って生きる人と導きの書をまったく受けつけない人とが出会った場合にはもっと致命的な衝突が起きるかもしれない。だが、タイトとルーズはそうした分断を予想する鍵となる。多くの人にとって、本書に足を踏み入れることは、いわば〝マトリックス〟の世界に入るようなものであり、今までとはまったく違った見方で世界をとらえることになるだろう。

第1部

基礎編

社会の根源的な力

1　カオスへの処方箋

人がいつも遅刻する世界があるとしよう。電車もバスも飛行機も、決して定刻に運行しない。会話の途中で邪魔が入るのは日常茶飯事で、知り合ったばかりの相手の体にやたらと触れたがるくせに、アイコンタクトはいっさいしない。起きたくなったらベッドから起き出し、家を出るときには服を着る人もいれば着ない人もいる。レストランはいつでも開いていて、客はメニューにない料理を要求し、食べ物を咀嚼《そしゃく》しながら口を開け、しょっちゅうげっぷをし、他人の皿から勝手に料理を取って食べる。混んだエレベーターでは、歌ったり、濡れた傘を振り回して他人の体にぶつけたり、好き勝手な向きで立っていたりする。学校に行けば、生徒は授業中に携帯電話で話し続け、教師にいたずらをし、試験中に堂々とカンニングをする。街の通りでは、誰も赤信号など気にかけず、道路の両側を車が走る。歩行者はごみを無造作に投げ捨て、自転車置き場から他人の自転車を盗み、大声で悪態をつく。セックスは寝室などのプライベートな場所だけでするものではなく、公共交通機関や公園のベンチや映画館でやってもいい。

これは社会規範のない世界、社会的に合意された行動基準をもたない世界だ。

幸いにも人間は、こんな事態を避けるために社会規範を生み出し、維持し、守らせることができ、その不思議な能力はほかのどの種よりもはるかに高い。実際、私たちは超規範遵守的な種族だ。社会のルールや慣習に従うことに多大な労力を費やしながら、そのことに気づいてすらいない。そのルールが理不尽なものであっても、やはりせっせと従うのだ。

いくつか例を見てみよう。ニューヨークでは毎年大晦日に何百万もの人が凍てつく寒さの中で集まり、タイムズスクエアに立つポールから球体のオブジェが降下する年越しのイベントに大歓声を上げる。[1] これと同じくらい妙な新年の風習はほかにもある。スペインでは、年越しの瞬間に一二粒のぶどうを猛然と食べる。[2] チリでは、スプーン一杯のレンズ豆を食べて幸運を祈願する。[3] スコットランドでは、金網に燃えやすい材料を詰めて火をつけ、頭のまわりで振り回す。[4] 毎年、気分を高ぶらせた何万人もの群衆が各地のスタジアムに集まり、格闘技や音楽の演奏やお笑い芸を見ながら歓声や叫び声を上げ、ときには絶叫することもある。

これらの風習はたいてい大人数の集団で行なわれるが、もっと少人数で行なわれるもののなかにも、やはり妙な風習がいろいろある。なぜ女性は生涯で最高に幸せな日に純白のドレスを着るのか。なぜ人は一二月になると立派に育った木を切り倒して飾りつけ、枯れるまでリビングルームに置いておくのか。アメリカでは、子どもたちに見知らぬ人と話をしてはだめと言っておきながら、なぜ一〇月三一日には仮装姿で街に繰り出して菓子をせびらせるのか。ほかにも世界各地で、同じく不可解な行動が見られる。たとえば、なぜインドでは、クンブ・メーラーの祭りの期間に数千万という人々が集まり、汚れて冷たい川で沐浴するのか[5]。

集団の外から見ると、社会規範には妙なものが多いが、内部の者にとっては当たり前のことなのだ。社会規範のなかには、規則や法律として確立しているものもある（赤信号を守るとか、他人の自転車を盗まないなど）が、暗黙の了解で成り立っているものもある（電車内でほかの乗客をじろじろ見ないとか、くしゃみをするときは口を覆うなど）。服を着るとか、電話に出るときには「もしもし」と言って電話を切るときには「失礼します」と言うといった、日常のありふれた行動となっているものもある。一方、クンブ・メーラーやハロウィーンのように、学習された儀式として、日常から離れた特別な場で行なわれるものもある。

社会規範は、私たちのまわりのいたるところに存在する。そして私たちは絶えずそれに従う。サケにとっては川を遡上するのが自然であるように、私たちは当たり前のこととして社会規範に従う。しかし皮肉にも、社会規範はあらゆる場所に存在するくせに、たいていは目に見えない。多くの人は、自分の行動が社会規範にどれほど誘導されているのか、ほとんど気づかずにいる。さらに重要なことに、社会規範がどれほど必要かに気づいてもいないのだ。

これは人間をめぐる大いなる謎だ。これほど強い影響を受けて生涯を過ごしながら、その作用を理解せず、気づきさえしない。そんなことが、いったいどうしたらありえるのだろうか。

規範を守るのは生まれつき？

子どもは何歳くらいから社会規範を覚え始めるのか。多くの子どもが幼児教育を始める三歳くらいからか、それとも幼稚園に通う五歳あたりか。じつは、規範に従おうとする本能はそれよりはるかに幼い時期から現れる。研究によれば、赤ん坊は言葉をちゃんと話せないうちから規範に従い、規範を守らない人がいれば罰を与えたがるのだ。

ある画期的な研究によると、幼児は反社会的な行動をとる動物の操り人形（ガラガラの入った箱をほかの人形が開けるのを邪魔したり、おもちゃのボールを奪い取ったりする）よりも、社会規範に則った行動をとる人形（箱をほかの人形が開けるのを手伝ったり、ほかの人形が落としたボールを拾って渡してあげたりする）を明らかに好むらしい。[6]

実際、子どもは三歳になるまでに、規範を破った人を積極的に非難するようになる。ある研究で、二歳児と三歳児にお絵描きか粘土細工をさせて、その隣で二体の操り人形にもお絵描きか粘土細工をさせた。[7] 一方の人形がいなくなると、その人形の絵や粘土細工を残った人形がぐちゃぐちゃにし始める。二歳児はこれを見ても特別な反応を示さないが、三歳児はおよそ四分の一が乱暴者の人形に向かって「そんなことしちゃだめ！」などと声を上げる。道徳的には問題のない場面でも、幼児は非難の気持ちを表す。なにか適当な行動を三歳児に教えてから、人形がそれを不正確にまねしているのを見せると、子どもは強硬に抗議する。[8] ここで明らかなのは、子どもが周囲の環境から社会規範を解釈することを学習するだけでなく、自ら規範を作って他者にそれを守らせることも学習するという点である。

人間はきわめて高度な規範心理を進化させていて、母胎から生まれ出た瞬間にそれをもち始める。実際、人間がほかの動物と違う唯一無二の種であるのは、この心理のおかげなのだ。ほかの動物の名誉のために言えば、きわめて高度な社会的学習をする種は少なくない。たとえば九本のとげをもつトゲウオという魚は、よそと比べて空いている餌場よりもほかの魚が餌を食べている餌場を好む。(9) ドブネズミが餌を食べる際には、手本とするネズミが食べているのと同じものを食べる。(10) 鳥も餌を探すときに、自分の群れの鳴き声による指導にきっちりと従う。(11) ただし今のところ、動物が単に相手に合わせるとか群れの一員になるといった社会的な理由でほかの個体をまねするという証拠は得られていない。

ドイツの研究者が、きわめて独創的な実験によって、まさにこの点を証明した。(12) 三つの箱を組み合わせたパズルの装置を作り、それぞれの箱の上面に小さな穴をあけた。実験の開始時、被験者となる幼児とチンパンジーに、ある穴にボールを入れるとおいしいおやつがもらえることを学習させる。次に、ほかの子どもかチンパンジーが箱をいじっているところを見せ、別の穴にボールを入れたときにおやつをもらっていることを理解させる。今度は被験者に装置を渡し、どの穴にボールを入れるか観察する。その結果、子どもはほかの子どもの行動に合わせて穴を変更することが多かった。ほかの子どもに見られている場合には、特にその傾向が見られた。このことから、子どもが戦略を変更するのは、仲間の戦略のほうがすぐれているという理由だけでなく、社会的な理由もかかわることがわかる。つまり仲間であることや集団の流儀に従っていることを示すために、戦略を変更することもあるのだ。

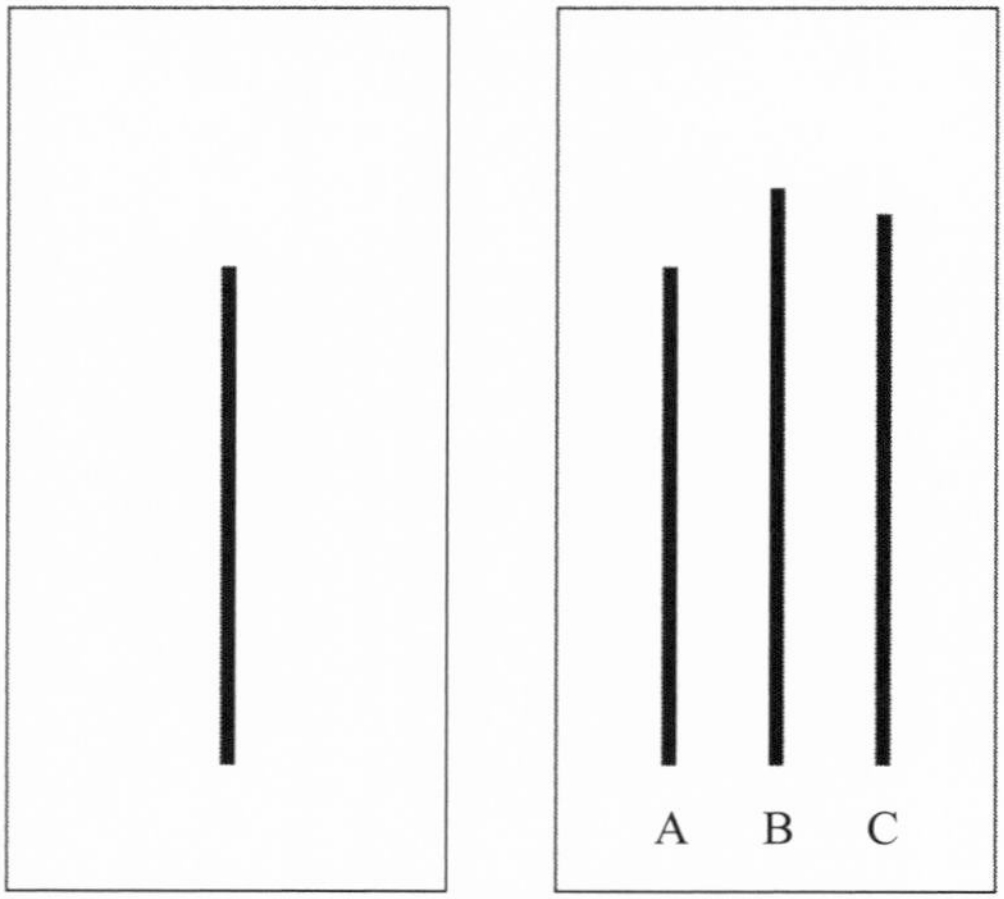

図 1.1　ソロモン・アッシュによる長さ判定実験(13)

これに対し、仲間の行動に合わせて戦略を変更するチンパンジーはほとんどいなかった。ヒト以外の多くの動物と同じく、チンパンジーにも仲間から学習する能力はあるのかもしれないが、物質的な利益がない限り、その社会的学習を利用することはまずない。集団の一員となるために社会規範に従うのは、どうやら人間だけらしい。

社会規範の力

心理学の実験に参加するとしよう。研究所に着くと、八人ほどの参加者とともに部屋でお待ちくださいと言われる。担当者が入ってきて、全員に紙を一枚ずつ渡す。紙の左側には線が一本引かれ、右側には長さの異なる三本の線が引かれ、それぞれ線A、線B、線Cと記されている（図1・1）。担当者が参加者に対し、右側の線のうち左側の線と長さが等しいのはどれか各自で判断してくださいと言う。正解は明らかにAだ。担当者は参加者に一人ずつ答えを言わせていく。ほかの参加者はみなBと答える。Aと答える人はいない。あなたが答えるのは最後から二番目だ。思ったとおりにAと答えるか、それともBに乗り換えるか。

この実験の参加者は、自分の判断を疑い、いずれかの時点でほかの参加者に同調する可能性が高い。今や古典となったこの実験を一九五六年に行なったとき、社会心理学者のソロモン・アッシュはそのことを発見した。[14] この実験で参加者と同じ部屋にいる被験者はじつはサクラで、テストの大半で明らかに正しくない答えを言うように指示されていた。実験の結果、参加者一二三人のうち四分の三が少なくとも一回は多数派に同調していた。つまり、大半の参加者は自分の答えを変えて、間違っているが大勢が選んでいるほうに合わせたのだ。

この風変わりな小実験の結果から、広くあてはまる真実が明らかになる。私たちはみな、ものごとの真偽に関する自分の感覚を無視してでも集団の規範に従う傾向があり、しかもそのことに気づきすらしないのだ。

実験室の外でも、私たちは明らかにどうでもよさそうな数々の規範に従う。たとえば、世界で最も一般的な挨拶の仕方であろう、握手について考えてみよう。握手は紀元前九世紀の古代ギリシャで、初対面の相手に対して武器を隠し持っていないことを示すジェスチャーとして始まったと考えられている。[15] 今どき袖の中に斧や剣を忍ばせて歩き回る人はめったにいないが、握手は依然として挨拶につきものの動作として行なわれている。本来の目的が消え去っても、握手という行為だけが生き延びたというわけだ。

図1.2　アッシリア王シャルマネセル三世とバビロニアの支配者が握手を交わす場面（紀元前9世紀のレリーフ）[16]

さらに不可解なのは、私たちがときとして明らかに危険な社会規範に従うことである。タイプーサムという祭りを見てみよう。これは世界各地のタミル族コミュニティーで催されるヒンドゥー教の祭りだ。祭りの中で参加者は「カヴァディ・アタム」（苦行の踊り）に加わる。これにはもっともな理由があって、参加者はおのおの自分を痛めつける「苦行」を選ぶことで、ヒンドゥー教の戦《いくさ》の神であるムルガンへの忠誠を示すのだ。[17]「ヴェル」と呼ばれる金属の串（神聖なる槍や鉤とされる）を肌や舌や頬に（あるいはこの三つすべてに）突き刺すのはごくふつうだ。肌に一〇八本のヴェルを突き刺し、装飾の施された神輿《みこし》をそのヴェルで支える人もいる。[18]タイプーサムの祭りが盛大に執り行なわれるモーリシャス島では、参加者は山の上にあるムルガンの神殿に詣でる。[19]その行程は四時間以上かかるのだが、参加者は苦行の具をつけたまま、でこぼこ道を素足で歩かなくてはならない。なかにはわざわざ板から突き出た多数の釘の上に立ち、その板を足に縛りつけたままで全行程を歩く人もいる。[20]

カヴァディ・アタムほどの苦痛に満ちた儀式はめったにないが、大変さだけを比べれば匹敵するものは少なくない。たとえばスペインのサン・ペドロ・マンリケでは、六月二三日から夏至の儀式が始まる。[21] 毎年三〇〇〇人ほどの見物客が人口六〇〇人の小さな村に押し寄せ、この地に昔から続く伝統行事を見守る。[22] それは、七メートルの長さにわたって地面に敷かれた燃える炭の上を歩くという行事だ。ある者は仲間うちでの誓いを果たすため、またある者はその場の勢いに押されて、炭の上で足を運ぶ。[23] 六〇〇度以上に達する灼熱の道を、身内をおぶって歩き通す者も多い。[24] 儀式が終わるとあとは一晩中、浮かれ騒いで祭りを祝う。

しかし、なぜこんなことをするのだろう。

結束の絆

握手のように単純な動作であれ、あるいはクンブ・メーラーのように複雑な儀式であれ、社会規範は決して偶発的に生まれるわけではない。むしろきわめて実利的な理由で進化するものだ。社会規範のおかげで、人間は地球上で最も協調性のある種になった。多数の研究が示しているとおり、社会規範はコミュニティーを一つにまとめ、大事業をなし遂げることのできる協力的で協調的な集団とするために、重要な役割を果たしている。

実際、社会規範は人を結束させる絆であり、その証拠がいろいろと見つかっている。たとえばある人類学者のチームは、サン・ペドロ・マンリケで火渡りの儀式に参加する人たちの生理機能を調べるという貴重な機会を得た。[25] 火の上を歩く人とそれを見守る人の体に発信機つきのベルトを装着し、儀式の際の心拍数を測定したところ、火渡りをする本人とそれを見守る友人や家族の心拍数が、驚くほど一致していることが判明した。具体的に言うと、火渡りをする人の心拍が速くなると、友人や家族の心拍も速くなった。まさに文字どおり、火渡りの儀式によって多くの人の心が一つになって脈打ったのだ。このことから、儀式にはコミュニティーの結束を強める働きがあると言えるだろう。

火渡りの際の心拍数を調べたのと同じ人類学者チームに属する研究者が、カヴァディ・アタムの苦行者についても調べている。[26] この調査では、山上に詣でた直後の苦行者に対し、神殿に匿名で寄進してもよいと思える金額を尋ねた。その結果は、儀式が社会を結束させる接着剤の役割を果たしていることをはっきりと証明していた。カヴァディ・アタムに参加した苦行者は、三日前に神殿で祈っていた人たちよりもはるかに大きな額を答えたのだ。祈っていた人が八〇ルピーと答えたのに対し、苦行に参加した人はおよそ一三〇ルピーと答えた。この差額は、非熟練労働者の半日の給料に相当する。

儀式への参加のような社会規範に従うことによって、集団の結束と協調はどのようにして強まるのか。それを知りたければ、わざわざ遠くに行く必要はない。ある心理学実験で、被験者をグループに分け、グループごとに不快な経験をさせた。[27] 熱い炭の上を歩けとか胸に金串を刺せなどと頼むことはできなかったが（倫理審査委員会がそんなことを許可するはずがない！）、氷水に手を浸すか、きついスクワットをするか、トウガラシを食べるかのいずれかをさせた。すると、つらい経験をしなかったグループと比べて、苦痛に耐えたグループは著しく高い連帯感を示した。このテストのあとで、グループのメンバーがおのおの利己的にふるまって自分だけがお金を獲得することもできる報酬ゲームをさせたときにも、苦痛を経験したグループのほうがはるかに協力的だった。

ほかの人とまったく同じ行動をするだけでも協調性を高められることを示した研究もある。ニュージーランドのオタゴ大学で行なわれた実験で、足並みを揃えてスタジアムを行進したグループは、各自のペースで歩いたグループと比べてグループタスク（スタジアムの地面にばらまかれたコインを拾う）を熱心にした。[28] 実際、ほかの人と動作を同期させると、協力して複雑なタスクを遂行できるようになる。[29] ある研究で、参加者のペアにロッキングチェアで同じ動きをさせてから難しい迷路で協力してボールを運ぶ作業をさせると、事前に同じ動きをしていないペアよりもうまくできた。以上の結果から、社会規範に従うことが、特に狩りや食料集めや戦闘といった高度な協調を要する集団行動を成功させたい場合には、きわめて重要であることがわかる。

じつのところ、人間の集団は社会規範が本来の役割を果たしていない場合でも、しばしばその規範に従う。再び握手について考えてみよう。ハーバード・ビジネススクールの研究者らは、交渉の場で握手をする人のほうが握手をしない人と比べて交渉相手に対して良好な関係を築き、いつもすぐれた成果を上げることを発見した。[30] 協力を促進することにより、握手は当初の目的が忘れ去られてもなお、重要な社会的役割を担っているらしい。

監督された協調

かつて、規範はごく小さな集団の中で人と人をつなぐ助けとなっていた。しかし現在では、きわめて大きな集団で、たとえば数千あるいは数百万もの人が参加する世界規模の集団で、人々を協調させるのに規範は不可欠である。私たちは日々、大規模な集団の中で規範に従って行動している。こうした行動はあまりにもたやすいので当たり前と思われがちで、「規範遵守の自動運転状態」と呼ばれたりする。たとえば信号が赤なら足を止め、青に変わったら歩きだす。人が列に並んでいたら、横入りしないで最後尾につく。図書館や映画館、エレベーター、飛行機の中では、周囲の人と同じく静かにする。これは大規模な協調であり、私たちがそれを実践できるのは社会規範のおかげだ。

社会規範は社会の秩序を生み出す基本要素であり、これがなければ社会は崩壊してしまう。人が社会で期待されるルールを守らなければ、その行動は耐えがたいほど予測不可能になるだろう。行動を協調させることが困難となり、各地を旅行したり、意味のある会話を交わしたり、大きな組織を動かしたりすることができなくなる。学校は機能不全に陥る。ルールがなく、法律を遵守して警察の権威を尊重するための共通の基準もないのなら、警察は（仮に存在したとしても）なんの力ももたないだろう。行政サービスは停止し、市民にハイウェイや下水道やきれいな水や国防を提供することができなくなる。企業は従業員の行動を制御することができず、すぐに倒産してしまう。共通の行動基準がなければ、家族も崩壊するだろう。

社会規範を守れば当人にメリットがあるのは明らかだ。それどころか、人類学者のジョセフ・ヘンリックによれば、種としての人間の生存は社会規範の遵守にかかってきたのだという。現実に目を向けよう。人間は、ほかの多くの種と比べて身体的にはかなり弱い生き物だ。足がとても速いわけではなく、擬態に長けているわけでもなく、木登りも下手で、聴覚や視力が特にすぐれているわけでもない。ヘンリックは著書『文化がヒトを進化させた』でそう主張している。[31]食べ物がほとんどなく、捕食動物から身を守る術もほぼない状態で孤島に取り残されたら、私たちはすぐに死んでしまうだろう。それなのに、私たちがほかの動物から食べられる側ではなく動物を食べる側となったのは、なぜなのだろう。

ヘンリックは重要な指摘をしている。私たちがこうなったのは、高いＩＱのおかげだけではない。たとえば孤島に一人で取り残されたら、高度な推論能力があったところで助けにはならないだろう。人が厳しい環境でも繁栄してこられたのは集団で生きてきたからであり、さらには人がともに作り出した社会規範のおかげなのだ。何千年もの昔から、社会規範は人間が協力しあう一助となってきた。メンバーが互いに協力しあう集団は、どんなに劣悪な環境条件でも生き延びられただけでなく、人間以外の種にはできないやり方で繁栄し、地球全体に広がることができた。実際、私たちは集団の文化的規範に従わなければ深刻な事態に陥ることを学習している。社会規範を無視すれば、自分の評判が傷つくだけでなく集団から排斥されるかもしれないし、さらには死に至るかもしれない。進化論的な観点から見れば、社会規範に従う高度な能力を発達させた人は、生存して繁栄できる確率がほかの人より高かったのかもしれない。この重大な事実により、私たちは著しく協調性の高い種となった。[32]ただしそれは、同じ基本的な規範を共有している人が相手である場合に限られる。根本から異なる文化的マインドセットをもつ集団どうしが出会ったら、多くの対立が起きる。

ここでパラドックスが生じる。規範こそが私たちの成功の秘訣なのだが、それは世界じゅうで起きている多くの対立の源でもあるのだ。

2 「過去」対「現在」——変わるもの、変わらないもの

一九九四年、オハイオ州デイトン出身のティーンエイジャーをめぐって、世界を揺るがす大論争が勃発した。当時一八歳だったマイケル・フェイがその人物だ。彼は母親と義理の父親とともにシンガポールで暮らし、インターナショナルスクールに通っていたが、窃盗と器物損壊の罪で起訴された。[1]ほかの外国人生徒とともに、フェイは一〇日間にわたりスプレーペイントで落書きし、一八台の車に卵を投げつけたことを認めたからである。[2]この罪状により、フェイはシンガポールではありふれた刑を科されることになった。[3]四カ月の収監と三五〇〇シンガポールドルの罰金、[4]そして看守による手加減なしのむち打ち六回だ。[5][6]

アメリカ国内では、『ニューヨークタイムズ』[7]『ワシントンポスト』[8]『ロサンゼルスタイムズ』[9]が憤りをあらわにした。受刑者を拘束して前かがみの姿勢をとらせ、時速一六〇キロ以上の速さでむちを

振り下ろして尻を叩くなどという「野蛮」な刑罰は、道徳的に問題があると非難したのだ。[10] この刑は暴力犯罪への罰として科されるのだが、むちで打たれれば血や肉が大量に飛び散ったり、あるいは失神したりして、[11] 心と体に長く消えない傷を残しかねない。クリントン大統領および多数のアメリカ上院議員が介入し、シンガポール政府に対しフェイの刑を軽くするよう圧力をかけた。[12] しかし、シンガポールは低犯罪率と秩序を誇っている。当局者は圧力をはねつけ、「パトカーさえ破壊行為の標的となる」[13] ほど乱れきった無秩序なニューヨークと比べて、シンガポールはむち打ち刑があるおかげで犯罪率を低く抑えられているのだと主張した。最終的に、シンガポール政府はフェイのむち打ち刑を六回から四回に減らした。[14] しかしこの一件により、それまで長く良好な関係にあった両国のあいだに大きな文化間の亀裂が生じ、緊張関係が長く続くこととなった。

マイケル・フェイ事件は、厳格な規範および刑罰をもつ国と、逸脱行為に対してもっと寛容でおおらかな国とのあいだで生じる文化間の根深い衝突を明るみに出した。ルールを定め、それを守ることに対するこのような姿勢の違いこそ、前史時代から現代に至るまで集団間に違いをもたらしてきた重大な要因の一つなのだ。

罰金の国から飛べない鳥の国へ

人口約五六〇万人の小国シンガポール[15]は、比類のない規律と秩序を誇る。この国は高額な罰金を科すことから「罰金の町」[16] とも呼ばれ、些細《ささい》に思われるような法律違反にも高い罰金が科される。路上で唾を吐いたら、一〇〇〇ドル以下の罰金刑。[17] 国内にガムを持ち込んだのが見つかったら、一〇万ドル以下の罰金か二年以下の禁固刑、またはその両方。[18] 公共の場での飲酒は夜の一〇時三〇分から朝の七時まで禁止。また、多くの「酒類規制区域」では、公共の場での飲酒は週末のあいだは終日禁止。[19] 違法薬物の密輸が見つかったら死刑になるおそれがある。[20] 公共の場で過度の騒音を立てたり、[21] わいせつな歌を歌ったり、[22] みだらな写真を配布したりしたら、[23] 禁固刑か罰金、またはその両方。排尿すら監視の対象となる。公衆トイレで水を流し忘れたら、一〇〇〇ドル以下の罰金だ。[24] 飲みすぎた夜にエレベーターで排尿したくなったら、シンガポールには尿検知器を設置したエレベーターがあることを思い出してほしい。[25] 装置が作動するとドアがロックされ、不埒な放尿犯を特定するために当局が到着するまでドアは開かない。

政府の定める規則はプライベートな行動にまでおよぶ。カーテンを開けたまま家の中を裸で歩き回っているのを見つかったら、罰金を覚悟しなくてはならない。同性愛行為をしたら、刑務所で二年間を過ごすことになる。[26] インターネット上で批判的な意見を表明すれば、投獄されるおそれがある。政府への批判は特に危ない。たとえば元俳優のエイモス・イーは、政府からひどい仕打ちを受けた。彼は一六歳のとき、ネットに投稿した動画の中で元首相のことを「権力欲と邪心に満ちている」[27] と言ったせいで、四週間刑務所に入れられた。また、政府は男女の縁結びまでやろうとしているらしい。一九八四年、シンガポール政府は市民どうしのデートをセッティングして、よい結婚に必要なことがらについて指導する「社交指導部」なるものを創設した。[28]

シンガポールの文化は「タイト」だが、市民の愛国心がそのせいで削がれることはない。常に政府の方針に賛成するわけではないが、国民の八割以上が政府への支持を表明している。[29]

シンガポールを飛び立って、今度はニュージーランドへ向かおう。この国のきわめておおらかな文化は、シンガポールとはまったく違う。ニュージーランドでは、血中アルコール濃度が法定限度を超えない限り、開栓した酒瓶を車内に置いてドライブしてかまわない。[30] ニュージーランドは性についても世界トップクラスの寛容な国だ。同性婚は合法だし、一九九四年からゲイやレズビアンに対する差別は法律で禁止されている。[31] 女性が生涯で性的関係をもつ相手の人数は世界最多で、平均二〇・四人に達する（世界の平均は七・三人）。[32] 売春が合法化されてからかなり経っている。ユニークな「ニュージーランドモデル」のもとでは、一八歳以上なら誰でも売春に従事することができ、労働者保護や医療費給付制度も整備されている。[33] ポルノも合法で人気がある。ニュージーランド人は「ポーンハブ」というポルノサイトをよく利用し、二〇一五年の人口一人あたりの閲覧数は、アメリカ、イギリス、カナダ、アイルランドに次いで第五位だった。[34] また、メディアでは規範から逸脱した行為が堂々と扱われている。ポピュラーミュージックのビデオを見ると、けんかや銃撃、戦闘、自殺、殺人、爆弾の爆発などの過激なシーンが少なくとも一回は登場するものが三分の一を超え、五分の一以上で器物損壊からごみのポイ捨てに至るまでさまざまな反社会的行動が描かれている。[35] この種の行動を厳格に規制するシンガポールとは大違いだ。

ニュージーランド人は自分たちのことをふざけて「キーウィ」と呼ぶ（あの飛べない鳥のキーウィにちなんで）。このキーウィたちはすぐに人とうちとけ、名前を呼ぶときにも他人行儀な呼び方を避けたがる。[36] 彼らは街なかでもスーパーマーケットでも銀行でも、はだしで歩くことで知られている。[37]

公共の場で政府批判や抗議活動をするのもめずらしくない[38]。カウチを燃やす「カウチバーニング」も、ニュージーランドの大学ではおなじみの光景だ[39]。一九七〇年代には、魔法使いのかっこうで町から町へ転々としながら、ラグビーの試合で雨乞いの踊りをしたり、図書館の屋根の上に巨大な巣を作ったり、さらには美術館で人間の大きさの卵から生まれ出てみせたりと、さまざまな悪ふざけをした男がいたが[40]、そんな人物さえ社会的異端者として排斥されることはなかった。それどころか一九九〇年には、ニュージーランド首相のマイク・ムーアが自分のことを国の公式な魔法使いだと言いだし、「政府を守り、新たな事業を支援し……国民を活気づけ、旅行客を誘致する」ことが自らの務めだと訴えた[41]。

タイトからルーズへのグラデーション

どんな文化でも、社会規範は接着剤となって集団を結びつける。しかしシンガポールとニュージーランドを見ると、この接着剤の強度には大きな差のあることがわかる。数々のルールと厳しい刑罰のあるシンガポールは「タイト」な文化であり、おおらかなルールとシンガポールの比ではない寛容さをもつニュージーランドは「ルーズ」な文化だ。

私は世界各地に足を運ぶなかで、こうした違いを自分の目で見てきた。東京を走る電車はほぼ無菌状態で静まり返り、針の落ちる音さえ聞こえるくらいだ。一方、マンハッタンの電車はとても騒々しく秩序を欠き、耳をふさぎたくなるような言葉を乗客が叫んだりする。

だが、これは私個人の観察にすぎない。もっと客観的な見方を得るために、私はオーストラリア、香港、オランダ、韓国、メキシコ、ノルウェー、ウクライナ、ベネズエラといったさまざまな国を母国とする仲間とともに、文化的規範に関する史上最大級の研究を行なった。(42) 社会規範の強さを文化間で直接比較できる手段を構築し、規範の進化のルーツを探り、規範が比較的強い場合と弱い場合のメリットとデメリットを特定したかった。最初は国ごとの違いに着目したが、最終的にはタイトさとルーズさの差について幅広く、州、社会階級、組織、コミュニティーのレベルで調べた。

調査対象者はおよそ七〇〇〇人にのぼり、出身地は五大陸の三〇カ国以上で、幅広い職業、性別、年齢、宗教、宗派、社会階級にまたがっていた。調査での質問は、アラビア語、エストニア語、中国語、スペイン語、ノルウェー語、ウルドゥー語など、二〇以上の言語に翻訳した。回答者自身の考え方や世界観について質問し、さまざまな社会的状況でどれくらい自由あるいは制約を感じるかについても尋ねた。最も大事な点として、自国の規範と罰の全体的な厳しさについて直接評価してもらった。以下に調査で尋ねた質問をいくつか挙げる。

- あなたの国には、従うべき社会規範がたくさんありますか。
- たいていの場で、望ましいとされるふるまいがはっきりと決まっていますか。
- あなたの国では、不適切なふるまいをする人がいたら、ほかの人は強く不満を示しますか。
- あなたの国の人には、たいていの場で自分のふるまい方を決める自由がありますか。
- あなたの国の人はたいていの場合、社会規範に従いますか。

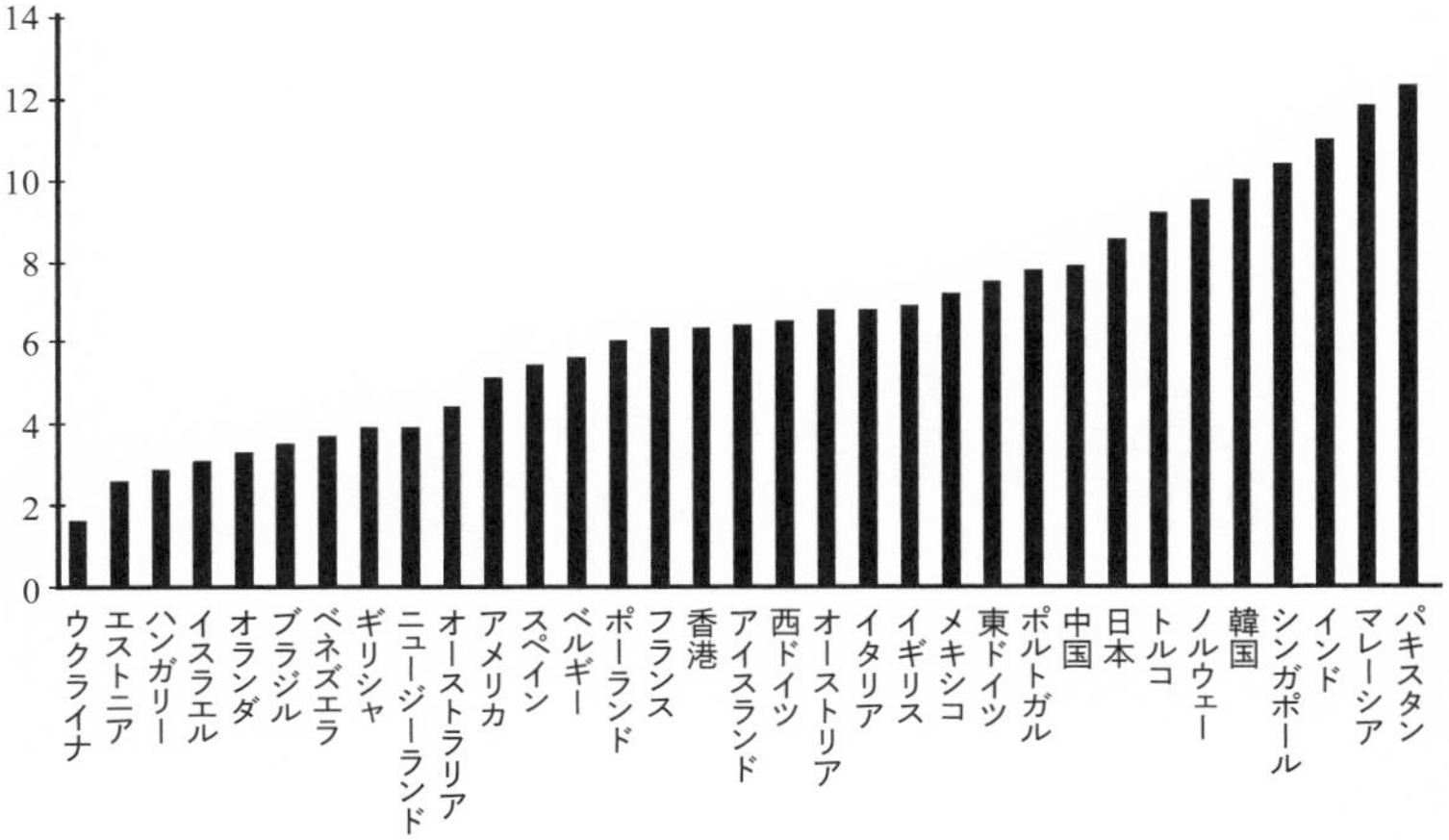

図2.1　世界各国の〈タイト／ルーズ〉のスコア（2011年）(43)

結果を二〇一一年に『サイエンス』誌で発表すると、世界じゅうのメディアがそれを報じた。私たちの質問に対する回答から、社会の根底にあるパターンが読み取れることがわかった。一部の回答者は、自分の国では明確な社会規範が人々を広く支配し、それに従わない人はしばしば厳しく罰せられると答えた。つまり、この回答者たちの国は「タイト」だ。一方、自分の国では社会規範がさほど明確ではなく、種類も少なく、規範に従うことも少なく、規範から逸脱してもさほど罰せられないと答えた人もいた。こちらは「ルーズ」な国である。

この調査結果から、規範の強さによってさまざまな文化を位置づける直接的な方法が得られた。私たちは集めた回答を使って、対象とした三三カ国にタイトとルーズのスコアをつけた（図2・1）。それによると、対象国のなかで特にタイトな国は、パキスタン、マレーシア、インド、シンガポール、韓国、ノルウェー、トルコ、日本、中国、ポルトガル、ドイツ（旧東ドイツ）だった。一方、特にルーズな国は、スペイン、アメリカ、オーストラリア、ニュージーランド、ギリシャ、ベネズエラ、ブラジル、オランダ、イスラエル、ハンガリー、エストニア、ウクライナである。ただし、「タイト」と「ルーズ」は明確な境界線で隔てられるわけではなく、タイトからルーズへと連続したスケールになる。両端がタイトとルーズのそれぞれの極端な例で、そのあいだにさまざまな度合いの例が並ぶ。

文化圏についてはどんなことがわかるかという観点からも、データを調べた。最もタイトなのは南アジアと東アジアの国々で、次に中東諸国、北欧系およびゲルマン系のヨーロッパ諸国が続く。対照的に、ラテン系ヨーロッパ、英語圏、ラテンアメリカの文化ははるかにルーズで、最もルーズなのは東ヨーロッパと旧共産圏の国々である。

このデータからは、公園、レストラン、図書館、銀行、エレベーター、バス、映画館、教室、パーティーなど、十数種の日常的な社会的環境で人が経験する制約または寛容の度合いについても知ることができる。調査ではそれぞれの場について、自分の行動を選ぶ自由がどのくらいあるか、適切なふるまいに関する明確なルールがあるか、自分の行動を監視して「行動に気をつける」ことが求められるかについて答えてもらった。さらにこれらの場で、言い争う、悪態をつく、歌う、笑う、泣く、音楽を聴く、ものを食べる、といったさまざまな行動をとることがどのくらい適切または不適切とされるかについても答えてもらった。

データから、タイトな文化では、許容される行動がはるかに少ないことがはっきりとわかった。おもしろいことに、就職面接、図書館、教室などでは許容される行動にすべての文化で一定の制約があるが（図書館で歌ったり、就職面接で踊ったりする人はめったにいないだろう）、ルーズな文化ではこれらの場でも許容される行動の範囲がタイトな文化よりも広い（大学教授である私は、アメリカの教室ではパジャマを着ていたり、メールのやりとりをしていたり、ヘッドフォンで音楽を聴いていたり、ものを食べていたりといった、とんでもない行為が見られると断言できる。一方、北京でも教壇に立ったことがあるが、そちらではこれらの行動ははるかにまれだ）。同様に、公園、パーティー、街の歩道はどの文化でも一様に制約はゆるいが、比較すれば、やはりタイトな文化のほうがこれらの場でも制約は多い。たとえて言うなら、最もタイトな文化では、人は生涯のかなりの部分を図書館で暮らしているように感じる。一方、最もルーズな文化では、好きなことをする自由をはるかにたっぷり享受できる公園にいるように感じているというわけだ。

もちろん、各国はたいていこうした両極端のあいだのどこかに位置する。しかしあるところに位置していたとしても、そこからまったく動かないというわけではない。文化に固有の心理は深く根を張っているが、タイトからルーズへ至るスケールの上で文化の位置が変わることはありうるし、実際に変わっている。政治絡みのものも含めて、さまざまな力のせいで、ある国のタイトとルーズのバランスが劇的に変わることもある。そのうえ、ふだんはおおむね外向的な人でもときには内向的になるのと同じように、たいていの国にはタイトさをゆるめたりルーズさを引き締めたりできる部分がある。

たとえばタイトな国でも、市民が自由にふるまって規範への鬱憤《うっぷん》を晴らせる区域が存在する。このような場のルーズさは、意図的に構築されていることが多い。東京の竹下通りを見てみよう(44)。歩行者天国の狭い通りにさまざまな店の並ぶこの界隈では、日本の文化につきものの均質性や秩序が完全に消し去られている。竹下通りでは、妙な衣装をまとった人たちが意気揚々と闊歩《かっぽ》する。アニメのキャラクターからセクシーなメイドやパンクミュージシャンに至るまで、その衣装はいろいろだ。日本の若者や世界じゅうの有名人（レディー・ガガ、リアーナ、ニッキー・ミナージュ、それにKポップのスーパースターのG－DRAGONなど）がここを訪れて奇妙な連中の仲間入りをし、個性的な服やアクセサリーや記念品を買う。日本文化では、きまじめなサラリーマンも酒を飲んでしばし仕事の憂さを晴らすように促されるが[45]、飲み過ぎてタガが外れることもある。どれほどタイトな社会でも、ひそかにルーズさを味わえる場所は存在する。イランの首都テヘランは厳しい検閲下にありながら、活気に満ちたアート文化を育て上げた。演劇や歌、小説、映画で政治や宗教やセックスを扱うことに対するこの国の厳しい規則をかいくぐって、クリエイティブなアートが生まれた。人里離れた野原、地下道、洞窟などで、劇団や楽団が大勢の観客のために公演を開いた[46]。「My Stealthy Freedom」（私のひそかな自由）というフェイスブックページには、人前でヒジャブを外すなどして自立という禁断の瞬間を堪能するイラン人女性の写真が掲載され、一〇〇万件以上の「いいね！」が寄せられている[47]。

同様に、ルーズな社会にも一定のタイトな領域がある。一見すると、偶然の産物に見えるかもしれないが、じつは市民にとってきわめて重要な価値観を反映している。それゆえ規範が確立し、その領域は揺るぎないものとして存続する。たとえばアメリカ人はプライバシーを重視し、この領域に厳しい制約を課している。そして、この規範を犯した人は罰せられる。他人のパーソナルスペースに侵入したり、人の時間をむやみに奪ったり、予告なしによその家を訪問したりすれば軽蔑されるのだ。イスラエルでは、行動を制約する規則はおおむね嫌われ、規範に従わない人が称賛される傾向があるが、それでも夫婦は子をたくさんもつべしという強い規範があるし[48]、従軍できる限りはイスラエル人のためにイスラエル軍に服務することが厳しく求められる[49]。行動に関するルールが全般にゆるいオーストラリアでさえ、確固たる平等主義的価値観はしっかりと守られる。そのため、財産や地位を自慢する人がいれば「鼻持ちならぬやつ」呼ばわりされる[50]。

どの国にもタイトな領域とルーズな領域はあるが、タイトさまたはルーズさを重視する全体的な度合いは国によって異なる。

〈タイト／ルーズ〉に着眼する見方は、世界地図上のさまざまな文化を見る新たな方法となる。たとえば国の〈タイト／ルーズ〉のスコアと経済発展とのあいだに比例関係はない。シンガポールとドイツはどちらもタイトな国で経済的に大きな成功を収めているが、同じくタイトなパキスタンとインドは依然として厳しい状況にある。ルーズな国であるアメリカとオーストラリアは豊かだが、同じくルーズなウクライナとブラジルは国内総生産（ＧＤＰ）が比較的低い。〈タイト／ルーズ〉という見方はまた、これまでに研究者が文化間の比較に用いてきた方法、たとえば「集産主義」対「個人主義」という見方（集産主義文化は家族の絆を重視し、個人主義文化は自立を重視する）などとは明らかに異なる[51]。二つの軸で分けた四象限には、それぞれたくさんの国があてはまる。「集産主義でタイト」な国は日本やシンガポール、「集産主義でルーズ」な国はブラジルやスペイン、「個人主義でルーズ」な国はアメリカやニュージーランド、「個人主義でタイト」な国はオーストリアやドイツといった具合だ。

昔のパターン

私たちの行なった異文化比較調査から、現代の国家間の差異を考えるうえで、タイトとルーズのスケールが重要な意味をもつことが明らかになった。しかし集団によって社会規範の相対的な強さに差があるのは最近に始まったことではなく、そのような違いは何千年も前から存在していた。この数千年で人類の文明が進化するにつれ、社会規範の内容は変わってきたが、その根底にあるタイトまたはルーズな文化の枠組みは変わっていない。初期の社会には、ルールに縛られて秩序の保たれた現代のシンガポールと同じようなものもあれば、ルールのゆるいニュージーランドの「キーウィ」たちの社会に似たものもあった。

今、自分がスパルタにいると想像してみよう。シンガポールが国家として成立するよりも二〇〇〇年以上前、紀元前五世紀終盤の古代ギリシャに存在した、厳格な軍国主義的文化の国だ。どんな光景が見えるだろうか。

スパルタ市民の暮らしでは、ゆりかごから墓場まで、教育、仕事、結婚、服装、個人の信条など、すべてが問答無用の厳格な規則に支配されていた。[52] たとえば男子の生涯を見てみよう。七歳になると、国が設ける新兵訓練所に入れられ、勇敢な兵士になるための訓練を一五年間受ける。[53] 戦場で恐怖心を示した者は、恥ずべき臆病者と見なされ、そのしるしとしてあごひげを半分だけ剃られる。戦闘で実際に臆病なふるまいをしたら、スパルタ市民の身分を完全に失う。戦場外でも、公開のむち打ちにより痛みに耐える力が試された。

市民の日常生活も軍隊と似ていた。食事を厳しく節制するのに加えて、男性も女性も健全な体を維持するために運動を頻繁にすることが求められた[54]。スパルタ人は肥満を醜悪だと見なし、太った者は国外に追放される[55]。身体検査で不合格となった男女は（違法な活動に関与した者および結婚しない者とならんで）社会から疎外され、市民の身分を失うか、あるいは社会の面汚しであることを示すために、特別な衣服を身につけるよう強制される[56]。身体に関する無慈悲な基準は新生児にも適用され、虚弱か奇形と見なされた赤ん坊は山のふもとに捨てられた[57]。

スパルタ人は、幼児期に教え込まれた明確な行動様式に従った。厳粛な表情を保ち、簡潔に話すように訓練される[58]。子どもはなにがあっても泣かず、人前では口を閉ざし、恐怖心をあらわにしないようにしつけられる[59]。笑いやユーモアを理解しないわけではないが、許容される笑いと許容されない笑いに関する厳しいルールから逸脱してはならない[60]。ジョークは洗練されて機知に富んだものだけが許され、どたばた喜劇のようなものは厳禁だ。他の種族よりもすぐれた戦士であると自任するスパルタ市民にとって、スパルタ以外の文化に汚染されないことも大事で[61]、服装、髪型、挙動が完全に統一されていることが求められた[62]。外国人を受け入れることや外国から影響を受けることは禁じられ、市民は国外に出ることも許されない[63]。

こうしたタイトな暮らしは味気なく聞こえるかもしれないが、スパルタは誇り高き国であり、その地の慣習には正当な報いがあった。市民がこのうえなく厳格な規律を守ったおかげで、スパルタはギリシャ全域で軍事的優位に立つことができた。プラトン[64]からアウグストゥス[65]に至るまで、古代ギリシャと古代ローマの著名な人物たちは、スパルタの伝説的な兵士と彼らの全身全霊による国家への忠誠に魅せられた。
今度はスパルタから二五〇キロメートルほど移動し、スパルタにとって軍事上のライバルで文化上の宿敵でもあったアテナイへ赴こう。[66] スパルタの謹厳な暮らしぶりとは対照的に、アテナイでは規範がゆるやかで、ごちそうや酒を口にする機会も多かった。[67] 街を歩けば、「アゴラ」と呼ばれるにぎやかな市場で入手した宝飾品をつけて、思い思いのファッションに身を包む人たちが目に入る。絵描きや菓子屋、役者、物書き、それにさまざまな学派に属する知識人が、のびのびと自己表現をしている。あらゆる因襲や世界に関する先入観を見直せとアテナイの若者たちに迫ったソクラテスのような、高名な人物に出会うかもしれない。あるいはアゴラの路地に打ち捨てられた樽を住まいとした哲学者、シノペのディオゲネスに遭遇するかもしれない。彼は人間が本来の自己であるのを妨げているのは儀礼だと考え、そんなものは排除すべきだと訴えた。偽りのない人間を見出そうと、アテナイ人に誰彼かまわず声をかけ、ロウソクの炎で相手の顔を照らすことで知られていた。[68]
おそらく外国との活発な交易を支えるエーゲ海の近くに位置するという立地条件のおかげで、アテナイ人は地理的にもっと孤立したスパルタ人とは違い、さまざまな文化と交流する機会がたくさんあった。よその文化から流入してくる新たな思想や芸術技法を用いて、アテナイ人は演劇、陶芸、彫刻の技術を革新していった。[69] 一〇日に一度、数千人のさまざまな職業のアテナイ人が活発な政治論議に参加し、現代のニュージーランドと同じように、時事問題について対立する多様な立場の人々が議論を戦わせた。[70] 公開討論の場で自分の意見を熱く滔々《とうとう》と語る能力をもつ者こそ、模範的な市民であると考えられていた。そこでアテナイの学校では、生徒の知性と創造力を鍛えた。武術ばかりでなく、文芸や音楽や弁論の才能も重視された。[71] 急進的な思想が政治を変革し、やがて西洋文明で最初の民主主義体制への道を開くこととなった。[72]

これがアテナイだ。このルーズな土地では、新しい思想が互いに衝突し、溶け合い、変容した。そして異議を唱えることが尊ばれた。秩序と規律を重んじるスパルタ人はアテナイを見て、忌むべき奇行の繰り広げられる邪悪な場所と思ったに違いない。[73]

〈タイト／ルーズ〉の区別は、人間社会の歴史のいたるところで見られる。二〇世紀の初頭から中盤にかけて、メキシコ中部のナワ族はタイトな文化をもっていた。どんなようすだったか見てみよう。偉大なるアステカ帝国から生まれた古代文化であるナワ文化は、節度と規律を重んじた。ナワ族とともに生活した民族誌学者が、彼らのもつ数々のルールや厳格な罰について記録しているが、そこにはスパルタやシンガポールと驚くほどよく似た部分がある。ナワ人は、人と交流するときには慎重で堅苦しく、自制的なふるまいをすべきと考えていた。自制心こそ、彼らの社会において厳しい農作業を遂行する助けとなる性質だった。

ナワでは男女とも幼少時から、従順にふるまい規範を守るようにとしつけられた。六歳までには、弟や妹の子守り、畑仕事や家事の手伝い、市場への買い出しなど、家族のために日常の仕事の多くをするようになる。一五歳までに、女子は成人女性の家事をすべて担い、男子は畑を鋤《すき》で耕し、作物を植えつけて収穫し、家畜を育てるようになる。ナワ族は子どもが「よい」ふるまいをすることを非常に重視した。子どものころから性にかかわることがらは遠ざけられ、体の仕組みに興味をもつことは禁じられる。親たちは、自制心を欠く子どもは成長しても貧しい労働者にしかなれず、一族の汚点になると固く信じていた。そんな事態に陥らぬよう、親の期待に応えられない子どもは厳しく罰せられ、なくしものをしたり文句を言ったりするなどの罪を犯すと、罰としてむちで打たれたり、叩かれたり、蹴られたり、ののしられたり、食べ物を与えられなかったり、眠るのを許されなかったりした。

長じて結婚適齢期を迎えると、結婚できるかどうかはルールに従う姿勢によって決まった。若い男性が結婚しようとするとき、相手の女性が怠惰であるとか従順でないなどということが発覚すると、母親は結婚に反対するのが常だった。女性は恥知らずの尻軽女などと思われぬよう、人前では常にしとやかで控えめにふるまうことが求められた。結婚するまで処女であるべきとされたので、性的衝動を少しでもあらわにしたら悪い評判の立つおそれがあり、親に厳しく罰せられた。結婚したら、妻は夫に従い尽くすことが求められた。新しい家庭の安定を守るため、女友だちとのつきあいをやめさせられた。女友だちというのは、既婚女性と浮気相手との仲立ちをしかねないからだ。夫もほかの男性との友だちづきあいをしなくなる。友人と妻が親密な関係になったら困るからだ。離婚はひどく嫌がられた。コミュニティーのメンバーが悪事を働けば、ほかの者がその話を広めた。[74] 容赦のない陰口、妖術を使ったという告発、そしてひどい場合にはコミュニティーからの追放によって、適切なふるまいが保たれた。[75]

ここでナワ族と、三〇〇〇年以上にわたり狩猟採集民としてカナダの北極圏中央部で暮らしてきたコパーイヌイット族を比べてみよう。コパーイヌイット族についても、二〇世紀の中盤に民族誌学者が観察記録を残している。彼らのルーズさには、現代のキーウィさえかなわないかもしれない。

コパーイヌイットの子どもは、自由で気ままに過ごせる時期を楽しみながら育つ。子育ては控えめに言ってもかなり放任主義的だ。カナダの人類学のパイオニア、ダイアモンド・ジェネスの言葉を借りれば、子どもたちは思春期まで「野草」のように育ち、[76]子どもたちだけであたりを歩き回り、仲間と大騒ぎし、親の話に割り込んだり親の間違いを正したりするのもためらわない。学校に行くかどうかも含めて、自分の行動を完全に自分で管理する。親が子どもに体罰を加えることはほとんどない。子どもが無作法なふるまいをしても、たいていは気に留めないか、あるいは極端に羽目を外した子どもに軽く小言を言うくらいだ。

ナワ族と違って、コパーイヌイット族は性についておおらかであることが知られていた。青年期の男女はかなり頻繁に性交し、親と同居している家でセックスすることもあった。[77]結婚するときには、その段取りはかなり簡略で、[78]独立した家を構えるが、うまくいかなければそれぞれの実家に戻る。[79]オープン・マリッジ（夫婦以外に性的な関係をもつことを認める結婚）が許されていて、夫婦交換が行なわれることもあり、[80]それによって血縁のない親族どうしの結束が強まった。家庭では男女がそれぞれの役割を担ったが、その分担は柔軟で、女性が狩りに出かけることや、男性が料理や裁縫を習うこともあった。法人類学者のE・アダムソン・ヘーベルによれば、家庭外のコミュニティーには「ごく初歩的な法」[81]のようなものしかなく、コミュニティーのメンバー間の紛争を解決できる中央集権的な機構は存在しなかった。紛争の処理が当事者に任されていたことが、コパーイヌイット族の中で殺人や「血の復讐」の発生率が高かった[82]一因だったのは間違いない。

時代、場所、慣習の違いがあっても、スパルタとアテナイ、あるいはナワ族とコパーイヌイット族が互いに異なるのは、現代のさまざまな社会が互いに異なるのと同じで、要するにルーズな集団もあればタイトな集団もあるということだ。

二〇世紀に入ると、人類学者はさまざまな文化集団でこの差異を見出すようになった。一九三〇年代、アメリカの人類学者ルース・ベネディクトは、文化をゼウスの二人の息子になぞらえて「アポロン型」と「ディオニュソス型」に分類した。[83] 理性と合理性の神であるアポロンと同じく、「アポロン型」のタイトな文化、たとえばアメリカ先住民のズニ族などは、節度と秩序を重んじた。一方、「ディオニュソス型」のルーズな文化、たとえば北米平原先住民の諸部族は、放縦、自由、不節制を好んだ酒の神ディオニュソスのように、放埒《ほうらつ》と野放図に走りがちだった。一九六〇年代になると、フィンランド系アメリカ人の人類学者、ペルッティ・ペルトが、伝統的な社会を区別する正式な用語として「タイト」と「ルーズ」を使い始めた。[84]

私たちは人類学者による調査記録から得たデータを分析し、この古くから見られる「文化の枠組み」に関する歴史的な証拠を得た。「標準比較文化サンプル（SCCS）」[85]というデータベースには、世界各地の産業化されていない一八六の社会に関する情報が登録されている。それらの社会は、歴史に残る初期の国家（アステカなど）から現代の狩猟採集民族（クン族ブッシュマンなど）に至るまで、じつに多様である。現地調査に赴いた人類学者は、長年にわたってさまざまな特徴によって社会を入念に評価した。たとえば、強い自制や服従が子どもにどれほど期待されているか、コミュニティーが子どもの行動を制御しようとするかどうか、子どもがルールを守らない場合に厳しく罰せられるか、などについて観察した。私たちの研究で、これらの二〇〇近くの社会がタイトとルーズのスケール上でさまざまな位置に散らばっていることが確かめられた。[86] 南米のインカ族とゴアヒロ族、中央アフリカのアザンデ族は、タイトさのスコアが高かった。一方、南米のテウェルチェ族、南西アメリカのクン族ブッシュマン、カナダのコパーイヌイット族はルーズな文化に分類された。

現代の国を対象とした私たちの最近の調査でタイトな文化とルーズな文化との分断が浮かび上がったが、それが古代から存在していることは明らかである。規範は時代によって変わるかもしれないが、タイトかルーズかという根本的な構造は時代を超越して不変なのだ。

3　タイトとルーズの陰と陽

二〇一三年、私は数人のリサーチアシスタントにちょっと妙なことを頼んだ。[1]消せるタトゥー、(フェイクの)ボディピアス、紫色のつけ毛、作り物の顔いぼのいずれかをつけてもらったのだ。それから彼らを一四カ国に送り込み、街で見知らぬ人に道を尋ねたり、店で店員に買い物の手伝いを頼んだりしてもらった。すると、明快な結果が出た。タイトな文化よりもルーズな文化のほうが、妙な特徴を帯びた人間を見知らぬ人が助けてくれる確率が高かったのだ。

文化間の差異を探るために環境を操作した心理学者は、私だけではない。二〇〇八年、オランダのフローニンゲン大学の研究者たちもそれをやった。[2]ある設定では、商業地区周辺の街路に落書きを一時的に描いた。要するに、仮設の「ルーズ」な環境を作ったのだ。別の設定では通りをきれいに保ち、汚れ一つない「タイト」な環境とした。それから両方の環境で、駐輪された自転車のハンドルに「よい休暇をお過ごしください」と書かれたなんの役にも立たないカードをぶら下げた。これはなかなかよくできた実験だった。自転車の持ち主が自転車に乗るには、カードを取り除く必要がある。だが、周囲にごみ箱はない。この場合、カードを持っていくか、それとも地面に捨てるか。落書きだらけのルーズな通りでは、およそ七割の人が地面に捨てた。一方、きれいでタイトな通りでは、地面に捨てた人は三割ほどにとどまった。

これらの実験が示すように、タイトとルーズのどちらにも、見方によっては長所と短所がある。おおまかにいって、ルーズな文化はオープンな傾向があるが、タイトな文化と比べたら著しく無秩序でもある。一方、タイトな文化には心地よい秩序があって、想定外の事態が起こりにくいが、寛容さに欠ける。これが「タイトとルーズのトレードオフ」だ。ある点ですぐれていると、そのぶん別の点で劣ることになる。

タイトな暮らし

二〇一七年、アメリカのNPRラジオで毎週放送される『ちょっと待った！ 言わないで！』というお笑いトークショーで、ホストのピーター・セーガルが出演者たちにこんな質問をした。(3)「アメリカだけでなく日本の警察も問題を抱えています。日本でたくさんの警察官が心から待ち望んでいるものは何でしょう」。新しい制服、もっとスピードの出る車、昇給、もっとたくさんの休暇。こんな答えを予想した人もいるだろうが、どれも違う。まったく違う。セーガルはこう説明した。「答えは犯罪です。日本ではこの一三年間で犯罪率がひどく下がってしまったので、警察官は暇をつぶしてくれるものを本気で求めているんです」。『エコノミスト』誌によると、二〇一四年の時点で日本の殺人率は人口一〇万人あたりわずか〇・三件にとどまり、世界最低レベルに位置していた。(4) 日本の街はあまりにも治安がよいので、市民が盗みを働くように仕向けた警察官さえいる。鹿児島市では、ロックしていない車の中にビールをケースごと置いて、通りかかった人がそれを盗むか試した。だが、ここまで仕組んでも結果はぱっとせず、運の悪い犯罪者を処罰するチャンスが訪れるまでに一週間もかかった。

この笑える例にとどまらず、私がジョージ・トマス・クリアンの『世界ランキング図説』を統計学的に分析したところ、タイトな国では犯罪率がことごとく他国より著しく低いことが判明した。(5) 日本と同じく、中国も犯罪率が低いことで知られている。インドやトルコも同様だ。ニュージーランド、オランダ、アメリカなどのルーズな国では、犯罪はもっとよく起こる。著名な心理学者、スティーヴン・ピンカーの『暴力の人類史』が示しているとおり、ここ数十年間で暴力は減ってきたが、各国の殺人率は相変わらず予想どおりの大きな差を見せている。(6) ルーズな国のほうがタイトな国より殺人率が高いのだ。

タイトな文化はどうやって社会秩序を保ち、犯罪率を抑えているのだろう。まずは、厳罰の脅威がある。アムネスティ・インターナショナルの報告によると、死刑の存続はタイトさの度合いと強く相関している。(7) たとえばシンガポールでは、ドラッグを所持しているだけで死刑になる可能性がある。(8) 一方オランダでは、マリファナがカフェで合法的に売られている(9)（アメリカでも一部の州でそうなりつつある)[10]。サウジアラビアでは、薬物所持、不法侵入、強姦、姦通、同性愛行為など、死刑になりうる罪が一六種類以上ある[11]。飲酒しているところをつかまったら懲役刑の可能性があり[12]、公開のむち打ち刑に処されることさえある[13]。シンガポールのむち打ち刑については賛否両論があるが、この国で犯罪が比較的少ないのは、この刑による抑止力も一因だと思われる[14]。

徹底した監視体制も、犯罪抑止に一役買っているのは間違いない。私の調査によれば、タイトな文化のほうが人口一人あたりの警察官の数が多く[15]、公共の場で不適切な行為を取り締まる警備員もたくさん雇用されている[16]。タイトな国では監視カメラがいたるところに設置され、適切な行動をとるように市民の注意を喚起する。サウジアラビアでは、「サーヘル」(アラビア語で「眠らない者」という意味)と呼ばれるハイテクカメラが幹線道路やその出口、交差点に設置されている[17]。運転中に携帯電話で通話したり、メールを打ったり、シートベルトを着用していなかったり、制限速度を超えていたり、車間距離を十分にとらなかったり、車線をむやみに変更したりするドライバーの画像が、このカメラで記録される。日本でも、街路や建物、店の入り口、タクシー、鉄道駅などに、無数の防犯カメラが設置されている[18]。

イギリスのニューカッスル大学の心理学者たちが、規範を守らせるうえでこのように「あなたは見られている」と意識させるとどんな効果が生じるのかを調べる実験を行なった[19]。大学の喫茶室で、巨大な眼の写真がプリントされたポスターをコーヒーメーカーの上に貼った。コーヒーメーカーの横には、コーヒー、紅茶、ミルクの代金を入れる無人集金箱を置いた。眼のポスターを貼った週は(花の絵や写真を貼った週と比べて)、利用者が箱に入れた総額は平均でほぼ三倍に増えた。別の実験では、

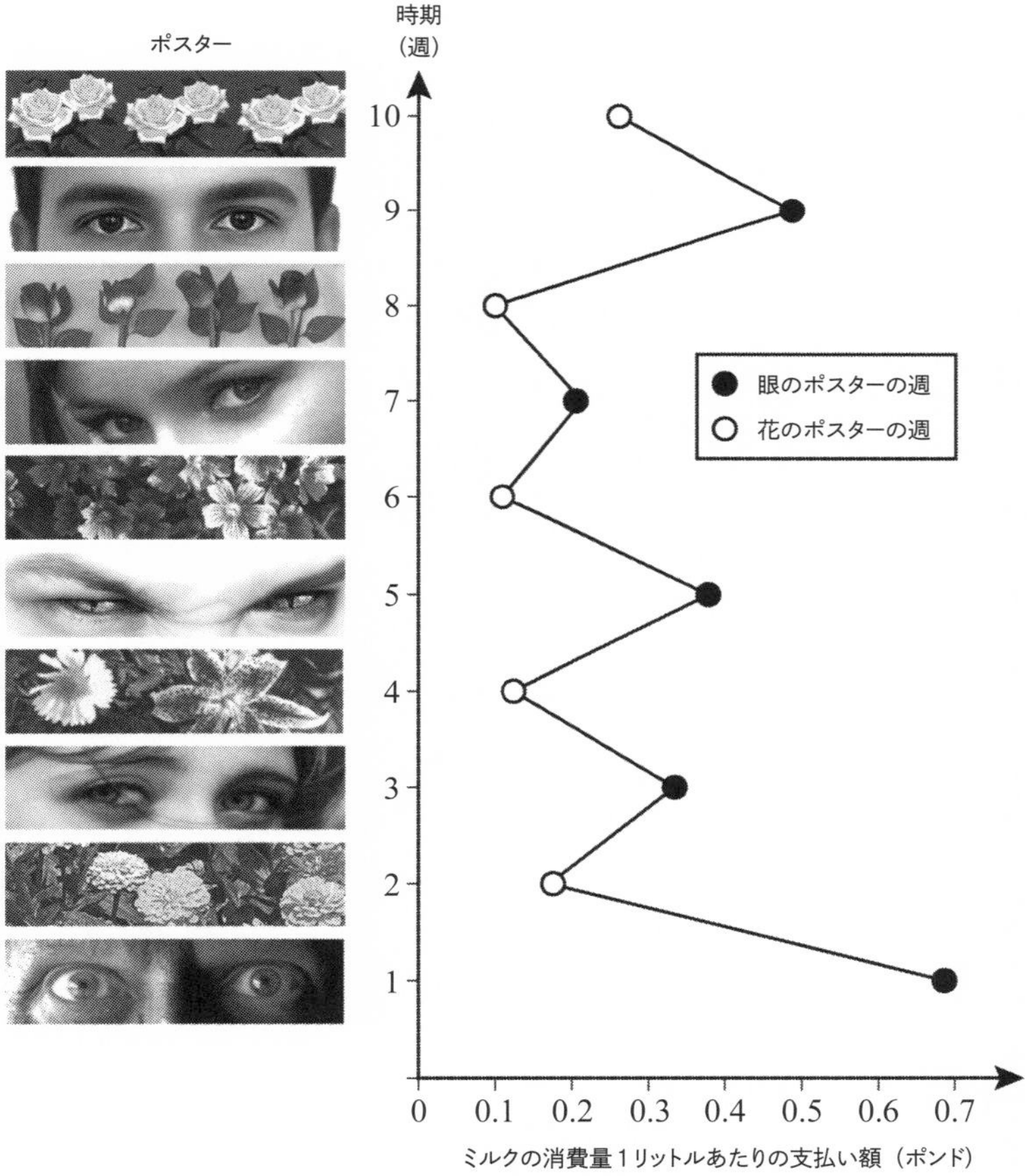

図3.1　無人集金箱への投入金額[20]

大学の食堂のあちこちに眼のポスターを貼ると、学生によるごみのポイ捨てが半減するという結果が出ている。[21]

別の実験では、牧師、預言者、聖人、教会など、宗教と関係のあることがらについて考えるように誘導された（信心深さで上位に入るタイトな文化のほうが、こうした考えを思い浮かべやすい）被験者のほうが、不正行為をする割合が低かった。[22] つまり監視の目の持ち主が近所の人でも、政府でも、あるいは神でも、とにかく私たちは監視されれば、一般的な規範に従うようになるのだ。文化心理学者のアラ・ノレンザヤンは、いみじくも「監視された人間は善良な人間になる[23]」と述べている。

タイトな国は犯罪が少ないのに加えて、たいてい整然として清潔である。この点でもやはり、強固な規範と監視が連携して作用している。

二〇一四年、私はさまざまな国にいるリサーチアシスタントに、公共の場の清潔さについて調べてもらった。[24] 国の豊かさを考慮してもなお、タイトな国のほうが街路に多くの清掃員がいる傾向が確認できた。清掃員は街をきれいにするだけでなく、街をきれいにすることの大切さを市民に気づかせる働きもする。

タイトな国の多くには、街をきれいに保つ伝統が古くから根づいている。たとえばドイツやその隣国のオーストリアは、きれい好きで知られる。ウィーンの街でごみをポイ捨てすると、「ごみ監視員」から多額の罰金を請求される。[25] ドイツ南部では、アパートの入居者は「ケアヴォッヘ」と呼ばれる掃除当番を厳密に守り、週ごとに持ち回りでアパートの階段や周囲の舗道を掃除する。[26] ノルウェーのオスロでは、街路にはごみ一つなく、シンガポールの完璧に掃除の行き届いた街路に匹敵するほどだ。オスロでは、ポイ捨て防止のマスコットが市民に対しポイ捨て禁止を呼びかけるとともに、清掃デーのイベントには二〇万人以上のボランティアが参加する。[27]二〇一四年のサッカーワールドカップでは、日本人の清潔へのこだわりが世界で大きく報じられた。日本が負けたあと、鮮やかなブルーのごみ袋を手にした日本人サポーターの集団が、ブラジルのアレナ・ペルナンブーコ・スタジアムでごみ拾いをした。[28]日本国内ではこれが試合後の慣例となっているのだが、それをよそでも実践したというわけだ。

対照的に、ルーズなふるまいの極端な例としては、二〇一一年にアイスホッケーチームのバンクーバー・カナックスがスタンレーカップで優勝を逃したときの騒動が挙げられる。ブロガーのイシャ・アランによれば、バンクーバーの街は「酔っ払いの修羅場」と化し、もとの状態を回復するのに四〇〇万ドル近くかかった。[29]一般に、こうしただらしないふるまいはルーズな文化で多く見られる。アメリカ人の七五パーセントが過去五年間にごみのポイ捨てをしたことがあると認め、そのせいで年間一一〇億ドル以上の清掃費がかかっている。[30]ブラジル政府はリオデジャネイロだけでも街路と海岸のごみ収集に年間数億ドルを支出している。[31]ギリシャでは、国民がごみを不法投棄し、[32]火災を起こしたり健康や安全を深刻なリスクにさらしたりすることによって、[33]国家の財政危機をさらに悪化させている。

おもしろいことに、人が雑然とした環境の中にいると、そのことから強力なフィードバックのループが生じ、逸脱や無秩序がさらに促進される。ごみをポイ捨てしたり、ショッピングカートを置き場に戻さなかったり、建物の壁に落書きをしたりする人がいたとしよう。この場面を見かけた人が、それとは別の規範やルールを破る確率は上がるだろうか。研究によれば、確率は上がる。近くで花火が違法に打ち上げられているのを見たり、ほかの人がショッピングカートを戻さないのを見たりすると、ごみをポイ捨てしやすくなることがわかっている。[34] このような「逸脱の伝染」は、もともと規範からあまり逸脱しないタイトな文化でははるかに起こりにくい。

タイトな文化は一般に清潔であるのに加えて、騒音も全般に少ない。ドイツは日曜日と祝日の夜に静寂の時間を定めている。[35] この静寂の時間には、庭の芝刈りや大音量の音楽や洗濯機の使用が禁じられる。ドイツの法廷は、この規則をきわめて厳粛に扱っている。犬の鳴き声がうるさいとケルン市民が苦情を申し立てたところ、一回につき連続一〇分以内、一日に合計三〇分だけ鳴くことを許可するとの決定が下された。[36] 日本でも、騒音は厳しく制限されている。通勤電車の乗客は、携帯電話での通話は遠慮し、音楽を聴くときにはヘッドフォンを使うことが求められる。[37] 対照的にオランダの通勤電車では、乗客が大声でしゃべるのはよくあることで、「スティルテ」（オランダ語で「静寂」の意味）に指定された車両でもそうなのだ。[38] イスラエルでは二〇一六年に運輸当局が、地下鉄の車内では「もっとイギリス人のように」ふるまい、大声を張り上げないようにと国民に求める動画を制作した。[39] 一方、『ニューヨークタイムズ』紙はニューヨーク市を「片時も沈黙しない街」と呼んだ。二〇一六年、ニューヨークでは騒音に関する苦情が二〇一一年の二倍にあたる四二万件以上寄せられ、[40] 報告によると、騒音の音量はもはや危険なレベルに達している。[41] 私の調査によれば、静寂の聖域であるはずの図書館でさえ、ルーズな文化ではタイトな文化よりもはるかにうるさい。[42]

街なかの時計

タイトな文化のほうが秩序をよく保っているわけだが、その一因として同調性にすぐれていることが挙げられる。同調性は、シンクロナイズドスイミング、マーチングバンド、軍事教練など、人間のさまざまな活動で見ることができるし、人間以外の生物の多くにも見られる。ホタルはじつにうまく同調し、同じタイミングでいっせいに発光する。[43] コオロギも同様で、あまりに整然と同調して鳴くので、その鳴き方から気温が推定できるほどだ。[44] 周囲を見回せば、あらゆるところで同調性が見つかる。人間で言えば、心臓ペースメーカー、ニューロンの発火、腸の活動、劇場の観客の拍手喝采は、いずれも同調性を示す。[45] どんな国にもある程度の同調性は必要で、それがなければ国は崩壊する。しかし同調能力は国によって大きく異なり、タイトな文化のほうがルーズな文化よりも同調するのがうまい。

街なかの時計という単純な例を見てみよう。どの国でも主要な時計は完璧に正しい時刻を示すものだと思っている人もいるかもしれないが、心理学者ロバート・レヴィーンの行なった巧妙な研究によると、時計がきちんと揃って同じ時刻を示す国もあればそうでない国もあるらしい。[46] 三〇カ国あまりの首都で、リサーチアシスタントが各都市につき一五個の時計の示す時刻を調べた。オーストリア、シンガポール、日本などのタイトな国では、市の中心部にある時計はきわめてよく揃っており、互いのズレは三〇秒未満だった。一方、ブラジルやギリシャといったルーズな国では、二分近いズレがあった。私がレヴィーンのデータを分析したところ、次の図からもわかるとおり、一般にタイトな国のほうが時計間のズレが少ない傾向が明らかとなった。

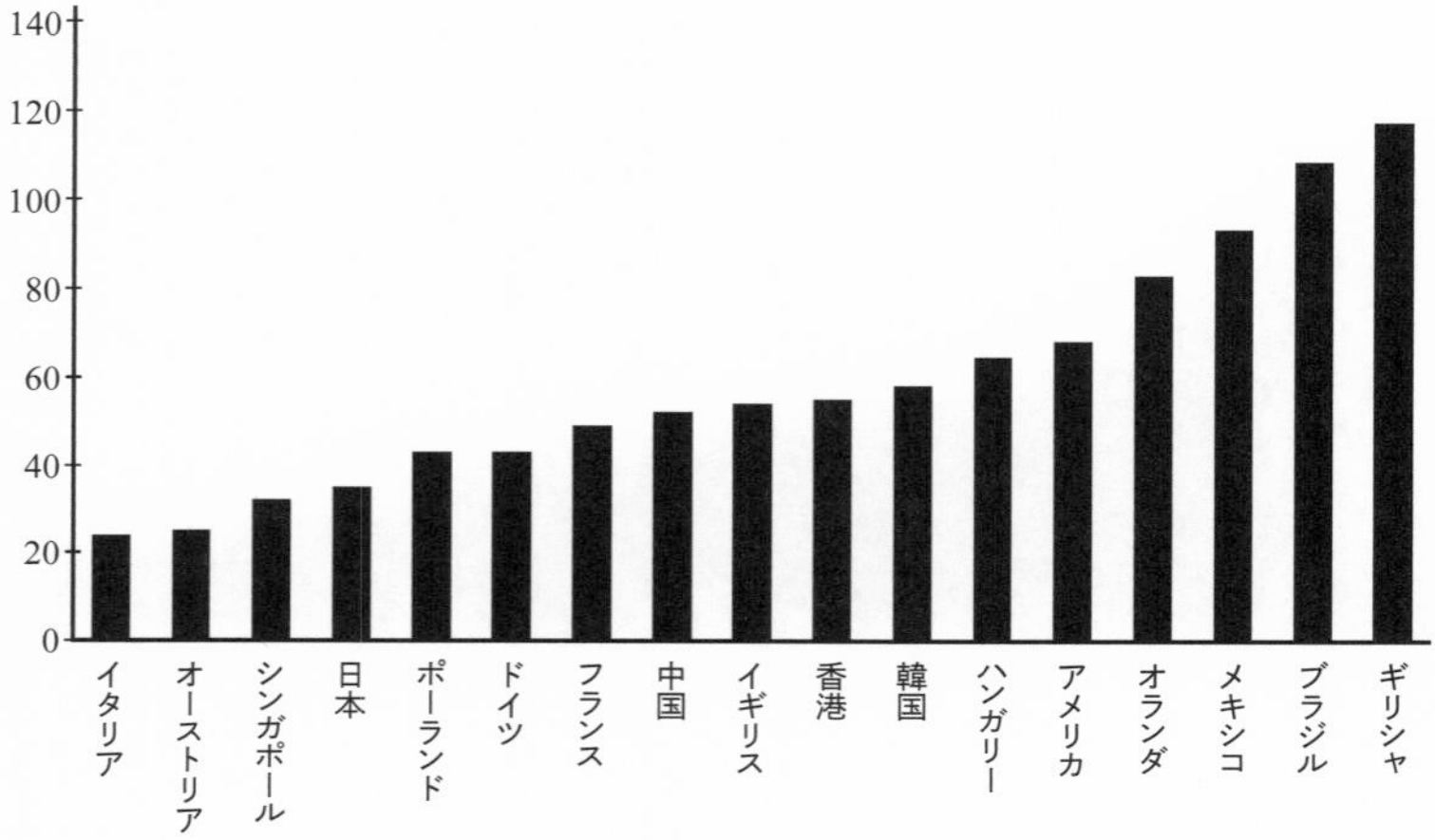

図3.2　各国の時計間のズレ(秒)[47]

交通機関も、タイトな文化のほうがきちんと運行している。タイトな文化で暮らしている人は、公共交通機関を利用するときに時刻表を信頼して大丈夫だが、ルーズな文化で暮らす人は遅延を見込んでおいたほうがよい。最高時速三二〇キロで走行する日本の新幹線[48]の二〇一三年の平均遅延時間はわずか五四秒だった[49]。時間厳守で知られるスイスの列車は、九七パーセントという定時運行率を誇った[50]。シンガポールでは、二〇一四年に主要鉄道網で生じた三〇分以上の遅延は一四件だけだった[51]。鉄道事業者は、遅延を発生させると年間最高一〇〇万シンガポールドルの罰金が科される[52]。タイトな国で遅延が起きた場合、謝罪と説明が繰り広げられる。シンガポールで電力供給のトラブルによって列車が二時間遅延したときには、運輸大臣が自ら国民に謝罪した[53]。ドイツでは列車が遅れると、車掌が乗客に状況を詳しく説明する[54]。対照的に、ルーズな国では遅延がよく起こり、乗客が謝罪や説明を受けることは少ない。ニューヨーク市内とニュージャージー州を結ぶニュージャージー・トランジット社の路線は利用者が多く、毎日ほぼ確実に遅延や運休が生じて乗客に迷惑をかけることから、njtranshit.com という愉快な名前のウェブサイト〔「くそ」という意味の shit と社名の「トランジット」をかけている〕が作られて、運行状況を追跡している。アメリカの鉄道会社アムトラックでは、特に混雑の激しい路線の一部で列車の二、三割が遅延すると推定される。[55]

タイトな文化で足並みを揃えているのは、時計だけではない。人もほかの人と同じ服装を選び、同じ品物を買い、一般に個性を軽んじる傾向がある。なぜなのか。それは、誰もがほかの人と同じようにふるまえば、秩序と協調を維持するのがはるかに容易になるからだ。文字を書くのにどちらの手を使うかという、一見どうでもよさそうなことについて考えてみよう。私の研究で、タイトな文化のほうが「左利き」の人がはるかに少ないことが判明している。[56]たとえばアメリカ人はおよそ一二パーセントが左手で文字を書くのに対し、トルコ人ではおよそ三パーセントにとどまる。また、タイトな国ほど学校で制服を義務づけている割合が高い。[57]この画一性は、道路を走る車にも見られる。私はリサーチアシスタントのチームを世界各地の駐車場にも送り込んで、車を調べさせた。[58]その結果、タイトな文化ではルーズな文化と比べて車種や色のバラエティーが少ないことがわかった。

同調性はタイトな文化のいたるところで発揮される。日本の学生は、マーチングバンドや軍隊を思わせるような、驚くほど複雑な動きで完璧に足並みを揃えて行進する「集団行動」と呼ばれる演技をやってのける。[59]中国では、ラジオから流れる音楽に合わせて体を動かすラジオ体操の実施が国営企業に義務づけられており、[60]多くの小中学校でもカリキュラムに取り入れられている。[61]夜になると年輩の女性が広場に集まって、太極拳をもとにした動作からなる踊りを一糸乱れずに踊る光景もしばしば見られる。[62] 人を同調させるのに、宗教の慣習を利用する文化もある。中東では一日に五回、イスラム教徒に礼拝を呼びかける「アザーン」が町じゅうに響きわたり、地域の人々の行動を同調させる。[63] 時計、服装、車、礼拝への呼びかけのいずれによるにせよ、同調することによって、人の心理には当然予想される結果がもたらされる。第1章でも述べたとおり、結束と協力の強化につながるのだ。

まったく思いがけない場所でも、同調が見られる。株式市場だ。アナリストは長いあいだ、株式市場での行動は主に国の経済力や情報の透明性といった経済的・政治的要因と結びついていると考えてきた。ところがアメリカの教授らのグループが、文化も一役買っているのではないかと気づいた。ジョージア工科大学シェラー・ビジネスカレッジのウン・チョルらは『ジャーナル・オブ・フィナンシャル・エコノミクス』誌に発表した論文において、タイトな文化の投資家のほうが、互いに同じような売買の決定を下す傾向が強いことを指摘し、これを「株価同調性」と呼んだ。[64] 一九九〇年から二〇一〇年までの四七カ国の株価変動を調べたところ、中国、トルコ、シンガポールといったタイトな国のほうが、アメリカ、ニュージーランド、ブラジルなどのルーズな国よりも高い同調性が見られた。タイトな地域の投資家のほうが、明らかに共通の経験と展望をもち、一般に同業者から影響を受けやすく（つまり「群れ行動」をとりやすい）、そのため株式の売買についても同じような決定を下すのだ。

節制

タイトな文化ではルーズな文化よりも社会的な規制が厳しいので、個人の自制も強いだろうと思われる。ドイツの社会学者ノルベルト・エリアスは、一九三九年の著書『文明化の過程』において、社会的規制と自制をいち早く関連づけた[65]。彼によると、ふるまいを他者と合わせることを強要される度合いが強い人ほど、自己の衝動を抑える能力が高い。私の調査もそれを裏づけている。実際に、タイトな文化の人のほうが高い自制力を示すのだ。たとえばアメリカ、ニュージーランド、ギリシャ、ベネズエラの人は、インド、日本、パキスタン、シンガポールといったタイトな国の人よりもはるかに体重が重く、各国の経済力や国民の平均身長を考慮に入れてもこの傾向は変わらない[66]（余談だが、アメリカでは犬と猫も半数以上が太りすぎで[67]、わが家の愛犬ペッパーもその例に漏れない）。一人あたりのアルコール摂取量が上位の国にも、スペイン、エストニア、ニュージーランドなどのルーズな国が含まれる。一方、シンガポール、インド、中国などのタイトな国は、飲酒率が低い[68]。

金銭の使い方も、タイトな文化とルーズな文化では大きく異なる。アメリカ、ハンガリー、エストニアなどのルーズな国の人は、韓国やシンガポールといったタイトな国の人よりもギャンブルをする割合が高い[69]。国内総貯蓄（「国民総所得」から「公共消費」と「個人消費」を引いたもの）も、ルーズな国のほうが少ない。国の経済力と所得分配を考慮してもこの傾向は変わらないことから[70]、ルーズな文化の経済は生産額よりも支出額のほうが多いことがうかがわれる。

これらの違いは科学的な研究で見出されるばかりではなく、国際ニュースにも現れる。二〇〇八年に金融危機が世界市場を襲ったとき、ルーズな文化であるギリシャは長年にわたる杜撰《ずさん》な財政管理のツケが回り、三〇〇〇億ユーロの債務に陥った。[71] タイトな国であるドイツの銀行がギリシャの債務の多くを肩代わりし、ドイツ政府は厳格な親のように、ギリシャに対し財政の引き締めを求めた。アンゲラ・メルケル首相は、「シュヴァーベン［ドイツ南西部の富裕な地域］の主婦に相談しなさい。地に足のついたアドバイスをくれることでしょう。身の丈を超えた暮らしをいつまでも続けることはできないのです[72]」と小言を言った。ドイツ語では「借金」と「罪」がどちらもSchuldという単語で表されるという事実は意味深長だ。[73] ギリシャ国民は反発し、ドイツの求める厳格な措置に激しく抗議した。二〇一五年七月、ドイツがギリシャのユーロ圏離脱を提案したとき、緊張は頂点に達した。[74] 結局、新たな救済措置が発動されたが、タイトとルーズの分断が消えることはなかった。

ルーズな暮らし

タイトな文化では一般に犯罪率が低く、同調性が高く、自制の度合いが強い。反対にルーズな文化は秩序に欠け、自制がはなはだしく欠如している場合がある。とはいえ、新しい考えや異質な人々、変化に対する寛容性という点では、ルーズな文化のほうが大いにすぐれている。これはタイトな文化に著しく欠けている性質であり、ここでもタイトとルーズのトレードオフが生じている。

人間はイノベーションを生み出せるという点でほかの動物と異なり、この能力によって、車輪から電球、インターネットに至るまで、数々の有用な発明をなし遂げてきた。創造力には、型破りな発想と、既存の規範を破る斬新な考えを受け入れる度量が必要だ。それゆえ、イノベーションを生み出すうえでは、ルーズな文化のほうが明らかに有利だ。

ロイ・チュア、ヤニーグ・ロート、ジャン゠フランソワ・ルモワンヌという三人の経営学教授が、あるクラウドソーシングサイトで実施された九九件の「創造性コンテスト」について、応募してきた一万一〇〇〇個のアイデアを分析した。(75) コンテストでは最もすぐれたアイデアに多額の賞金が授与されることになっており、スペインの新しいショッピングモールの設計や、エジプト文化に合ったテレビCMの制作、オーストラリア人向けのインスタントコーヒーのブランド再生、いかにも「フランスらしい」ミネラルウォーターのボトルデザインなどが求められていた。タイトな国の応募者は、これらのコンテストで選ばれる率が低いだけでなく、そもそも応募が少なかった。さらに顕著だったのは、タイトな文化の審査員は外国人応募者のアイデアを選ぶ割合が低いということだ。これはおそらく、外国人の出すアイデアは審査員にとってなじみのあるアイデアよりも急進的だからだろう。

この研究から、タイトとルーズのトレードオフの興味深い一面が浮き彫りになる。ルーズな文化はタイトな文化よりも秩序に欠けるかもしれないが、自由な発想をするには、ある程度は無秩序であるほうがじつは有効だ。たとえば心理学の実験に参加しているとしよう。部屋は図3・3の左側の写真のようにきちんと片づき、きれいに整えられた机が置かれている。次に、書類や開いたままの本やペンや鉛筆が机と床に散らかった乱雑な部屋（私の研究室はこんな感じだ）にいるとしよう。この実験で、これらの環境は創造力にどう影響するだろうか。

心理学者のキャスリーン・ヴォーズらは、乱雑な部屋にいる被験者のほうがブレインストーミング

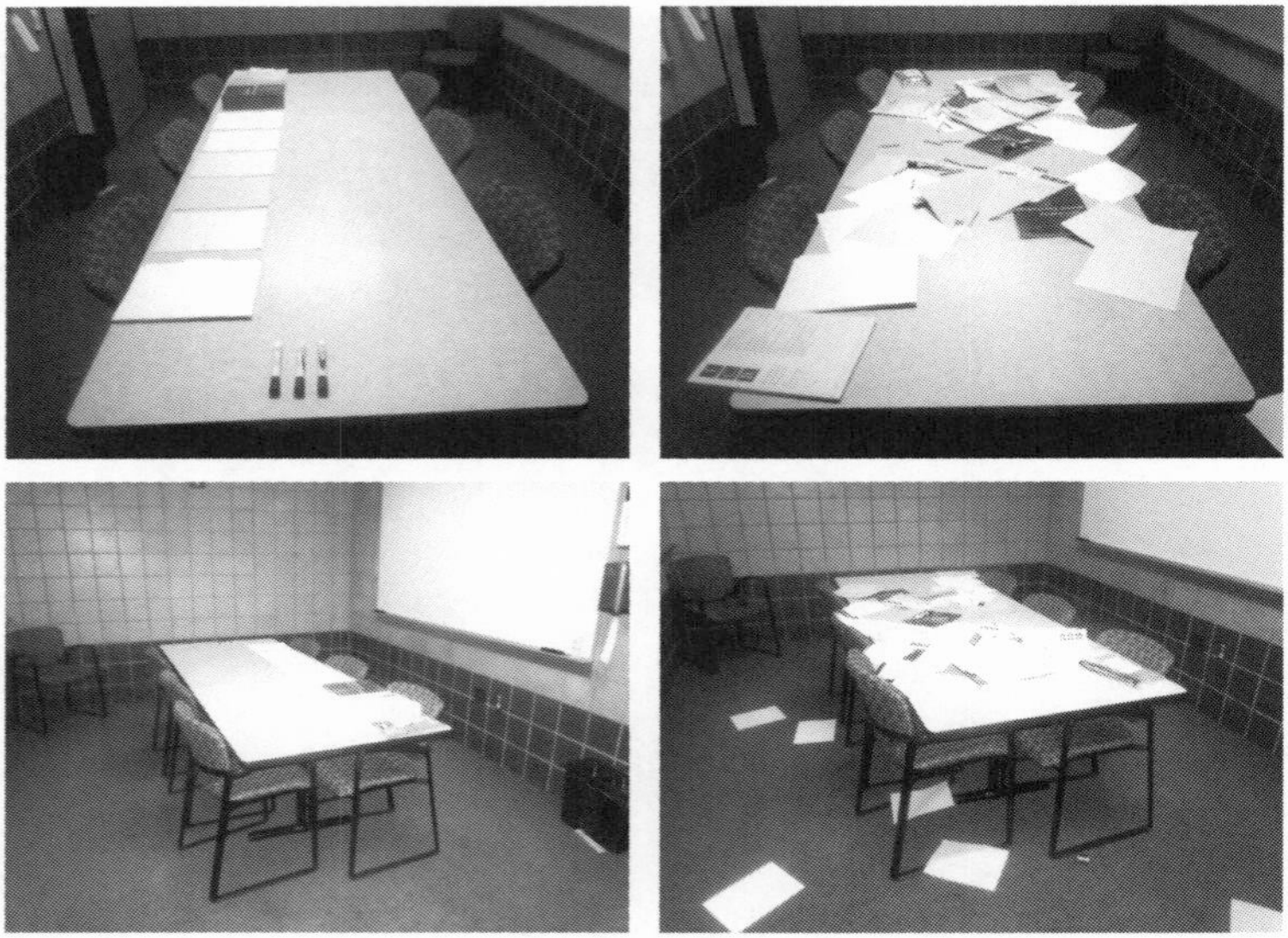

図 3.3　ヴォーズらの実験で使用された、片づいた部屋と散らかった部屋[76]

のタスク（具体的に言うと、ピンポン玉の画期的な利用法を挙げよというタスク）でよい成績を出すことを発見した。別の実験では、乱雑な部屋にいる被験者は飲食店のメニューで「定番」と書かれた品よりも「新商品」と書かれた品（創造性に富む選択肢）を選ぶことが判明した。[77] タイトな部屋、そしてタイトな文化は、現状維持を強化する。それに対し、ルーズで乱雑な環境はカオスのように見えるかもしれないが、因襲にとらわれない発想を促進する。

ちなみに、タイトな文化では協力を促進するうえで同調性が役に立つが、ルーズな文化では非同調性がメリットをもたらす。私は共同研究者のジョシュア・ジャクソン、ナヴァ・カルオリ、モーガン・テイラーとともに、ある実験を行なった。被験者をいくつかのグループに分け、グループ全員でまったく同じペースでキャンパスを歩くか、あるいは各自のペースで歩いてもらい、そのあとで創造力を測るタスクをさせた。その結果、同じペースで歩いたグループは、各自のペースで歩いたグループと比べて創造力が低かった。

別の実験で、グループの全員に同じ言葉か別々の言葉をいっせいに言わせてから、グループによる意思決定タスクをさせた。このタスクでは、じつはグループのメンバーがそれぞれ違う意見をもっているほうが有利になるのだが、同じ言葉を言ったグループのほうが、意思決定タスクで異論を口にしない傾向が強かった[78]。

古代のアテナイ人から現代のオランダ人に至るまで、ルーズな文化のほうが高い創造力を発揮するのは、多様な文化に触れているからでもある。研究によれば、さまざまな土地を訪れたり異文化出身者と広くかかわったりして多くの文化に触れた経験が豊富な人のほうが、そうでない人より創造力に富む傾向が見られる。たとえば実験室での実験では、多文化の経験が豊富な人のほうが、ブレインストーミングで贈り物に関する斬新なアイデアを出し[79]、画期的な解決策を必要とするタスクもクリアできた[80]。

マッチ、ロウソク、一箱の画鋲を渡されて、ロウがテーブルに垂れないようにして火のついたロウソクを壁に取りつけよと指示されたとしよう[81]。正解は図3・4を見ていただきたい。かなり創造的な発想が必要なのは明らかで、多様な文化に触れた経験が発想の助けとなる。

経済学者はこのように境界を越えて規範から抜け出す能力を「流動性[82]」と呼び、起業家として成功するにはこのスキルがきわめて重要だと考える。ハーバード大学の心理学者ハワード・ガードナーの

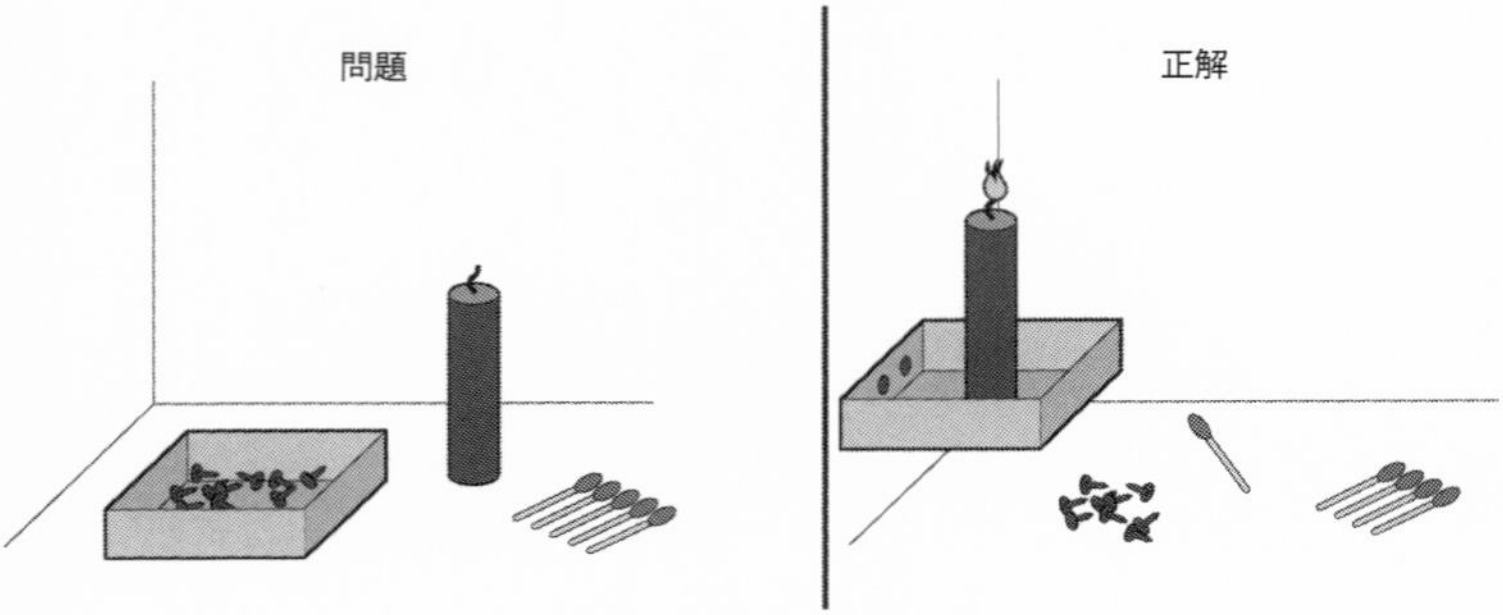

図3.4　ダンカーのロウソク問題[83]

言葉を借りれば「適合性の欠如、尋常でないパターン、不規則性」[84]といったまさにルーズな特性こそ、創造性を刺激する力をもつ。実際、一二〇カ国以上の国民の考え方を調べた二〇一五年の「グローバル・アントレプレナーシップ・モニター（起業活動に関する国際調査）」を私たちが分析したところ、ブラジルやギリシャなどのルーズな文化の人のほうが、韓国やドイツといったタイトな文化の人と比べて、起業を好ましいキャリアの選択肢と考え、自分には起業する能力があると思う割合が高かった。[85]

ルーズな文化は異質な考え方に対してオープンなだけではない。異質な人々に対してもオープンなのだ。はるか昔の紀元前四五〇年ごろ、「歴史の父」とも称される歴史家のヘロドトスは旅の途上で、あらゆる文化は自民族中心主義だと述べた。つまり、自分たちのやり方がほかのやり方よりもはるかにすぐれていると考えるのだ。「実際どこの国の人間にでも、世界中の慣習の中から最も良いものを選べといえば、熟慮の末誰もが自国の慣習を選ぶに相違ない。このようにどこの国の人間でも、自国の慣習を格段にすぐれたものと考えているのである」[86]（『歴史』松平千秋訳、岩波文庫）

ヘロドトスは、ペルシャ王ダレイオスのエピソードを引き合いに出して論点を説明する。王は、遺体を火葬する風習のあるギリシャ人に対し、いくら金をもらったら自分の父親の遺体を食べられるかと尋ねる。ギリシャ人は驚愕し、そんなことは絶対にできないと答える。次に王は、父親の遺体を食べることで知られるインドのカッラティア人に、いくら金をもらったら父親の遺体を火葬にできるかと問う。カッラティアイ人はおののいて叫び、そんなおぞましいことは口にしないでほしいと訴える。(87)

しかし、ある程度の自民族中心主義はどこでも見られるとはいえ、ルーズな文化のほうがタイトな文化よりもその度合いは低い。ルーズな文化の人は一般に、心理学でいう「コスモポリタン的な考え方」をする。(88)自分が「全世界」と一体であると考える度合いは、ルーズな文化の人のほうが高い。このコスモポリタン的な考え方のおかげで、外国人に対する受容性も高い。世界各地の人に、移民を隣人として受け入れられるか質問したところ、最も高い受容性を示したのは、ブラジル、オーストラリア、ニュージーランド、オランダなどのルーズな文化であり、マレーシア、韓国、トルコといったタイトな文化は受容性が低いことが判明した。(89)ルーズな文化では、国家もこの姿勢を後押しする。それゆえルーズな国のほうが、移民の居住率が高いのだ。(90)

一般的な傾向として、タイトな文化の人のほうが自分の文化がほかよりすぐれていると思い、(91)それゆえ外国からの影響を受けないように文化を守る必要があると考える。(92)たとえば中国は、外国人に対してネガティブな姿勢を示す国のランキングで上位一〇パーセントに入る。(93)日本は全人口に占める外国人の割合がわずか二パーセントにとどまり、(94)多くの家主が「外国人お断り」の方針をとり、(95)公衆浴場、店舗、レストラン、ホテルでも外国人客を受け入れないところがある。(96)二〇一六年、『ガーディ

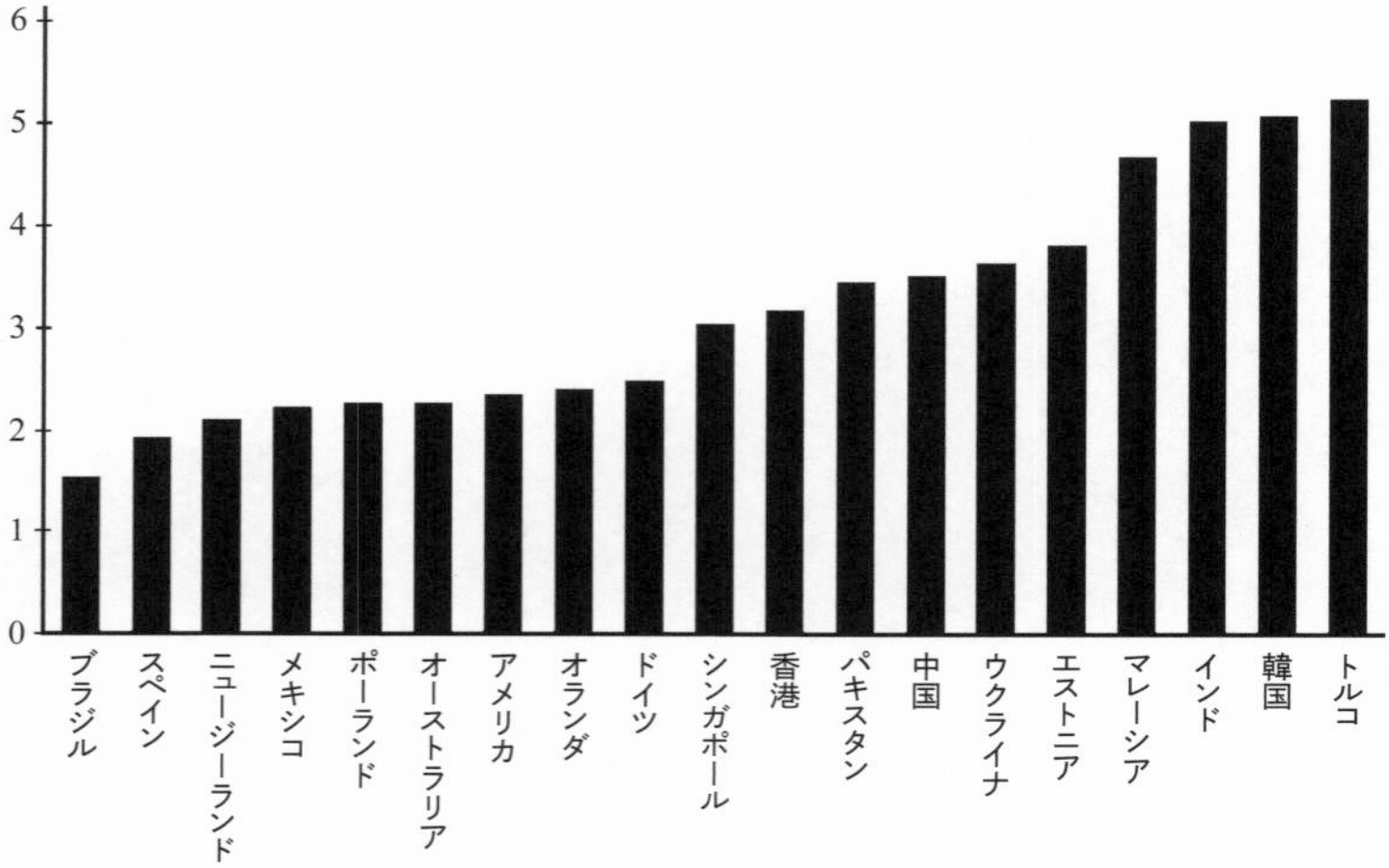

図3.5　被差別集団が隣人となることへの抵抗感はタイトな文化ほど強い[100]

アン』紙は大阪で電車の車掌がこんな放送をしたと報じた。「本日は外国人のお客様が多数ご乗車のため車内が大変混雑し、日本人のお客様にご迷惑をおかけしております[97]」。民族的多様性が乏しいタイトな文化であるオーストリアでは、国民の三割近くが反ユダヤ主義的な考えをもつことが調査で明らかになっている[98]。オーストリアはEU外からの移民に対して政治の面で排他的な国の一つであり、非EU系移民に選挙権を与えず、市民権を得ようとする移民にはきわめて厳しい条件を課すという[99]。

　差別されやすいさまざまな立場にある人に対しても、ルーズな文化の人はタイトな文化の人よりも寛容である。私たちが一九カ国の三万三〇〇〇人以上を対象として行なった調査では、ルーズな文化の人のほうが、同性愛者、人種や宗教が自分とは異なる人、外国人労働者、未婚のカップル、エイズ患者といった人が隣人となることに対してはるかに前向きだった[101]（図3・5）。

ギャラップ社による国際調査でも、韓国、パキスタン、マレーシア、トルコ、中国といったタイトな国は、ゲイやレズビアンにとって最も住みにくい場所であり、オーストラリア、ニュージーランド、オランダなどのルーズな国のほうが寛容であることが判明している[102]。二〇一五年には、サンフランシスコ、バルセロナ、アムステルダム、サンパウロ、テルアビブが、ゲイにやさしい旅行先の上位に入った[103]。他方、ポルトガル[104]やトルコ[105]ではゲイの学生に対するいじめや差別が横行し、イランとアフガニスタンではゲイであることが死につながる。同性間の性行為は、イスラム法に反するとして死刑に処せられる可能性があるのだ[106]。

もう一つ、さほど明白ではないかもしれない差別について見てみよう。未婚か、既婚か、それとも離婚経験者かという婚姻状態についてだ。ルーズな文化では、この区別にあまり重要な意味がない。たとえばオランダでは、正式な結婚をせずに同居したければ、パートナー登録や同居契約などいろいろな方法がある[107]。オランダ人の子どものおよそ半数は、結婚していない親から生まれる。ニュージーランドやスペインでも、そのような子どもの割合が高い[108]。ルーズな文化は、セックスについても寛容である[109]。タイトな文化と比べてセックスパートナーの数が多く、不特定多数とのセックスにも好意的だ。対照的に、タイトな文化では結婚しない女性やシングルマザーは慣習から逸脱した生き方をしていると見なされ、しばしばひどい屈辱にさらされ、疎外される。中国では、二〇代後半の未婚女性または離婚した女性は政府から「売れ残りの女」を意味する「剰女《シェンヌ》」と呼ばれ、政府が提供するテレビ番組で「着古した木綿の上着」と嘲笑される[110]。結婚していないと、就職の際にも不利となる。『ニューヨークタイムズ』紙によれば、中国で三六歳の独身女性が十分に資格を満たす編集者のポストに応募したところ、独身なのは「人格に重大な欠陥」か「精神的な問題」があるからに違いないと決めつけられて落とされた。韓国では、養子に出される子どもの九割以上が未婚の母の子である。[111] これは主に、そのような子どもを手元に置いている母親は差別を受けるからである。

現状維持志向の文化的ルーツ

古代ギリシャの哲学者ヘラクレイトス（紀元前五〇〇年ごろ）は、万物流転説を唱えたことで知られる。[112] それから何世紀も経った一九九二年、哲学者以上に真実を衝くコメディアンのビル・ヒックスが、十八番《おはこ》のネタの中でヘラクレイトスと同じようなことを言った。「この世はテーマパークの乗り物みたいなものだ。上がったり下がったり、ぐるぐる回ったりしては、ワクワクドキドキさせる。そして、僕たちは好きなときに乗り換えることができる[113]」。しかし、世界のどこへ行っても同じように変化が受け入れられるわけではない。ルーズな文化はオープンで寛容なので、変化を受け入れ、新しいアイデアが今までよりもすぐれているかもしれないと思えば、すぐさまそれに適応できる。一方、強固な社会規制と同調性に支配されるタイトな文化は、安定と現状維持に固執し、新たな状況に適応するには著しく長い時間がかかる。

たとえば、ルーズな文化の人に署名活動やデモなどの集団的な政治活動に参加したことがあるか、あるいは参加を考えたことがあるか訊くと、「イエス」の答えが圧倒的に多い。これに対し、タイトな文化では「ノー」のほうが多い。[114] ルーズな文化にはきわめてオープンなメディアがあり、検閲されずに異議を申し立てることができる。それだけでなく、自分とは異なる意見の表明を支援することさえある。二〇〇七年、コロンビア大学を訪問したイランのマフムード・アフマディーネジャード大統領に対する抗議集会で、ある参加者が「すべての人に言論の自由を。クズな人間にも」と書かれたプラカードを堂々と掲げ、「一人に言論の自由を拒めば、万人にそれを拒むことになるから」と語った。[115]

一方、タイトな国では、公の場で言ってよいことにはさまざまな制約がある。タイトな国の政府は独裁的であることが多く、政府批判に対する強硬な取り締まりやメディアへの検閲を躊躇しない。[116] フリーダムハウスという団体が、メディアやジャーナリストに対する国家のオープンさをランクづけしているが、当然といえば当然ながら、そのオープンさの評価と国のルーズさは強く相関している。[117] ニュージーランド、ベルギー、オーストラリアなどはメディアに対して非常にオープンで、多様な意見を自由に交わすことができる。それに対し、中国、マレーシア、シンガポールなどは、オンラインでもオフラインでも人の発言を取り締まる。ツイッター社の分析部門の報告によると、二〇一七年に「国民のアカウントからツイートを削除してほしい」という政府や他の当局からの要請が最も多かった国は、不適切なツイートに対する厳しい監視で知られるロシアではなく、トルコだった。[118] 中国は二〇〇万人を擁する「インターネットポリス」にインターネットの監視と反逆的な意見の削除を命じている。[119] 秩序を乱そうという気を国民に起こさせないために、中国政府は「社会信用システム」を導入しようとしている。この制度では、借金の返済や自動車の運転履歴、さらには親との関係といった個人の行動に関するデータを、信用度を点数化して評価する「信用スコア」で採点する。その際、「秩序を乱した」者は減点され、罰則が科される。[120]

ルーズな文化の人は、これらの規制が行き過ぎだと感じ、国家はメディアに干渉すべきでないと考えるかもしれない。しかしタイトな文化では、多くの人がじつはこうした規制を支持している。二〇〇八年のピュー・リサーチ・センターによる調査では、中国人回答者の八割以上が、政府はインターネットを管理あるいは規制すべきだと答えている。[121] この結果から、もっと全般的な傾向が見て取れる。タイトな文化の人は、政府の最も重大な責務は秩序を維持することだと考え、個人の自由をいくらか犠牲にしても、秩序を維持できる強力な指導者を支持するのだ。[122]

ルーズな文化にはアイデアをやりとりする広大な場があり、現状の変革が奨励されるので、タイトな文化よりもはるかにすばやく文化の変化が起こりうる。私はダナ・ナウとソハム・デという二人の人工知能専門家と組んで、これをコンピューターでシミュレートしてみた。[123] 集団に今より利益をもたらすことになる新たな規範を導入してみたところ（これは経済または社会の改善に相当する）、タイトな集団はルーズな集団と比べて変革に抵抗する時間がはるかに長かった。

実験室での人工的なシミュレーションにとどまらず、タイトな文化は変化に対して激しく抵抗する。私はテロに関する調査のために、ヨルダンを頻繁に訪れる（タイトとルーズとテロとの関係については、第10章で詳しく取り上げる）。二〇一六年、ヨルダンの教育省は新たな学校カリキュラムを発表した。寛容さを育み、同国の若者のあいだに広がる過激化を抑えようとしたのだ。[124] この改革の狙いは、「イスラム教徒以外の人を受け入れる」感覚を育成することにあった。ヒジャブをまとわない女性、ひげを伸ばしていない男性、掃除機で掃除する男性の写真が教科書に加えられたが、教科書自体はヨ

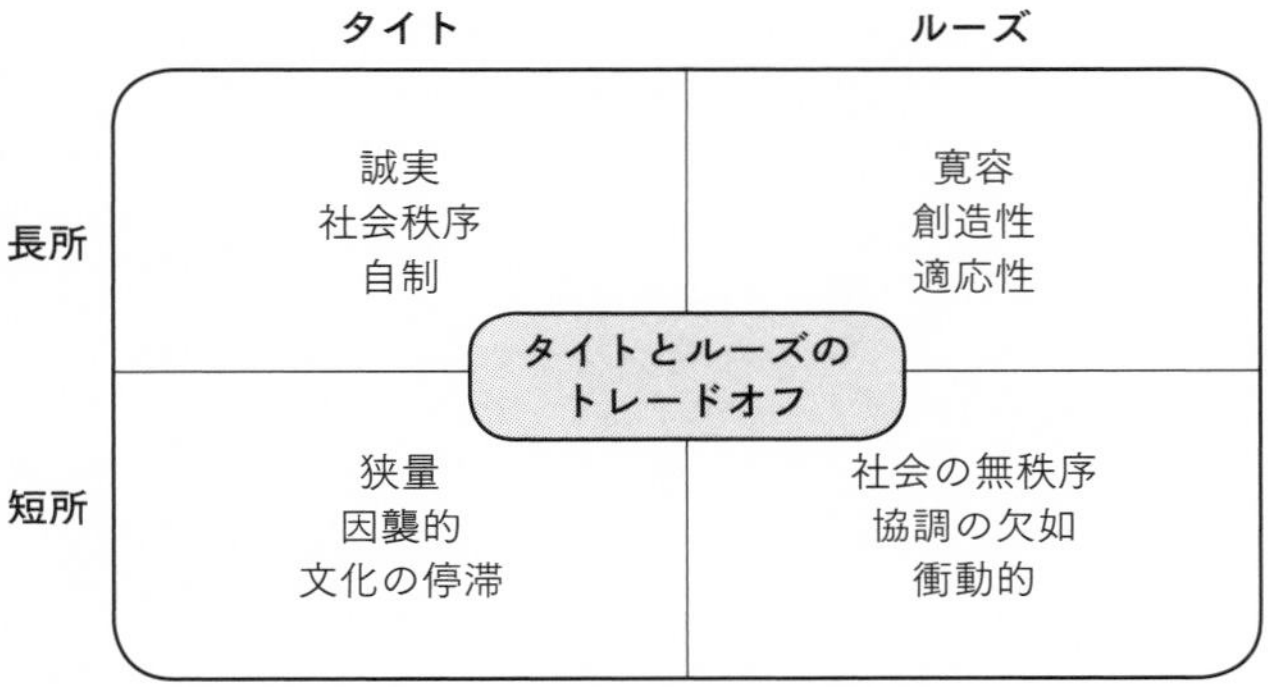

図 3.6　タイトとルーズのトレードオフ

ルダンで支配的なイスラム教の考え方をとどめていた。政府報道官のモハメド・モマニは、この改訂によって、ヨルダン国民が過激派的なイデオロギーに影響されるのを阻止したいと述べた。ところが、完全に逆効果となった。国民の多くが、この変更をイスラム教的な価値観への攻撃ととらえたのだ。[125] 教員組合は教師たちに改訂を無視せよと指示し、アンマンでは一部の教師が「われわれは自分たちの教えたいことを教える」と叫びながら新しい教科書を燃やした。[126] このタイトな文化では、このような改革は既存の社会秩序に対してあまりにも大きな脅威だったのだ。

　タイトな社会は社会秩序、同調性、自制にすぐれている。一方、ルーズな社会は寛容、創造性、変化の受容にすぐれる。図3・6に示すとおり、どちらの社会にも必ず潜在的な長所と短所がある。

　もちろん、タイトな精神とルーズな精神にまつわるさまざまなトレードオフを調べるのは、ここに挙げる特質がすべての文化に必ず備わっていると言いたいからではない。たとえば身長と体重について考えてみよう。身長の高い人はたいてい体重も重い。しかし誰でも知り合いを見渡せば、背が高くて痩せている人や背が低くて太っている人がいるものだ。タイトとルーズのダイナミクスもこれと同じである。あらゆるタイトな文化やルーズな文化が必ずしもこれらのトレードオフをすべて示すわけではない。だが、多くの文化がこうした特性を示すのは事実だ。

だが、このような根深い違いは、そもそもなぜ存在するのだろうか。すべてのタイトな国、またはすべてのルーズな国に、共通する明白な性質はない。地理上の位置に共通点はない。タイトな国である日本、ドイツ、ノルウェー、シンガポール、パキスタンは地球上でそれぞれ離れた場所にあるし、ルーズな国のオランダ、ブラジル、ギリシャ、ニュージーランドも同様だ。タイトな国のグループ、あるいはルーズな国のグループで、同じ言語を話すわけでもない。宗教や伝統も異なる。タイトな国がすべて同じ時期に誕生したわけでもなく、ルーズな国もやはり成立した時期はばらばらだ。スパルタとシンガポール、あるいはニュージーランドとアテナイのように、二〇〇〇年以上の時を隔てた国もある。では、それらの国にはどんな共通点があるのだろうか。

文化における規範と罰の強さは、ランダムに決まるわけではない。目の前にあるのに見えていない、秘密のロジックが存在するのだ。

4 災害、病気、多様性

タイトな文化であるスパルタ、ナワ、シンガポールは地理的に遠く離れた場所にあり、時間的にも何十年あるいは何世紀も隔たっているが、同じ運命に直面した。どの国も、すさまじい脅威に立ち向かう必要に迫られた（または迫られている）のだ。絶えず生じる災害や病気や食料不足といった自然による脅威もあれば、侵略や内紛による混乱といった人間による脅威もある。一方、ニュージーランド、アテナイ、コパーイヌイットというルーズな文化に目を向ければ、逆のパターンが見られる。タイトな文化と比べて、脅威に直面することがはるかに少ないという恵まれた状況にあった（またはそのような状況にある）のだ。これらの文化は概して、新たな思想を探求し、新参者を受け入れ、多様な行為を許容することのできる安全な環境にあった。

タイトな文化とルーズな文化の根底にひそむ原理がここにある。遠い昔に暮らしていたにせよ、現代に生きているにせよ、環境や歴史のもたらす数々の脅威にさらされる集団は、あらゆる手を尽くして混乱《カオス》の中に秩序を生み出さなくてはならない。たとえば、生存のため農耕に大きく依存するナワ族のような社会を見てみよう(1)。豊作のときには、安楽な暮らしが営める。しかし日照りが続くと、先行きが不明な厳しい暮らしとなり、困窮し、死ぬ者も出てくる。そして当然ながら、規範に従わない者を罰する規律正しい集団のほうが、協力して農作業をするのがうまいので、生き残る可能性が高くなる。それに対し、イヌイット族のような狩猟採集民は自立性が高く、各家族は自分たちだけで食料を確保する(2)。そのため、よその家族と協力する必要がない。実際、強力なルールや罰はさほど必要でない。ナワ族やイヌイット族だけでなく、ほかの多くの集団にも、同じ文化のロジックが見られる。たとえばシエラレオネに住むテムネ族は農産物に依存して生きているのでルールを厳守する必要があるのに対し、狩猟社会であるバフィン島のイヌイットはかなりの自由が許される(3)。

もちろん食料以外にも、人間の集団は生存のために数々の基本的な資源を必要とする。飢餓のほかにも自然災害、縄張り争い、人口過剰、天然資源の枯渇、病原体など、さまざまな脅威から自らを守らなくてはならない。実際、過去に起きた無数の戦争、母なる自然がたびたびもたらしてきた災害、これまでに発生した数々の伝染病について考えたら、人間が生き延びてきたことが不思議に思えてくる。いったいどうやって生き抜いてきたのだろうか。

社会規範の創出という、まさに人間ならではの発明が、この進化の謎を解く鍵となる。きわめて厳しい環境を生き抜くのに不可欠な社会秩序を促進するには、強固な規範が必要だ。脅威が少なく、協力する必要の少ない環境では、強固な規範は生まれない。

人混みの中で

混雑したエレベーターに乗ったときのことを思い出そう。どんな気持ちでどんな行動をとっただろうか。むやみに身動きしないようにしたり、愉快なことが頭に浮かんでも笑いを押し殺したりと、自分の行動に気を配っていたのではないだろうか。ヘッドフォンで音楽を聴きながら歌ったり、場所を占有しすぎたり、携帯電話で友人に個人的な話を垂れ流したりする人がいたなら、いら立ったかもしれない。

そんな混雑したエレベーターのような国がある。住宅密集地域の狭い部屋で暮らし、混雑した道路に苦労し、乗客どうしで顔が触れ合いそうなほど混んだバスや電車に乗らなくてはならない。二〇一六年の人口密度が一平方キロメートルあたりなんと八〇〇〇人近くに達したシンガポール(4)と、三人だったアイスランド(5)を比べてみよう。あるいは一平方キロメートルあたり三〇〇人を上回る日本(6)にいる自分を想像してから、人間より羊の数のほうが多く（正確には人間一人につき羊が約六頭(7)）、人口密度が一平方キロメートルあたりおよそ一七人のニュージーランド(8)と比べてもいい。

人口密度は世界各地で大きなばらつきがある。多くの国で、人口密度は地形などの地理的要因によって決まる。インドがまさに典型的な例だ。人口密度は一平方キロメートルあたり四〇〇人以上(9)と非常に高い。国土のおよそ一六パーセントを占めるヒマラヤ山脈[10]はあまりにも寒冷で、人が暮らすことはできない。もっと平坦な地域は利水の便がよく、定住に適しているので、ほとんどの人がそうした地域で暮らしている。同様に、日本の国土はおよそ七割が居住に適さない山岳地であり[11]、農業に適した地域は一五パーセントにも満たないので[12]、国民はきわめて限られた土地でなんとか暮らしている。スイスはヨーロッパのなかで特に山地の多い国の一つで、アルプス山脈が国土の六割を占めており[13]、人口密度は一平方キロメートルあたりおよそ二〇〇人という高い数値である[14]。

高い人口密度は、人間が直面する基本的な脅威だ。パーソナルスペースを確保するのが難しい社会では、混乱や対立が起こりやすい。実験用のラットさえ、狭いスペースで生活させるとストレスで疲弊することが確認されている[15]。雌ラットは妊娠を満期まで維持できずに流産しやすくなり、雄ラットは異常な性行動から共食いに至るまでさまざまな症状を示す。

幸い、人間はラットとは違って、狭い場所に押し込まれたときに対立を最小限に抑えて混乱を鎮められる強固な社会規範を作るように進化したので、共食いなどの反社会的行動に訴える必要はない。一方、人口密度の低い社会（オーストラリア、ブラジル、ベネズエラ、ニュージーランドなど）は、人口密度の高い社会よりもはるかにルーズでいられる。私は国の発達について、次のような発見をした。パキスタンやインドなど、西暦一五〇〇年の時点で人口密度が高かった地域は現在タイトな国となり、今回調べたなかで西暦一五〇〇年の人口密度が最も低かったオーストラリアとブラジルは、現在最もルーズな国の部類に属するのだ。現在の人口密度や、予想される将来の人口圧力も、国のタイトさと関連する[16]。要するに、人口密度の高い国ほど、ルールが強力になる。

図 4.1　インド・カルカッタの混雑した街路[17]

人口密度の影響は社会に広がり、一見無関係に見える領域にまで影響を与える。ガムの販売を禁じるシンガポールの法律を再び見てみよう。たいていの部外者には、こんな法律はばかげていると感じられる。しかしこの国の人口密度の高さを考えると、この法律が理にかなったものであることが納得できる。一九八〇年代、市の職員は吐き捨てられたチューインガムの清掃に追われ、チューインガムが社会に危機をもたらした[18]。べたつく塊が郵便受けの出し入れ口やエレベーターのボタンに貼りつけられ、アパートの鍵穴をふさぎ、通勤電車のドアセンサーにもくっつけられてしょっちゅう誤作動を起こした。人口密度がきわめて高く、ガムを嚙む口がひしめくこの国では、解決策は単純明快だった。誘惑をなくすまでだ。一九九二年には、シンガポール国内でガムの販売は禁止され、販売の現行犯でつかまれば、多額の罰金が科されるようになった[19]。この法律については、施行当初は不満もあったが、今では広く支持されている。一平方キロメートルあたりの人口が八〇〇〇人に近い場所で暮らせば、誰でもきっと支持したくなるだろう。

野蛮人がやってくる

世界地図を眺めると、絶えず侵略の脅威にさらされてきた国とそうでない国とのあいだに顕著な違いが見て取れる。ロバート・カプランが著書『地政学の逆襲』で指摘しているように、アメリカは二つの広大な海で他の大陸からしっかりと隔てられているおかげで、外部からの脅威を感じることが歴史を通じてほとんどなかった。[20] ニュージーランドやオーストラリアも同様だ。[21] もちろんこれらの国にも大きな傷痕を残す紛争がなかったわけではないが、総じて言えば、外国の軍勢がドアを蹴破って踏み込んでくるという脅威にさらされ続けたことはない。

しかし他の近代国家は、何世紀にもわたって自国の領土内で紛争を経験している。たとえばドイツを見てみよう。一七世紀前半に起きた三十年戦争では、ドイツ（当時はプロイセン）の人口の二割が命を奪われた。[22] 普仏戦争では、何万人というドイツ兵が戦死した。[23] ソ連による東ドイツ占領では、一九五〇年までに一一〇〇万人近いドイツ人がそれまで住んでいた場所から追われ、六〇万人以上が殺害され、二〇〇万人以上が行方不明となった。[24]

特にアジアでは紛争が頻発してきた。中国は歴史を通じて大規模な衝突を繰り返しており、漢王朝の紀元前二〇六年に起こった戦い以来、[25] 元王朝、明王朝を経て清王朝（一六四四〜一九一二年）に至るまで、[26]戦《いくさ》の連続だった。その後も日中戦争中（一九三七～一九四五年）に中国では数百万人が死亡し、飢餓が蔓延し、インフラが荒廃した。[27]今日、中国ではその立地ゆえに領土をめぐる脅威が絶えず不安の種となっている。一四カ国と国境を接し、そのすべてと紛争を経験しているのだ。[28]

朝鮮もたびたび近隣諸国に痛めつけられた。朝鮮には「鯨のけんかで海老の背が裂ける」という有名なことわざがあるが、これは何世紀にもわたって近隣諸国どうしの戦いからとばっちりで被害を受けてきた苦難をまさに言い表している。[29]朝鮮は一六世紀の終わりに日本から侵略され、[30]一七世紀の序盤には清からも侵略された。[31]また、一八九〇年代には日清戦争の戦場となった。[32]もっと最近では、一九一〇年から四五年にかけて日本の統治下に置かれ、[33]その後、一九五〇年から五三年まで続いた朝鮮戦争で一〇〇万人以上の民間人と軍人が死亡した。[34]

中東の国々も、他国による侵略や植民地支配を何度となく受けている。ファラオの力が衰退して以来、エジプトはトルコ、ペルシャ、ローマ、アラブ、ギリシャ、フランス、イギリスの暴威に何世紀も耐えてきた。[35]パキスタンとインドは、歴史を通じて領土をめぐる争いを繰り返してきた。インドはパキスタンや中国を相手に領土を賭けて激しく戦ってきたし、[36]パキスタンはアフガニスタンとのあいだで幾度となく国境紛争を経験している。[37]

これらの国の住民が厳しい状況を生き延びるには、どうするのが最善の策なのか。外国との紛争の歴史がある国は、必要に迫られてタイトになるのではないかと私は考えた。

侵略される可能性に直面した国は、敵に対して一丸となって立ち向かえるように、国内の秩序を強化する必要がある。こうした防衛には、タイトな社会規範が欠かせない。かつて、強固な規範をもたず逸脱者を罰しない集団は、こうした恒常的な緊張状態に屈する危険にさらされていただろう。「外敵との戦争という危機に見舞われると、内部は結束する。内部の不和のせいで自分たちの集団が戦争で不利になるのは避けるべきだからだ」[38]と、アメリカの社会学者ウィリアム・グラハム・サムナーが一九〇六年に記している。ダーウィン[39]も、外敵との戦いが選択圧となって、協調と団結が進化したのではないかと考えていた[40]。

国のタイトさのレベルと領土をめぐる脅威の歴史とのあいだには、実際に関連があるのか、私は調べ始めた。国際危機行動プロジェクト（ＩＣＢ）のデータベースを使って、一九一八年から二〇〇一年までに起きた国家間の領土紛争に関するデータを集めた。私はきわめて具体的な仮説を立てた。過去一世紀に自国の領土をめぐる紛争（他国との紛争全般ではない）の脅威にさらされた経験と、その国の社会規範の強さは相関するのではないかと考えたのだ。

実際に、各国の経済力を考慮に入れてもなお、過去一世紀に領土をめぐって脅威を経験した回数が多い国ほど、脅威の少なかった国よりもタイトであることがわかった[41]。インド、中国、パキスタンは領土絡みの脅威が多く、調査対象国のなかでタイトな国の上位に入っていた。一方、ニュージーランドとアメリカは領土絡みの脅威が少なく、ルーズさの度合いが高い。アメリカは国外で国際紛争に関与することが多いが、そのような「世界の警察」であるという特性が国のタイトさとまったく相関していないのは注目に値する。

母なる自然の怒り

集団が対処しなくてはならないのは、国内外の紛争という人為的な脅威だけではない。干魃《かんばつ》、洪水、地滑り、津波、台風、サイクロン、噴火、地震など、自然の脅威にも立ち向かう必要がある。たとえば中国は、長い海岸線を襲う台風などの自然災害で過去五〇年間に四五万人近くの命（アメリカの二五倍にあたる）を失っている。[42] インドは、干魃、地滑り、鉄砲水、サイクロンなどの災害で毎年およそ一〇〇億ドルの損害をこうむる。[43] 一万七〇〇〇の島からなるインドネシア[44]は、世界で最も地震活動の活発な地域である環太平洋火山帯とアルプス・ヒマラヤ造山帯に挟まれており、そのせいで地震を含む世界最大級の自然災害の被害にたびたび苦しめられてきた。[45]

日本もしばしば母なる自然の標的となり、歴史を通じて自然災害の猛威にさらされてきた。一二二九年から一二三二年にかけて、冷夏と火山活動のせいで寛喜《かんき》の飢饉が起きた。[46] 江戸時代（一六〇三〜一八六八年）には一五〇回以上の飢饉が起こり、数十万人以上の死者を出した。[47] 現代になってからも、壊滅的な地震に何度か見舞われている。二〇一一年に東北地方で起きたマグニチュード九の地震と津波では数千人が亡くなり、被害総額は二〇〇〇億ドルを上回った。[48] 数百万人の生存者が、水も暖房も食料もないまま何日間も過ごすことを余儀なくされた。[49]

日本のような国は、うち続く自然災害から復興するために、秩序と協調をもたらす強固な規範を必要とする。そのような規範がなければ、悲惨な状況に置かれた人が、たとえば自分と身近な家族さえ助かればいいと思って略奪に走るといった悪行を働くかもしれず、そうすると手の施しようもない混乱に陥る（カオス）おそれがある。だが、そうした行動を抑制する強固な規範と罰があれば、自然災害の起こりやすい国でもはるかにうまく事態を切り抜けて生き延びることができる。

わかりやすい例として、一九九五年の阪神・淡路大震災のあと、困窮している人を助けようと行動を起こした人は一〇〇万人を超えた。[50] 二〇一一年の東日本大震災では、ボランティアの受付機関に一般市民から支援の申し込みが殺到したため、一部を断らなくてはならないほどだった。[51]「ヤクザ」と呼ばれる日本版マフィアまでもが救援活動を支援し、救援物資を積んだトラックを被災地に送り込み、行き場のない被災者に避難所を提供した。[52] 自然災害に対してこうした見事な団結を示すのは、日本だけではない。日本と同じくタイトな国で、洪水、津波、地滑り、森林火災、サイクロンの被害を受けやすいマレーシアなどの国[53]は、災害時に国民が団結し、協調せざるをえない。強固な規範と罰は、そのために役立つ。

対照的に、災害にあまり見舞われない文化は、高い協調性を必ずしも必要としないので、ルーズでいられる。私の分析したデータは、この見方を裏づけている。自然災害に対する脆弱性を環境持続可能性指数（ＥＳＩ）にもとづいて評価すると、各国の経済力を考慮に入れてもなお、脆弱性はタイトさと強く相関する。[54] 日本、韓国、パキスタンはいずれも災害に苦しむ国の上位に入り、またタイトな国の上位でもある。これに対し、自然災害による被害をあまり受けてこなかったウクライナ、ハンガリー、ギリシャの規範はもっとルーズである。

欠乏

災害が頻繁に起きれば、ほかにも悲惨な結果が生じる。耕作可能な農地や飲み水などの天然資源がしばしば失われてしまうのだ。私たちのデータによれば、天然資源の乏しい文化は天然資源の豊富な文化よりもタイトである。その理由は単純で、天然資源の少ない文化にとって、資源を管理して協調的に利用することは死活問題だからだ。

この点でも、タイトな文化のシンガポールはよい例となる。「われわれは生き延びられる可能性がきわめて低い状況に立ち向かった。シンガポールは自然に生まれた国ではなく、人間が作り上げた国だ[55]」と、現代のシンガポールを築いた建国の父、リー・クアンユーは自伝に記している。彼はシンガポールには天然資源がないと述べ、「緊密に結束した」社会を築くことがきわめて重要だと指摘している。「われわれには、生き延びるための単純な基本方針があった。それは、シンガポールはこの地域のどの国よりも厳格で、整然と組織化され、効率的でなくてはならないというものだ[56]」

リーは異文化間心理学者ではなかったが、彼の直感は正しかった。タイトな文化が天然資源に乏しいかどうかを確かめたければ、農業用地、食料生産、食料供給、タンパク質および脂肪の供給、食料不足、大気質、水質に関する国連などのデータを利用すればよい。データを調べると、農地や食料、水などの天然資源に乏しい国のほうが、天然資源に恵まれた国よりもはるかにタイトであることがわかる[57]。私が調べた国のうちで、国内の天然資源が最も乏しく、食料不足が深刻で、安全な水が手に入りにくいのは、パキスタン、インド、中国で、これらはいずれもタイトな国だ。同じくタイトな国であるノルウェー、香港、シンガポールは、農地が少ない。一方、私たちのデータでルーズな国とされるハンガリーは、農地が豊富である。ルーズな国のイスラエルは、国土はニュージャージー州よりわずかに広いだけだが、食料の充足度ではトップに位置する。天然資源の乏しい社会は、社会規範をタイトにするという理にかなった対応をする。こうすれば、混乱《カオス》に陥りかねない状況でも、秩序を維持することができるからだ。

病気

映画『コンテイジョン』を見たら誰でも、ちっぽけな微生物が拡散して多数の人を殺すことができると知って、ぞっとするだろう。それももっともだ。この映画のプロットは、ハリウッドの脚本家が考え出した絵空事ではない。感染症は人類が地上に誕生してからずっと、私たちを脅かしてきたのだ。何千年ものあいだ、常に人口のかなりの割合が病気で死亡していた。一四世紀には、黒死病（ペスト）で七五〇〇万人以上が命を失った。[58] 一七世紀になると、チフスが一〇〇〇万人以上の命を奪った。[59] ナポレオンの時代に黄熱病で数万人が死亡し、[60] 一八世紀の終わりには天然痘の大流行で数十万人が命を落とし、[61] 二〇世紀の初めにはスペイン風邪が五〇〇〇万もの人を死に追いやった。[62] 実際、大絶賛されたジャレド・ダイアモンドの著書『銃・病原菌・鉄』で論じられているとおり、歴史を通じて、ある集団が新たな土地に持ち込んだ病原体が、それに対する免疫をもたない集団を全滅させた事例は少なくない。[63]

近代医学の発展によって、現在では病原体による死亡のリスクは著しく低下しているが、社会は今でもウイルス性疾患を克服できていない。エイズによる死者は、累計で三五〇〇万人にのぼると推定される。[64]一九九三年に世界保健機関（ＷＨＯ）が結核を世界的な緊急事態であると認める「結核非常事態宣言」を出して以来、結核関連疾患による死者は全世界で三〇〇〇万人を超えている。[65]今でもマラリア患者は世界で年間数億人に達する。二〇一六年だけで患者数は二億人を上回り、マラリアは依然として世界的な脅威となっている。[66]

進化という観点から言えば、人間はこれらの脅威に立ち向かう方法を見つける必要があった。私たちの体は、そのために高度な免疫応答を完成させた。現代社会では、病原体を制圧するために、抗生物質、水処理技術、感染症のモデル作成、遺伝学、電子機器による監視システムなどの先端技術も開発されてきた。感染症が蔓延する国では、たとえば有害な細菌を殺す強力な抗生物質として作用する香辛料を料理に加えるなど、食習慣による感染症対策も進化している。[67]

強固な社会規範も、病原体を阻止する盾となる。たとえばほかの民族集団より病気にかかりやすいと感じている集団は、自分たちの文化がほかよりすぐれていると考えて、ほかの集団に対してネガティブな見方をする傾向があるが、これはおそらく病気の伝染を避けるためだろう。[68]研究によれば、病気が蔓延して乳児死亡率が高いときには、親は子どもに対し、人の言うことに素直に従えと教える。[69]強固な社会規範は、許容される行動を制限することで病気の蔓延を防ぐのに役立ち、それでも病気が流行してしまった場合には、人が協調して対応するのを助ける。反対に、寛容や冒険心を許すルーズな規範は、致死的な病原体に感染しかねない危険な行動を助長し、有効な対応を妨げるおそれがある。

二〇〇三年に重症急性呼吸器症候群（ＳＡＲＳ）が大流行したときの、シンガポールの対応がよい例だ。ＳＡＲＳが流行し始めるとすぐに、シンガポール政府は国民の移動を厳しく制限する規則を発動し、学校や職場や家庭で体温測定をさせる（一〇〇万人以上に体温計が配布された）など、いささかわずらわしいほどの早期発見の手立てを講じた。[70] 隔離中の市民が外出しないように、自宅にはウェブカメラが設置された。日中にランダムなタイミングで電話がかかってきて、カメラに姿を映すようにと命じられた。[71] 日本でも、二〇〇九年にインフルエンザが大流行すると、ウイルスを検出して感染拡大を防ぐために、当局はただちに医療相談窓口や外来患者センターを設けた。臨時休校、空港での水際対策、各市町村を網羅するインフルエンザ監視システムも施行した。[72]

部外者にはこれほどの監視や規制は過剰に思われるかもしれないが、感染症の大流行を経験してきた国では、こうした措置が感染を防ぐ助けとなっている。二三〇の地政学的地域を一九四〇年代までさかのぼって調べたところ、パキスタン、インド、トルコ、マレーシアなどのタイトな国は、オーストラリア、ギリシャ、ハンガリー、ポーランドなどのルーズな国と比べて、マラリアやチフス、結核といった感染症に苦しめられてきたことが判明した。[73]

全体として、データによると、紛争から激甚な自然災害に至るまで、環境や人間がもたらす脅威の多くは、タイトさまたはルーズさと関係している。実際、脅威がタイトさと結びついているのは、現代の国ばかりではない。伝統的な社会について調べた私たちの研究でも、その結びつきは見つかっている。[74] もちろん、物理的な脅威だけがタイトさを促進するわけではない。社会秩序を促進する「脅威」が、じつは精神的なものという場合もある。たいていの宗教は伝統的に細かな禁止事項をいろいろと定め、信者に自らの純潔や来世を汚すような行動をとらせまいとする[75]。私たちのデータによれば、今も[76]昔も[77]宗教はタイトさを育む傾向がある。全能の神への信仰は、ものごとの善悪を教えるだけでなく、公共の場に設置された監視カメラと同じく、タイトな自律心を信者に植えつける[78]。

かりそめのタイト化

長年にわたって脅威にさらされ続けると、社会はタイトへと進化する。しかしすでに示したとおり、集団全体が突如として脅威に見舞われたときにも（たとえそれが一過性のものだとしても）タイトになる。二〇一三年、死者三人と一〇〇人以上の負傷者を出したボストンマラソン爆弾テロ事件[79]が起きたとき、ボストン市民は見事な団結を示した。多くの市民が現場に駆けつけ、取り乱した被害者や負傷者の救護にあたった。一部のランナーは、ゴールしたあとも走り続けて最寄りの病院へ向かい、献血に協力した[80]。この悲劇のあと、「ボストンは負けない」というスローガンが、この町の団結、強さ、誇りの象徴として定着した[81]。

私はボストンで現地調査を行ない、あの事件によって町の文化規範がタイトになったかどうかを調べた[82]。実際、自分が事件の影響を特に強く受けたと考えている人は、アメリカはもっと強固な社会規範をもつべきだと答える割合が高かった。アメリカ人らしい生き方を外国の影響から守るべきであるとか、外国からアメリカへの入国をもっと厳しく規制すべきである、アメリカはほかの国よりすぐれている、という回答もあった。これらはみな、絶えず侵略にさらされる国にありがちな考え方だ。

実験室で脅威に対する恐怖をかき立てるだけでも、人をタイトにするには十分だ。ある実験で、私は架空のニュース記事を二種類用意し、被験者をランダムに振り分けて、いずれか一方の記事を読ませた。(83)一方のグループには、首都が攻撃される恐れがあるので、首都の近くにある被験者の大学では新たなテロ警報システムを導入する予定であるという記事を読ませた。もう一方のグループには、ある外国の大学が新しいテロ警報システムを導入する予定だが、被験者の大学では自校がテロの標的になることはないという確固たる根拠にもとづき、警報システムの導入を見送ったという記事を読ませた。自分の大学が安全だという記事を読んだ学生と比べて、テロ攻撃の可能性があるという内容の記事を読んだ学生は、「規範から外れた」人に対してネガティブな見方をし、自分の文化がほかよりすぐれていると考える割合が高くなった。

脅威に対する恐怖から、人が互いに協力しあうように脳を同調させることさえある。私の研究チームが中国で行なった実験では、架空の記事を三本用意したが、被験者には本物の記事だと思わせた。(84)中国人被験者を三つのグループに分け、一つのグループには、今後一〇年間に日本が中国に深刻な脅威をもたらすという記事を読ませた。第二のグループには別の二カ国間(エチオピアとエリトリア)の紛争に関する記事を読ませ、第三のグループには中国に関するものだが国外からの脅威にはまったく触れない記事を読ませた。それから各グループの被験者に、すばやい協調が必要なタスクを与えた。グループのメンバーが完全に同じペースで声に出して数を数えるというタスクを何度もさせたのだ。このタスクをさせているあいだに、私たちは「ハイパースキャニング」という最先端の脳科学技術を使って、互いにやりとりしているパートナーたちの脳波を同時に記録した。このデータを分析したところ、日本からの脅威に関する記事を読んだ中国人被験者は、ほかの被験者と比べて「神経活動の同期性」（具体的には、恐怖を表すガンマ帯域神経振動の同期性）が高く、そのおかげでタスクではすばやく協調できた。どうやら人間のニューロンは、外部からの脅威にさらされると足並みを揃えて働きだすらしい。

周囲の人口密度が高い（たとえばシンガポールのように）と感じさせられると、少なくとも一時的に、人はタイトになる。ある実験で、メリーランド大学の学生に大学新聞に載っていたものだと称して、二種類の架空の記事を読ませた[85]。どちらの記事もアメリカ国内の大学一〇校の人口密度をランキング形式でトップから最下位まで詳しく伝えるものだが、ちょっとした細工を加えた。一方の記事では、メリーランド大学は一平方キロメートルあたり五八〇人で、一〇校のうちで最も人口密度が高いということにした。もう一方の記事では、メリーランド大学は一平方キロメートルあたりわずか一七〇人で、人口密度の低い大学の一つということになっている。続いて被験者に、学内で起きるさまざまな逸脱行為、たとえば公共の場所でごみをポイ捨てする、スポーツの試合で乱闘する、図書館で大声を出す、酔っ払い運転をするといった行為を評価させた。全体として、自分の大学は人口密度が高いと思っている被験者のほうが、規範を逸脱する者に対してネガティブな反応を示した。周囲の人口密度が非常に高いと思わせるだけで、私たちはこれらのアメリカ人被験者を少なくとも一時的にシンガポール人のようにタイトにすることができたというわけだ。

二〇一一年、私はこのように脅威に関する情報を事前に与える「脅威プライミング」法を、実社会に持ち込んで調査してみた。前にも触れたパンデミック・パニック映画の『コンテイジョン』が劇場で公開されたとき、私はワシントンDCじゅうの映画館の前にリサーチアシスタントを派遣して、鑑賞者の反応を調べさせた。[86]『コンテイジョン』は単に大ヒットしただけではない。感染症が拡大する状況をリアルに描いている点で科学者からも賞賛されたのだ。実際、映画を見た人は自分がパンデミックに巻き込まれているように感じた。私はこの感覚を利用させてもらうことにして、映画を見たばかりの人とこれから見る人の調査を試みた。すると予想どおり、映画を見たばかりでパンデミックを体験した気分になっている人のほうが、まだ映画館に入っていない人よりも、社会規範からの逸脱に対して強い敵意を示した。

以上の研究から、脅威にさらされているという感覚を活性化させると、絶え間ない脅威からタイトな文化が生まれるのと同じように、一時的ではあるがタイトな精神状態になることがわかる。そして脅威が鎮まるまでは、強固な規範を求める気持ちが続く。脅威に対する集団の反応についてコンピュータシミュレーションをすると、まさにそのことが明らかになる。[87]脅威を一時的に強めるとタイトな気分が著しく高まるが、次にまた脅威が生じなければ、集団はルーズな状態に戻るのだ。

この研究は、タイトさやルーズさが固定した性質ではなく、時の流れの中で変化する可能性もあるということを明らかにした点で重要だ。脅威に直面すると、集団はタイトになる。脅威が鎮まれば、集団はルーズになる。この場合の脅威は、現実のものでなくてもよい。なんらかの脅威があると感じている限り、その感覚は客観的な現実と同じくらい強力に作用する。実際、ドナルド・トランプやマリーヌ・ルペン、オルバーン・ヴィクトルといった強硬派のリーダーが登場するよりもはるか昔から、政治家は何世紀ものあいだ、集団をタイトにするために脅威を派手にあおってきたのだ。

ルーズさを促進する力

脅威は、文化をタイトにする最大の要因と言えるかもしれない。その一方で、文化を逆の方向へ動かす要因も存在する。

　一般論として、多様性があると人はさまざまな視点に触れることができ、ひいては幅広い行動に対して寛容になる。たとえばイスラエルについて見てみよう。二万二〇〇〇平方キロメートルほどの国土[88]に、およそ八六〇万人の人口がひしめいている[89]。人口密度は一平方キロメートルあたりほぼ四〇〇人だ[90]。イスラエルの建国当初、入植者はマラリア、チフス、コレラの蔓延に直面した[91]。また、この国は数々の戦争を経験してきた。ほとんどは領土問題や、アラブ人とイスラエル人との長年にわたる敵対関係によるものであり、その敵対関係は今なお続いている。だが、イスラエルは比較的ルーズな国で、国民は形式ばったことを嫌い、隙あらばルールをかいくぐろうとする。なぜこうなるのか。

　答えはいろいろ考えられるが、とび抜けて有力な説が一つある。イスラエルはきわめて多様性に富む国だということだ。国民のうち七五パーセントがユダヤ教徒、二〇パーセントがアラブ民族、残りの五パーセントが非アラブ系のキリスト教徒やバハイ教徒などで構成される[92]。民族の多様性が非常に高く、国民のかなりの割合が東欧、アフリカ、中東の出自である[93]。このように多数の異なる集団のあいだで異なる規範が共存しているため、共通の行動基準を一つに定めるのは難しい。このことは、第2章で取り上げた伝統的な社会にもあてはまる。ルーズさの砦とも言える古代アテナイも、広範な交易を通じてさまざまな国と接触していた。

多様性は国のルーズさと相関するのだろうか。私たちのデータによれば、少なくともある程度は相関するらしい。[94] 多様な民族や言語などが混在する国は、均質な国よりもはるかにルーズであることが判明している。ただし重要な条件として、程度の問題がある。たとえば主要な民族集団が少なくとも六つあり、[95] 二〇種以上の言語が使われているパキスタンや、[96] 公用語が二二種と方言が数百種あるインドのように、[97] 多様性も極端になると対立を引き起こすことがあり、その場合にはすでに本書で見たとおり、厳しい規範を用いて統制する必要がある。多様性が極度に高くなると、タイトさがきわめて強くなっていくのだ。

イスラエルが比較的ルーズである理由については、「議論の伝統が根づいているから」という説明もできる。たとえばこんなジョークがある。非ユダヤ教徒がユダヤ教徒に「なぜユダヤ人は質問されると、いつも質問で返すのか」と尋ねると、「そうしてはいけないのか？」と質問で返された。[98] 議論や意見の相違があると、さまざまな見方を検討することになり、その結果、ルーズさが強まり、ドグマ（独断的な見解）を拒絶するようになる（「二人のユダヤ教徒に尋ねれば、意見が三つ出てくる」という格言もよく知られている）。さらに、イスラエルが若く探究心旺盛な「スタートアップ国家[99]」であることも一因かもしれない。イスラエルは、新しくリスキーで未知のものに飛び込む勇気をもつ入植者からなる国家なのだ。

イスラエルと同じく、オランダもかなりルーズな国へと進化した。その一因は、人が移動しやすく、多様な文化に触れる機会が多かったことにある。海に面した立地のおかげで、国民は広範囲に移動することができ、国際貿易に大きく依存するようになった。[100] その結果、オランダ人は何世紀にもわたって異文化に触れる豊かな経験を得てきた。フランスやポルトガル、そしてバルト海や地中海に面した国々と交易し、スペインとの交易も盛んで、北米のイギリス植民地との交易についても多くを支配した。[101][102]世界を股にかけて多種多様な文化に触れることを通じ、オランダは寛容な国へと進化した。一七世紀にヨーロッパ全域で書籍の販売が制限されたとき、書籍商は検閲が他国と比べてはるかにゆるいオランダへと殺到した。[103]一七世紀から一八世紀にかけて、東洋と西洋を通商で結んだ世界初の多国籍企業「オランダ東インド会社」がオランダで設立されたというのも、[104]当然なのかもしれない。

主に立地条件と貿易活動のおかげで、オランダには民族的、人種的、宗教的にさまざまな集団の混ざり合った社会が生まれた。このことがオランダのルーズさの一因なのかもしれない。オランダは何世紀ものあいだ、フランスのプロテスタント、ポルトガルやドイツのユダヤ教徒、イギリスの国教会分離派など、ヨーロッパ全域から多様な亡命者を積極的に受け入れてきた。[105]現在では人口の二割以上が外国出身で、その祖国はヨーロッパ諸国、インドネシア、トルコ、スリナム、モロッコ、カリブ諸国などとなっている。[106]この国は正真正銘のるつぼなのだ。

タイトさとルーズさはさまざまなかたちで進化するが、その結果は偶然の産物ではない。環境や歴史から生じる脅威（実体をもつものであれ、心理的なものであれ）が集団をタイトな方向へ押し進める一方で、多様性や社会的移動性、異文化の人々との接触がルーズさを育む。もちろん、こうした関係が常に成り立つわけではない。統計的にそうなる確率が高いというだけであり、必ずしも規範の強さに影響する唯一の要因とは言いきれない。とはいえ、長らく隠れていた重要なパターンを見出すのに役立つのは確かだ。

第2部

分析編

タイトとルーズはどこにでもある

5　タイトな州とルーズな州

二〇一六年一一月、アメリカ大統領選挙が世界に衝撃を与えた。大富豪の不動産開発業者で実業家、そしてかつてはテレビのリアリティー番組のスターでもあったドナルド・トランプが、弁護士で元国務長官、上院議員、そしてファーストレディーでもあったヒラリー・クリントンを破った。選挙戦は熾烈を極めたものの、ほぼすべての世論調査がクリントンの勝利を予想していたのだが。すでに深刻だったアメリカ社会の分断が、この選挙戦のせいで極限状態となった。投票日の出口調査のデータは、外交政策や移民問題をめぐって、階級、人種、性別、年齢、学歴、所得、宗教によって社会が大きく分断していることを示していた(1)。ピュー・リサーチ・センターの調査では、民主党支持者と共和党支持者のそれぞれ半数が、相手側の政党支持者のことが本当に「恐ろしい」と答えた(2)。トランプが大統領になるなんて想像もつかないというアメリカ人が何千万人もいる一方で、クリントンが大統領になるなんて考えるだけで恐ろしいというアメリカ人もやはり何千万人もいた。トランプの支持者は集会でいつも「ヒラリーを投獄しろ！」とシュプレヒコールを叫び、クリントンの支持者は仮にトランプが当選したら自分たちは外国へ避難すると毒づいた。最終的に、どちらの候補者もかつてないほどの反目をもたらし、この国が五〇州からなる「合衆国」だという幻想を打ち砕いた。

アメリカ人は、なぜこれほど分断してしまったのか。何十年も前から、政治アナリスト、評論家、研究者がアメリカ社会の分断について解明しようと尽力してきた。一九九二年の選挙戦の最中、大統領に立候補した保守派の論客パット・ブキャナンは、和解不能なアメリカの分裂を、保守派と革新派との「文化戦争」にたとえた。[3] ほかの人たちも、アメリカを分裂させた原因として考えられるものを、いくつも挙げている。たとえば、「都会」対「地方」、「共和党」対「民主党」、「信仰者」対「無信仰者」、「普遍主義者」対「多文化主義者」、「大衆」対「エリート」といった対立が指摘されてきた。いずれも有意義な考察であり、部分的な説明にはなるが、どれも全体像を示すには至らず、そもそもなぜこんな分断が存在するのかについてはきちんと説明してくれない。

こうした緊張関係の多くを生み出しているのが、タイトとルーズという重要な構造なのだ。この単純な原理を用いれば、アメリカにおける根深い文化間の分断のとてつもない複雑さを読み解くことができる。さらに、どこで分断が生じたかについても、五〇州の成立時の状況や環境（それは今もなお続いている）にまでさかのぼることによって明らかにすることができる。タイトとルーズの観点に立てば、今まで無関係だと思われていたアメリカ各州の多様な差異を説明することもできる。タイトとルーズに分けることによって、たとえば次のようなことが明らかになる。

・インディアナ州とテネシー州は、ニューハンプシャー州とコネティカット州よりもアルコール乱用[4]と借金[5]が少ないが、差別率は高い[6]。それはなぜか。
・オレゴン州とバーモント州は創造性のレベルが高く[7]、離婚率と人の社会的移動性も高い[8]のに対し、ケンタッキー州とノースダコタ州が逆のパターンを示すのはなぜか。
・コロラド州とニューヨーク州の州民は開放性が高く誠実性が低い[9]のに対し、カンザス州とアラバマ州がこれと反対の性格特性を示すのはなぜか。
・ニューヨーク州よりもアリゾナ州の方が移民に反対しているのに[10]、不法移民の数はどちらの州でもほぼ同じ[11]なのはなぜか。
・二〇一六年の大統領選挙で出た予想外の結果は、候補者本人の魅力よりもむしろ文化的な力と関係していた。それはなぜか。

新たな地図

アメリカは移民の国として、もともと比較的ルーズな国となる素地があった。「るつぼ」と呼ばれるのにふさわしく、アメリカは雑多な移民で構成され、彼らを結びつけるのは冒険心、独立の精神、自由への渇望だけだった。二つの海で他の大陸から隔てられたアメリカは、歴史を通じて侵略の脅威にさらされたことがほとんどなく、豊富な天然資源に恵まれている。その結果として、アメリカは全般に寛容なルールとゆるい罰という贅沢を享受してきた。[12]

　このように全体としてはルーズだが、アメリカの歴史の中にはタイトな力が表面化した事例もある。五〇州のタイトとルーズの度合いを定量化するために、ジェシー・ハリントンと私は各地の研究機関やスミソニアン協会のアーカイブで各州のデータを一八〇〇年代までさかのぼって調べた。そこには処罰の方法、州の規制、文化的慣習、環境および歴史にまつわる出来事などの記録が含まれていた。私たちが見出したパターン[13]（『全米科学アカデミー紀要』に発表した）から、じつにさまざまなことが読み取れた。

　たとえば、罰の厳しさが州によってどれほど違うか見てみよう。アラスカ州やメイン州と比べると、インディアナ州とテキサス州では生徒への尻叩きの罰と犯罪者の死刑が頻繁に行なわれ、マリファナ所持に対する罰が厳しい。[14]二〇一一年の一年間だけで、テキサス州の学校では罰として棒か手で尻を叩かれた生徒は二万八〇〇〇人以上に達した。[15]一方、インディアナ州の一部の公立学校では、生徒は厳格な服装規定を守らなくてはならない。[16]Tシャツ、デニムパンツ、シャツの裾出しは禁止されていて、違反すれば停学処分を科されるおそれがある。[17]

　この「ルール策定《メーキング》」パターンが見られる州はほかにもある。アラバマ州では一九九八年から性具が刑事罰の対象となり、[18]オクラホマ州では一九六三年にタトゥーが禁止され（二〇〇六年にようやく合法化された）、[19]ミシシッピ州では人前で悪態をつくと一〇〇ドル以下の罰金を科される場合がある。[20]ケンタッキー州とユタ州は、カリフォルニア州やハワイ州と比べて禁酒郡〔酒の販売を禁止または規制している郡〕の数が多く、結婚に関する制約も多い。[21]多様性の低い国があるのと同じく、五〇州のなか

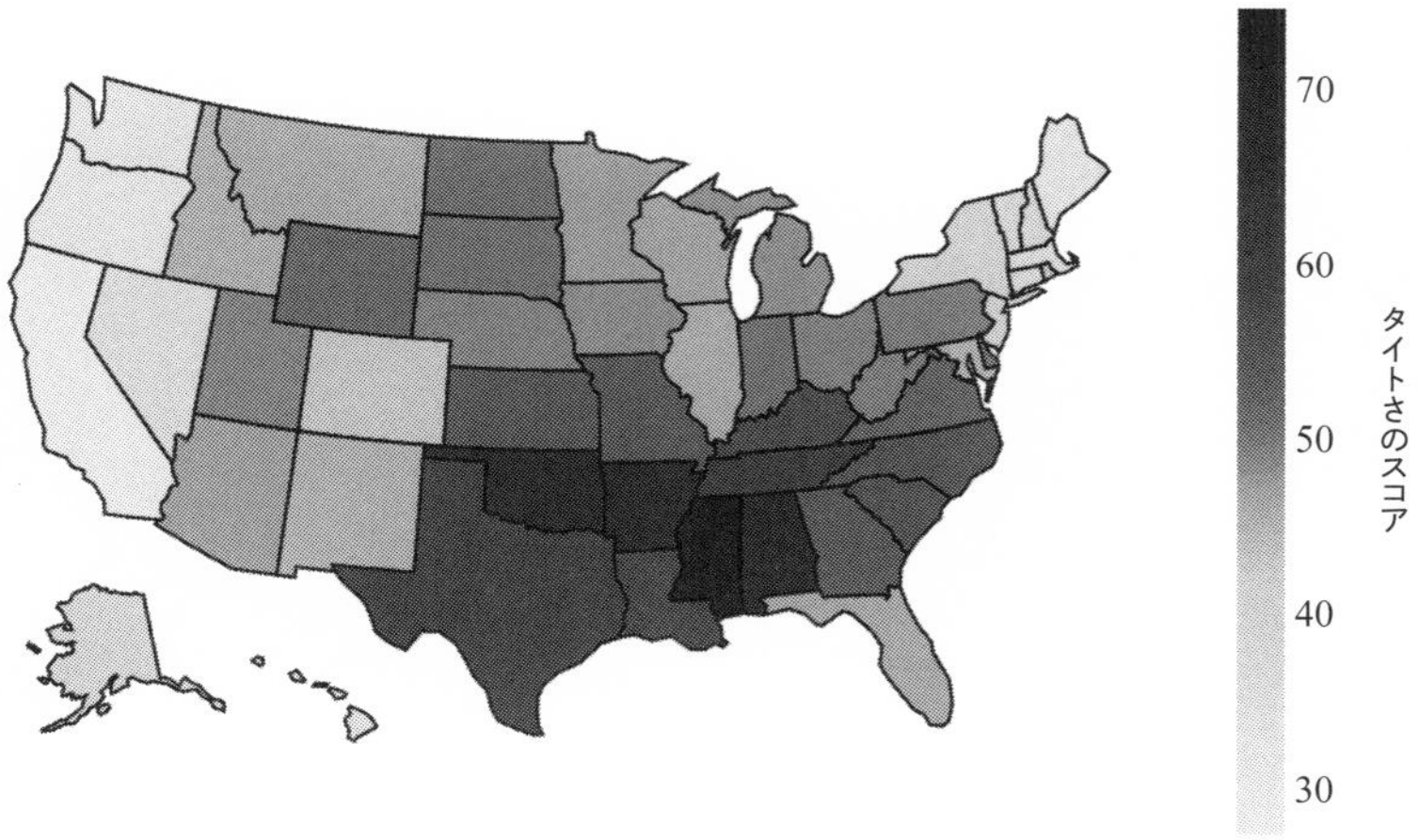

図5.1　アメリカのタイトとルーズの地図(24)

にはやはり多様性の低い州がある。一八六〇年以来ずっと、モンタナ州、ノースダコタ州、ウェストバージニア州は、ネバダ州やニュージャージー州、カリフォルニア州などと比べて外国人の人口がはるかに少ない[22]。

これらの違いは、それぞれ独立した傾向ではない。私たちの研究によれば、これらの指標はすべて互いに結びついているのだ[23]。子どもが学校で叩かれやすい州では、死刑の割合が高く、飲酒に関する規制が厳しく、結婚についての見方が厳格で、外国人が少ない。このタイプの州は厳格であり、タイトな「ルールメーカー」だ。一方、罰のゆるい州では飲酒や結婚についての制約が少なく、外国人が多い。このタイプの州は自由の度合いが高く、ルーズな「ルールブレーカー」というわけだ。

図5・1は、アメリカのタイトさとルーズさを表す地図である。国内でタイトな州の上位を占めるのは、ミシシッピ州、アラバマ州、アーカンソー州、

オクラホマ州、テネシー州、テキサス州などだ。逆にルーズな州では、カリフォルニア州、オレゴン州、ワシントン州、ネバダ州、メイン州、マサチューセッツ州が上位を占める。デラウェア州、アイオワ州、アイダホ州、ネブラスカ州、フロリダ州、ミネソタ州は中間に位置する。これらのランキングから、地域的なパターンが浮かび上がる。最もタイトなのが南部で、西部と北東部は最もルーズであり、中西部は中間だ。表5・1に各州のタイトさのスコアを示す。

世界の国々を見るときと同じく、アメリカ国内の文化を理解するうえでも、タイトとルーズというスケールは新たな見方をもたらしてくれる。五〇州の〈タイト／ルーズ〉のレベルは、その州が集産主義（家族の絆に価値を置く）か個人主義（自立に価値を置く）かという区別とは無関係である。(25)実際、各州は四つの区分のいずれかに属する。すなわち集産主義でタイト（たとえばテキサス州）、集産主義でルーズ（ハワイ州）、個人主義でルーズ（バーモント州）、個人主義でタイト（カンザス州）という四つだ。同様に、タイトさは保守主義と、ルーズさは自由主義（リベラリズム）との結びつきが強いとはいえ、それぞれの概念は別個のものである。(26)保守主義は個人が伝統的な価値観を重視することを示し、しばしば変化への抵抗として現れるのに対し、タイトさとは環境における社会規範の強さを表す「文化」のあり方だ。タイトな州や国には保守主義者が多く、ルーズな州や国には自由主義者が多いのは確かだが、ルーズな地域にも保守主義者はたくさんいるし、タイトな地域にも自由主義者はたくさんいる。

実際、私たちはアメリカの各州を「レッドステート」（共和党支持州）か「ブルーステート」（民主党支持州）と呼ぶのにすっかり慣れきっているので、この呼び方がいかに表面的で、州の実態を表し

表 5.1　州のタイトさのランキング(27)

順位	州	タイトさのスコア	順位	州	タイトさのスコア
1	ミシシッピ	78.86	26	アイオワ	49.02
2	アラバマ	75.45	27	ミシガン	48.93
3	アーカンソー	75.03	28	ミネソタ	47.84
4	オクラホマ	75.03	29	アリゾナ	47.56
5	テネシー	68.81	30	ウィスコンシン	46.91
6	テキサス	67.54	31	モンタナ	46.11
7	ルイジアナ	65.88	32	イリノイ	45.95
8	ケンタッキー	63.91	33	アイダホ	45.50
9	サウスカロライナ	61.39	34	メリーランド	45.50
10	ノースカロライナ	60.67	35	ニューメキシコ	45.43
11	カンザス	60.36	36	ロードアイランド	43.23
12	ジョージア	60.26	37	コロラド	42.92
13	ミズーリ	59.60	38	ニュージャージー	39.48
14	バージニア	57.37	39	ニューヨーク	39.42
15	インディアナ	54.57	40	アラスカ	38.43
16	ペンシルベニア	52.75	41	バーモント	37.23
17	ウェストバージニア	52.48	42	ニューハンプシャー	36.97
18	オハイオ	52.30	43	ハワイ	36.49
19	ワイオミング	51.94	44	コネティカット	36.37
20	ノースダコタ	51.44	45	マサチューセッツ	35.12
21	サウスダコタ	51.14	46	メイン	34.00
22	デラウェア	51.02	47	ネバダ	33.61
23	ユタ	49.69	48	ワシントン	31.06
24	ネブラスカ	49.65	49	オレゴン	30.07
25	フロリダ	49.28	50	カリフォルニア	27.37

ていないかということに気づかなくなっている。二〇一六年の大統領選挙でヒラリー・クリントンに投票した州のうち、ハワイ州、イリノイ州、バージニア州を見てみよう。ハワイ州はルーズで、イリノイ州はほぼ中庸、バージニア州はタイトだ。今度はドナルド・トランプに票を投じた州のうち、アラスカ州、ウィスコンシン州、サウスカロライナ州を見てみよう。アラスカ州はルーズ、ウィスコンシン州は中庸、サウスカロライナ州はタイトである。これから見ていくが、同じ候補に投票した州のあいだでも、文化的な違いは非常に大きい。支持政党によって分類すれば、それぞれの州のもっと根本的な性質をひどくゆがめることになりかねない。共和党の赤と民主党の青の代わりにタイトとルーズの濃淡でアメリカの地図を塗り分けたら、五〇州それぞれの特質と特異性の背後にひそむ文化のロジック（およびそれにかかわるトレードオフ）が見えてくる。

礼儀と秩序

私はニューヨーク出身だが、二〇年前からワシントンDCに住んでいる。出身地のニューヨークに戻ればすぐに、せわしないペース、人前での悪態と愛情表現、赤信号でも走って道を渡る人（子連れでもそうしている）になじんでしまう。しかしよその州に行くと、このような習慣がトラブルを巻き起こしたりする。カンザス州で信号が変わる前に道路を渡ろうとすれば、背後から非難する声が聞こえてくる。子どもにスキーをさせようと、こぎれいなユタ州パークシティーに連れていったら、悪態をついている人や激昂している人などほとんど見当たらない。レストランでワインを頼みたければ、ユタ州の酒類法に従って料理も一緒に注文しなくてはいけない。南部に行けば、地元の人たちの礼儀正しさと人なつこさに感心させられるが、ニューヨーク出身者としてつい口にしがちな「私になにか用？」という言葉を発しないように気をつけなくてはだめだ。ある州の人が火星人に思えたり、また別の州の人が金星からやってきたのではないかと思えたりすることもある。

私はよく、人の性格は州によって異なると思っていたが、実際はどうだろう。じつは、その見方はただの直感ではなかった。五〇〇万人以上の州民から得たデータを分析した結果、タイトな国とルーズな国で見られるのと同じ性格特性が、タイトな州とルーズな州でも見られることがわかったのだ。[28] タイトな州の人は心理学でいう「誠実性」という性格特性の持ち主であることが多い。この特性には、自制、ルール遵守、統制のとれた社会を望むといった特徴がある。このタイプの人は、自分がきちんとして注意深く頼りになる人物だと認め、「信頼できる働き手である」「計画を立て最後までやり通す」「ものごとを効率的にこなす」という説明が自分にあてはまると考える。対照的に、ルーズな州の人は自分がさほど誠実ではないと考える。秩序を欠き、頼りにならず（そして率直に自己批判できる！）、「どちらかというと不注意」「だらしない」「すぐに気が散る」と認める。これらの見方は当たっている。ノースカロライナ州、ジョージア州、ユタ州、カンザス州などで過ごしたら、そこの人たちはアラスカ州、メイン州、ハワイ州、ロードアイランド州といったルーズな州の人と比べておおむね慎重で、几帳面で、規律正しいと感じられるだろう。その比較を図5・2に示す（ニューメキシコ州は全体としてはルーズな州なのだが、例外となっている）。

タイトな州では、個人の性格に規律正しさが現れるだけでなく、社会秩序も整っている。アメリカ

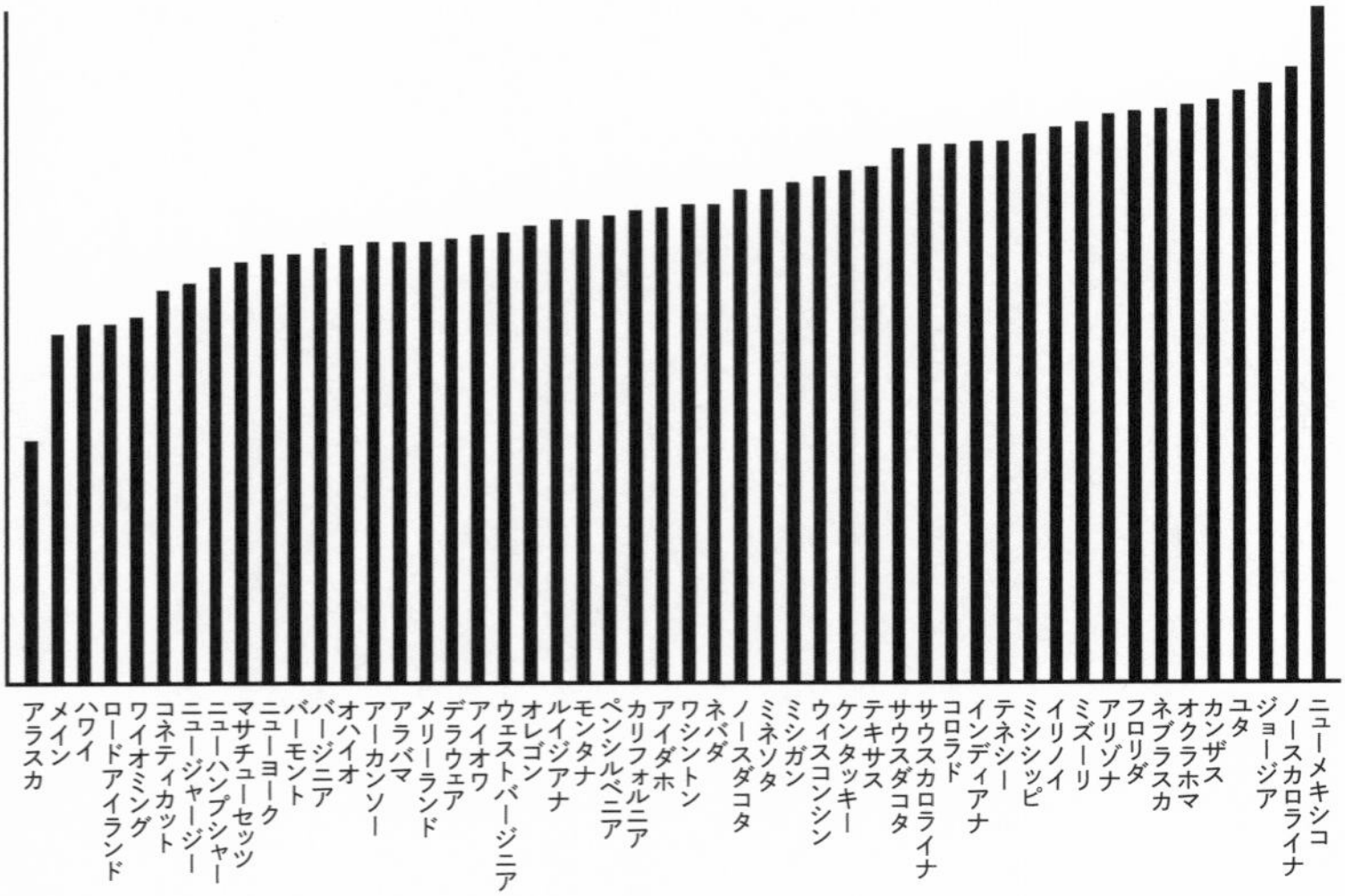

図5.2　タイトな州ほど誠実性が高い[29]

できわめてタイトな州の集まる南部では、礼儀作法、もてなし、折り目正しさ、そしてなにより表敬に関する厳格なルールが人を支配している。子どもは大人に対して「イエス、マム」とか「イエス、サー」と言い、大人が話しているときに口を挟まないようにと教え込まれる。『南部文化百科事典』[30]（そう、こんなものが存在するのだ。全部揃えると二〇巻以上になる）によれば、南部では、行儀の悪い子どもには罰《ばち》が当たると言い伝えられているらしい。たとえば食卓で最後に残った料理を取った子どもは、そんなことをすると結婚できないと言われる。食事中に子どもが歌を歌ったら、なにか悪いことが起きると脅される。子どもと大人のどちらにとっても、適切にふるまうことが不文律である。汚い言葉を使ったら、眉をひそめられる。家屋に入るときや、料理や飲み物を受け取るとき、あるいはエレベーターに乗り降りするときには「レディーファースト」を守らなくてはいけない。控えめであることが規範である。少しでも自信過剰に見える人は、平均的な南部人からは「傲慢」と思われるかもしれない[31]。人前ではきちんと盛装することが求められ、フットボールの試合場でさえ、女性が真珠のアクセサリーと豪華なドレスをまとい、男性がカーキ色のスラックスにブレザーを羽織っている光景はめずらしくない[32]。

　南部人にとって、無礼なふるまいは相手への名誉毀損となり、厳しい罰が科される場合もある。それどころか、南部人は侮辱されると身体にまで異変をきたす。イリノイ大学の心理学者ドヴ・コーエンは、このことをホルモン測定によって明らかにした[33]。リサーチアシスタントを訓練し、実験室で北部と南部の男性被験者を侮辱する（「このクソ野郎」などと罵声を浴びせる）実験を行なったところ、南部出身者は、ストレスの指標となるホルモンのコルチゾールと、脅威への対応として攻撃性を高めるホルモンであるテストステロンの濃度が北部出身者よりも上昇した。南部人がこうした無礼な行動に遭わないように努めるのも当然というわけだ。

　タイトな南部で人を侮辱したらどれほど危険か、ニューヨーク出身の私は身をもって学んだ。一九九〇年代の半ば、ボーイフレンド（現在の夫）のトッドとサウスカロライナ州の州間高速道路《インターステート》九五号線をドライブしていたときのことだ。地元のナンバープレートをつけた車が私たちの車線に割り込んできて、私たちのすぐ前でスピードを落とした。トッドは急ブレーキをかけたあと、左側から前の車を追い越しざまに、深い考えもなく右手の中指を立てる卑猥なしぐさをした。すると相手のドライバーは、ハイウェイで何キロにもわたって私たちを追いかけてきた。トッドはようやくサービスエリアを見つけると、草の生えた中央分離帯をすばやく渡ってエリアに入り、追っ手から逃れようとした。ところが、私たちは愕然とした。向こうのドライバーも、私たちを追ってハイウェイからサービスエリアに入ってきたのだ。向こうは私たちのそばで車を停めて降りてくると、私たちをののしり、謝罪を求めた。私の説得の末、トッドは相手の要求に従った。私たちは深い安堵のため息をつきながら、その場をあとにしたのだった。

ちょっとしたしぐさ一つから、なぜこれほど危険な状況に至ったのか。私のようなニューヨーカーにとって、中指を立てるのは無礼だが（それは間違いない）、めずらしいことではない。実際、『ビレッジボイス』紙によれば、ニューヨーカーは「派手に中指を突き立てたがる性癖」で知られている。(34) 無礼なふるまいなど日常茶飯事だ。列に割り込まれたり、体をぶつけられたのに詫びがなかったり、通りで大声を張り上げられたりしても、いちいち騒ぎ立てたりしない。乗客の話し声があまりにもうるさいので、アムトラックは北東部の州を走る列車のほとんどに「騒音禁止車両」を用意している。(35) それでもなお、車内を静かにする取り組みは難航している。「列車内で携帯電話やコンピューターの電子音で騒音をまき散らす者たちの無神経ぶりにはあきれるばかりだ」と、ある通勤客が『ニューヨークタイムズ』紙の取材に対してこぼした。(36) ニューヨーカーの傍若無人なふるまいは、無礼なふるまいのもつ伝染性によっていっそうひどくなっている。フロリダ大学の心理学者トレヴァー・フォールクと共同研究者によると、ほかの人から無礼な扱いを受けた場合、あるいはほかの人が無礼にふるまっているのを見ただけでも、人は自らも無礼にふるまいやすくなるという。(37)

ニューヨークで無礼なふるまいがはびこっているのは事実かもしれないが、ニューヨークの名誉のために言わせてもらえば、無礼な州はほかにもある。「ザ・トップ・テン」というウェブサイトが、サイトを訪れた数千人にアメリカで最も無礼な州を選んで投票してもらったところ、じつに説得力のある結果が出た。[38] 全体として、ルーズな州のほうがタイトな州よりもはるかに無礼だというランキングになっていたのだ。「最も無礼」なのがニューヨーク州で、マサチューセッツ州とニュージャージー州がそれに続く。最も無礼でない州は、ノースカロライナ州、アーカンソー州、ワイオミング州など、もっぱらタイトな州だった。

タイトな州の人がもつ自制心は、他者に対する攻撃的なふるまいだけでなく、もっと広い範囲におよぶ。タイトな国と同じく、タイトな州の住民はルーズな州の住民と比べて、自分の行動をはるかにきちんとコントロールできる。たとえば信用調査会社トランスユニオンによる信用情報データを分析したところ、ルーズな州の住民はタイトな州の住民よりも多額の借金を抱えていることがわかった。[39] 借金の理由は、自動車や学費のローン返済、クレジットカードの負債処理、医療費や公共料金の支払いなどだ。人口一人あたりの薬物使用や過度の飲酒の件数も、ロードアイランド州、コロラド州、ニューハンプシャー州といったルーズな州と比べて、ウェストバージニア州、ミシシッピ州、ユタ州などのタイトな州のほうが少ない[40]（ただし、昨今のオピオイド鎮痛薬の乱用問題は事情が異なる）。[41] 一方、ルーズな州はアルコールや向精神薬の使用については寛容だ。現時点で娯楽用のマリファナ使用が合法とされているのは、アラスカ州、カリフォルニア州、コロラド州、メイン州、マサチューセッツ州、オレゴン州、ワシントン州、バーモント州、ネバダ州という九つの州だが、これらはすべてルーズな州である。[42] カリフォルニア州は「アメリカの大麻のバケツ」と呼ばれ、多数のマリファナ起業家が屋外の農地でマリファナを大規模栽培している。[43] ワシントン、コロラド、アイダホの各州では、四月二〇日の「マリファナの日」に道路から「四二〇マイル」の標識がいたずら者に盗まれる事件があとを絶たなかったため、「四二〇マイル」の標識を「四一九・九九マイル」と記したものに取り換える羽目になった[44]〔「四二〇」はマリファナを指す隠語。一九七〇年代に、ある高校の生徒たちが午後四時二〇分にマリファナを求めて集まっていたことに由来する〕。

近所からの監視の目

国のレベルでは、厳しい監視によって、社会規範を守ることを徹底させる。監視するのは近所の人や警察であったり、全能の神が見ているという戒めだったりするが、いずれにしても、人は自らの行動に対して責任感をもつようになる。

州のレベルでも同じことが言える。ミシシッピ、サウスダコタ、アラバマなどのタイトな州は、カリフォルニア、ニュージャージー、ネバダなどのルーズな州と比べて田舎地域の割合が高く、人の移動率が低い。[45] 田舎という地域性に人の移動率の低さという材料が合わさると、興味深い文化のカクテルができあがる。家族以外の隣人や知り合いがこちらの動向を知っているのは間違いなく、さらにそのことについて首を突っ込んでくるかもしれない。このように結びつきの強い小さなコミュニティーでは、近所の人による監視がすみずみまで行き届く。『サザンリビング』誌によると、小さな町で暮らす人は、一〇代の子どもの誰と誰がつきあっているとか、近所の誰が大きな買い物をしたとか、町の修理工が新たに人を雇ったとか、そんなことをよく知っている。[46] 噂話というのは、じつは重要な社会的機能を担っている。何千年も昔から、噂話は文化による学習を促してきた。心理学者のエリック・フォスターによれば、私たちは噂話によって「どうふるまうべきか、何をすべきで何をすべきでないか」を学習する。[47] 噂話はまた、非公式の警察としても機能する。[48] 悪い評判がたちどころに広まる町では、悪く言われることへの恐れが悪いふるまいを抑止し、協調を促す助けとなるかもしれない。

タイトなコミュニティーには、近所の噂話以外にも、住民を監視する社会的な力が存在する。私たちの調べたところによると、タイトな州では警察官や司法官の数が多く、市民は「社会秩序を維持するためには、警察は暴力も含めた厳罰を行使すべきだ」という見方におおむね同意する。[49] タイトな州では、人口に対して収監者の占める割合も高い。[50] これに対し、ルーズな州に多い、人の移動性の高い都市部では、日々の通勤で何千人という他人とすれ違うことはあっても、近所の人からの監視はほとんどなく、どちらかというと匿名で暮らしていると言えるだろう。社会秩序の度合いを表す指標を調べてみると、これ以外にも離婚率や一人親世帯率、[51] さらにはホームレスの割合[52]も、ルーズな州のほうが高い。

タイトな州では、警察や近隣住民がコミュニティーのメンバーを絶えず監視しているのに加えて、超自然的存在も明らかに強力な影響をおよぼしている。タイトな州では宗教を信仰する人の割合が顕著に高く、たとえばカンザス州では八〇パーセントに達する。[53] アメリカで信心深い州の上位に位置するミシシッピ州とサウスカロライナ州では、それぞれ成人の八三パーセントと七八パーセントがキリスト教徒である。[54] 週末の礼拝に二〇〇〇人以上が集まる「メガチャーチ」と呼ばれる教会が南部ではいたるところにあり[55]（その頂点に君臨するのがヒューストンにあるレイクウッド教会で、毎週五万人以上の信徒が礼拝に参加する）[56]、キリスト教の教義が公立学校にまで浸透していることも少なくない。テキサス州の公立学校では、生徒は聖書からじかに道徳的教訓を学ぶ選択科目を履修することができる[57]。サウスカロライナ州では、一九九五年からすべての公立学校で毎朝一分間の黙禱の時間を設けることを義務づけている[58]。

人口の六〇パーセント以上がモルモン教徒であるユタ州でも[59]、日常生活において多数の厳しい規則が設けられている。いかなるときにも紅茶やコーヒーを飲んではいけない[60]。婚前の性交渉はご法度で、ポルノも禁止[61]。自慰行為や同性愛行為も許されない[62]。安息日の日曜日は礼拝に専心しなくてはならず、仕事や買い物、外食、スポーツなど、世俗の誘惑につながる可能性のある活動は認められない[63]。モルモン教のビショップはすべての成人信徒と個別に面談し、信徒がモルモン教の生活様式をどのくらい守っているか、会堂へ立ち入るのにふさわしい人物かを調べる[64]。まるで諜報機関のように、教会員強化委員会（SCMC）が地域のモルモン教徒を常に監視し、信仰や指導者を公然と批判する者がいないか目を光らせている[65]。該当する者が見つかると、委員会はただちに担当のビショップに知らせ、ビショップはその者を棄教者として糾弾することもある。

その結果、タイトな州は特定の道徳的信条をも支持することになり、それによって規範を遵守する文化がよりいっそう強化される。社会心理学者のジョナサン・ハイトは、反響を呼んだ著書『社会はなぜ左と右にわかれるのか』において、文化を支える五つの道徳的信条を指摘している。その五つとは、よそ者への危害、公正、集団内の忠誠、権威、清浄である[66]。この種の道徳的基盤において、差異を生み出す主たる要因となるのが文化だ。[67] タイトな州はルーズな州と比べて、権威に従いやすく、集団内の忠誠心が高い。また、高潔で清浄な暮らし方を求める傾向が強い。「清浄の道徳性」を目指すと言ってもいい。清浄とは、俗悪から守るべき神殿として自分の体をとらえることを意味する。たとえば、薬物使用や婚前交渉を慎む（笑える話だが、ジョージア州では少なくとも建前として、婚前交渉は今でも違法である）。[68] 対照的に、超ルーズなサンフランシスコでは、車のバンパーに「あなたの体は神殿です／私の体は遊園地です」と書かれたステッカーが堂々と貼ってあるというのは有名な話だ。[69] また、タイトな州の人はものごとの是非について白か黒かの見方をするのに対し、ルーズな州の人はさまざまな濃淡のグレーの領域があることを認める。[70]

イノベーションと寛容の育つ場所

ルーズな州はルーズな国と同様、どちらかというと秩序を欠き、自制にも問題があるが、寛容、創造力、順応性といった長所もある。私たちは五〇〇万人以上のアメリカ国民の性格特性に関する調査データを利用し、ルーズな州の人のほうが自分のことを独創的で好奇心に満ち、深い思考ができ、想像力が豊かだと思う傾向が強いことを突き止めた。[71] これから見ていくとおり、これらはすべて「開放性」という性格特性を示す指標なのだ（図5・3）。

それならば、ルーズな州からイノベーションが生まれるのは当然だ。たとえば人口一人あたりの新発明の特許取得件数について見ると、図5・4に示すとおり、ルーズな州のほうがはるかに多い。[72] 世

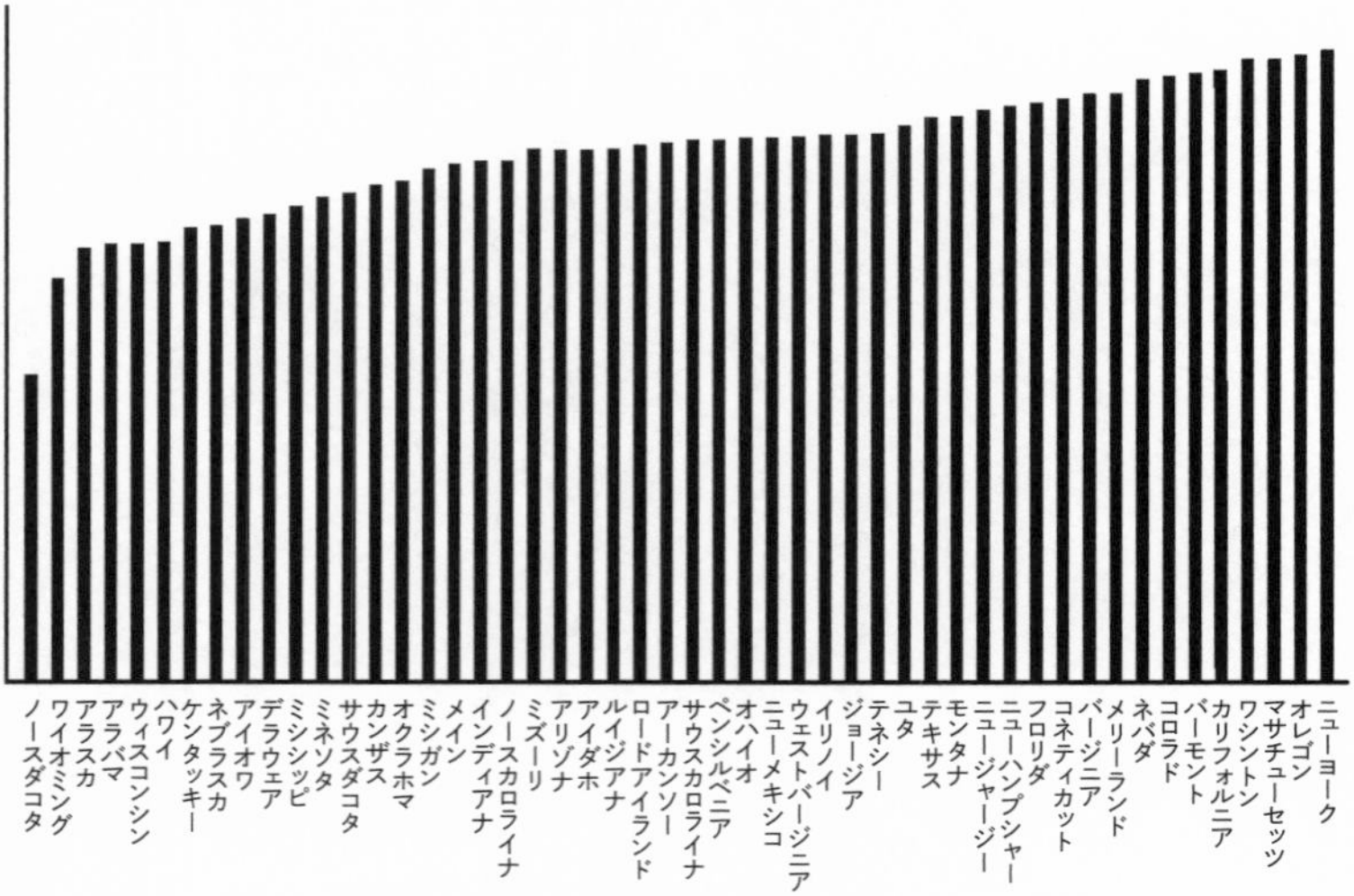

図5.3 「開放性」という性格特性はルーズな州ほど高い(73)

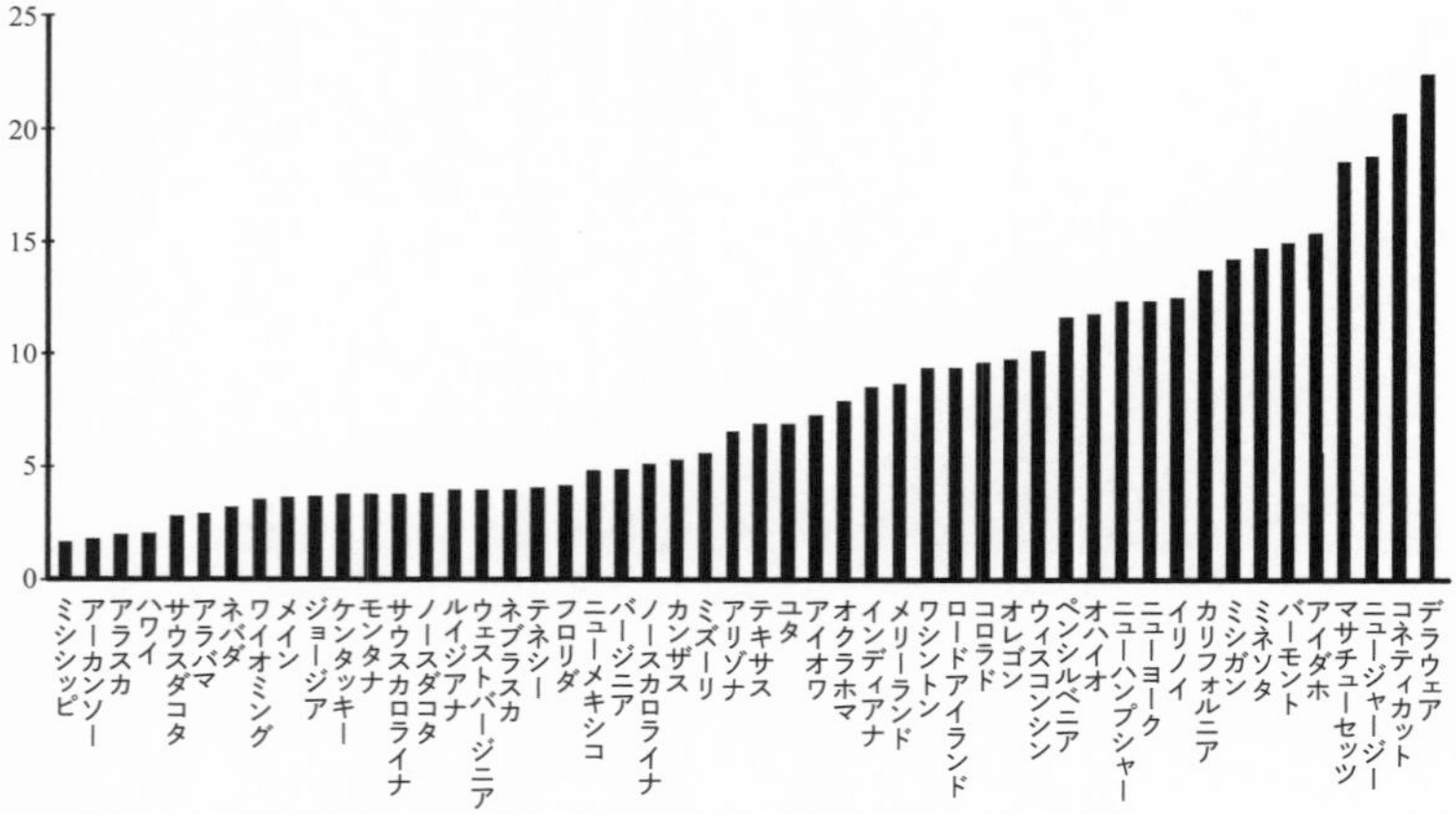

図5.4 州別の人口一人あたりの特許取得件数（1963～2011年）(74)

界初のレーザーが作られたのはカリフォルニア州で、[75]ポータブルファックス機[76]と電子レンジ[77]が発明されたのはマサチューセッツ州だ。電子メールの第一号を送信したのはニューヨーク州の人間で、[78]洗濯機に初めて特許が与えられたのはニューハンプシャー州でのことだった。[79]これらはすべてルーズな州である。人気の高い玩具のフリスビーも、やはりルーズな州の発明品だ。[80]一八七一年、イェール大学の学生がコネティカット州ブリッジポートにあるフリスビー・パイ・カンパニーのパイを食べたあとで残った空き皿を投げて遊んでいたときに、この玩具のアイデアが生まれたという。

ミュージシャン、画家、作家、イラストレーターなどのクリエイティブな職業に就く人も、人口一人あたりで見るとルーズな州のほうが多い。[81]さらに、ルーズな州の住民のほうが、クリエイティブな経験を多く求める。[82]タイトな州の住民と比べて、文化的なイベントに参加したり、詩やフィクションを読んだり、自宅でアート番組を視聴したりすることがはるかに多い。クリエイティブな考え方に広く触れることが、開放性や好奇心をさらに高めているのは間違いない。

ちなみに、最も楽しい州はどこだろう。個人向けの金融情報サイト「ウォレットハブ」のデータアナリストたちが、その答えを探すことにした。娯楽施設（遊園地、映画館、ビーチ、国立公園など）とナイトライフ（バー、音楽フェス、カジノなど）の充実度にもとづいて、五〇州を採点した結果、「Let loose《ルーズ》 and have fun!」（自由に楽しもう）というフレーズの正しさが科学的に裏づけられた。楽しい州で上位を占めたのは、ネバダ州、コロラド州、ニューヨーク州、オレゴン州で、いずれもルーズさで上位の州だ。下位に入ったのは、ミシシッピ州、ウェストバージニア州、アラバマ州、ケンタッキー州、アーカンソー州で、タイトさでは上位の州ばかりだ。[83]タイトとルーズのトレードオフがここでも見られる。ルーズな州は秩序を欠いて無礼で、自制できないことが多いが、楽しい。一方、タイトな州は、娯楽施設は少ないかもしれないが、秩序があり、礼儀正しく、自制心が高い。ルーズな州はタイトな州より楽しいだけでなく、寛容でもある。ルーズな州の道徳規範が重きを置くのは「他人に害を与えないこと」で、これは人種や言語、宗教、信条を問わず誰にでもあてはまる普遍的な規範だ。ニュースサイトの「デイリービースト」は五〇州すべてについて、ヘイトクライムの発生率や宗教的寛容の度合いなどの多様な指標を用いて、寛容性のスコアをはじき出した[84]。このスコアは、私たちの作成したルーズさのランキングと強く相関していた。私たちの調査では、三八州の二〇〇〇人以上のアメリカ人から集めたデータを用いてランキングを出した。すると、白人とマイノリティーとの異人種間結婚について、その相手がアフリカ系アメリカ人であれ、アジア系であれ、あるいはヒスパニック系であれ、ルーズな州の住民のほうが支持する割合が高く、また同性愛者に対しても肯定的な姿勢を示すことが判明したのだ[85]。

これらの結果は、回答者に直接質問して意見を求める調査によるものなので、露骨な偏見を隠した人もいたかもしれない。とはいえ、真の反応を隠すのがはるかに難しい「潜在連合テスト（ＩＡＴ）」という心理測定法を使って隠れたバイアスを調べた場合にも、同様の結果が得られた。ＩＡＴでは、さまざまな刺激に対する反応の速さにもとづいて、隠れた偏見を測定する。たとえば被験者に、複数の画像を「よい」か「悪い」のいずれかになるべくすばやく分類させる。この画像には、「同性愛者」（たとえば手をつなぐ同性カップル）や「異性愛者」（たとえば手をつなぐ異性カップル）の画像だけでなく、「喜び」や「怖い」などの言葉を混ぜることもある。差別されている集団の画像を「悪い」に分類するまでの時間が短いほど、その集団に対してひそかな偏見、すなわち強いネガティブな連想を抱いているとされる。三〇〇万人以上のアメリカ人がアフリカ系アメリカ人、高齢者、同性愛者、身体障碍者に対してひそかに抱く偏見を分析したところ、こうした人々に対してひそかに抱くネガティブな気持ちは、ルーズな州の住民のほうがタイトな州の住民よりもはるかに少ないことがわかった[86]。自覚しているかどうかは別として、タイトな州の人ほど被差別集団に属する人に対して偏見を抱いている割合が高い。

このように差異に対して明白あるいは暗黙裡に抱くネガティブな気持ちが少ないルーズな州のほうが、平等が広く実現されている。たとえばマイノリティーに属する人や女性の所有する企業の割合が高く、公務員に占める女性やマイノリティーの比率が高く[87]、伝統的に差別されてきた集団に対する法的保護が確立している[88]。このことからはっきりとわかるのは、社会から疎外されることの多いアイデンティティーの持ち主には、ルーズな州のほうが暮らしやすいということだ。たとえば精神疾患をもつ人は、ルーズな州で暮らすほうが、治療の受けやすさ、特別支援教育、雇用、保険の質と費用といった面で、はるかにすぐれたメンタルヘルスのケアが受けられる[89]。反対に、タイトな州ほど全体に差別が多い。雇用機会均等委員会（ＥＥＯＣ）の記録によれば、ルーズな州よりもタイトな州のほうが人口一人あたりの雇用差別の件数がはるかに多い[90]（図5・5を参照）。二〇一七年の一年間で、マサチューセッツ州では四七〇件（人口一人あたり〇・〇七件）の差別が発覚したのに対し[91]、州民の数と人口構成がマサチューセッツ州とほぼ等しいミズーリ州では二一四四件（同〇・三五件）に達した[92]。

ルーズな国と同じく、ルーズな州も移民に対して寛容である[93]。比較的タイトなアリゾナ州では、一

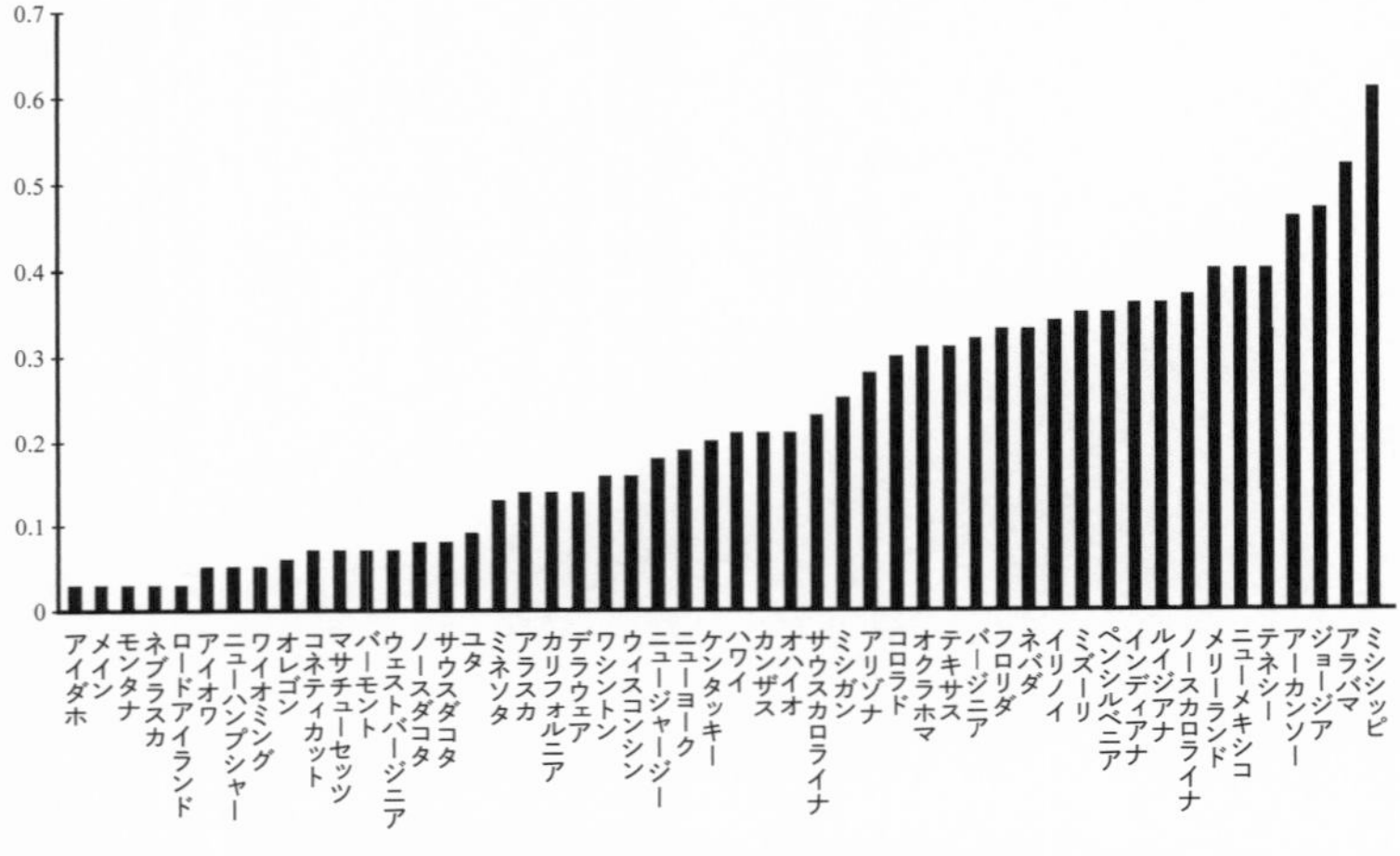

図5.5　雇用機会均等委員会による州別人口一人あたりの差別件数（2017年）[94]

部の例外を除き、[95]不法滞在している住民は運転免許を取得できず、合法的な住民と同じ州民授業料で公立大学に通うこともできない。一方、隣接するルーズなカリフォルニア州は、アリゾナ州と同じくメキシコからの多数の移民を抱えているが、移民にもこれらの権利を認めている。ジェリー・ブラウン知事は、合法的な身分かどうかにかかわらず、誰でも歓迎すると宣言した。[96]こうした当局の対応の違いは、よそ者に対するとらえ方の違いの表れである。実際、タイトな州では、自分たちの州が移民にとって住みやすい場所ではないと認める州民の割合が高い。[97]よそ者に対するこうしたネガティブな姿勢が発展して、タイトな州ではアメリカ製品の購入を求める「バイ・アメリカン法」や輸入品への規制が強く支持されている。[98]

「適応性」もルーズな州の強みであり、これがアメリカの社会変革を動かす原動力となってきた。歴史的に、アメリカで慣例にとらわれない先進的な運動を生み出してきたのは北東部で、超越主義やプロテスタントのユニテリアン派、女性の参政権などがここから生まれている[99]。著名な歴史学者のコリン・ウッダードによれば、ニューヨークのグリニッジビレッジは「あらゆる類の文化的革命者――無政府主義の哲学者、自由詩の詩人、キュービズム画家、フェミニスト、同性愛者、フロイト説支持の思想家、酒豪の物書き、自由恋愛主義の劇作家、風変わりな音楽家たち――の集まる場所[100]」(『11の国のアメリカ史』肥後本芳男ほか訳、岩波書店)だった。西部では、ルーズなカリフォルニア州が常に社会変革の先鋒を担ってきた。一九六〇年代のカウンターカルチャーや同性愛者の人権運動を生み出したのは、(ニューヨークおよび東西両岸の近隣州とともに)アメリカで最大の人口を誇るこの州だった[101]。反対に、タイトな州はしばしば社会運動に抵抗する。一九七〇年代の終盤、性差別の禁止を目指した「男女平等憲法修正条項」の承認に反対した州の七五パーセント近くがタイトな州だった[102]。

初期入植者の影響

そもそも、このような違いがなぜ生じたのだろうか。その答えは明白ではないかもしれないが、五〇州のあいだでタイトとルーズの違いが現れるようになったのは、新世界の各地に入植した人たちの文化的な特質のせいであり、その違いは何世紀にもわたって進展し続けている。

一八世紀にさかのぼってみよう。北アイルランドやスコットランド低地地方からの移民が大きな波となって、アメリカに押し寄せ始めた時期だ。移民たちはまずペンシルベニア周辺にたどり着き、それから南下し、ウェストバージニア、ノースカロライナ、サウスカロライナ、ジョージア、テネシー、オクラホマ、テキサスといった州に定住していった[103]。そこで開拓者たちは、祖国の社会規範や価値観の詰まった文化のスーツケースから中身を取り出した。ケルト族の牧畜民の末裔である彼らはタイトな規範をもつことで知られており、そこでは勇敢さ、強さ、よそ者に対する猜疑心が重視されていた[104]。これらは心理学でいう「名誉の文化[105]」を構成する特徴である。

こうした文化的特質は、開拓者たちの進出した南部の危険に満ちた環境では役に立った。近隣の集団に襲撃されて、家畜を奪われる脅威が常に存在したからである[106]。このような危険があり、さらに正式な法執行機関がなかったことから[107]、入植者は集団内で協力して泥棒を防ぐためにタイトな社会規範を生み出した。気前のよさと敬意を尊重する規範によって集団の結束を高めることが、なによりも大事だった。入植者は自らの気前のよさを誇示し、コミュニティーの中で名誉を獲得するために、しばしば客人をもてなした[108]。これがいわゆる「南部のもてなし（サザン・ホスピタリティー）」のルーツであり、その心意気は二一世紀にも受け継がれている。

しかし気前がよく協調性に富んでいるとはいえ、初期の入植者たちは悪行を働いた者に対しては即座に激烈な報復を与えるのも辞さなかった。そのように武勇を見せつければ、手ごわい集団だと評判になり、さらなる攻撃を防ぐ助けとなった。南部では人をからかうことすら重大な逸脱行為と見なされ、暴力で反撃されることもあった。とりわけ人前で相手を侮辱した場合には、その可能性が高かった。第七代アメリカ大統領アンドリュー・ジャクソンは、カロライナに移住してきたスコットランド系アイルランド人の両親のもとで一七六七年に誕生した。いつも母親から「男らしさをなくしてはだめ。本物の男が怒りを抱いたら、法律で鎮めることはできないから」と言われていたのは有名な話だ。この教えを胸に抱き、ジャクソンは記録に残るだけでも一〇〇件以上のけんかにかかわった。決闘も数知れず、一度は人を殺したこともある。[109] なによりも、屈強さと自尊心、そして規範を破った者への罰をいとわない心構えを備えているという評判を保つことは、ともすれば混沌とした無法状態になりかねない南部の牧畜経済の中で秩序を保つ助けとなった。[110]

やがてこうした名誉の文化は深南部《ディープサウス》（今でいうルイジアナ州、ミシシッピ州、アラバマ州、ジョージア州で構成される地域）に浸透した。一七九〇年までに、スコットランド系アイルランド人入植者は南部の多くの州で人口の大半を占めるようになった。[111] 現在、これらの州はアメリカでタイトな州の上位を占めており、そこには今もなお名誉の文化が息づいている。[112]

南部の奴隷経済の基盤にあった権威主義志向も、この地域にタイトさをもたらす一因となった。早くも一六七〇年には、バルバドスの植民地から渡ってきた入植者がアメリカ南部に階層社会を築いた。数のうえでは主人にまさる奴隷を支配するために、厳格な規範が生み出された。逃亡を試みた奴隷は、初犯ならむち打ちの罰を受けた。二度目以降は罰が厳しくなっていき、耳たぶを削がれたり、去勢されたり、アキレス腱を切断されたり、最悪の場合は死刑に処せられることもあった。[113] 処罰のルールに従わない奴隷所有者には、罰金が科された。奴隷の逃亡を助けた者も、さすがにむち打ちの刑や死刑ではないにせよ、罰金刑はまぬかれなかった。

一方、アメリカの北部と西部の入植者たちは、南部とはまったく違っていた。これらの地域の最初の入植者たちは、当初から宗教的に多様であり、さまざまな文化を共存させていることで知られていた。このような状況が集団をルーズにする一因であることはすでに見たとおりだ。一七世紀が始まるころ、バルバドスからの入植者が深南部に到着するよりも数十年前に、オランダ人（現在、オランダは世界でもっともルーズな国の一つである）が世界貿易の中心地としてニューヨークを創設し、のちにポーランド、フィンランド、スウェーデン、アイルランド、ポルトガルからの移民がこの地を目指すようになった。そしてカトリック、英国国教会、ピューリタン、クエーカー教、ユダヤ教など、さまざまな宗教の信者がニューヨーク地域へ集まってきた。[114]

さらに北のニューイングランド地方では、「分離派」のプロテスタント（ピューリタンと呼ばれる）のイギリス人の一団が、マサチューセッツ湾植民地に入植した。[115] 彼らの信仰は厳格を極め、この植民地は彼ら以外の宗教団体に対してはきわめて非寛容だった。[116] しかし一七世紀から一八世紀にかけて、バプテスト派、メソジスト派、ユニテリアン派、クエーカー派など、プロテスタントの別の宗派が勢力を増すのに伴って、ピューリタンによる単独支配がしだいに弱まり縮小していった。[117] 一八世紀の半ばまでにマサチューセッツ州およびニューイングランド全域で寛容を重視する新たな規範が形成され、[118] 南部で確立していた階層的で権威主義的な信仰のあり方は市民に拒絶された。まもなくマサチューセッツ州は「自由のゆりかご」と称され、宗教的多様性の聖地と見なされるようになった。[119]

一九世紀に入ると、産業化の広がりによって、このルーズな精神がさらに強化された。産業化が北部の都市化を推し進め、多様性を高めたのである。[120] 一八七〇年代には、マサチューセッツ州（現在ではアメリカで六番目にルーズな州）がアメリカで初めて、田舎地域よりも都市部に住む人口のほうが多い州となった。[121] 都市部では田舎町と比べて住民どうしのつながりが弱く、それゆえ住民間の監視の度合いが低く、匿名性が高かった。一方、南部は緊密でタイトなコミュニティーを特徴とする農業中心の地域であり続けた。[122]『南部の名誉――古き南部の倫理とふるまい』の著者で歴史学者のバートラム・ワイアット＝ブラウンによれば、南部では農業以外で職業として認められたのは、医療、法曹、聖職、軍務だけだった。[123]

西部では一八世紀半ばからカリフォルニア州が、アメリカ先住民、メキシコ人、ロシア人、ヨーロッパ人の混ざり合う「るつぼ」となった。[124]一八四八年にサッターズミルで金《きん》が発見されると、一獲千金を狙う三〇万人以上の山師が世界じゅうから集まってきた。[125]その結果、すでに多様な国の出身者で構成されていた入植者の集団に、チリ、オーストラリア、[126]アイルランド、[127]イタリア、中国からの移民が加わることとなった。いわば「スタートアップ国家」イスラエルの先駆けとして、カリフォルニアは「スタートアップ州」となり、よりよい将来を求めて西海岸への危険な旅路をいとわない冒険者を引きつけた。「あらゆる国の出身者が多種多様な衣服を身につけて五〇の言語を話しながら、すべての者が友好的に打ち解けて交わっていた」[128]と、カナダの商人ウィリアム・パーキンズは一八四九年の鉱山町ソノラのようすを書き残している。いうまでもなくカリフォルニア州にも人種差別や排斥の暗い歴史があり、それは現在でも完全には解消されていない。[129]しかし早い時期からルーズな文化の種が蒔かれたおかげで、カリフォルニア州はアメリカ有数の寛容な州へと進化してきた。

対照的に、国勢調査のデータが示すとおり、タイトな州は一八六〇年からずっと人種の多様性を欠いている。[130]実際、ペンシルベニア大学のデータサイエンティストのランディ・オルソンの示したところによれば、[131]現在アメリカ国内でとりわけ多様性の低い地域の一部はタイトな州に位置している。[132]今でもアメリカには人口のほぼ一〇〇パーセントが白人という郡が存在する。ウェストバージニア州タッカー郡、ケンタッキー州ロバートソン郡、ネブラスカ州フッカー郡などがそうだ。私たちの分析によれば、タイトな州は多様性が低く、特に民族の多様性が低い。

もちろん、タイトな州にもルーズなコミュニティーはあるし、その逆のパターンもある。タイトとルーズの理論に従えば、そのようなコミュニティーがどんな場所に成立するのかを予想することができる。多様性の歴史をもつコミュニティーは、ルーズさを示す傾向がある。タイトなルイジアナ州に位置するニューオーリンズ市は、歴史的に多様性の高い国際的な港湾都市であり[133]、マルディグラのカーニバルやジャズの音楽シーンを見ればわかるとおり、国内トップクラスの寛容な都市だ。一七一八年にフランス人が入植して以来、ニューオーリンズにはフランス、アメリカ先住民、スペイン、ケイジャン、クレオール、アメリカ南部、カリブなど多彩な文化が根づいてきた[134]。そして今では、アメリカ南部で群を抜いてルーズな都市となっている。二〇一五年、ミッチ・ランドリュー市長は「ニューオーリンズ市は人々を誘《いざな》い、受け入れる町です。多様性のもとで繁栄し、どんな人に対しても両手を広げて歓迎します[135]」と宣言した。一方、ルーズな州にもタイトなコミュニティーが存在し、そのようなコミュニティーはたいてい多様性が非常に低い。たとえばルーズなコロラド州にあるコロラドスプリングス市は人口のほぼ八割が白人で、ルーズなニューヨーク州には白人が人口の九二パーセントを占めるワイオミング郡がある[136]。

厳しい環境、タイトな規範

タイトさとルーズさのルーツをたどると、初期の入植者が数百年前に持ち込んだ規範や価値観に行き着く。だが、それですべてが説明できるわけではない。国の場合と同じく、入植者がその土地に足を踏み入れたときに直面した環境も大きく影響した。

すでに見たとおり、土地を共有する人々の集団は、しばしば強固な規範をメンバーに守らせることで、環境の脅威に対して一致団結して戦略的に立ち向かう。ここでいう脅威とは、天然資源が安定的に入手できないこと、病原体や伝染病、敵対する侵略者からの攻撃などが考えられる。脅威が手ごわいほど、コミュニティーはタイトになる。反対に、食料、水、病気、侵略などの心配がなければ、集団をまとめるための厳しいルールはさほど必要ではないので、社会は寛容な方向へと進化する。

この仕組みが国にあてはまるのは間違いない。そして州のレベルでも、同じ展開が見られる。母なる自然は、アメリカの各州でタイトとルーズの差異を存続させるうえで重要な役割を果たした。そして今でも、特定の地域に破壊の呪いをかけ続けている。

たとえばタイトさで上位に入る州の多くは、成立初期に厳しい環境条件に直面した。一九世紀には、ノースダコタ州、サウスダコタ州、ネブラスカ州、カンザス州、オクラホマ州、および西部の一部地域は雨がほとんど降らず（年間降雨量はわずか五〇〇ミリメートル）、住みにくい場所だった。これらの州には「大規模な灌漑事業の助けなしで農業が成り立つ地域は少なかった。標高がとても高い（平地や山間の谷さえ、アパラチア山脈の山々よりも高い位置にあるのだ）ので、一般的な農作物の多くはまったく育たない(137)」とコリン・ウッダードは記している。

南部も同じく昔から、母なる自然の度を越した怒りに苦しめられた。サウスカロライナ州では一九世紀の終盤に森林火災が州内のあちこちで起こり、およそ一万二〇〇〇平方キロメートルの森林を焼失した(138)。テキサス州ガルベストンでは、一九〇〇年に猛烈なハリケーンで約八〇〇〇人が死亡し(139)、さらにアメリカ史上最悪クラスの干魃が続いた一九四九年から一九五一年にかけては、この州の降雨量が通常と比べて四〇パーセント減少した(140)。隣接するオクラホマ州（現在、アメリカで四番目にタイトな州）では、一九一〇年代から干魃が何度も起き、一九三〇年代には今も語り継がれる「砂嵐《ダストボウル》」が断続的に発生した(141)。オクラホマ州は大恐慌の打撃も受け、この期間に四〇万人以上が州を離れ、多くは西部のカリフォルニア州やアリゾナ州へ向かった(142)。

現在でも、タイトな州は環境からの影響を受けやすい(143)。災害センターの提供する一九五〇年から一九九五年までのデータを見ると、タイトな州のほうがルーズな州よりも竜巻のリスクがはるかに高いことがわかる(144)。たとえばタイトな州であるテキサス州とカンザス州は、一年間で竜巻に襲われた回数が最近ではそれぞれ平均で一四七回と九二回であるのに対し(145)、ルーズな州のニューハンプシャー州、コネティカット州、ワシントン州には竜巻がほとんど襲来していない(146)。一九七九年から二〇〇四年のデータでも、タイトな州のほうが猛暑、落雷、暴風雨、洪水による死亡率が高い(147)。

私たちは入手できた一八五一年から二〇〇四年までのデータ(148)を使って、ハリケーンに襲われた地域についても調べた。被害を受けた地域を見ると、タイトな州のほうが極端に多いことは歴然としている。アメリカ史上で死者数の多かった上位五〇以上のハリケーンをリストアップしてみると、そのおよそ八五パーセントが最もタイトな一〇州に最大の被害をもたらしていた。近年、母なる自然はタイトな州に対してとりわけ無慈悲で、カトリーナ、ハーヴィー、イルマと命名されたハリケーンを送り込んでいる。

歴史的に見て、タイトな州では病気も頻繁に発生する。[149] 疾病対策センターの一九九三年から二〇〇七年までのデータを調べたところ、一般的な病気（マラリア、麻疹、結核、風疹、腸チフスなど）の発生頻度から州のタイトさが推測できることがわかった。ルイジアナ州、ミシシッピ州、サウスカロライナ州などのタイトな州は感染症の発生率が高いのに対し、メイン州、ニューハンプシャー州、バーモント州などのルーズな州は発生率が低かった。また、タイトな州は食料不安率が高く（つまり食料を十分に入手できる世帯が少ない）[150]、空気も清浄でないことが多い。[151] たとえばタイトなインディアナ州は全国で最も大気質が悪く、これにオハイオ州、ケンタッキー州が続く。反対に、ルーズな州であるオレゴン州、メイン州、ニューメキシコ州は空気が清浄な州の上位に入っている。要するに、脅威がある州はタイトなのだ。

もちろん、厳しい環境条件がタイトさにつながるという説には例外もある。それは世界各国の事例ですでに見たとおりである。アメリカの歴史を通じて、カリフォルニア州は地震から森林火災、土石流、熱波に至るまで、さまざまな自然災害に見舞われてきた。それでもここはルーズな州であり、その理由は個々の国を見たときにイスラエルが例外だったのと似ている。冒険心に富んだ移民が世界じゅうから集まってきたおかげで、カリフォルニア州は並外れた多様性を誇り[152]、それによってハリウッドやベニスビーチやシリコンバレーなどのルーズなサブカルチャーが発展してきた。雇用の一〇分の一をクリエイティブな業界が占め[153]、スタートアップ企業やハイテク企業（アップル、フェイスブック、グーグルなど）が集まっていることで名高いシリコンバレーはイノベーションの中心地だ。イスラエルの場合と同じく、カリフォルニア州では高度な多様性とイノベーションがあるおかげで、タイトとルーズの振り子がルーズの側へと振れるのだ。

環境からの脅威と病気は、五〇州の文化が形成されるうえで、重要な（だが、たいていは人目につかない）役割を果たしてきた。二〇一四年、不動産検索サイトの「エステートリー」は、竜巻、ハリケーン、火山、落雷、さらにはクマ、クモ、ヘビ、サメによる攻撃といった、アメリカ人がよく経験する「怖いこと」を細かく地図に示し、こうした恐怖をかき立てる脅威がたくさん存在する州を調べて、アメリカ国内で「最も恐ろしい場所」を突き止めた[154]。意外にも、この地図は私たちの作ったタイトとルーズの地図とよく重なる[155]。フロリダ、ジョージア、テキサスなどのタイトな州は、バーモント、アラスカ、ネバダなどのルーズな州と比べてはるかに恐ろしいのだ。

自らと闘う国

集団をタイトにする脅威は、母なる自然の怒りだけではない。すでに見たとおり、国は国外からの脅威に反応してタイトになる傾向がある。その顕著な例が、他国による侵略である。

もちろん、アメリカは歴史を通じて悲惨な出来事を経験してきた。一六世紀に初期の入植者がこの地に到着したときから、先住民と白人入植者とのあいだに凄惨な衝突があり、これがやがて先住民の虐殺に至った。アメリカ人は自国の領土でも、独立戦争、真珠湾攻撃、9・11テロ、ボストンマラソン爆弾テロ事件などの攻撃にさらされてきた。しかしイギリスからの独立以降、一八一二年に勃発した米英戦争を最後に、自国の領土で長期にわたる侵略や他国による占領は受けていない。とはいえ、合衆国という名前とはうらはらに、二〇〇年以上におよぶこの国の歴史を通じて、国内の紛争や敵対は絶えることなく続いている。

南北戦争がその最たる例だ。一九世紀、アメリカ南部は自分たちが北部の「外国」軍に「占領」されているという思いを強めていった[156]。国の統治のあるべき姿について、北部は南部と正反対の見解をもっていたからだ。一八六一年、南部と北部のあいだでアメリカ史上最悪のむごたらしい衝突が起こり、その結果として南部のタイトな文化がいっそう強化された。南部人は、農業主体の南部経済に不可欠な「南部特有の制度[157]」（奴隷制を指す婉曲表現）を守らなければならないと考えた。奴隷制の拡大を抑えようとする北部の取り組みは、南部の生活様式と生存を脅かしている、と南部人は感じたのである[158]。

当然ながら、奴隷制に強く依存していた南部州ほど、北軍の勝利によって失うものが大きかった。この見方に従えば、奴隷労働への依存度が高かった州は、依存度の低かった州よりも現在タイトであるはずだ。そして、実際にそうなっている。一八六〇年の国勢調査における奴隷所有世帯の割合と現在の州レベルでのタイトさとのあいだには、強い相関が認められるのだ。ミシシッピ、サウスカロライナ、ジョージアといったとりわけタイトな南部州は、デラウェアやメリーランドなどのルーズな州と比べて、奴隷所有世帯の割合が著しく高かった[159]。

戦争が終結するまでに、南部州が北部に対して感じていた脅威が完全に現実となった。[160] 奴隷の労働力を失った南部州は、経済の崩壊に直面した。[161] さらに戦闘の多くは南部で繰り広げられたので、土地も荒廃した。[162] 戦争が終わってもなお、激しい衝突が何年も続き、南部の抵抗勢力による散発的な襲撃を監視し制圧するために、およそ二万人の北軍兵が南部に残留していた。[163]

もともと不安定な環境条件を抱えていた南部は、戦争で甚大な被害を受けたうえに、戦後にはそれまで確立していた社会の階層構造がほころび始めた。奴隷制が廃止され、のちには連邦政府が全国的に人種差別撤廃を推進したことにより、南部で長く続いてきた社会秩序がかき乱された。[164] そこで、集団どうしが絶えず対立するのを防ぐために、南部人は社交に関する暗黙のルール――社会構造における各人の立場を知らせる不文律――を遵守するようになった。[165] 礼儀を重んじる南部人の気質は日々の社会的緊張をやわらげる助けとなったが、その一方で、うわべの礼儀正しさの下では階級間の露骨な分断が続いた。「皮肉なことに、南部人は社会秩序を保つのに礼儀作法が大事だと信じるあまり、礼儀を守るためなら暴力も容認した」[166] と、ミシシッピ大学教授で南部研究が専門のチャールズ・レーガン・ウィルソンは説明する。南部では今でも、愛想の示し方、礼状の書き方、「サー」や「マム」の言い方を定めるルールがあって、それは決して取るに足りない慣習ではない。社会の秩序と安定を守る砦なのだ。

南北戦争から数世紀が過ぎた今も、南部は敗北の記憶にとりつかれている。たとえばそれは、アラバマ州、ノースカロライナ州、ジョージア州、テネシー州などで行なわれる、戦闘を再現した儀式[167] や、南部連合の記念碑を保護する法律[168] などに見て取れる。アメリカのほかの地域では、過去というのは特に思い出すきっかけでもない限り忘れられがちだが、「南部の記憶の亡霊は、二一世紀になってもなお力を失っていない。アメリカ南北戦争での敗北により、南部の白人の多くは戦争前の南部の生活にたびたび思いを馳せるようになった。南部に固有のアイデンティティーの形成には、このプロセスが大いにかかわった[169]」と、ジョージア州立大学の名誉教授で南部文学が専門のトマス・L・マクヘイニーは記している。南部では、邪悪な敵として北部を心に浮かべることにより、絶えず脅威にさらされているという感覚が新たによみがえり、タイトな文化が強化される。文化に刻まれたこの「傷痕」は、いつまでも消えることがない。

タイトとルーズの変動とうねり

いつの時代も、五〇州は合衆国という名前ほどには団結していなかった。アメリカ国民の精神には、文化による分断が深く根づいている。歴史、環境、人口構成があいまって、一部の州は厳格になり、別の州は寛容になった。その結果、今日のタイトとルーズのトレードオフや対立が生み出されてきた。

州のあいだの厳格さと寛容さの差異は、長い時間をかけて徐々に広がってきた。文化が急激に変化することもあるが、それはタイトとルーズの理論によって予想できる。脅威に直面したとき、たとえそれが一時的なものや単なる想像上のもの、あるいは操作されたものであっても、そのせいで恐怖や混乱が引き起こされて広がり、もっと厳格な規範やもっとタイトな文化を求めるようになる。たとえば二〇世紀から二一世紀初頭にかけて、国外の敵や国内外のテロ行為による脅威がアメリカ人の安心感を揺るがせてきた。このような恐怖を抱いている時期には規範が変化し、団結や謹厳な態度、よそ者への敵意が強調されるようになり、以前よりもタイトになった。しかし恐怖をもたらす原因が解消すれば、アメリカは全体として比較的ルーズな文化に戻った。

たとえば共産主義者に対する「赤の恐怖」は、国内外の脅威に対する反応だった。一九一七年のロシア革命で、共産党がロシア帝国を滅ぼした。それと同じことがアメリカでも起こるのではないかと、アメリカ人は恐れたのである。[170] 赤の恐怖が最初に生じたのは、ロシア帝国崩壊からまもない一九一九年、一握りのアナキストが全米各地で何件もの爆弾事件を起こした直後だった。[171] これらの事件が、政治的急進派に対する市民の恐怖と被害妄想を引き起こし、さらに移民やマイノリティーに対する恐怖もかき立てた。そして移民を強制送還し、言論の自由を制限し、嫌疑のかかったコミュニティーの公民権を侵害する法律を成立させた。[172]

それから数十年後、アメリカと当時勢力を拡張していたソ連とのあいだで冷戦が勃発すると、新たなタイトの時代が始まった。[173] 一九四九年にソ連による核実験が初めて行なわれると、アメリカ人は核戦争がすぐさま始まるのではないか、ソ連のスパイがアメリカ政府の内部に潜入しているのではないかと恐れた。[174] そして、共産主義者を迫害する「赤狩り」が始まった。ハリウッドでは左寄りの思想をもつ著名人が標的にされ、共産主義者だと糾弾された。[175] アメリカ国内で燃え盛る反共ヒステリーの火に油を注ぐかのように、アメリカ軍が朝鮮戦争に参戦し、ソ連の支援を受けた北朝鮮と戦った。[176] 一九五〇年代を通じ、共産主義者だと疑われる者の逮捕や国外追放、取り調べがアメリカ全土で実行された。[177]

だが、そのような脅威が長続きしなければ、規範に関する国の体制は再びゆるくなっていく。たとえば一九五〇年代に実施された規制、監視、罰は、一九六〇年代の極端なルーズさへと徐々に移行していった。この「変革の一〇年」[178]に、アメリカで革新的な運動が起きた。伝統的に疎外されてきた集団（女性、アフリカ系アメリカ人、同性愛者など）に対する差別の廃止を求め、昔ながらのさまざまな社会規範や価値観の撤廃を目指したのだ。テレビが家庭に普及するにつれ、それまで知らなかった考え方や場所に触れるアメリカ人が増えていった[179]。その後の数十年は野放図な寛容の時代となり、娯楽目的の薬物使用やフリーセックスが広まった[180]。「お好きなように」や「セックス、ドラッグ、ロックンロール」が流行語となった[181]。男性は帽子をかぶるのをやめ、女性のスカートは短くなり、派手な柄が当たり前となった。伝説的なルーズの時代の到来だ。

そこから一気に二〇〇一年九月一一日へ飛ぼう。この日、新たに一時的なタイトの波が押し寄せた。テロリスト集団アルカイダのメンバーによる世界貿易センタービルへの奇襲で三〇〇〇人近くの命が奪われ[182]、恐怖がアメリカ政治を支配する新たな時代が到来したのである。このとき恐怖の対象となったのは、イスラム過激派のテロ集団だった。9・11同時多発テロ事件の直後、連邦議会では一三〇件の新しい法案が提出され、国家の安全を守るために二六〇を超える政府機関が新設され[183]、二〇〇一年から二〇一一年までに国土安全保障のために六〇〇〇億ドル以上が費やされた[184]。テロ攻撃から一カ月後にあわただしく起草され、上院議員一〇〇人のうち九八人が賛成して成立した「愛国者法」により、国民はかつて経験したことのない監視体制のもとに置かれることとなった。法執行官は、所有者や入居者からの同意なしに無断で家宅や会社を捜索することが認められた[185]。運輸保安局は空港の警備について厳格な基準を定め、搭乗前検査を強化した。[186] 移民の強制送還率は二〇〇一年から二〇一一年のあいだに一〇〇パーセント以上も上昇した。[187]

9・11のような脅威はタイトさを一時的に変化させたが、この悲劇からの数年間に、ルーズさを著しく推し進める機運が各地に広がった。同性愛婚を認める州が現れ、のちに連邦最高裁判所も同性愛婚を認めるに至った。[188] アメリカ初の黒人大統領（外国とのつながりを色濃く受け継ぐ人物）が選出され、薬物を規制する法律が全国で緩和されるなどの出来事が続いた。しかし、じつは再びタイトへと方向転換する日が迫っていた。

トランプ大統領によるタイトさのゲーム

タイトとルーズの理論により、アメリカ史上有数の大事件の真相が明らかになる。実業家でテレビのリアリティー番組のスターだったドナルド・トランプが、勝ち目ゼロと思われていた二〇一六年の大統領選挙に勝ったからくりについてである。

トランプは文化心理学者ではないが、脅威があると市民の心がタイトになり、脅威と闘ってくれる強いリーダーを求めることを直感的に理解していた。彼は、アメリカが脅威に直面しているという雰囲気を巧みに作り出した。二〇一五年から二〇一六年にかけての選挙集会では、増え続ける参加者に対し、アメリカは危機に瀕していると警告した。メキシコ人が国境を越えてアメリカ国内へ暴力を持ち込んでいるとか、[189] 世界貿易協定と移民がアメリカ国民の雇用を奪っているとか、[190] イスラム過激派が[191]

アメリカ国内でテロを企てているとか、中国がアメリカを「レイプ」している[192]などと並べ立て、脅威が高まっていると言い張った[193]。そして選挙戦のあいだ、トランプは自分なら社会秩序を取り戻せるという明確なメッセージを送り続けた。「修復できるのは私しかいない」[194]とアメリカ国民に断言した。トランプは、人の心をタイトにする仕組みを利用して、ホワイトハウスへ続く道を切り拓いたのだった。

二〇一六年の大統領選挙に先立つ数カ月間、私はジョシュア・ジャクソン、ジェシー・ハリントンとともに、トランプ支持者の心のうちを見てみようと全国世論調査[195]を実施した。多様な属性（性別、宗教、政治的志向、人種・民族）からなる全国のアメリカ人五五〇人以上を対象とし、アメリカに対する国外からのさまざまな脅威（ＩＳＩＳや北朝鮮など）についてどのくらい恐怖を覚えるか質問した。さらに、アメリカは寛容すぎるか、あるいは抑圧的すぎると思うか、アメリカの規範は厳格すぎるか、あるいは不十分かといった質問をして、文化にタイトさを求める度合いを調べた。最後に、監視や大量強制送還などの政策に対する意見と、トランプを含めた各大統領候補者への支持について質問した。

調査の結果から、多くのことが明らかになった。アメリカが直面している脅威が重大だと感じる人ほど、タイトさを求めていた。そして、タイトさを求める度合いを見れば、トランプを支持する度合いが正確に推定できた。実際、ほかのどの指標よりも正確に、タイトさを求める度合いからトランプ支持を推定することができたのだ。たとえばタイトさを求める度合いからは、独裁主義に関する推定によく使われるほかのどの指標と比べても、四四倍以上の正確さで、トランプに投票するかどうかが予測できた。外国からの脅威に関する不安の度合いを見ると、トランプが主張することがらの多く（モスクの監視、アメリカに在住するイスラム教徒の登録制度の導入、不法移民の全面的な強制送還など）を支持する度合いを予測できた。驚くほどのことではないかもしれないが、トランプへの支持率が特に高かったのは、州民が脅威を強く感じているタイトな州だった。

有権者が自分は合理的に投票していると信じたがる時代でありながら、二〇一六年の大統領選挙を大きく左右したのは、明らかに文化による条件反射的な反応だった。この反応は文化の力そのものから生じただけでなく、その力を利用することのできた候補者によって引き出されたものでもあった。

もちろん、トランプの華々しい成功を、単にアメリカで起きた一つの出来事として片づけることはできない。それよりもはるかに広範な、人類の歴史と文化の全体にわたって繰り返されてきた原理の表れである。その原理とは、人々は脅威に直面すると、より厳格なルールを求め、独裁的なリーダーに服従しようとし、そして（最悪の場合には）不寛容を求めるようになる、というものだ。タイトとルーズという観点に立てば、イギリスのEU離脱を支持した二〇一六年の国民投票や、ポーランドの議会選挙における「法と正義」党の勝利など、二一世紀に世界各地で起きている驚くべき政治の激動を説明することもできる。ハンガリーは近年、別の種類の「脅威」、すなわちイスラム教徒が大半を占める難民のせいで、かなりタイトになっている。独裁的なハンガリー首相のオルバーン・ヴィクトルは、そうした難民を「侵略者」呼ばわりしている。(196)

このような文化の受ける衝撃には、共通のパターンがある。まず脅威（多くの場合、テロ、移民、グローバリゼーションへの懸念）を認識し、文化がタイトになり、独裁的なリーダーが国家という舞台に躍り出るのだ。

もちろん、脅威は必ずしも客観的な現象とは限らない。「人間の歴史の過程で、現実の脅威は減ってきました。そうした脅威に対抗する人間の能力が向上したからです。その一方で、作り出された脅威や想像上の脅威が激増しました」と、『サピエンス全史』の著者でイスラエルの歴史学者のユヴァル・ノア・ハラリが私に語ってくれた。「リーダーも文化も、意図的に人工的な脅威を作り出すことができますし、実際には脅威など存在していないのに、重大な脅威があると本気で信じていることもあります」[197]。彼によれば、ドイツでタイトなナチス政権が台頭したのは、現実の脅威のせいというよりも、むしろ想像上の脅威のせいだったという。

興味深いことに、アメリカでも他国でも、独裁的なリーダーは労働者階級や地方在住の有権者からかなりの支持を獲得することが多い。実際、タイトとルーズの軸で国や州を分類できるのと同じように、社会経済的に異なる集団をタイトとルーズの観点から比較すると、やはり差異がくっきりと現れるのだ。

6 「労働者階級」対「上層階級」——文化にひそむ分断

二〇一一年の秋、ニューヨークの金融街で一〇〇〇人を超えるデモ隊が「ウォール街を占拠せよ」と名づけた大規模な抗議活動を展開した。[1] 参加者たちは、アメリカ国内や世界で拡大する社会経済的不平等に怒りを募らせていた。それから数日のうちに、デモ隊の人数は数万人に膨れ上がった。そしてこの盛り上がりはニューヨークにとどまらず、国内の数百カ所でにわかに大規模な抗議活動が始まった。一カ月後には運動は世界じゅうに広がり、ヨーロッパ、アジア、南米、アフリカの各大陸でも抗議デモが繰り広げられた。

「われわれは九九パーセントだ!」というスローガンが、運動の象徴となった。これは社会の「一パーセント」にすぎない最富裕層とそれ以外の層とのあいだで急激に広がる所得格差を指摘したものだ。アメリカ国勢調査局のデータにもとづいて一九六七年と二〇一五年の所得層別の世帯収入を比較すると、世帯収入が国内の上位五パーセントに入る高所得者層では中央値が一〇一パーセント増加したのに対し、最低所得者層の中央値の増加率はわずか二五パーセントだった。(2) このデータからわかるように、富裕層が所得を大幅に増やす一方で貧困層の所得が伸び悩んでおり、それによって所得格差が拡大している。「ウォール街を占拠せよ」運動はやがて解体し、最低賃金の引き上げや金融業界の改革といった個別的な要求へと細分化していったが、(3) この運動の上げた鬨《とき》の声は今もなお世界じゅうに鳴り響いている。

階級格差は、政治にとって喫緊の課題となっている。二〇一七年のピュー・リサーチ・センターの調査によると、アメリカ人の六〇パーセント近くが、富裕層と貧困層との対立が「非常に深刻」または「深刻」だと思っていた。(4) 二〇〇九年と比べて、一二パーセントの増加である。(5) 回答者は、若者と高齢者との対立や、都市在住者と地方在住者との対立よりも、階級間の対立のほうが深刻だと答えた。富裕層と貧困層とを隔てる溝は、世界じゅうに存在する。二〇一六年に南アフリカでは、下位五〇パーセントの所得者が受け取る収入は国の純収入の一〇パーセントにすぎないのに対し、上位一〇パーセントの所得者は純収入の六〇パーセントを手にしていた。(6) 二〇一五年、中国では国内の富の三三パーセント以上を「一パーセント層」が所有していた。(7) 世界経済フォーラムによると、保有資産の格差が世界で最も大きいのはラテンアメリカで、二〇一四年にはこの地域の総資産のうち七一パーセントが上位一〇パーセントの富裕層のものだった。(8) 社会評論家によれば、こうした不平等のせいでポピュリズムが勢いを増し、二〇一六年のアメリカ大統領選挙やイギリスのEU離脱、ヨーロッパでのナショナリズム運動に大きな影響を与えたのだという。(9) さらに私たちは自分と同じ意見ばかりが行き交い増幅される「エコーチェンバー」に閉じこもり、自分と違う階級の人とはほとんど交わらなくなってきた。自分以外の社会階級に関する誤った認識が日ごとに拡大し、そのせいで不正確で偏った判断や、ときには危険な判断を下すことも少なくない。

階級制は最近に始まったことではなく、文明が生まれたときから存在してきた。世界最古の都市化社会の一つ、古代メソポタミアのシュメール地方（紀元前四五〇〇年ごろ）では、社会は王や聖職者からなる指導者階級、商人や書記や軍人や役人からなる上層階級、農民や職人からなる下層階級、そして最下層の奴隷で構成されていた。[10] 現在とほぼ同じで、人の立場や身分は社会のどの階層に属するかによって決まった。紀元前二〇〇〇年ごろになるとインドで四つの階層からなるカースト制が生まれ、[11] 中国では周王朝時代の紀元前一〇〇〇年ごろに階層的な身分制度が設けられた。[12] 階級制は、人間以外の生き物の世界にも存在する。オマキザル[13]から、ヒヒ、[14] ハト、[15] ハゼ、[16] ハツカネズミ、[17] さらにはシデムシ[18]に至るまで、明確な社会的ヒエラルキーをもつことが知られている。

哲学者や小説家、映画制作者は、常に階級の分断に目を向けてきた。プラトン、マルクス、トルストイ、シェイクスピア、ディケンズ、スタインベックなどは、階級をめぐるルールや期待や悶着が、いかに人間の運命を決めるのかを教えてくれる。『ザ・クラウン』や『ダウントン・アビー』といったテレビドラマが大人気を集めているのも、金持ちの趣味や価値観、姿勢に対する私たちの強い興味の表れだ。『街の灯』や『マイ・フェア・レディ』『スラムドッグ$ミリオネア』『ワーキング・ガール』『リトル・ダンサー』『プリティ・イン・ピンク』などの人気映画では、主人公が自分の社会階級からの期待に応えようと奮闘しながら、同時に別の社会階級からも認められようとする。

だが、社会階級は人の経験においてきわめて重要な位置を占めているものの、「富裕」対「貧困」、「ブルーカラー」対「ホワイトカラー」、「都会」対「地方」、「労働者階級《プロレタリアート》」対「資本家階級《ブルジョワジー》」などのカテゴリー分類のせいで、私たちはたいてい階級について限られた理解しかできていない。これらのカテゴリーは本質的なものではなく、社会階級についてきちんと理解するのに十分ではないのだ。これらの背後にはもっと根深い文化の規範がある。(19) 血圧測定よりもDNA検査のほうが多くの事実を明かしてくれるのと同じように、文化によるプログラミングがどんなものかを知れば、表面的なカテゴリーからはわからないことが見えてくる。なぜなら文化によるプログラミングは、銀行の預金額の差よりも強力にコミュニティーの性質を決定づけているからだ。

一マイルで別世界

月曜日の朝八時、ジェイムズとデイヴィッドはそれぞれの職場へ向かっている。私立の四年制大学の教養学部を卒業した三二歳のデイヴィッドは、シカゴ市内の会計事務所に勤務している。八時半から九時のあいだに出勤すると、今日の仕事の期限と優先順位を考え始める。予定が固まったところで仕事にとりかかるが、ときどき手を止めてフェイスブックのニュースフィードをチェックしたり、メールに返信したりする。一〇時半に短い休憩をとり、同僚と週末の話をする。午後一時には近くのレストランで昼食をとる。週末に片づけるつもりだったのに忘れてしまった小さな用事を思い出し、近くまで来たついでにと昼休みを三〇分延長して片づける。職場に戻ると、断続的に三時間ほど仕事をし、五時半には職場を出る。夜には上層階級の暮らす治安のよい地域に帰る。ここに妻と共同で立派な一戸建てを構えているのだ。収入は十分にあり、休暇の費用と子どもたちの大学の学費に充てるため、毎年かなりの額を貯金することができる。

同じ朝、一マイル〔約一・六キロメートル〕離れた場所では、高卒で三二歳のジェイムズが職場へ向かう。彼は機械工として、工業用のボルトとネジを作る工場で働いている。午前七時きっかりに出勤すると、上司から今日の予定と今日じゅうに終わらせるべき仕事を聞かされる。上着の裾がズボンに収まっているのを確認してから、工場の作業フロアに設置された機械へ向かい、目の前の作業に集中するよう努める。機械の中に異物が入ったり、機械の操作を誤ったりすれば、命にかかわりかねない。仕事中は監督が作業の進捗状況に目を光らせている。一〇時四五分にベルが鳴り、一五分の休憩時間の始まりを告げる。ジェイムズは一一時には機械の前に戻っている。正午ごろに同じベルが昼休みを知らせ、さらに午後の休憩時間にも同じベルが鳴る。五時半にはジェイムズはシフトを終えて、労働者階級の人が多く暮らす地域にある自宅へ帰る。人とのつながりが密な温かいコミュニティーだが、このあたりは所得水準が低く、犯罪率が非常に高いので、ジェイムズはできれば家族をここに住まわせたくないと思っている。収入は家族を養うのが精いっぱいで、貯金する余裕などほとんどない。

社会階級の生態系《エコロジー》

デイヴィッドもジェイムズも、養うべき大切な家族のいる仕事熱心な人物だ。同じ市内のほんの一マイルしか離れていない場所で暮らしているが、二人の生活や経験はまったく異なる。ジェイムズは下層階級（労働者階級とも呼ばれる）に属している。この階級に属する人の多くは、大学を出ておらず、尊敬されにくい肉体労働に従事し、低所得だが、貧困線（それ以下では生活を維持できない最低限の収入）よりは稼いでいる。一方、デイヴィッドは上層階級に属する。「ウォール街を占拠せよ」運動で怒りをぶつけられた上位一パーセントの高所得層には入っていないが、大学教育を受け、ステータスの高い専門職に就き、物質的な豊かさを享受する社会階層の典型だ。ジェイムズとデイヴィッドは同じ市に住み、同じ言語を話し、同じ地下鉄を利用しているが、まったく別の文化の中で生きている。

下層階級と上層階級を隔てる経済状況や学歴は、たやすく識別できる。しかしそうしたデータの背後には、肉眼では見極めにくい差異が存在する。それぞれの経験する脅威の度合いが違うのだ。

一つ例を挙げよう。ジェイムズのような下層階級の人は、貧困に陥る脅威に絶えずさらされている。法学者のジョーン・ウィリアムズは「文化の階級間格差」という論文において、「アメリカの労働者階級の家族は、一歩でも踏み外したら貧困と混乱に陥りかねない綱渡りをしているような気持ちを抱いている」[20]と記した。ぎりぎりの生活をしている人の多い労働者階級にとって、職を失い、生活の安定をいくらかでも損ねることは、常に脅威なのだ。作家のジョゼフ・ハウエルも、労働者階級は厳しい生活《ハード・リビング》（ハウエルが最低の貧困状態を指すのに使う用語）に陥るという恐怖に駆り立てられて、すでに不安定な立場がこれ以上損なわれることのないように細心の注意を払うのだと指摘している。[21]

上層階級の人は世界を安全で友好的なものとして経験するのに対し、下層階級の人は世界を極度の危険に満ちた場所ととらえる傾向がある。お金があれば再挑戦の機会を買うことができるので、金持ちは目新しいものやリスクに対して貧困者とは違う見方をする。上層階級の家族は自分たちがトラブルに巻き込まれてもセーフティーネットが用意されているとわかっているので、親は子どもが冒険をしてチャンスをつかむように仕向ける。これに対し、下層階級の家族には軽率なミスや判断の誤りによる悪影響を消し去れるセーフティーネットがないため、親は子どもに冒険をさせないように働きかける。貧困に陥る恐怖があるせいで、「労働者階級の文化は目新しさよりも安定を、自己実現よりも自己規制を志向する[22]」のだとウィリアムズは説明する。

厳しい生活に陥るという脅威は、ただの空論ではない。人が直面する日々の現実を映し出しているのだ。オハイオ州デイトンで暮らす三一歳の看護師ニコール・ベセルは、『ハフィントンポスト』の取材に対し、次の給料日まで手元に数セントしかないことがときどきあると語った。「お金のことで頭がいっぱいです。いつもです。気が休まらず、休暇をとることもできません[23]」。テキサス州在住の教師でバーテンダーの副業もこなすカレン・ウォールは、仕事や健康が失われはしないかと常に気がかりだという。「交通事故にでも遭ったら、ホームレスになるしかないでしょう。仕事をクビになったら、子どもたちに食べさせるものがありません[24]」。CNNの取材に応じた高卒のアーリンダ・デラクルスも、貧困に陥ることを恐れている。彼女は工場で製造作業に携わるフルタイムの仕事に就いていたが、その工場が二〇〇九年に閉鎖されてしまった。テキサス州の辺鄙《へんぴ》な地域に住む彼女は、パートタイムの仕事を三つ掛け持ちし、週の労働時間は六〇時間に達した。「私には週末なんて関係ありません。なにしろぎりぎりの生活ですから[25]」

下層階級は金銭面で先が見通せないだけでなく、安全や健康についても深刻な脅威に直面している。彼らの仕事は、負傷したり、体の一部を失ったり、死亡したりする危険性が他の仕事よりも格段に高い。アメリカでは一九九二年から、労働統計局が各職業の労働災害死亡者数調査を毎年実施している。建設業、製造業、農業といった下層階級主体の業種は、労働災害による死傷者数のリストで常に上位を占める。[26] これらの仕事は本質的にリスクを伴うと認識されているので、仕事の進め方や安全を守るための手順が詳細に定められ、労働者には自己裁量権がほとんど与えられない。一方、デイヴィッドのような上層階級の人は、職務で脅威にさらされることがはるかに少ないので、大きな自由を享受することができ、監督者からあまり監視されずにすむ。

下層階級の暮らす地域では、身体への脅威も大きい。アメリカ司法統計局によると、アメリカでは貧困コミュニティーは高所得コミュニティーと比べて凶悪犯罪の発生率が二倍以上に達する。[27] 司法統計局の報告によれば、低所得地域の住民は銃による暴力、強盗、加重暴行、単純暴行、性的暴行およびレイプの被害者となる確率が他の地域よりはるかに高い。下層階級の人は上層階級の人と比べて生涯にわたり健康面でも脆弱であり、冠動脈性心疾患、脳卒中、慢性気管支炎、糖尿病、潰瘍などの罹患率が高い。[28] それに加えて、アメリカの所得上位一パーセント層と下位一パーセント層とのあいだでは、平均寿命に一〇年から一五年もの差がある。[29]

こうした脅威のほかにも、社会階級間の差を生み出す重要な要因がある。下層階級は多様性に触れる機会が少ない傾向にあるのだ。たとえば、下層階級地域は上層階級地域よりも移民の割合がはるかに低い。[30] 下層階級は移動の機会も大幅に限られているので、社会のはしごを登るのが難しい。[31]

労働者階級の心のタイト化

下層階級は重大な脅威にさらされ、移動の機会に乏しく、多様性への接触が少ない。タイトさを進化させる条件が完璧に揃っている。しかし、下層階級は本当に上層階級よりもタイトなのだろうか。

その答えを求めて、ジェシー・ハリントンと私は二〇一六年、アメリカの下層階級および上層階級の数百人の成人を対象として調査を行ない、両集団が子どものころの家庭、現在の職場、人生全般で経験したタイトさの度合いを調べた[32]。それぞれの場で、守るべきルールがたくさんあったか、ルールを破ったときには厳しく罰せられたか、どのくらい監視されていたか、意思決定をするときに選択の自由がどのくらいあったかを質問した。

調査結果から、さまざまなことが明らかになった。下層階級の成人のほうが、子ども時代の家庭でも現在の職場でも人生全般でも、ルールが厳格で、罰が厳しく、監視が多く、選択の自由が少なかったと答える傾向が見られた。日常的に遭遇する状況も上層階級と比べてはるかにタイトで、許容される行動が限られていた。さらに、下層階級の人のほうがタイトな社会を望む割合が高かった。このことは、「社会が機能するには、悪いことをした者に厳しい罰を与える必要がある」といった項目に対して、「非常にそう思う」と答えていたことにはっきりと表れている。単純に言えば、下層階級の人は制約されたタイトな世界で暮らしているのに対し、上層階級の人はかなりルーズな経験をしているのだ。

タイトな国や州の住民と同じく、下層階級の人は世界を脅威というプリズムごしに見ている。家賃や住宅ローンの支払い、住居や職の維持、適切な医療の受診、十分な食べ物の確保について、上層階級よりも心を砕かざるをえない。住んでいる場所も、下層階級のほうが危険だ。私たちは調査対象者に郵便番号を答えてもらった。郵便番号がわかれば、国勢調査のデータを使って居住地域の安全レベルを調べることができるからだ。すると予想どおり、下層階級の回答者が住んでいる地域は失業率や貧困率が高く、それゆえ経済の不振の影響を受けやすいことがわかった。

このデータから、ほかにも非常に興味深い事実が判明した。異なる社会階級に属する人は、「ルール」についてまったく別の見方をするのだ。上層階級的な見方では、ルールは破るためにある。たとえばマーカス・バッキンガムとカート・コフマンの書いた『まず、ルールを破れ』[33]やアンジェラ・コープランドの『ルールを破って仕事をゲット』[34]など、成功に関する一般向けの本を見てほしい。これらの本は、成功したければ確立された社会規範など投げ捨てて、自分の道は自分で拓けと説く。しかしこうしたアドバイスは、下層階級の人間が生き延びるにはルールを守ることが絶対に必要だという事実を見過ごしている。ティーンエイジャーがドラッグに手を出したり、不良グループに入ったりするおそれのあるコミュニティーでは、子どもが道を踏み外すのを避けるために、権威者の定める厳格なルールが不可欠だ。給料が安く創造性など無用とされるルーティンワークに就く人にとって、ルールを破ることはクビにつながりかねない。これに対し、脅威にさらされることの少ない上層階級の人間は、ルールを破ってもどうということはない。実際、私たちの調査で「ルール」という言葉を聞いて連想するものを尋ねたところ、上層階級の回答者からは「悪」「抑圧的」「束縛的」といったネガティブな答えが多く出されたが、下層階級の回答者からは一貫して「善」「安全」「秩序」などのポジティブな答えが返ってきた。[35]「ルールを守る」というフレーズからの連想も、階級によって異なる。下層階級の回答者からは「言うことを聞く」や「従う」などの答えが多く出てきたのに対し、上層階級では「いい子ぶりっこ」や「ロボット的」などの侮蔑的な言葉が多かった。下層階級にとって、ルールとは守るべきものであり、不穏をはらんだ世界で道徳的秩序を与えてくれるものなのだ。

下層階級と上層階級の回答者は全体として、タイトまたはルーズな国や州についてこれまでに見てきたのと同様の価値観や考え方の違いを示した。下層階級の回答者は、「秩序を好む」や「型にはまった単純明快な暮らし方を好む」などの調査項目を支持し、「変化を好まない」とか「慣れ親しんだものを守るほうが好きである」などと答える割合が高かった。未知の経験を受け入れようとせず、「古きよき時代」を懐かしむ。安楽死や薬物使用、飲酒といった道徳的に白黒をつけにくい行動に対して強い嫌悪感を抱き、同性愛はモラルに反すると考える。また、心理学者のジョナサン・ハイトによる道徳性に関する研究でも、国旗で便器を拭くとか死んだ犬の肉を料理して食べるといった、不敬または不快であるが客観的には害のない行為について質問すると、労働者階級の人は道徳心から反発を示す。[36] 彼らの憤りには、タイトな考え方が反映されている。一方、社会経済的なステータスがもっと高い人は、これらの行為を社会的慣習または個人の好みの問題と考えて、ルーズで寛容な姿勢を示すことが多い。

規範逸脱人形、マックス

下層階級の子どもは何歳ごろからタイトな姿勢を示し、上層階級の子どもは何歳ごろからルーズな姿勢を示すようになるのだろうか。過去の研究では、子どもは三歳までに社会規範を理解できるようになることが確かめられている。そこでジェシー・ハリントンと私は、「規範逸脱者」に対する幼児の反応が階級によって異なるかどうか調べた。[37] ワシントンＤＣで上層階級と下層階級に属する三歳児を募集し、少額の謝礼を親に支払って、実験室に子どもを連れてきてもらった。もちろん、三歳児に調査票を記入させたり、社会規範の逸脱を不快に思う度合いを答えさせたりすることはできない。しかしありがたいことに、この目的に利用できる巧妙な行動実験用ツールを、マックス・プランク研究所の心理学者、ハンネス・ラコツィー、フェリクス・ヴァルネケン、マイケル・トマセロがすでに考案していた。規範逸脱人形マックスというアイテムだ。[38]

彼らと同じように、私たちも操り人形のマックスと幼児をペアにして実験を行なった。人形はリサーチアシスタントが操る。実験担当者は子どもが場に慣れるまで遊んでから、子どもとマックスの両方に四種類の架空のゲームの正しいやり方と正しくないやり方を教える。たとえば「ダクシング」というゲームでは、木の棒を使って発泡スチロール製のゲーム盤からブロックを押し出すのが正しいやり方である。これに対し、盤を持ち上げてブロックを滑らせ、盤の端から落とすのは正しくない。次に、子どもにゲームを一回プレイさせる。それからマックスと交代する。初めのうち、マックスはルールに従ってプレイしているが、やがて予想外の行動に出る。正しくないやり方をしながら、自分の

図 6.1　実験に参加した子どもと人形マックスとジェシー・ハリントン

やり方が正しいと言い張るのだ。「ダクシングはこうやるんだ」と言いながら盤を持ち上げ、ブロックを滑らせて落とす。数分のうちに、人形マックスは規範逸脱者マックスに変わってしまうのだ。

私たちの実験の結果から、タイトまたはルーズな姿勢は幼児の段階ですでに深く根づいていることがわかった。下層階級の子どものほうが、マックスに間違いを指摘する割合が高かったのだ。「だめ！　そうじゃなくて、こうするの！」とか「そんなのダクシングじゃない！」などと言うのである。ズルをしたといってマックスを責め立てる子どもさえいた。下層階級の子どもは、マックスが間違ったやり方をしたときに抗議するまでの時間も短かった。これに対し、上層階級の子どもはマックスが規範を逸脱しても寛大に受け入れ、ときにはおもしろがって笑いさえした。三歳の時点ですでに、この恵まれた子どもたちは、たまにルールを破るのも悪くないと思っていたのだ。

文化による社会階級の継承

社会階級のタイトとルーズの差は、驚くほど幼いうちから現れる。私たちの実験結果からそれがわかった。だが、なぜそうなるのだろう。それは、異なる社会階級の子どもは、まったく違う種類の「社会化」の過程を経て、社会の一員になるからだ。労働者階級では心理学でいう「厳格な」または「狭い」社会化が行なわれ、上層階級では「寛大な」または「広い」社会化が行なわれる。

社会学者のメルヴィン・コーンは、一九六九年の著書『階級と追従』[39]で、この違いについて初めて記している。自分の子どもにどんな人になってほしいかと親に質問したところ、下層階級の親は、自分の子どもには従順で折り目正しくふるまってほしいと言い、周囲に合わせることが大事だと答えた。上層階級の親は、自分の子どもには進むべき道を自分で決める力をもってほしい、つまり自立した人間であってほしいと答えた[40]。コーンはさらに、子どもが悪いことをしたときの罰に対する親の姿勢にも顕著な違いを見出した。下層階級の親は、子どもが反抗的なときや、子どもの行動から望ましくない結果が生じたときに、それが故意かどうかにかかわらず罰する。対照的に、上層階級の親は子どもを罰すること自体が少ないのに加えて、罰を与えるかどうか、あるいはどんな罰を与えるかについては、行動の奥にある意図によって決める。コーンの研究から五〇年後、私たちの研究でもやはり同じく、上層階級よりも下層階級の親のほうが子どもにルールをきちんと守るよう求め、子どもの行動を頻繁に監視し、よくないふるまいを正すためにしばしば罰を与えることがわかった[41]。ピュー・リサーチ・センターによる最近の世論調査でもやはり同様の結果が得られており、高卒以下の親は大学院を修了した親と比べて、子どもに尻叩きの罰を与える割合がほぼ三倍だと報告されている[42]。

遠くの空に嵐の気配を感じた親が子どもに傘を持たせて学校へ送り出すように、親は子どもが大人になったときにうまく生きていくのに必要と思われる「心構え」を教える。下層階級の親は、自分の子どもが社会的な脅威に満ちた世界を生き抜かなくてはならず、自己裁量権がほとんどない職に就くとわかっている。だから子どもの成功を助けるために、周囲に合わせることが大事だと教え込もうとする。なにしろ職場のやり方に従わなければ、解雇されたり大けがをしたりするのだ。「労働者階級の人間は、職場で厳しく監視され、命令や指示に従わなければならない」。だから親は「家庭で、周囲と同じようにふるまえ、人の言うことを聞け、口答えをするな、と言って子どもをしつける――まさによき工場労働者に求められるのと同じ性質を子どもに教え込むのだ[43]」と、アルフレッド・ルブラーノは著書『地獄の辺土――ブルーカラーのルーツ、ホワイトカラーの夢』で述べている。下層階級の職場では、自己判断による行動はトラブルのもとだ。一方、ルーズな世界でホワイトカラーの職業に就く人にとっては、自己判断力は必須の能力である。そこで上層階級の親は、自分の子どもにこれを身につけさせようとする。

タイトな世界にせよルーズな世界にせよ、子どもをそれぞれの属する世界に適応できるように導くのは、親の姿勢だけではない。三つの重要な要素、すなわち、家の間取り、会話にまつわる不文律、教室での経験もまた、下層階級と上層階級におけるタイトとルーズの差異を強化する。イギリスの社会学者バジル・バーンスティンは、一九七〇年の著書『言語社会化論』で、型にはまって柔軟性を欠いた下層階級の生活と、柔軟な上層階級の生活と比較し、それぞれの家の間取りにさえ、この性質を容易に見て取ることができると論じた。[44] 彼によると、下層階級の家では各部屋がはっきりと分かれ、目的によって厳密に使い分けられている。たとえばキッチンは料理をする場所、ダイニングルームは家族で食事をとる場所といった具合だ。一方、上層階級の家の間取りはもっとオープンかつ柔軟で、各部屋がさまざまな用途で使われる。バーンスティンは、親子の関係も下層階級の家庭では型にはまって柔軟性を欠く（親は権威者、子どもは従属的な存在となる）のに対し、上層階級の家庭では権威関係が下層階級よりもはるかにあいまいだという点も指摘している。

バーンスティンは、社会階級と言語の使い方のあいだにも興味深いつながりを発見した。[45] 労働者階級は、「制限コード」と呼ばれる言語の使い方をするという。これには、単純で具体的な文法構造を用い、「what if～」（仮に～ならどうなるか）などの事実に反する条件文をほとんど使わないという特徴がある。それに対して上層階級は、もっと抽象的で複雑かつ柔軟な「精密コード」という言語の使い方をする。バーンスティンの説明によれば、言語の形成は世界のとらえ方にある程度影響されるので、労働者階級の言語に柔軟性を欠き型にはまった社会が反映されるのは当然なのだ。一方、上層階級の人が使う言語は、複雑であまり型にはまっていない彼らの日常生活に合致する。

子どもは学校でも、こうした構造的な違いを経験する。たとえて言えば、下層階級の生徒が多い学校は軍隊に似ていることが多く、ルールと服従が非常に重視される。一方、上層階級の生徒が多い学校は大学に似ていて、自由の度合いが高い。[46] 上層階級の学校では、教師はルーズな精神を育成する。生徒は質問し、個性を発揮し、自由に行動することを奨励される。ニュージャージー州北部の学校を比較した教育学者のジーン・アニオンによると、一般に上層階級の生徒が多い郊外の学校では、教師が生徒に毎日作文を書くように勧め、工作物や大判の紙に描いた図やグラフなどを使って学習内容を表現するように指導していた[47]。

対照的に、下層階級の生徒が多い都市部の学校では、生徒にタイトな精神をもたせようとする。自由が制限され、型にはまった活動をさせることが多い。このタイプの学校では、文章を書き写したり決まりきった算数の問題を解いたりといった機械的な課題を生徒にやらせる。これらの課題はすべて、科目に関する知識を評価するためのものであり、創意工夫して教材を解釈する力を評価するものではない。実際、学校はそれぞれの社会階級に合わせて、タイトまたはルーズな規範を再生産するのだ。

ごく幼いうちから、下層階級と上層階級の子どもの生活は隔たり始める。親が教え込む価値観や、話す言葉、家庭や学校のあり方、さらには規範逸脱人形マックスへの反応に至るまで、両者の差は広がっていく。このような文化間の差異は、子どもが成人したあとの行動に大きな影響を与える。

どの色のペンを選ぶ?

道を歩いていたら人が近づいてきて、簡単な調査に協力してほしいと頼んできたとしよう。回答を終えると、ペンを五本差し出され、お礼に好きなのを一本取ってくださいと言われる。四本は緑、一本はオレンジだ。自分ならどちらの色を選ぶか考えてみてほしい。

色でペンを選ぶことなど、別にどうということはないと思われるかもしれない。しかしじつは、選んだ人について重大な事実が明らかになるのだ。具体的に言えば、同調を好むか、それとも目立ちた

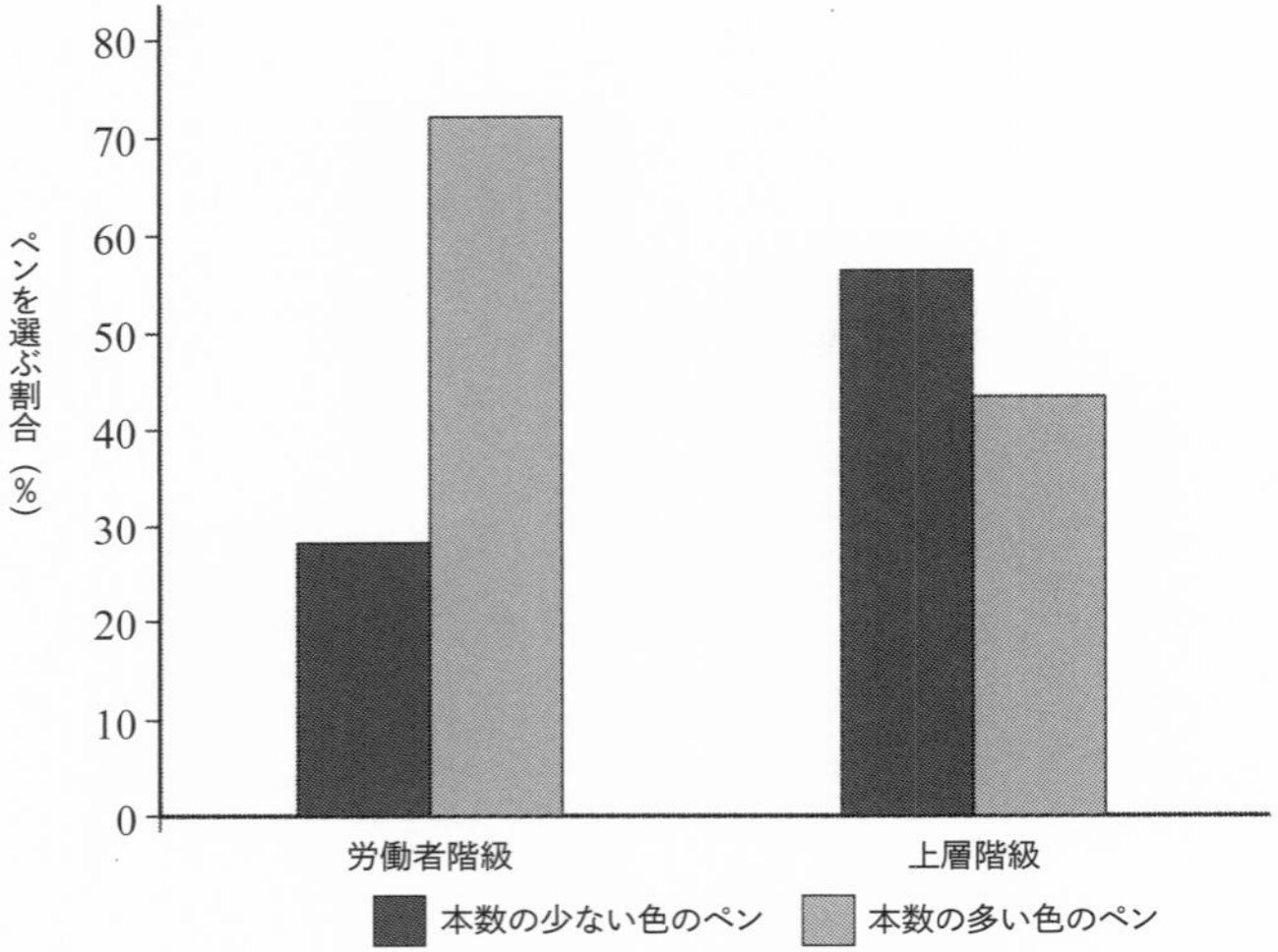

図6.2　各色のペンを選んだ被験者の社会階級別の割合[49]

がり屋かがわかる。心理学者のニコール・スティーヴンズ、ヘイゼル・マーカス、サラ・タウンゼンドは、このように参加者に謝礼としてペンを差し出し、選んでもらうという巧妙な実験を行なった[48]。すると、下層階級の参加者は七二パーセントが本数の多いほうの色のペンを選んだのに対し、上層階級の参加者で多い色のペンを選んだ人は四四パーセントにとどまった。この実験により、同調するか目立つかを選べる機会を与えられると、下層階級の人は周囲から浮かないことを好み、上層階級の人は個性を発揮したがることが明らかになった。

タイトな国が画一性を強く好むのと同じく、下層階級の人はほかの人と同じ選択をするのを好む。同じ研究者らによる別の実験では、「新しく車を購入したのだが、その翌日に友人も同じ車を買ったと知らされる」というシチュエーションを参加者に想像させた[50]。この場合、下層階級の参加者は「悪い気はしない」とか「うれしいと思う」と答える割合が高かったのに対し、上層階級の参加者は「ちょっと腹が立つ」とか「おそらく不愉快に感じる」と答える傾向が見られた。タイトとルーズの観点から言えば、この違いは完全に理にかなっている。生活の中でたくさんの脅威を経験している人は、ほかの人と同調することで安心感を覚えるのだ。

また、社会的地位の低い人のほうが、人の意見に影響されやすい。ある実験で、被験者の一部に、自分が誰かほかの人から支配されていると感じたときのことを思い出してもらった。[51]ほかの被験者には、自分が人を支配していたときのことを思い出してもらった。自分で自分をコントロールしていると感じにくい下層階級の生活では、前者の状況のほうがはるかによく起きる。続いて被験者に単語を並び替えてごく簡単な文を作るという退屈きわまりないタスクをさせた。このタスクがどのくらい楽しかったかを被験者に答えてもらう前に、実験担当者は先に同じ実験をした人がこのタスクについてきわめて肯定的な評価をしていたことを知らせた。「1」から「11」までのスケールで、ほとんどの人は「9」から「11」と評価していた。これはタスクが「非常に」楽しかったことを意味する。いうまでもなく、この評価は偽物だ。自分が大きな支配権をもっていると感じるように仕向けられた被験者は、ほかの人が自分と同じタスクをして楽しいと思ったらしいという事実に影響されず、タスクに低い評価をつけた。しかし支配権をあまりもっていないと感じるように誘導された被験者は、他人の評価に合わせて自分の評価を変更した。

上層階級の人は、社会からのプレッシャーには抗い、守るべき社会規範にも従おうとしない。つまり、ルーズな特徴を示す。カリフォルニア大学バークレー校の研究者らは、カリフォルニア州で交通量の多い交差点のそばに隠れて通過する車を観察し、この事実を発見した。研究チームは車種とそれに対応する社会階級に着目した。つまり高級車ほど、ドライバーの社会階級も高い（メルセデスベンツ対トヨタをイメージしてほしい）。この観察から、驚くべき結果が得られた。四方向に一時停止標識のある交差点を観察したところ、高級車に乗っている人は、もっと庶民的な車に乗っている人に比べて、ほかの車の進路を妨害する確率がはるかに高かったのだ。具体的には、高級車が三〇パーセント、大衆車が八パーセントだった。[52] そのうえ、高級車の所有者は道路を渡ろうと待っている歩行者の邪魔をする（これはカリフォルニア州では違法行為だ）確率も高かった。高級さでは最下位グループに属する車のドライバーが歩行者の進路を妨げるケースは皆無だったのに対し、最高級グループの車のドライバーは四六パーセントもの割合で歩行者の邪魔をした。明らかに、社会的地位が高い人のほうが、歩行者に道を譲ること（および法律を守ること）に無関心だ。

　高い社会階級に属する人は、無謀な運転をするばかりでなく、会話のエチケット違反もさほど気にしない。ある実験で、参加者に初対面の相手と五分間やりとりさせ、そのようすを録画した。[53] 相手の目をきちんと見て、笑ったりうなずいたりして相手に応える人がいるかと思えば、会話のマナーをまったく守らず、ノートにいたずら書きをする人や、そばにあるものをいじる人、あるいはほとんど会話しようとしない人もいた。どちらの階級の人がどのふるまいをしたか、おわかりだろうか。そう、ご想像のとおり。下層階級の参加者のほうが、短いやりとりの際に会話のエチケットや規範を守る割合が高かったのに対し、上層階級の参加者はそれらを無視する傾向が強かった。

　上層階級の人は、ルーズな行動のせいで道徳心を失うことさえある。研究によれば、試験でのカンニング[54]やソフトウェアの不正使用、レジからの釣銭泥棒など、道徳に反するさまざまな行為をすると認める人の割合は、上層階級のほうがはるかに高い。数百人を対象とした私たちの調査では、労働者階級の人のほうが、職場の備品を盗んだり試験でカンニングをしたりするといった不道徳な行為を許容する割合が低かった。別の研究でも、同様の結果が出ている。ある実験では、サイコロを振って出た目が大きいほどお金がたくさんもらえると参加者に伝えた。出た目を報告するとき、社会経済的に地位の高い参加者のほうが、虚偽の報告をする割合が高かった。別の実験では、高い社会階級に属すると自覚している人ほど、隣の部屋で実験に参加している子どものためのものだとわかっているキャンディーを取る傾向があった[55]。

型にはまるかはまらないか

クリップの使い道を六〇秒間で思いつく限りたくさん挙げてほしい。次に、今度はレンガで同じことをしてみよう。ジェシー・ハリントンと私は、異なる社会階級の人を集め、創造性を測るこの古典的なタスクをしてもらう実験を行なった[56]。その結果、上層階級の参加者はこれらの品物の用途について、下層階級よりもはるかに多くの創造的な答えを出した。レンガの新たな使い道のなかには、クルミの殻割りに使う、芸術性の高い彫像を作る、粉砕してレンガ色の塗料を作るなどのアイデアがあった。クリップについては、クリスマスの飾りを吊るす、壊れたファスナーの代わりにするなどの使い道が挙げられた。

すでに見てきたとおり、下層階級のほうがタイトである（同調性が高く、規範を守り、協力的である）のに対し、上層階級はルーズである（規範を逸脱しやすく、非協力的で、いささか非道徳的でさえある）。しかし束縛にとらわれないことには、よい点もある。ルーズな国や州の典型的な住民と同じく、上層階級の人のほうが著しく革新的だ。これは私たちの調査結果からもわかる。別の実験で、参加者に「自分には権力がある」または「権力がない」と感じるように誘導したところ（これは上層階級と下層階級の権力格差を模倣した条件である）、やはり同様の影響が見られた。レストランの新メニューを作成させた場合、あるいはパスタや放射性元素や鎮痛薬につける名前を三つ考えさせた場合、自分には権力があると感じている参加者のほうが、高い創造力を発揮した(57)。

心理学者のマリー・ストラウスは、創造力の格差が幼年期の教育に端を発することを発見した(58)。彼はさまざまな社会経済的背景をもつ家族に問題解決タスクをやってもらい、解決策を詳細に記録した。参加した六四組のアメリカ人家族のうち、社会経済的地位の高い家族は、下層階級の家庭と比べてはるかに多数の創造的な解決策を試みた。インドとプエルトリコでも、同じ結果が得られた。つまり、下層階級の人はルールや規範に従う傾向が強く、道徳性も高いのだが、枠にとらわれない発想はあまりしないのだ。

ここでいよいよ、タイトとルーズのトレードオフにまつわる最後の要素を見ていこう。異質な者に対する開放性だ。ルーズな国や州の人は、移民といった自分たちとは異質な者に対してきわめてオープンで寛容だが、タイトな国や州の人は、社会秩序を脅かす者に対してもっとネガティブに反応する。タイトとルーズをめぐるこの関係が、社会階級にも見事にあてはまる。研究によれば、一般に下層階級の人は、ホームレス、同性愛者、イスラム教徒、障碍者、さらにはタトゥーのある人に対しても、ネガティブな態度を示す。[59] 多くの国で、下層階級の人のほうが移民に対してもやはりネガティブな姿勢を示す。移民が自分たちの国に害をもたらすと思うからだ。[60]

つまり、それぞれの環境や歴史から生じた問題に適応できるように進化してきた文化間の根深い違いが、階級間の違いに反映されているのだ。もちろん、階級間には基本的にはっきりとしたタイトとルーズの差があるが、重大な例外も存在する。タイトな州にルーズな市があるのと同様に、社会経済的地位の低い集団の中にルーズな考え方の持ち主を見つけるのは難しくないし、その逆のパターンもやはり容易に見つかる。アメリカ国外では、階級間の格差はアメリカ国内とはまったく違った様相を見せるかもしれない。とはいえ、所得の差ばかりに目を向けていたら、世界各地で階級間の違いを生み出し維持するうえで文化が果たしている重要な役割を見落としてしまう。

タイトとルーズの区別は、社会経済的地位のほかにも、たとえば性別や人種などの集団間の違いを理解する場合にも有効だ。「白人の特権」という概念が厄介な政治問題となっているが、この考え方の根底には議論の余地のない原理が存在する。より大きな権力をもつ集団、すなわち重要な資源を支配する集団のほうが、ルールを逸脱する自由が大きいのだ。白人、男性、異性愛者は、階級を問わず多くの社会で大きな権力を握る傾向がある。彼らの生きる世界はルーズだ。対照的に、女性、マイノリティー、同性愛者は権力や自由があまり与えられず、同じ規範を破ったとしても、権力をもつ者より厳しい罰を受ける。要するに、こちらの集団ははるかにタイトな世界に生きているのだ。

私は実験でこのことを証明した。[61] 管理職に就いている人を対象として、職場の規則を破った人に関する文章を読んでもらった。たとえば上司の決定に反する行動をしたとか、同僚からなにかを盗んだ、ミスを隠した、会社の設備や在庫品を破壊した、勤務時間について虚偽の報告をした、などの事例を用意した。ここで重要な仕掛けとして、人種と性別に関する操作をした。違反者の名前を、人種や性別が推測できるものにしたのだ。参加者に読ませた文章に登場するのは、白人男性（グレッグ）、白人女性（クリスティン）、黒人男性（ジャマール）、黒人女性（ラトーヤ）のいずれかとした。それから彼らが犯した規則違反の重大さを評価し、罰を与えるべきか答えてもらった。すると、示唆に富む結果が得られた。規則に違反したのが女性かマイノリティーだった場合には、白人男性が同じ違反をした場合よりもはるかに重大と見なされ、より厳しい罰が妥当だと判断された。また、フィナンシャルアドバイザー業界を対象とした調査でも、違反行為をする頻度は男性従業員のほうが高いのに、女性のほうが罰を受ける割合が高く、重い罰を受けることが判明した。[62]

刑事裁判の判決を見ても、同じ犯罪行為なのに極端に厳しい罰を受ける集団とそうでない集団がある。たとえば犯人がアフリカ系アメリカ人だった場合、同じような経歴の白人と比べて刑が重く、服役期間が長くなる。[63] アメリカでは、アフリカ系アメリカ人が刑務所に送られる割合は白人の五倍に達する。[64] アフリカ系アメリカ人は、警察に目をつけられ、暴行され、殺害される確率も白人よりはるかに高い。この実態を受けて、二〇一三年に「ブラック・ライブズ・マター」（黒人の命も大切だ）運動が始まった。たとえば同年にミズーリ州ファーガソンでは、車の運転中に警察から停車を命じられたアフリカ系アメリカ人は二人に一人の割合だったのに対し、白人は八人に一人だった。[65]

このように、明確なパターンが見て取れる。地位や権力のレベルが異なる人は（その地位や権力のもととなるのが所得、人種、性別、性的指向、あるいはそれ以外の個人の属性のいずれであれ)、文化の異なる世界で暮らしているのだ。

社会階級間のカルチャーショック

アメリカ人が日本に引っ越したり、ドイツ人がニュージーランドに引っ越したりすれば、カルチャーショックを味わう。それは想像に難くないだろう。だが、別の階級に移動した人も、適応するのに同じくらい苦労することがある。この点は、なかなか気づきにくいのではないだろうか。この問題は、特に労働者階級から上層階級へ移動した場合に起こりやすい。上層階級の学校や職場はルーズさを奨励するようにできているが、労働者階級の人はそのような場に入っていく準備ができていないことが多いからだ。目につかないことが多いものの、労働者階級出身の人はこうした場で、期せずして文化的に不利な立場に置かれているのだ。

私たちは大学をいわば「踏み台」ととらえ、より大きな経済的機会や社会的移動性を手に入れるための足がかりになる場だと考えている。しかし一部の人にとっては、この踏み台がまるで山のように目の前に立ちふさがる。多くの大学のキャンパスにはルーズな規範と開放性があり、これは上層階級出身の学生にとっては心地よい。しかし労働者階級出身の学生には、混乱や疎外感をもたらす場合がある。二〇一二年、心理学者のニコール・スティーヴンズは共同研究者とともに、全米で上位五〇校の総合大学と上位二五校のリベラルアーツ・カレッジの理事二六〇人以上を対象とした調査を行ない、各校で広く見られる文化的規範を調べた[66]。回答者にさまざまな特性を列挙したリストを渡し、自分の大学の学生にもっていてほしい特性を選ばせた。回答者の圧倒的大多数が学生に期待することとして挙げたのは、人の意見を鵜呑みにするのではなく自分の意見をもつことや、人のあとを追うのではなく自分で新たな道を切り拓くこと、定められたルールを受け入れるのではなく異議を申し立てることだった。

つまり、これらの大学の規範が価値を置くのは、他人に同調しないことや自立することなのだ。それならば、上層階級出身の学生（個性や創造性が奨励されるルーズな文化で育っている可能性が高い）のほうが、大学の環境でうまくやっていけるのも道理だ。一方、下層階級出身の学生（自立性よりも同調性、独創性よりも画一性、逸脱よりも服従を重視するタイトな環境で育ってきている）は苦労する可能性が高い。彼らにとって大学に行くことは、たとえ自宅から近い大学であっても、異国へ旅立つようなものなのかもしれない。

大規模な公立大学六校の学生一四万五〇〇〇人以上を対象とした最近の調査では、この文化間のミスマッチに関する驚くべき証拠が得られている[67]。労働者階級の学生は上層階級の学生と比べて、大学への帰属意識が低く、自分の教育経験への満足度も低く、ストレスと抑うつが強いことがわかった。経済的な困窮のせいで、学業に加えてアルバイトもしなければならない学生が多く、学内でほかの人と共同でなにかをしたり研究活動をしたりする時間があまりもてない。

私も自分の大学でこの現実を目の当たりにした。二〇一六～一七年度の通年で、ジェシー・ハリントンとともに一年生を対象に調査を実施した[68]ところ、一学期が終わるころには下層階級の学生のほうが、自分は学業に向いておらず、思うように友だちができず、ストレスで参っていると感じていた。この学生たちは大学生活のややこしさに圧倒され、明快さや単純さを求めていた。また、故郷にいる大切な人たちとのあいだに大きな溝も感じていた。二つの文化をまたいで立ちながら、どちらに対しても疎外感を覚えていたのだ。

下層階級の学生がキャンパスで覚える疎外感は、高い中退率につながる。米国教育統計センターの調査によれば、高所得世帯の学生は、入学から六年以内に学士号を取得する割合が低所得世帯の学生の二倍以上である。[69]高等教育制度は「万人を平等にする」とうたわれるが、実際のところ、この高邁《こうまい》な目標の達成には程遠い。

外国旅行をするときには、異文化交流研修を受けておくと、現地に順応するのに役立つ。同様に、下層階級の学生がタイトな文化からルーズな文化に足を踏み入れたときに経験するカルチャーショックを軽減するため、教育機関は対策を講じる必要がある。ハーバード大学、[70]ブラウン大学、[71]アリゾナ州立大学[72]は、親が大学に行っていない「第一世代」の学生が大学生活になじむのを支援するため、仲間の学生がアドバイスを与えるプログラムを策定している。第一世代の学生を取り上げた記事を掲載するウェブサイトを設け、帰属意識を高めようとしている大学もある。[73]これらの支援プログラムには大きな効果がある。ニコール・スティーヴンズがリーダーとなって進めたある巧妙な実験では、多様なバックグラウンドの学生が「社会階級が大学での経験にどう影響するか」というテーマで議論する討論会を開き、下層階級の学生を参加させた。すると、彼らはその後、大学の各種サービスをもっと活用するようになり、成績の平均評定も上がった。[74]

大学の環境にもっと定型的な要素を取り入れるのも、タイトとルーズのギャップを埋めるのに役立つ。たとえばノースカロライナ大学チャペルヒル校で、サラ・エディーとケリー・ホーガンの考案した画期的な介入策[75]を見てみよう。一部の教室で、学生に毎週予習の宿題を多く出し、時間配分の目安となる質問に答えながら自力で教科書を読み進める課題を与え、共同作業しやすい環境を生み出すために授業中に少人数グループによる活動を増やしてみた。すると、従来の方法で学習した対照群の学生に比べ、この介入策を受けて学習した学生はみな成績が上がり、特に下層階級の学生の成績が最も改善した。

タイトな下層階級出身の若者が必要とするのは、大学生活のルーズさに適応するための支援だけではない。大学を卒業していない人（二〇一七年の国勢調査局の報告によれば、アメリカでは成人のおよそ三分の二を占める[76]）には、グローバル化の進む経済において成功するのに不可欠なスキルを習得するための支援も必要だ。アメリカでは文化がルーズなせいで、この目標の達成が妨げられている可能性がある。

全般にタイトな文化であるドイツを見てみよう。大学を卒業していなくても仕事に就けるよう、政府がさまざまな職業の選択肢を若者に提供している。たとえば多様な職業訓練プログラムがあり、国の認定を受けた資格証明書を取得できる。[77]政府が雇用主、教員、労働組合の代表者と共同で、標準化されたキャリアパスを開発しているので、訓練生は将来の雇い主の求める条件を満たすのに必要な技能を習得することができる。[78]テーマー・ジャコービーは『アトランティック』誌にこう記している。「機械工の訓練を受ける若者は、ドイツのどこで訓練に参加しても、他の訓練生と同じ時間割で、同じ順序で、同じ技能を学ぶ。これは訓練生にとって好都合だ。なぜなら質の高い訓練プログラムを受け、複数の企業のやり方を確実に習得しているので、のちに転職したくなったときに希望どおりにできるからだ」[79]。一方、全般にルーズな文化のアメリカでは、ドイツのような統一された基準がないので、ある企業で習得した技能がよそでは価値がなかったり不要だったりするかもしれない。そのせいで転職するのが難しくなることもあり、労働者階級にとって大きな負担となる。数多くの業界で急激な変化が起きているのに加えて、グローバル化のせいで下層階級の職が失われる脅威が高まっていることを考えると、アメリカのようにルーズな経済も、タイトな文化が作り上げてきたやり方（労働者階級が働き始める際に、画一的な枠組みのもとで訓練させる）を取り入れてもよいのではないだろうか。

文化のエコーチェンバー

階級間の違いは、文化と深く結びついている。そして世界は、異なる階級のあいだで互いの文化を理解しあうことを切実に求めている。そのような関係が今まで以上に必要とされているのは間違いない。異なる社会階級の人々は、互いにますます隔絶されつつある。それは、世界各地で都市と地方の格差が広がっていることからも見て取れる。私たちはソーシャルメディアの世界でどんどん小さな集団に分かれ、それぞれ別のメディアをフォローする（たとえば、フォックスニュースとＭＳＮＢＣでは視聴者層が完全に異なる）。その結果、私たちは自分以外の文化をほとんど理解しないまま、互いについてネガティブなステレオタイプを形成しかねない。

下層階級と上層階級の違いの多くには、それなりの必然性がある。配管工、肉屋、工場労働者、管理人、看守といった下層階級が多くを占める職業は、高度な技能と身体能力を必要とする。また、人から信頼され、ルールを守る能力も必要だ。このような立場で成功するには、タイトな精神が不可欠である。一方、ホワイトカラーの専門職のなかでも特に法律家、技術者、医師、研究者、経営者といった上層階級的な職業に必要なのは、創造力、洞察力、自立心、そして伝統を打破する力など、下層階級に多く見られる職業とは別の能力だ。そして、これらの能力にはルーズな精神が欠かせない。どちらかの能力が他方よりすぐれているなどと考えるべきではない。互いの強みに対する敬意を育むことができれば、現在見られる社会階級間の分断や対立を解消するのに大きく役立つはずだ。

このことは、急速にグローバル化が進む世界でますます重要となっている。すでに減りつつある下層階級の雇用は、テクノロジーの進歩によってさらに失われる危険に直面しており、絶えざる貧困という脅威が、下層階級の人々にとってまぎれもない恐怖となって迫っている。マッキンゼー・アンド・カンパニーによると、梱包や組立てラインでの溶接といったよくある肉体労働のうち七八パーセントもの雇用が、急速に普及しているテクノロジーによって自動化される可能性があるという[80]。これに対し、上層階級の職である、労働者の管理、専門知識を使った製品やサービスの開発、経営上の意思決定や計画立案にかかわる仕事は、テクノロジーの進歩から影響を受ける可能性がきわめて低い。この差は厳然としている。下層階級の労働者にとって、グローバル化は目の前に立ちふさがる脅威だが、上層階級の職業人にとってはチャンスなのだ。

したがって、タイトとルーズの分断が、世の中のものごと、とりわけ政治問題で非常に重要な役割を果たすのも当然だ。グローバル化が進むにつれて、この分断は世界じゅうで起きている。そして比較的富裕な階級のもつルーズな文化（革新や変化や多様性を尊重する）と、下層階級のもつタイトな文化（経済的な脅威にさらされており、安定や伝統やルールを求める）に、集団は分かれていく。解雇されて次の職が見つからずにいたアメリカの有権者にとって、二〇一六年にトランプに投票するという決断は、要するに貧困から逃れたいという願いによるものだった。「自分がこんな状況に陥るとは、まったく予想していなかったからね」と、二〇〇八年の世界金融危機で高給の職を失ったカリフォルニア州のアンソニー・ミスカリンは、二〇一六年の大統領選挙の直後に『ロサンゼルスタイムズ』紙に語った。「ドナルド・トランプに投票したのは、特別な信念からではない。なにかを憎んでいたわけでもない。ただ生きていくためだったんだ[81]」。イギリスでは、労働者階級の雇用が移民に奪われるのではないかという不安に駆られて、二〇一六年の国民投票で多くの人がＥＵ離脱に賛成の票を投じた[82]。

脅威が迫っていることを知った労働者階級の人のなかには、ポピュリストのリーダーを支持するようになった者もいた。そうしたリーダーは、労働者階級を見捨てた社会構造をぶち壊し、伝統的な秩序を取り戻すと約束している。彼らは、さらにタイトな社会をつくると公約に掲げる。トランプはアメリカの政治制度に「法と秩序を回復[83]」し、国境警備を強化し、移民の流入を防ぎ、犯罪を厳重に取り締まることを約束した。フランスの国民戦線党首マリーヌ・ルペンも、五年でフランスに「秩序を回復する[84]」と約束した。ポーランドのポピュリズム政党「法と正義」は、ポーランドの伝統的価値観への回帰を公約に掲げた。[85]このような言葉は、増大する脅威に直面する労働者階級の心に強く訴えかけるのだ。

タイトとルーズというレンズを通して、異なる社会階級の文化を見れば、自分とは異なる階級の人への敬意が高まり、有害な誤解を防ぐことができる。二〇一六年のアメリカ大統領選挙中、労働者階級の多くの人が、ドナルド・トランプの約束する法と秩序を切望した。貧困という差し迫った脅威をはねつける助けになると信じたからだ。ヒラリー・クリントン支持者のなかには、経済的に余裕があり、貧困という脅威も移民に職を奪われる脅威も感じていない人もいた。上層階級と下層階級という二つの世界には、それぞれの社会に根差して進化してきた規範や関心事がある。投票先については意見が一致しなくとも、その違いの根源が文化規範にあるのだと理解できれば、少なくとも相手を理解するための一歩を踏み出すことはできる。

7 タイトな組織とルーズな組織——思いのほか重大な問題

一九九八年、自動車業界の巨大企業、ダイムラー・ベンツとクライスラー・コーポレーションは、合併してダイムラー・クライスラーとなった。[1] まるで天上の婚礼のようなこの大合併に、業界は羨望の渦となった。車種によっては一〇万ドル以上もするメルセデスのセダンを販売してきたドイツのダイムラーが、もっと手ごろな車を販売できるようになる。[2] 大衆車を販売するアメリカのクライスラーは、ようやくヨーロッパ市場に参入できる。ダイムラー・クライスラーがニューヨーク証券取引所に上場した一九九八年一一月一七日から程なくして、株価は一九九九年一月に一〇八ドルの最高値に達した。[3] 投資家からお墨つきを得て、輝かしい未来が待っているのは間違いないと思われた。

だが、蜜月は長くは続かなかった。両社ともそれまでのビジネスのやり方から抜け出せず、文化の違いゆえに折り合えないことがすぐに露呈した。合併後にシュトゥットガルトに置かれた本社で文化融合ワークショップが開催され、[4]アメリカ人社員は、職務上のやりとりをしているときには手をポケットに入れないといったドイツの礼儀を学んだ。[5]ダイムラーチームのドイツ人社員は、アメリカ人社員から敬称をつけたラストネームではなくファーストネームで呼ばれるのを不快に思った。[6]ドイツ人はチームミーティングの際に分厚い事前資料や明確な議案を求めるのに対し、[7]アメリカ人は会議というのはブレインストーミングや自由な対話をする場だととらえていた。[8]アメリカ人は、長期の海外勤務のためにデトロイト郊外の広い家からシュトゥットガルトの狭いアパートへ移るのを嫌がった。[9]

二つの組織構造を統合するのも、煩雑で根気のいる仕事だった。[10]ダイムラーはトップダウンで意思決定をする、管理の厳しい階層構造の組織で、厳密さを重視していた。このため、同社の製造業務はお役所的で柔軟性を欠いていた。いかにもドイツで創業された企業らしく、タイトな傾向が強かった。これに対してクライスラーは、もっとおおらかで自由の利く平等主義的な社風をもつルーズな企業だった。また、製造方式をスリム化していたので、無駄な人員やお役所的な仕事が抑えられていた。

二つの企業文化が衝突する中で、ダイムラーは決断を迫られた。歩み寄るか、それとも相手を食い物にするか。ダイムラーが選んだのは後者だった。ダイムラーCEOのユルゲン・シュレンプは、クライスラーCEOのロバート・イートンに「対等合併」を約束していたが、[11]シュレンプのとった行動は、これが合併ではなく買収であることを示していた（シュレンプは戦いに勝ち、新しい社名をアルファベット順の「クライスラー・ダイムラー」ではなく「ダイムラー・クライスラー」にした）。[12]やがてダイムラーはクライスラーにドイツ人を送り込んでアメリカでの業務を統括させ、[13]アメリカ人管理職をドイツ人に替え、[14]数千人のクライスラー社員を解雇した。[15]これらの措置によって「ドイツからの侵略者」を批判する声が高まっていった。[16] やる気を失ったクライスラー社員は、こんなジョークを言うようになった。「この会社の名前の読み方は？ 『ダイムラー』だ。『クライスラー』は発音されない」[17]

三六〇億ドルの合併が、不当な乗っ取りの様相を呈してきた。そうなると、もはやこの異国の二組織のあいだで信頼を修復するのは無理だった。クライスラーの主要な役員は去り、[18] 九年間にわたって株価と社員の士気は下がり続けた。そしてついに二〇〇七年、この「国際結婚」にピリオドが打たれた。[19]

タイトとルーズの合併の代償

ダイムラー・クライスラーの合併が失敗に終わった大きな理由は、タイトとルーズのあいだの溝を著しく過小評価していたことだ。合併を決定した人たちが、文化の違いに対してこれほど準備ができていなかったのはなぜなのだろう。

他国の企業との合併が金銭的な面で魅力的に思われることはあるかもしれないが、リーダーはしばしば、タイトとルーズの根深い違いが文化間の深刻な衝突を引き起こす可能性を見逃してしまう。ダイムラー・クライスラーのような大失敗は決してめずらしくない。合併を検討している組織は、相手の組織との文化的な相性を考慮するのを怠ると、金銭的に悲惨な結果に見舞われるおそれがある。

このように合併が不首尾に終わった場合、どのくらいのコストがかかるのだろう。私はウェスタン大学アイビー・ビジネススクール教授のチェングワン・リとともに、国境を越えたM&A（合併・買収）にタイトとルーズを隔てる溝がどのくらい影響するのか調べることにした。[20] 一九八〇年から二〇一三年までに成立した六〇〇〇件以上の国際的なM&Aについて情報をまとめた。カバーした国は三〇を超えた。データセットには小規模な合併は加えず、一〇〇〇万ドル以上の価値をもつ合併だけを扱った。交渉に要した期間、M&A発表後の毎日の株価、四年間の総資産利益率（ROA）に着目し、合併の成功の度合いを判定した。最後に各社の本拠国の相対的なタイトさまたはルーズさを特定し、それによって合併企業間の文化のギャップを評価した。

文化の差異が大きいほうが、合併は不振に終わったのだろうか。

答えはイエスだ。タイトとルーズの差が大きい場合には、大きな代償が伴った。そのような合併では、交渉を始めてから合意に至るまでの期間が長く、契約締結後に株価が低迷し、買収側の得る収益がはるかに少なかった。文化のミスマッチが顕著な場合には、合併を発表してから五日以内に買収企業は平均三〇〇〇万ドルの損失を出していた。差異が極端に大きい場合には、損失は一億ドルを超えた。合併の規模、期待された金銭的な利益、業種、地理的距離など、ほかのさまざまな要因を考慮してもなお、文化間の差異の影響が認められた。

文化という氷山

文化とは氷山のようなものだ。ダイムラーやクライスラーなどの企業は、各社の表面的な強みを活かすことに価値を見出す一方で、表面から見えないところに強大な文化の障壁がひそんでいることに気づかないかもしれない。組織の規範は必ずしも目に見えるわけではないので、企業の相対的なタイトさやルーズさを診断するには、組織の奥深くまで分け入って、その慣行やそこで働く人、そしてなによりリーダーを理解する必要がある。

たとえばイスラエルを見てみよう。このきわめてルーズな国は世界有数のスタートアップ大国で、国内には国民およそ二〇〇〇人につき一社という高い割合でハイテクスタートアップ企業が集中している。[21] イスラエルで最も成功したスタートアップ企業の一つで、現在では世界で事業を展開しているウィックス社[23]は、階層的な組織構造をとらず、社員に自己管理を任せている。[24] 社員は個人のデスクやブースで仕事をする必要がなく、オープンルームで広いテーブルをほかの社員と共有することができる。[25] ペットの犬があたりを自由に歩き回っている。[26] オフィスには、スケートボードやボクシング用具やアニメ番組『マイリトルポニー』の人形などがいっぱいに置かれている。[27] 規則が非常に少ないウィックスの雰囲気は、協働的で遊び心に満ちており、ただときおり混乱状態《カオス》になってしまうと言われてきた。[29] リトアニアの首都ヴィリニュスにあるオフィスでは、騒々しいスタッフに話を聞いてほしいときのために、いつも拡声器を手元に用意している管理職もいる。[30]

ウィックスのようなイスラエルの会社は、「人が場所を作る」[31]という格言の実例だ。「スタートアップ国家」であるイスラエルは、このうえなくくだけて反逆的で、際限なくリスクを追求する精神をもつ人であふれている。[32] イスラエルのハイテク業界の有力なベンチャーキャピタリスト、ジョン・メドヴェド[33]は、スタートアップに惹かれる労働者には「フッパ[34]」がある、と説明する。これはイディッシュ語で「厚かましさ」や「大胆さ」を意味する語だ。イスラエル人は人から指示されるのを極端に嫌い、ルールや指針に従うよりもそれらに異議を唱えるのを好む。『アップル、グーグル、マイクロソフトはなぜ、イスラエル企業を欲しがるのか？』を執筆したダン・セノールとシャウル・シンゲルは、こう説明する。「外部の者は、イスラエルのいたるところでフッパを目にすることだろう。たとえば、大学生が教授に話しかけるときや、従業員が上司に異議を申し立てるとき、軍曹が将官に疑念を呈するとき、書記官が大臣を批判するとき、そこにはフッパが見て取れる。ところがイスラエル人にとっては、そんなことはフッパではなく、単なるふつうのふるまいなのだ[35]」

社会的な上下関係をなくすために、イスラエル人はよく地位の高い人を愛称で呼んだり（元首相のアリエル・シャロンは「アリク」と呼ばれていた）、無礼なあだ名をつけたりする[36]。たとえば身長が一九八センチもあったイスラエル国防軍参謀総長のモシェ・レヴィは「モシェ・ヴェヘツィ」（一・五人分のモシエ）と呼ばれていた。イスラエル人のハイテク専門のブロガーで起業家のヒレル・フルドは、文化全体に行き渡る反抗的な姿勢が、この国で成長著しいスタートアップの原動力になっているのだと説明する。「ハイウェイを走っている最中であろうとビジネスを展開するときであろうと、イスラエル人は同調を嫌う。この心意気が、イノベーションの世界を突き動かすのだ[37]」。また、イスラエルにはリスクを望む人が多い。ウィックスの会長兼COOのニール・ゾハールがウィックス創業時のスタートアップチームに加わったのは、そのプロジェクトに伴う不確実性と冒険に惹かれたからだった。「まったく新しいことに加わって、ゼロからスタートして、リスクを取る。これはすごくエキサイティングでした[38]」とゾハールはポッドキャスト番組『スタートアップ・キャメル』で語っている。イスラエルには、ルーズな精神をもつ国民がいて、彼らが積極的にルーズな企業を立ち上げ、そこでルーズな業務を実践するという、ポジティブフィードバックのループが成立している。

もちろん、ルーズな職場はイスラエルの専売特許ではない。たとえばアメリカではルーズなカリフォルニア州が、アップルやフェイスブック、グーグルをはじめとする多数のスタートアップが育つのにうってつけの場所となり、各社は互いに競い合って、先例のない自由と画期的な福利厚生（ビデオゲーム室、[39]ミニバー、[40]マッサージ、[41]無料の料理教室[42]など）を社員に提供している。また、ルーズなニュージーランドに目を向ければ、ゲーム制作会社のロケットワークズでは、じつに気ままなオフィスライフが満喫できる。有給休暇の取得日数に制限がなく、理由を訊かれることもないので、社員はプライベートな生活に合わせて自由に仕事を管理することができる。[43]ペットが死んだときや恋人と別れたときには、罪悪感なしに仕事をサボり、傷心を癒すことができる。だが、ストレスをやわらげてくれる子猫がオフィスにやってくる[44]といったユニークな福利厚生を提供してもらえるとなれば、社員はむしろ職場に行かずにいられないかもしれない。

自由奔放な慣行や人材をもつイスラエルかニュージーランドの企業が、儀礼や几帳面さや規律の行き渡った組織をもつシンガポールの企業と合併すると仮定しよう。シンガポールでは、ビジネス上のやりとりをする際に組織の序列が重視される。[45]節度のある服装で、名刺をもらうときには敬意の証《あかし》として両手で受け取らなければならない。[46]上司を批判するのはご法度だ。シンガポールでビジネスの場がこれほどタイトであるのは、仕事こそが国民のアイデンティティーを構成する中心的な要素だからだ。[47]地域市場での競争で優位に立つために、シンガポールではきわめて「仕事中心」的な文化が発達した。[48]実際、シンガポール人にはビジネスベンチャーをすばやくスケールアップさせる才覚があるが、イスラエル人はこれが苦手である。「イスラエル人は会社を育て上げて大企業の仲間入りをさせるのが下手だ」と『フィナンシャル・タイムズ』紙記者のジョン・リードが書いている。これは「停滞を嫌ってリスクを好む起業家文化」によるもので、「組織をじっくり成長させるよりも、さっさと手放すことを好む」からだという。[49]

ダン・セノールとシャウル・シンゲルは、シンガポールとイスラエルの「劇的な違い」を次のように説明する。シンガポールは秩序を重視し、服従を求める。このことは、ごみ一つ落ちていない清潔な街路やきちんと手入れされた芝生に表れていて、テルアビブで公共の場や民家の庭先にごみやがらくたが散らかっているのとは対照的だ。[50]シンガポールが社会全体で秩序を尊重することにメリットがあるのは間違いない。だが、セノールとシンゲルによると、企業の場合は概して「規律のために柔軟性を手放し、組織のために主体性を抑え、想定外の事態を回避するためにイノベーションを犠牲に」することにつながるという。イスラエルの企業は、シンガポールのような秩序や規律を欠くかもしれないが、もっと融通が利いて革新に満ちている。ここにはタイトとルーズのトレードオフが作用している。

日本の企業も一般に多数のルール、形式主義、階層型組織で広く知られている。[51]トヨタは昔ながらのピラミッド型の階層構造を今も維持しており、画一的なしきたりがいろいろある。[52]社員は対立を避け、[53]地味なビジネススーツが必須で、[54]複雑なルールに則ってお辞儀をする。[55]徹底した新人研修の一環として、トヨタの新入社員は社史を学び、経営理念の「トヨタウェイ」を叩き込まれる。[56]電機メーカーのパナソニックでは、始業時に集団で体操し、社歌を歌い、社訓の「七精神」を唱和する[57]。

韓国のサムスンでは、軍隊の新兵訓練に匹敵する新人研修が行なわれる[58]。睡眠不足の新入社員に、社史を些末な事項に至るまですべて暗記させ、苛酷な社風に服従することを教え込む[59]。韓国人は、社会的慣習や儀礼を遵守せよという集団圧力にさらされている。つまり、「ヌンチ」が必要なのだ。これは「規範を読み取る能力」を意味する韓国語で、これを欠く人間は激しく批判される[60]。サムスンの元社員は『ブルームバーグ・ビジネスウィーク』誌の取材に対し、「とにかく周囲に合わせなくてはだめなんです。そうしないと、耐えがたいほどの同調圧力をかけられます。命令に従えない人間は、あの会社にはいられません[61]」と語っている。

日本や韓国の組織に見られる儀礼や規範は、それぞれの国の文化が規律や伝統的な社会構造を重視していることの表れだ。それらは長い年月をかけて、脅威にさらされる中で生み出されてきたのである。韓国では二五〇〇年前から変わらず、儒教の教えが信奉されており、それが現代の職場にも強い影響を与えている[62]。社会をうまく機能させるために、服従と規律を重視するのが儒教の教えだ[63]。日本と韓国の社会では、慣習を尊重してルールを守ることが重視され、そのおかげですぐれた効率と正確さで知られる組織が生まれてきた。

タイトな組織とルーズな組織の対比が見られるのは、東洋と西洋とのあいだにとどまらない。近年、タイトなノルウェーからルーズなブラジルへ移転する企業が増えている。このことに気づいたオスロ大学のトマス・グランリは、ブラジル人とノルウェー人の社員を対象として詳細な聞き取り調査を行ない、働き方の違いを調べた[64]。ブラジルではなにごとにおいても形式ばった慣習や法律を無視するのが一般的で、この慣行は「ジェイチーニョ・ブラジレイル」（ブラジル流）と呼ばれる[65]。このような「体制にたてつく」精神は、たとえば列に横入りしたり、法の抜け穴を見つけたり[66]、人の話に口を挟んだり、創意に富んだ生活の知恵を生み出したりするところで発揮される[67]。「大丈夫」を意味する「フィキ・トランキーロ」という言葉が、仕事の場でも遊びの場でもよく使われる[68]。ブラジルの資産管理会社セムコ・パートナーズでは、社員のモチベーションを上げるために、あらゆる規則を全面的に撤廃するという規則を導入した[69]。その結果、社員はスケジュール、給料、休暇、査定担当者、職務上の最重要目標を自分で決めることができるようになった。

当然ながら、ノルウェーのようにタイトな文化をもつ組織がブラジルでビジネスをすれば、苦労することもある。グランリの調査対象者も、たとえばノルウェー人は時間厳守を重視するがブラジル人はそうではないと認めた[70]。あるノルウェー人は、「ブラジルでは時間の優先順位が低いのです。締め切りについてはしつこすぎるくらい念を押す必要があります。尻に火がつくまで仕事をしないのです」と語った。しかし、ブラジル人社員は時間にはルーズかもしれないが、柔軟だという点も指摘された。ノルウェー人は決められた作業手順を変えようとしないのに対し、ブラジル人は臨機応変に対応する。そんなわけで、あるブラジル人管理職はこう語った。「日常レベルではノルウェー人のほうが効率的だが、いざ行動を起こすとなると、ノルウェー人は腰が重い」

タイトなリーダー、ルーズなリーダー

タイトな組織とルーズな組織は、それぞれ別の宇宙のようなものかもしれない。そして両者の違いを体現するのが、それぞれのリーダーだ。ダイムラーとクライスラーが合併したとき、双方の対照的なリーダーシップのあり方から、文化間の大きな溝が露呈した。仕事のうえで形式を重んじるダイムラーでは、業務上の決定はすべて幹部役員が下した。「やっていいこと、いけないことについて迷ったら、上司に訊けばいい」[71]と、ダイムラー会長のディーター・ツェッチェは合併解消後の二〇〇九年に『360°』誌に語っている。「社員はみな確実に、正しい行動をしなければならない。管理職がよい手本を見せてくれることを私は期待している」[72]。これに対し、クライスラーの役員はしばしば中間管理職にプロジェクトの監督権限を与え、上司による制約なしで自由にやらせる。このように互いに相容れないリーダーシップが、棺に打ち込む最後の釘となったのだった[73]。

リーダーというのは、最初からリーダーとして完成しているわけではない。なんらかの文化的要請を受けて育つものだ。ある文化であがめられるリーダーのあり方が、別の文化では侮蔑されたりもする。リーダーシップに関して行なわれた史上最大の調査で、GLOBE[74]（グローバルリーダーシップと組織的行動の有効性）と呼ばれる研究チームが、六〇カ国の九〇〇以上の組織から参加した一万七〇〇〇人以上の管理職を対象として、有能なリーダーの資質についての考え方を調べた[75]。最も重要な資質とは何だろう[76]。自立的に行動できることか。協力して仕事を進められることだろうか。それともビジョンがあることか。私もこの調査で得られたデータを分析した[77]。タイトな文化とルーズな文化に

おいて、有能と認められるリーダー像を知りたかったからだ。

例によって、正反対のリーダー像が得られた。ルーズな文化の人が好むのは、ビジョンをもち、協力して仕事を進めるリーダーだ。[78]変化を求め、部下に権限をもたせるリーダーを望む。ブラジルのセムコ・パートナーズでCEOを務めるリカルド・セムラーは、このタイプの典型的なリーダーであり、[79]ほかの人がステップアップしたりイノベーションを生み出したりするのを妨げないように努めてきた。[80]彼はこう語ったことがある。「わが社の社員には、すばやく方向転換したり、なにかを途中でやめて新しいことを始めたりするのに使える手立てがたくさんある。これが唯一の手段だなどと言って押しつけるようなやり方をしていたら、わが社はこれほど着実に成功できただろうか。私はそうは思わない[81]」。実際、セムコでは責任者と呼べるような人を見つけるのが難しい。全社員がバランスシートの読み方を習得しているので、会社全体にかかわる決定については、最上級のアナリストから清掃スタッフに至るまで、全社員が情報にもとづく議決に参加できるのだ。[82]セムラーは、自分が望んでいた企業買収に対して社員たちが拒否権を行使したときのことをこう述懐する。「買収すべきだったと、私は今でも確信している。しかし社員はわが社にまだその態勢が整っていないと思い、私は議決で負けた」。失意を覚えながらも、セムラーはこう結論した。「大事なのは、真の社員参加だ。たとえそれで経営陣が不安を覚えるとしても[83]」

イスラエルの企業の多くは、さらに先を進んでいる。組織のリーダーが、衝突の文化をわざわざ育てているのだ。「リーダーは抵抗を最大限に強めることを目指すべきだ。衝突と異議を促すという意味で」と、インテル・イスラエルの創業者、ドヴ・フローマンは言う。「組織内の人間が自分と違う意見をもっているということに気づかないと、まずいことになる[84]」

タイトな文化で好まれるリーダーのタイプは、ルーズな文化とは著しく違う。私がＧＬＯＢＥの調査を分析してわかったのは、タイトな文化の人は自立と強い自信を体現するリーダーを有能なリーダーと見なすということだ。つまりなにかをするときには自分のやり方を貫き、人に頼らないタイプが有能とされる[85]。このタイプのリーダーは、たとえば中国でアップル、ソニー、デルなどの電子機器を受託生産している大手企業のフォックスコンで見られる[86]。一九七四年にテリー・ゴウが創業したフォックスコンは[87]、中国有数の輸出企業[88]として一二〇万人以上の社員を雇用している[89]。ゴウは自らのリーダーシップ哲学を「決断力」と呼び、すぐれたリーダーとは「正しい独裁者」だと考える[90]。社員の規律と服従を重視し、厳格な階層構造をとる企業で指揮統制型の経営を実践する[91]。フォックスコンでは強硬かつ専制的なゴウのスタイルに倣い、中間管理職と非管理職とのあいだにも、はっきりとした権限の違いがある[92]。

以上の例からわかるとおり、組織における人、慣行、リーダーのあり方には国によって大きな違いが見られる。タイトな組織は、すぐれた秩序、正確さ、安定性を誇る。ルーズな組織は規律や信頼性では劣るかもしれないが、それを補う革新性やリスクを恐れない意欲がある。これらの違いを生み出してきた力の強さを考えれば、タイトな国とルーズな国の組織の合併に高いリスクが伴うのも不思議ではない。

業界の文化

アメリカ労働省のデータベースO*NET[93]は、考えられる限りあらゆる業界の職種に関する情報が収められた宝の山だ。空手インストラクターから原子力発電所の作業員、グラフィックデザイナー、即席料理のシェフに至るまで、この豊富なデータソースは何千もの職種について詳細な情報をたっぷり与えてくれる。そのなかには、職務内容、求められる性格、標準的な労働条件などもある。しかしこの膨大な記述の奥には、ある根本的な構造が隠れていて、それを見れば各業界の違いがわかる。[94]それが社会規範の強さと関係しているのは間違いない。

国が全体としてタイトまたはルーズになることに現実的な理由があるのと同じく、業界にもやはりそれなりの理由がある。タイトさが強いのは、脅威にさらされ、円滑な協調が不可欠な業種だ。原子力発電、病院、航空、警察、建設など、生死にかかわる業種はタイトな文化となる。

たとえば建設業界を見てみよう。アメリカの建設大手バルフォア・ビーティー[95]は、統制の行き届いた管理体制を敷いている。建設業界の組織の常として、複雑な建設プロジェクトの計画立案および遂行から、人材採用、設計の詳細に至るまで責任を負う。[96]したがってリーダーは、すべての作業員が世界有数の危険な仕事[97]に携わりながらも安全でいられるように、手を打つ必要がある。建設現場では、たった一つのミスが重大な結果を招くこともある。金属パイプの荷降ろし中、急に方向転換をすれば、近くにいる人に大けがを負わせることにもなりかねない。機械の不備、コミュニケーションの些細な行き違い、想定外に滑りやすい足場などは、作業員の命を奪う可能性もある。この業種につきものの命にかかわるリスクゆえに、信頼性と予測可能性がきわめて重要であり、バルフォア・ビーティーはこの責任を真摯に受け止めている[98]。世界各地の建設現場でも、同じことが言える。建設現場は一般に危険度評価と検査の対象となり、安全性や作業時の服装や訓練について厳格な規則がある。建設業界のタイトな文化は、作業員の安全と生産性を確保するのにきわめて重要なのだ。

タイトさを象徴する典型的な例と言えば、軍隊だろう。どこの国の軍隊も、厳格な規範と徹底した規律を兵士に課す[99]。戦争の苦難に立ち向かう勇気をもつように訓練する必要があるからだ。こうした厳しい規範を維持するには、統制のとれた部隊を育成し、権威に対して絶対的な畏敬の念をもつよう教練することが不可欠である。アメリカ海兵隊に入隊した新兵は、初日から苛酷な新兵訓練《ブートキャンプ》に耐え、軍の考え方を叩き込まれる。その期間を経て、最初はばらばらだった兵士たちが、同調した一つの部隊に――なによりも、指揮官を尊敬する部隊に――変容するのだ[100]。「軍隊というのはヒエラルキーで作られた機械みたいなものだ」と、アメリカ海兵隊のスティーヴ・コリーは二〇一七年に私の取材に対して語った。「だから、ヒエラルキーに反するのは、機械を壊すのと同じだ」[101]。兵士は通常、制服につけた階級章から上官への敬礼に至るまで、このシステムに敬意を表明するよう、一日に何度も要求される。規則を破れば厳罰に処せられる。激しく叱責されることもあれば、仲間の前で腕立て伏せを何百回もやらされることもある[102]。「制服の着方のように一見どうでもいいようなことから、世界最先端の主力戦車の整備のように複雑なことまで、あらゆることに規則がある」と、アメリカ陸軍の元上級曹長ジェイムズ・D・ペンドリーは述べている。「一見くだらない規則を守ることは、最も複雑な規則を守るのに劣らず重要だ。それらの規則を守ることによって、ほかの規則を守るための土台が築かれるのだ[103]」

一方、脅威にさほどさらされない業界はルーズになっていく。そのような分野では、すばやくギアを切り替えること、自由を覚えること、そして型破りな発想をすることにメリットがある。一九六九年に創業された世界的なデザイン会社のフロッグデザインでは、社員は仕事をするうえで疑念を呈し、挑発し、自己表現し、ありきたりのセンスを改革することを要求される。[104]フロッグの社員はとかくチャレンジ精神が旺盛だ。[105]「心の中で反乱を起こさなければなりません。それはつまり、ものごとに異議を唱えて疑義を呈するのを楽しむということです[106]」と、フロッグの元幹部のケルスティン・フェイクスが『コア77』ウェブサイトに掲載された二〇一四年のインタビューで語っている。同社の元マーケティングディレクター、ジェイムズ・コルテーゼも同じ考えだ。「フロッグ社員に求められる資質を挙げるなら、それは唯一無二の視点をもちながら、非常に民主的で、新しいアイデアに対してオープンであることです[107]」

アメリカの靴のネット通販会社ザッポスも、同じくルーズな気風の企業だ。[108]現在ではアマゾンの子会社となってラスベガスに拠点を置いているが、もともとはスタートアップ企業として創業され、二〇〇九年には靴のネット通販でトップに躍り出た。[109]めざましい成長を遂げながらも、ザッポスは創業時のスタートアップ文化にこだわり続け、今でもルーズであることに誇りを抱いている。[110]ボトムアップ型で平等主義的な社風[111]は、従来のビジネスで見られる階層構造を排して「ホラクラシー」と呼ばれる自己管理システムを採用したところに最もよく表れている。[112]社員は民主的に運営される「サークル」を自ら編成し、自分のやり方で組織のさまざまなニーズに対応することができる。[113]各社員が一つのサークルや一つの役割に縛られることはなく、どの社員の役割も柔軟に変化する。「リードリンク」と呼ばれるチームリーダーは親切なガイドのような存在で、社員を解雇する権限はもたない。[114]

フロッグやザッポスのようにルーズな組織の特徴として、社員たちがきわめて気楽で身軽であり、多様性に富んでいることが挙げられる。デザイン会社であれ研究開発グループであれスタートアップ企業であれ、好調を維持するには常にイノベーションと進化に目を向けている必要がある。製造や金融といった業界（軍隊はいうまでもない）で働く人と比べて、ルーズな組織で働く人は専門分野に縛られない。また、厳しいルールが比較的少ないおかげで成功を収めることができる。

さらに掘り下げてみると、同じ業界でも環境が違えばタイトとルーズの差が生じる場合もあることがわかる。マッキンゼーとＩＤＥＯ《アイディオ》はどちらもコンサルティング会社だが、マッキンゼーがタイト寄りの社風をもつのに対し、ＩＤＥＯはルーズ寄りだ。それぞれのクライアントについて考えれば、この違いも納得できる。マッキンゼーは、法人金融業界や政府機関のための戦略評価やリスク評価を扱うことが多い。[115]それに対しＩＤＥＯは、主にコカ・コーラやアップルなどから依頼を受けて、もっとクリエイティブで芸術性の高いプロジェクトを手がけている。[116]マッキンゼーは全社員が目指すべき現実的な目標をいくつか定め、それに力を注いでいる。[117]ＩＤＥＯで働くコンサルタント[118]と比べて、マッキンゼーの社員には仕事で守るべき決まった手順がたくさんある。新入社員は厳しい研修プログラムに参加して「マッキンゼー・ウェイ」と呼ばれる悪名高い仕事のやり方を叩き込まれ、チームの一員としてブレインストーミングをする方法、クライアント向けのプレゼンテーションのやり方、具体的な問題解決手順に従ってビジネス上の問題をクリアする方法などに関するルールを覚える。[119]一方、Ｉ

DEOのルーズな価値観は、社員に「失敗から学ぶ」ことや「あいまいさを受け入れる」ことを求める。[120] IDEOでは、チームは自律的で管理職から監視されることがない。ゆるい服装規定は、おおらかな仕事観と結びついている。[121]「自分らしくあれ。服装などどうでもいいから」と、IDEOの国際採用責任者デュエイン・ブレイは就職希望者に告げたことがある。

個々の組織を詳しく見てみると、職種によっては、同じ組織の中でもタイトになっていく部署とルーズになっていく部署が生じる理由がわかる。職種によっては、物理的な脅威がなくても、法律や規則による縛りを受けやすい。たとえば弁護士や会計監査人、銀行員、公務員などがそうだ。これらの職種は職務上、重い責任が課せられる。そのため、こうした職務に従事する部門では、ほかの部門より規範が厳しく、コンプライアンスを監視する文化ができあがっていく。たとえば世界四大会計事務所の一つであるデロイト[122]のように、多数の部門があり、それぞれが異なる業務目標に取り組んでいる会社では、監査部門の文化とコンサルタント部門の文化は大きく異なる。コンサルタントはしばしば先の読めないさまざまなプロジェクトを推し進め、新たな場所へ乗り出していくので、多様なクライアントをさばくなかで変わっていく新たな規範にすばやく適応する必要がある。[123]

このように、同じ組織の中にタイトとルーズが混在するケースは増えている。たとえばボール・コーポレーションには、タイトな製造部門とルーズな研究開発部門があり、大きく異なる二つの文化が混ざり合って成立している。[124] 一九世紀の終盤に創業したこの会社は、コカ・コーラやペプシ、クアーズ、バドワイザーなどの有名ブランドに瓶や缶を供給している。また、航空宇宙技術のパイオニアとして、NASAと共同で宇宙船や人工衛星の開発にも携わっている。[125] そのため、この会社にはエンジ

タイトな組織文化	ルーズな組織文化
人	
実直 慎重	オープン リスク追求
慣行	
画一化 効率的 形式的 強い社会化	柔軟 実験的 形式ばらない 弱い社会化
リーダーシップ	
自立 自信	協働 ビジョン

図 7.1　組織文化のタイトとルーズ

ニアや物理学者からなる研究開発部門がある。新たな製品を開発するという目的があるので、創造性が刺激されるように、この部門の職場環境はルーズで、決まりごとが少なく監視がゆるい。一方、製造部門はきわめて厳格な管理のもとで画一化された工程に従って、毎日数百万個の缶を手際よく梱包して出荷する。

タイトとルーズの枠組みは、国のあいだのみならず、業界間や業界内、さらには同じ企業に属する部署どうしの違いを理解する助けとなる。図7・1に示すとおり、同じ側に属する集団は同じようなロジックに従う。自分の職場や職種、業界はどうか、考えてみてほしい。タイトとルーズのスケールでいうと、どのあたりに位置するだろうか。そして、なぜそこに位置するのだろうか。

しかし、組織のタイトさやルーズさは不変ではない。今日のきわめてダイナミックな市場において、企業はしばしば新たな需要に合わせて自らの文化を変化させたり、タイトやルーズの度合いを調節したりする必要に迫られる。しかし、企業ごとに文化のＤＮＡは大きく異なることや、人や慣行やリーダーが互いに相容れない場合もあることを考えると、そうするのはときとして至難の業である。

組織内のタイトとルーズの対立を乗り越える

二〇一七年の春、私はアメリカ国内に本社を置く大手メーカーの最高幹部にインタビューをした。[126]その会社の業務の進め方は、明らかにタイトだった。上場企業として、業務には詳細な報告書と強固な監視体制が必須だった。製造業界ではめずらしくないことだが、全体的な効率を最大限に高めるため、社員は明確に定められた工程に従い、頻繁に査定を実施していた。その結果、信頼できる納品や効率のよい業務といった、タイトさの核となる強みを育て上げていた。

創業から八〇年で、世界各地で働く従業員は数千人に達した。今や事業規模は数十億ドルとなり、競争力を維持するための次の課題は製品の刷新だった。そのためには、製品開発部門にルーズさをもっと取り入れる必要がある。これまでは伝統的にリスクを嫌ってきたが、幹部は研究開発会社を買収することにした。主たる狙いは、その最先端の技術を手に入れることだ。買収した会社の機敏で革新的なアプローチが自社の文化にダイナミックな影響を与えてくれることを幹部は期待した。ところが買収が完了するとすぐに、タイトとルーズの緊張関係が一気に高まった。研究開発グループは破壊的で独創的なソリューションの創出を最優先としたが、納期を守れず、製品を予定どおりに発売することができなかった。誰も意思決定の責任を負わず、すぐにグループは損失を出し始めた。研究開発グループ側から見れば、タイトな本社の期待が理不尽すぎた。買収される前はいつも納期に融通が利き、指図されることなどめったになく、長期的な視野がもてた。そして、最大限にクリエイティブな製品を作ることを目指していた。よくあるパターンがここでも起きていた。買収会社が買収前に求めていた性質そのものが、文化間の重大な衝突を引き起こしていたのだ。

逆の窮境に陥る企業もある。タイトになろうとして、強い反発を受けるというパターンだ。たとえば、一九九〇年代半ばのマイクロソフトがその例である。[127] この若い会社は桁外れの売り上げを出しながらも、事業運営はもたついていた。「四半期末ごとに帳簿を締めて投資家や株主に数字を見せなくてはなりませんでしたが、いつもものすごい時間がかかっていました」と、マイクロソフトのCOOだったボブ・ハーボルドは私とのインタビューで語った。これは経理が杜撰で組織立っていなかったからだ。世界各地に置かれた支社の多くでも、それぞれにめちゃくちゃなやり方をしていた。「マイクロソフトには協調というものが存在せず、マーケティング部門でさえ、マイクロソフトブランドの体現するものを明確に理解している者は皆無でした」とハーボルドは言う。

マイクロソフトは是が非でも業務にタイトさを取り入れる必要があり、CEOのビル・ゲイツはそのことに気づいていた。そこで自分は製品開発に専念できるよう、ハーボルドを迎え入れて経営面の立て直しを任せた。ルーズな働き方を手放したくない社員たちは、各部署の目標や社のデータ報告を一元管理化するというハーボルドの計画に初めは抵抗した。それでも彼は最終的に、その計画が将来的な増益につながるという見通しを社員に理解させ、社員は積極的に従う気になった。ハーボルドが経営の中央集権化に着手して一年も経たぬうちに、マイクロソフトはコストの削減に成功したばかりか、増益を達成し、株価も上昇した。

スタートアップ企業が成功すると、必ずタイトとルーズの対立が待ち受けているが、そんなことが起こるとは予想されていない場合が多い。好調なスタートアップにはクリエイティブな才能をもつ人材が集まってくるが、彼らは大きな組織の運営に欠かせないタイトなルールや画一性と衝突する。スタートアップのマーキュリー・インタラクティブ（二〇〇七年にヒューレット・パッカードが四五億ドルで買収）で研究開発実現化グループのトップを務めたアリエル・コーエンに私がインタビューしたとき、彼は自分のことを即座に「スタートアップ起業常習者」だと説明した。[128] 彼は大企業のタイトな文化よりも小規模ベンチャー企業のもつ強いルーズさを好む。「スタートアップの人間は、目覚めたときになにかアイデアが浮かんだら、すぐさまそれを実行に移すのが好きなんです。それからなるべく急いでアイデアを市場でテストして、修正するか捨て去るかのどちらかに決めます」。しかしコーエン自身の経験によると、スタートアップが規模を拡大する局面に入ると、厳格な階層構造やルールが割り込んでくる。「ヒューレット・パッカードはうちを買収すると真っ先に、アイデアについて企画を立ててリサーチするのが好きな人間を新たに雇いました。しかしいろいろな手続きが増えたことで、創造性を存分に発揮できなくなりました。私みたいな人間にとって、新しいアイデアを試すのにいちいち誰かを説得しなくてはならないというのはもどかしいものです。それに、私のやり方はまったくの行き当たりばったりだとか、ただの思いつきだなどと思われていました。まるで私が事前になにも検討していないと言わんばかりでした」。これはまさにタイトとルーズの衝突だ。マーキュリー・インタラクティブがヒューレット・パッカードに買収されてまもなく、コーエンはマーキュリーを去って別のスタートアップを起業した。

他社との合併ではなくても、組織が極端なタイトさやルーズさに向かい始めたときには、急いで文化を再調整しなければならないこともある。ライドシェアサービスを提供するスタートアップ企業のウーバー[129]は、二〇〇九年の創業以来、地域の条例を無視し[130]、競合相手に卑怯な手を使い[131]、営業が許可されていない地域で規制当局につかまらないように策略を練っている[132]ことで悪評を招いた。ウーバーの規範なきイデオロギーはたぐいまれな好調をもたらしたが、一方で重大な危機にもつながった。二〇一七年、『ニューヨークタイムズ』紙がウーバーの無謀なまでにルーズな「なんでもあり」的な社風を暴露する記事を掲載した[133]。数人の元社員が、過度にルーズな職場環境は「男子学生寮」さながらだと述べ[134]、職業倫理を欠いた不正な行為がはびこっている[135]と告発した。社内でセクハラ事件[136]が起きたのを受けて、CEOのトラヴィス・カラニックは辞任に追い込まれた[137]。のちに、上層部がハッキングによる大規模なデータ漏洩《ろうえい》事件を隠蔽《いんぺい》していたことも判明した[138]。ハイテク業界はもともと自由奔放で、ときには創造性がなにより重んじられるものだが、ウーバーはルーズさの極致に至ってしまった。その結果、株主と新たな経営陣は社内に秩序を強制するしかなかった。

ウーバーが厳しい目を向けられるようになったのと同じころ、自ら評判を地に落としてしまった企業がほかにもある。二〇一七年、ユナイテッド航空の旅客機内で衝撃的な出来事が起き、その一部始終が動画で撮影されていたのだ[139]。まず、この便がオーバーブッキングになってしまったので、八〇〇ドルのクーポンと引き換えに席を譲ってくれる乗客はいないかと社員が呼びかけた[140]。誰も応じなかったので、ユナイテッド航空は別の便に移ってもらう乗客四人をコンピューターで選び出した。ところが、選ばれた四人のうちの一人が、決定に従うのを拒否した。そこで乗務員は社の規定に従い、空港の警備員を呼んでこの乗客を飛行機から連れ出すことにした。警備員は力ずくで乗客を引きずり降ろした。血を流して痛みに叫ぶ乗客の姿を、付近の乗客たちがスマートフォンで撮影していた。動画は拡散し、ユナイテッドのブランドイメージをぶち壊す悪夢のような宣伝となった。

ユナイテッドのタイトな文化が、この事件の一因だったのかもしれない。あとでユナイテッドの関係者から聞いたところによると、昔からこの会社は社員に対しマニュアルや規則の厳守を求めてきたそうだ。安全性と信頼性を日々実証しなくてはならない航空業界では、決まりを厳密に守ることがきわめて重要だ。ところが、これは諸刃の剣にもなる。「ユナイテッドは常識よりも規則を愛する人材を雇ったか、または少なくともそうなるように訓練してしまったようです[141]」と、あるベテラン社員が私に語った。わかりきった話だが、極端にタイトな文化は期せずして、管理されすぎて活気のない職場環境を生み出すことがある。そのような職場では、社員は自由に発言することを恐れ、想定外の事態に対して臨機応変の対応をするのが難しくなる。ユナイテッドも今ではそれを理解しており、タイトさに折り合いをつけるべくサポートチームを設置し、乗客にかかわるトラブルが起きた場合に取るべき対応の優先順位を決める手助けをしている[142]。この新しいチームはシカゴに拠点を置き、想定外の事態が起きたときに現場の乗務員が大失態を演じるのを未然に防ぐため、独創的な解決策を考案してサポートする[143]。

タイトとルーズの両利き

顧客や市場、利害関係者、クライアントの性質が常に変わり続けるのに合わせて（もちろん、ひどい宣伝がされてしまったときにも）、組織のタイトさやルーズさは絶えず見直され、批判され、ときには完全に改められる。ユナイテッドのように、タイトな環境が最も望ましいという企業もあるかもしれないが、そのような企業のリーダーは、状況に応じて社員に裁量を与えるべき場合があることや、そのやり方について、きちんと理解する必要がある。一方、ウーバーのようにルーズな企業は、日常の業務にもっと厳しい規範を取り入れるべきときを見極め、そのやり方を知っておくとよいだろう。

今日、多くの企業は「タイトとルーズの両利き」を目指している。新たなフロンティアを切り拓く必要性と、確立した伝統を尊重する姿勢の両方をバランスよく配置するのが「両利き」だ。その重要性を最初に説いたのは、経営学者のチャールズ・オライリーとマイケル・タッシュマンが二〇〇四年に『ハーバード・ビジネス・レビュー』誌に寄せた論文だった。[144] 左右のどちらの手でもきちんと文字を書ける「両利き」の人のように、組織も効率的に活動するにはタイトとルーズの両方の能力を使いこなす必要がある。両利きの文化をもつ企業のなかには、ルーズな規範よりタイトな規範を好む企業もあるだろう。どちらか一方を支配的な文化と認めたうえで、必要に応じて他方の規範を用いる企業もあるかもしれない。

ルーズな組織が日常業務にタイトな要素を取り入れるパターンを、私は「決まりごとのあるルーズさ」と呼ぶ。勤務中の時間配分を示すグーグルの「70対20対10ルール」を見てみよう。[145] このルールでは、社員は勤務時間の七〇パーセントを上司から指示された仕事に充て、二〇パーセントはメインプロジェクトとどこかでつながっているかもしれない新しいアイデアに充て、残りの一〇パーセントは自分で立ち上げたい好きなプロジェクトに充てる。定式化されているのは間違いないが、それでもこのルールは社員に個人の創造性や柔軟性を発揮する余地を与えている。

もう一つのルーズな組織として、世界に名だたるアニメ映画スタジオのピクサーも見てみよう。ピクサーの文化は、フレキシブルな勤務時間[146]、秘密のバー[147]、無料のピザやシリアル[148]に表れている。「自然な光を浴びたいからといって、オフィスの天井を取り払った者もいます」と、二〇一〇年に設備管理責任者がスタジオ内を案内しながら、『SFゲート』ウェブサイトの記者ピーター・ハルトラウプに語った。「これはちょっと極端な例ですが、うちではこういうことでとやかく言ったりしないんです[149]」。画期的な新しい映画のアイデアを生み出すため、ピクサーではさまざまなバックグラウンドやスキルをもつ社員からなるインキュベーションチームを設けている[150]。これらのチームは好きなことをやってよいが、各チームがうまく協力して作業できているかを上級管理職がチェックし、特にメンバーたちが活発に建設的なやりとりをしているかに注意を払う。それに加えて、各チームにプロデューサーとディレクターがつき、プロジェクトのスケジュールや予算をチェックする。このようにして、ピクサーはきわめてルーズでありながら、業務の中に定式やルールを取り入れて、バランスを保っている。

逆に、組織の文化をタイトからルーズへ変えていくパターンを、私は「柔軟なタイトさ」と呼ぶ。これが起きるのは、タイトな組織が社員の裁量の幅を広げるときだ。トヨタがまさにその好例となる。

トヨタは規則と標準操作手順書を遵守するタイトな組織だ。[151] しかし近年は、創造性の刺激や顧客サービスの改善を目指して、いろいろなやり方を取り入れるようになった。中央集権的だった意思決定プロセスを分散化し、地方事業所のトップに以前よりも大きな裁量権を与えている。[152] また、幹部は社員に対し、厳格な八ステップのプロセス（タイトな枠組み）を守りながら、業務システムや製品について実験やイノベーション（ルーズなやり方）をやってみるよう促している。[153] 上級幹部は社の目標をわざとあいまいな言葉で表現し、社員に自分なりの解釈をさせる。[154] それによって、斬新な発想を計画プロセスに取り込むことができる。[155]

本来はタイトな文化であるアメリカ軍でさえ、「司令官の意図」という方針を導入し、いくらかのルーズさを取り入れている。[156] 「司令官の意図」は、あらゆる任務や作戦を成功に導くための指針とされる。「計画には不測の事態がつきものである」という事実を踏まえて、司令官の定めた任務を確実に遂行するために、現場では「司令官の意図」にもとづいて臨機応変に方策を決める。いかなる軍事作戦においても、戦場では未知の事態や計画の変更、戦況の急変があまりに多く発生するので、兵士や士官は一つの戦略に固執すべきではない。そこで指針となるのが「司令官の意図」というわけだ。この方針でとりわけ大事なのは、「臨機応変の裁量」という側面だ。基本的に、兵士は確実で信頼できる戦略に従うことが求められるが、想定外の事態に遭遇した場合には、部隊の目標を達成するために、当初の計画を変更してもよいという権限が与えられる。[157]

「文化をうまく操るのは綱渡りのようなものです」と、大学教授で『ＯＲＩＧＩＮＡＬＳ　誰もが「人と違うこと」ができる時代』を書いたアダム・グラントが私に話してくれた。「規範やルールを設けすぎれば創造性や変化を逃してしまうし、規範やルールが足りなければ文化の核となるものや団結を失います」。グラントによれば、大事なのは「タイトとルーズのバランスを見出すことです。広く共有できて心から信じられるいくつかの確固たる価値観をもちながら、そうした価値観を実践に移す際には柔軟性を忘れてはいけません[158]」

タイトとルーズのギアチェンジ

ルーズな文化から「決まりごとのあるルーズさ」へ、あるいはタイトな文化から「柔軟なタイトさ」へとスムーズに移行して「両利き」になるには、組織はどうしたらよいだろう。変化がどれほど小さくとも、移行は容易ではない。しかしタイトとルーズについてきちんと理解できていれば、企業は最善の成果を達成するために、職場で何を改めるべきかを判断することができる。変えるべきものは採用する人材の条件かもしれないし、推奨する仕事のやり方、あるいはリーダーかもしれない。

たとえば中国で急成長を遂げているハイテクスタートアップ企業は、全体にタイトなこの国の傾向から逸脱した、比較的ルーズな職場文化を育てるという重大な課題に直面している[159]。共産党が押しつけてくる強固な規範に影響されて、中国ではどの企業も共産党のトップダウン型で官僚主義的な管理体制に倣った経営体制を採用している[160]。しかしハイテクスタートアップは、シリコンバレーの代表的な企業がもつルーズな職場文化をモデルとして、創造性を生み出そうとしている。二〇〇〇年に創業されて「中国のグーグル」とも呼ばれる百度《バイドゥ》は、枠にとらわれない発想のできる社員を探してギアをルーズに切り替えようとしている。「奴隷のごとく従順な人間や、丸暗記を重視する教育制度の産物みたいな人間は要りません[161]」と、百度の元広報担当者で、中国の時事問題を扱うポッドキャスト番組『シニカ』のホストを務めるカイザー・クオは説明する。社員には、偉大な哲人である孔子の教えをまとめた『論語』をもじった『百度論語』の冊子が配布される。[162]「反対されても自分の考えを貫く、反逆者すれすれの社員のエピソードが満載です。部下のやりたいようにやらせる、ものわかりのいい上司も登場します。結局、最後に勝利を収めるのはこういう人材なのです[163]」とクオは言う。しかし百度はこのように反逆を許す社風をもつだけでなく、信頼性も大事にする。クオによると「仕事が完璧に仕上がらない限り、次のチームや担当者に回しません」。同僚の助けを必要とする社員は、必ず力を貸してもらえると信じ、その能力を信頼している。このようにルーズな規範と高い責任感を兼ね備えていることが、百度を成功に導いてきた秘訣なのだ。

職場の文化を変えることが、試行錯誤の繰り返しになるのは間違いない。ある世界トップクラスのオフィス家具メーカーは、業務のやり方をルーズにしようとした際、じつに険しい道のりをたどることになった。上級役員がそのときのようすを私に聞かせてくれた。[164]この会社は長年にわたりタイトな組織としてやってきたが、社員にアンケートをしたところ、業務査定制度が厳しすぎると思われていることがわかった。この制度では、大量の用紙に記入し、年四回も査定され、社員も評価に加わり、明確に決められた職務目標を記した指示書が束になって渡される。社員はこれらの膨大な期待に応えるのは難しいと感じ、やる気をなくしていた。そこで柔軟なタイトさを目指す第一歩として、この会社の人事部はそれまでと正反対のやり方を採用し、社員が自分の受ける査定の方法を完全に自由に選べるようにした。だが、このルーズな方式は全般的にタイトな社の文化に反するものであり、社員は強い不安に駆られた。「このような自由にも、なんらかの制約が必要だ。私たちはそう気づきました。いったんもっとタイトな文化に戻って、それから少しずつルーズさを取り入れなくてはだめだったのです」と上級役員は言う。最終的にこの会社は職務目標と報奨制度を再び取り入れたが、柔軟な選択肢も用意し、社員が各自で小さな目標を設定できるようにした。新しい方式によって社員の柔軟性と主体性は以前よりも高まったが、社員の望むとおり、全体として優勢な、タイトな文化は保たれた。

企業がタイトとルーズの両利きの度合いを高めようとする場合、明らかなことが一つある。この移行の最中には、企業のリーダーが新たな方針を支持することがきわめて重要なのだ。

USAトゥデイ・ドット・コムが開設されたときの事情を見てみよう。一九九五年、ニュース業界のデジタル革命に歩調を合わせようと、当時『USAトゥデイ』紙の社長で発行人だったトム・カーリーは、印刷媒体の事業をオンラインへと広げる態勢に入った。そしてリーダーを新たに雇い入れ、よそのオンラインニュース会社のように、伝統的なニュース編集室よりもはるかにルーズな職場文化をもつ部門を創設しようとした。[165] カーリーは以前からの印刷媒体部門のリーダーたちに自らのビジョンを伝えたが、一部のリーダーはオンラインジャーナリズム部門への投資には断固として反対した。スピードは速くても、厳密さで劣るに決まっているというのだ。すると、新しいビジョンに賛同しない幹部は、すぐに退任か異動を迫られた。これによってリーダーたちのあいだに「共同戦線と一貫したメッセージ[166]」が生まれた。『両利きの経営』の共著者であるマイケル・タッシュマンによれば、組織改革にはこれが必須だという。

次にカーリーは、新設したデジタル部門と昔ながらの印刷媒体部門の双方が抱く不安を払拭するため、両部門のあいだで協力の機運を盛り上げようと努めた。印刷媒体部門の社員は、自分たちの部門がアイデンティティーを失い、会社にとって価値のない存在となり、さらには時代遅れの存在になるのではないかと恐れていた。また、ルーズな規範のせいで組織が混乱し、効率が下がり、統制が損なわれるのではないかという不安もあった。一方、デジタル部門のメンバーは、完全な自由裁量を望み、自分たちの創造力を自由に発揮させること、決まりごとに縛られないことを求めた。部門間の緊張をやわらげて協力的な関係を築くために、カーリーはウェブと新聞とテレビの各部門のトップを毎日の編集会議に参加させ、アイデアを共有し、大きく取り上げるのに最も適したニュースを選び、一致団結した戦略を構築できるようにした(167)。協力を引き出すために、全部門が目標を達成した場合にボーナスを支給するという制度も設けた。最終的に、カーリーはタイトとルーズの効果的なバランスを見出し、会社は真の両利きとなった。

組織内でタイトとルーズの両利きの文化を育てるのに、唯一最善の方法などない。それは明らかだ。USAトゥデイのように、タイトな部門とルーズな部門とのあいだで共通の目標と互いへの敬意を築くというやり方をする企業がある。タイトな集団の中にルーズさを直接注入する企業や、逆にルーズな集団にタイトさを注入する企業もある。どこでどんなやり方をするにしても、そこにかかわってくる重要な要素は図7・2に示すとおりだ。

二〇一六年、私は世界じゅうからビジネスリーダーを招いて、ハーバードでワークショップを主催した。そこで私はタイトとルーズの枠組みを紹介し、これが組織の問題においてどのようなかたちで

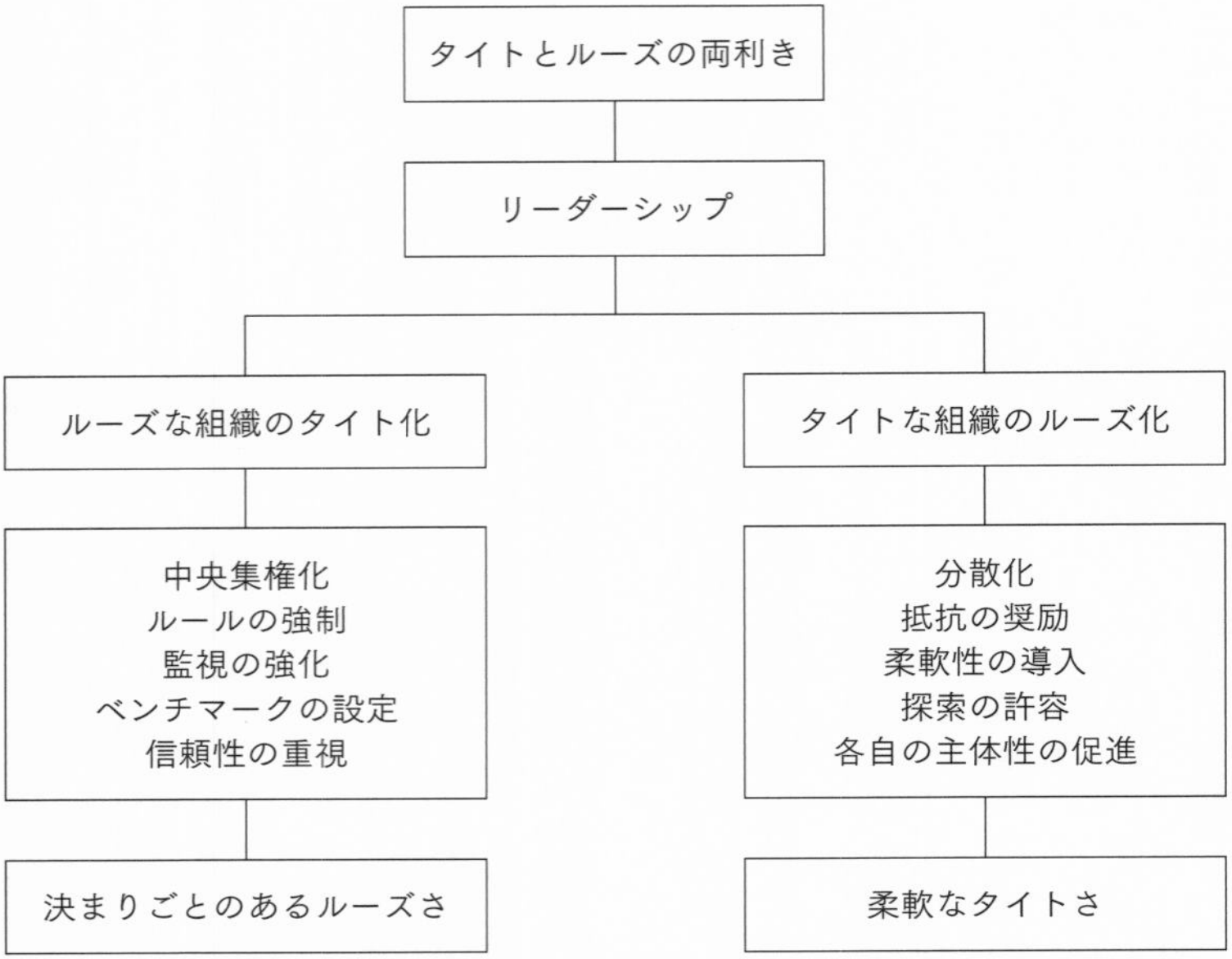

図 7.2　タイトとルーズの両利き。「決まりごとのあるルーズさ」と「柔軟なタイトさ」を実現する方法

現れるかを説明した。参加者の多くは、自分の会社で生じている緊張関係が以前よりもずっと明確に理解できるようになったと感想を述べた。職場に戻り、タイトとルーズという言葉を使って問題を診断し解決するよう経営陣に求めた参加者もいた。組織にひそむ社会規範の力を理解することによって、ビジネスリーダーは自分の会社がよりよいタイトとルーズのバランスをとれるよう、効果的に導くことができるのだ。

8 セルフチェック——あなたはタイト？ それともルーズ？

二〇一二年、『スレート』誌の記者ダリア・リスウィックは独創的なアイデアを思いついた。『セサミ・ストリート』に登場する、みんなが大好きなキャラクターの「マペット」たちが、人間のさまざまな違いを説明できる興味深い典型であることに気づいたのだ。このアイデアは「マペット理論」と呼ばれ、愉快なメタファーで人を二つのグループに分類する。(1) 一つはクッキーモンスター、ゴンゾ、アニマル、アーニーのように混沌《カオス》を引き起こすタイプであり、もう一つは、サム、カーミット、スクーター、バートのように秩序を体現するタイプだ。カオス型マペットにあてはまる人は、騒々しいが魅力的な自然児で、行く先々で騒動を巻き起こす。枠にとらわれない発想ができ、新たな経験を求めて生き、規範に従わないことに誇りを抱いている。情熱的なドラマーのアニマルは、赤い体毛とぼさぼさのピンクの髪のせいで、人混みの中でも目に飛び込んでくる。ほかのみんなが同じ方向へ歩いているときに、アニマルだけは逆の方向へジャンプしていく。彼の奔放なドラムソロは、嬉々としてクッキーをむさぼるクッキーモンスターの食べっぷりとよく重なる。一方、秩序型マペットはカオス型マペットとは違い、やたらと潔癖で冒険を嫌い、クッキーモンスターの散らかしたクッキーの食べこぼしを片づける役割を引き受ける。たとえばバートはオートミールの朝食を愛し、ハトの研究やペーパークリップの収集といった趣味にいそしむ。いつもアイロンの効いたカーキ色のズボンと縞模様のセーターをきちんと身につけ、現実離れしたアイデアを試してばかりいるルームメイトのアーニーにしばしば現実を直視させる。

あなたはどちらのタイプだろうか。その答えは生まれつきの性格によっておおかた決まると思われるかもしれない。しかしじつのところ、ゴンゾになるかカーミットになるかについては、環境の「タイトさ」または「ルーズさ」が大きく影響するのだ。

国や職業など、さまざまな集団や組織においてタイトさやルーズさがどんなかたちで現れるかについては、本書ですでに見てきた。私たちの文化のもつ社会規範の根本的な厳格さが人の気質やさらには脳にまで影響するというのも事実だ。私たちは自覚することもなく、「タイトなマインドセット」や「ルーズなマインドセット」を育て上げている。そのおかげで、私たちは社会環境を楽に乗りきることができるのだ。

マインドセットとは、単なる気分とか態度ではなく、決定を下すときに使うプログラムのようなものだ。タイトなマインドセットには、社会規範に多大な注意を払い、ミスを避けたいと強く願い、衝動をしっかりコントロールし、秩序や決まりごとを好むといった特徴がある。このマインドセットの持ち主は、決まりきったルーティンを愛し、無秩序の兆候を敏感に察知する。対照的に、ルーズなマインドセットには、社会規範にさほど注意を払わず、リスクを好み、衝動的で、無秩序やあいまいさに心地よさを覚えるといった特徴がある。これらのマインドセットは日常生活や人間関係に影響をおよぼしているのだが、私たちがそれを完全に認識することはないかもしれない。

誰にでも基礎となるタイトまたはルーズなマインドセットがあり、それは生まれ育った文化によって形成される。慎重で几帳面な秩序型マペットのように、基本的にタイトなマインドセットをもつ人もいれば、気ままで騒々しいカオス型マペットのように、ルーズなマインドセット寄りの人もいる。社会規範が明確に定まっている文化で育てばタイトなマインドセットが培われ、逆の文化では逆のマインドセットが生み出される。しかしこれらのマインドセットは人に深く根づいているとはいえ、状況に応じて変化することもあり、場合によっては急激にがらりと変わることもある。

交響楽とロックの公演という、二つの対極的な例で考えてみよう。交響楽団の演奏会では誰もがエレガントに着飾っているので、周囲から浮かないためにはふだんのカジュアルなファッションよりも多少ドレスアップする必要があるだろう。楽団員がチューニングを始めると、それを合図に客席が静まり返る。携帯電話の電源を切り、座席で物音を立てないように気をつける。楽章と楽章のあいだに拍手をしたくなっても、じっと我慢する。交響楽団の演奏会では、それがルールだからだ。演奏が終わると、聴衆はいっせいに拍手し、それから整然とホールをあとにする。一方、野外ロックコンサートではどうだろう。ステージのすぐそばまで観客が押し寄せ、絶えずひしめき合っている。観客はTシャツと穴あきジーンズという露出度の高いグランジファッションに身を包み、タバコやドラッグの煙が空気中を漂う。あたりを見回すと、笑い声や下品な言葉が当たり前で、連れと話すには声を張り上げなくてはならない。予定から一時間以上遅れてバンドがステージに登場すると、耳をつんざくような絶叫が沸き起こる。コンサートのあいだずっと、観客は声を限りに歌い、踊る。観客の体をほかの観客たちが頭上で支えてステージのほうへ送っていく「クラウドサーフ」が繰り広げられる。最後の曲が終わると、誰もが出口に殺到し、もみくちゃになりながら駐車場へなだれ込む。

交響楽団の演奏会はタイトな状況であり、ほかの人のふるまいに注意を傾けて衝動を抑えることが求められる。フォーマルな演奏会では、演奏中に携帯電話で話すとか半ズボンで会場に現れるといったふつうでない行動をとると非常に目立ち、強く非難されるかもしれない。反対に、ロックコンサートはルーズな状況であり、交響楽団の演奏会と比べて制約がはるかに少ない。観客は行動を慎む必要性をさほど感じず、思い思いの服装、言葉、ふるまいによって自己を表現できる。衝動的な行動をとっても反感を買うことはめったになく、多様なふるまいがむしろ奨励される。これらの二つの状況で異なるのは、服装だけではない。精神状態がまったく異なるのだ。

タイトとルーズの果てしない調整

今度、車を運転するときには、自分が車線を維持しながら、ほかの車の流れについていくためにどんなことをしているかを意識してみてほしい。手がこまめにハンドルを微調整し、前方に伸びる道路とバックミラーとのあいだを目がせわしなく行き来し、足で速度を細かく調整しているのに気づくだろう。米国労働安全衛生局によると、ドライバーは一マイル〔約一・六キロメートル〕を走行するあいだに意思決定を二〇〇回ほどするらしい[2]。ハイウェイでは、一秒間に三回以上ということになる。

同じように、私たちは朝から晩まで、社会規範に応じて自動的に微調整をしている。周囲の環境によってマインドセットが自動的に切り替わり、交響楽団の演奏会では制約に縛られ、ロックコンサートでは自由にふるまう。心理学の観点からいうと、心と体が周囲の社会規範の強さに適応しているのだ。

目覚めてから眠るまで、私たちはタイトなマインドセットとルーズなマインドセットとのあいだを揺れ動く。これは家庭でも起きる。過保護な親がいる一方で、放任主義の親もいる。ルールを守る子どももいれば、しょっちゅうルールに反発する子どももいる。パートナーのいる人なら、宗教や貯蓄、整理整頓について意見が異なり、タイトとルーズの緊張関係が生じるかもしれない。食器洗いが下手だとか濡れたタオルをベッドに置きっぱなしにしたなどと文句を言われる人もいれば（私はその一人だ）、几帳面な人もいる。

静かな通勤電車で座れたときに、ルーズなマインドセットの乗客が乗り込んできて大声を張り上げながら携帯電話でしゃべり始めたら、うんざりするだろう。決まりごとだらけの堅苦しい法律事務所であろうと、すべての社員がジーンズとパーカーを着てピンポンに興じるルーズなスタートアップであろうと、タイトとルーズの両方のマインドセットを目にするはずだ。環境がわずかに変わっただけで、規範を察知するレーダーが大きく変化する場合もある。上司とともに会議室で顧客を相手にしているときには、オフィスで同僚とトラブル解決にあたっているときよりもタイトな精神状態となり、一言一句を吟味し、座る姿勢にも気を配るだろう。趣味でさえ、心のあり方をさまざまに変える。空手やトランプのブリッジのように定式的でルールの制約のある活動をすると、タイトなマインドセットになる。それに対し、絵を描いたりヒップホップダンスをするなど、もっと制約の少ない自由な活動をするときには、ルーズなマインドセットになる。

近所づきあいや学校、クラブでも、タイトとルーズの違いが現れる。私が友人から聞いた話では、ニューイングランドのある町のサッカー委員会は、ユースチームの遠征プログラムでランク別のチームに選手を振り分ける際、二時間かけて選手の評価の記載されたスプレッドシートを検討するそうだ。担当者はコーチや保護者に大量の統計データを示し、振り分け過程が公平で正当であることを強調する。あたかもヘッジファンドのアナリストが会議で八歳児について議論するようなものだ。これは大人が子どものスポーツを深刻にとらえすぎているただの一例だろうか。そうかもしれない。しかしもう少し深いところまで目を向ければ、文化に由来するタイトさによるものだとわかる。サッカー委員会が厳密な手順を定めたのは、攻撃的な保護者から「『才能のある』わが子が不当に評価された」と文句を言われる脅威が常にあるからだ。

同様に、子どもの学校（公立学校、私立学校、宗教系の学校、チャータースクールなど）を選んだ理由について保護者に尋ねたら、学業レベル、教授法、教育方針などの答えが返ってくるかもしれない。しかしこれらの言葉についてよく考えてみると、やはり規範の強さが必ず反映されているはずだ。個性を尊重するシュタイナー教育を取り入れた学校のように、ルーズな学校環境を好む家庭がある。その一方で、厳格な規則に従って道徳的なふるまいをすることを重んじる福音主義の家庭は、キリスト教学校の要であるタイトな規律を求めるかもしれない。

このようにさまざまな局面や日々生じる変化を乗りきっていくなかで、環境のタイトさやルーズさは変動し、ときにはそれがストレスとなることもある。といっても、私たちはひたすら受け身で翻弄されているわけではない。誰でもタイトとルーズのスケール上にデフォルトの位置があり、それは生まれ育った環境や地理的要因、世代的な考え方、社会階級、職業などのさまざまな要因を反映している。親がしつけに厳しかったとか、個人的につらい経験をしてきたなどの理由で、マインドセットが圧倒的にタイト寄りの人がいるかもしれない。逆にルーズなマインドセットをもっている人は、常に安全な環境で暮らしてきたか、さまざまな場所を転々としながら多様な規範を経験してきたのかもしれない。

タイトとルーズのスケール上で、自分は本来どのあたりに位置するのだろうか。秩序型マペットとカオス型マペットのどちらに近いだろうか。答えを出すために、次の三つの問いについて考えてみてほしい。

1. 身のまわりにどのくらい規範があり、それを守ることを人からどのくらい期待されていると感じるか。
2. 慎重で自制心に富むか、それとも衝動的で冒険心に富むか。
3. 決まりごとと社会秩序を好む習慣型人間か、それとも決まりごとの少ない状況を楽しむタイプか。

マインドセットがタイト寄りかルーズ寄りかという全般的な傾向だけでなく、時と場合によって、そのマインドセットがどう変化するかを判定することもできる。一日のなかで、どんなときにタイトなマインドセットがルーズなマインドセットよりも優勢になるか。自分のマインドセットが最もしっくりくる相手はどんな人で、相性の悪い相手はどんな人か。最もわずらわしく感じられる同僚は、単にタイトとルーズのスケール上で自分とは対極にいるだけかもしれない。根深い文化によるプログラミングと、さまざまな社会環境に適応できる幅広い能力は、人間関係、キャリア、コミュニティー、生活全般を形づくる助けとなる。自分自身のタイトまたはルーズなマインドセットをもっと意識すれば、自分が特定の行動をとる理由をもっと理解できるようになるし、幾重にも重なった文化から他者の習慣が生まれていることにも敏感に気づけるようになる。

実際の感度はどのくらい?

コウモリやイルカ[3]、さらにはネズミ[4]などの動物は、さまざまなレーダーを使いながら物理的環境の中で活動している。人間もある種のレーダーを使い、身のまわりの社会規範や合図を感知するが、それを自覚しているかどうかは場合によっていろいろだ。実際、マインドセットがタイトかルーズかを決めるのは、このような規範を感知するレーダーの感度である。

社会規範などまるで気にかけないように見える人がいる。頭が悪いわけではないのに規範レーダーをもたない大人は、馬鹿者、間抜け、ボケなどと呼ばれる。社会規範をまったく理解しないらしい人というのは、誰の知り合いにもいるものだ。たとえばフォーマルな仕事の打ち合わせ中なのに、その場にそぐわない考えを口にしてしまう友人がいるかもしれない。親戚が集まるたびに同じ話を何度も繰り返し、ほかの人のあきれ顔や退屈そうなそぶりに気づかない叔父がいるかもしれない。映画『ボラット』(5)で、架空の「カザフスタン人ジャーナリスト」のボラットがアメリカ南部の家庭でディナーに招かれ、トイレで中座したあと自分の排泄物を入れた袋を手に戻ってくるくだりがある。この場面を見ると、あきれながらも笑わずにいられない。もっと一般的に言えば、規範レーダーの感度が低い人は、自分に求められていることをきちんと理解できず、どんな状況でもいつも同じようにふるまいがちだ。その場で求められていることに注意を払わず、もっぱら自分の信念と欲望のままに行動する。

逆に、知り合いのなかには、規範レーダーの感度がやたらと高い人もいるのではないだろうか。どんな状況でもその場にぴったりなふるまいで誰とでも調子を合わせ、嫌いな相手さえ味方につけることのできる、映画『カメレオンマン』の主人公ゼリグのようなカメレオン人間がいるものだ。規範レーダーの感度が高い人は、周囲の社会規範に敏感だ。心理学者のマーク・スナイダーは、そのような人を「セルフモニタリング傾向が高い」と表現する。(6)このタイプの人は、対人関係や社会における期待を察知するのが非常に得意で、状況ごとに許容されるふるまいに合わせて行動を変える。

ライト・インスティテュートの心理学者ジャニス・ミルは、おもしろい実験をしている。(7)訓練を受けた女優が、音の高さや抑揚を変えて、さまざまな感情を伝える二〇個の文を読む。これを録音しておいて、参加者に聞かせる。すると驚くべき結果が得られた。規範レーダーの感度が高い人はそれぞれの感情をきわめて正確に判断したのに対し、規範レーダーの感度が低い人はこのタスクに苦労したのだ。

規範レーダーの感度は、状況によって変動する。たとえば採用面接では、その場に存在する社会規範に細心の注意を払う必要がある。面接を受ける側は、採用担当者に有能さをアピールして気持ちをつかまなくてはならない。そのためにはスーツを着て、無礼な言葉を避け、質問するときは的を射たものだけにする。一方、寝室で誰からも見られていないときには、周囲の環境を気にする必要はほとんどない。パジャマ姿で悪態をついても、身をくねらせて踊っても、心ゆくまで歌を歌っても、なんら問題はない。このようなときには、規範レーダーのスイッチを切っていい。

しかし、気づきにくいことかもしれないが、個人の規範レーダーは、じつは文化にも大いに影響されている。ある国際調査で、私はタイトな国の人のほうが明らかに感度の高い規範レーダーをもっていることを発見した[8]。彼らはセルフモニタリング傾向が強く、その場で求められていることに合わせてふるまうのがうまい。この特性は、学習によって獲得される。厳格なルールに支配され、許容される行動に制約があるタイトな国では、社会からの期待を察知する高い能力と、察知しようという強い意志が有利に働く。少なくとも、罰を回避することができる。同じ理屈で、ルールがゆるく、(ロックコンサートのように)許容される行動の範囲が広い国の人は、ルーズなマインドセットと感度の低い規範レーダーを備えていることが多い。

この違いは、こうした調査で明らかになるだけではない。意外にも、文化神経科学という新しい学際的分野の研究者たちによって、規範レーダーの違いが物理的に脳に刻み込まれる可能性があるということが明らかにされつつあるのだ。

すでに知られているとおり、脳というのはきわめて適応性の高い器官だ。特定の状況に何度も遭遇すると、脳はそれに適応して変わり始める。ある研究で、ｓＭＲＩ（構造的脳画像）を使ってロンドンのベテランタクシー運転手の脳を観察した。(9) すると、環境の空間表象を記憶する脳領域（海馬後部）が、タクシー運転手でない人と比べてはるかに大きいことが判明した。タクシー運転手のなかでも、走行距離が長い人のほうがこの領域が大きかった。タクシー運転手の脳は、複雑な空間表象を記憶するために、実際に拡大するのだ。これがひいては、運転手としてのスキルにプラスとなるのかもしれない。

タクシー運転手の脳内のニューロンが複雑なルートに適応するのと同じく、脳は強い社会規範や弱い社会規範を何度も経験すると、それに適応する。私の共同研究者であるヤン・ム、北山忍《きたやましのぶ》、シホイ・ハンは、アメリカ人と中国人の学生に電極のついた脳波記録キャップを装着し、規範を守る行為や破る行為を記した短い文章を読ませ、脳波を測定した。(10) 参加者が読んだのは、タンゴのレッスン中に踊る人物（規範遵守）や美術館で踊る人物（規範逸脱）に関する文章のほか、コンサートまたは葬儀で拍手喝采する人物、図書館または都会の歩道で叫び声を上げる人物などの描写だった。アメリカ人と中国人のどちらの参加者でも、規範を逸脱した行為について読んだときには、脳の中心頭頂部で活動が記録された。これは予想外の事象を処理する領域である。ところが、神経反応は人によって著しく異なった。中国人参加者のニューロンは、前頭野で激しく発火した。これは他者の意図について考え、罰に関する決定を下すのを助ける領域だ。対照的にアメリカ人参加者の脳では、前頭野はほとんど反応を示さなかった。規範レーダーの違いは、どうやら脳に深く刻み込まれているらしい。

図 8.1　脳波記録キャップを装着したポスドク研究員のヤン・ム博士。この装置は脳内の電気的活動を測定する。

行動する前に考える？

ある状況で規範によって特定のふるまいが求められていることを認識すると、脳はその状況に適応するのに必要な心理的ツールを作り出す。規範が厳しい場合には、私たちは責任をとらされる可能性を強く感じる。自分の行動が審査され、もしも規範から逸脱したら罰せられるかもしれないと感じるのだ。その警告シグナルが発せられると、タイトなマインドセットが優勢になる。このマインドセットの主たる動機は、慎重に用心深く警戒心をもってふるまい、ミスを回避することだ。コロンビア大学教授のトーリー・ヒギンズは、これを「予防焦点」志向と呼ぶ[11]。しかし規範によって求められていることが少ない場合には、ミスを犯す心配をさほどしなくていい。そこで、ミスを防ぐことに注力するより、もっと大胆で、多くの場合にはリスクの高い目標を設定する。この「促進焦点」志向の場合、たとえ一つか二つくらいミスをしてもかまわずに、理想を追い求めることができる。このように責任をとらされるおそれをあまり感じない心理状態では、あまり慎重にならず、もっとリスクを追求することができる。こうしたマインドセットの違いは、世界各地で見られる。私の行なった調査によると、強固な規範に従わなくてはならないタイトな文化の人は、社会化の過程で慎重さを身につける。このタイプの人は「ミスしないように細心の注意を払う」とか「慎重に言葉を選ぶ」などの説明が自分にあてはまると考えることが多い。また、意思決定をするときには慎重に検討し、行動する前に熟考する。これに対し、規範による制約がはるかに少ないルーズな文化の人はもっと自由で、考える前に行動することもあるかもしれないと認める。[12]

これらの違いは学習によって培われるものだが、少なくともいくらかは遺伝的な要素もあるかもしれない。私たちはある研究で、警戒心、否定的な情報への注意、危害回避に関係する遺伝子（S型の5-HTTLPR遺伝子多型）をもっている人の割合はタイトな文化のほうが高いことを発見した。[13]これは理にかなっている。進化の観点から言えば、この遺伝子をもっている人のほうが、脅威の大きい環境でうまく生き延びられたのかもしれない。時が経つにつれて、脅威に満ちた環境でこの遺伝子が「選択」され、最終的にタイトな文化の強化につながったと考えられる。

慎重さの違いは、私たちが日々下す無数の決定に影響する。実験に参加して、点をつなぐ単純なタスクを与えられたとしよう。[14]一つの絵につき三〇秒以内で、できるだけたくさんの点をつなぎ、全部で四つの絵を描くようにと指示される。

この種の実験では、参加者は「非常に正確だが時間がかかる」か、「すばやくこなすが不正確」のどちらかを選ぶのがふつうだ。促進焦点型のルーズなマインドセットの持ち主は、たくさんの絵を仕上げるが、点をいくつか抜かす可能性が高い。ミスを避けたがるタイトなマインドセットの持ち主は、時間はかかるが正確に点をつなぐ可能性が高い。

金銭にかかわる決定を下す場合でも、同様のトレードオフがはっきりと見て取れる。心理学者による研究で、予防焦点型と促進焦点型のいずれかの行動をとるように条件を設定したグループに参加者を振り分け、各グループに複数の投資ファンドを検討させ、仮に全員で一緒に投資をするならどのファンドがよいかという決定をまとめさせた。[15] ハイリスクでハイリターンなファンドもあれば、ローリスクでローリターンのファンドもある。検討の結果、予防焦点型のグループは、投資先として最もリスクの低いファンドを選ぶ傾向があった。さらに、このグループの議論は金銭的損失の回避に重きを置いていたのに対し、促進焦点型のグループでは最大限の収益を得る方法を熱心に議論していた。このような安全とリスクとのトレードオフには、タイトなマインドセットまたはルーズなマインドセットが作用していることがわかる。

また、私たちは責任を追及される可能性や慎重にふるまう必要性を感じると、心の中の「自制筋」とでも呼ぶべきものを引き締め、ひどいトラブルにつながりかねない衝動を抑え込む。たとえば図書館でわめくとか、交響楽団の演奏中に不適切なタイミングで拍手をするとか、採用面接中にげっぷをするなどという事態は避けなくてはならない。秩序型マペットのように強い自制心の持ち主は、自分をきちんと律することができる。怒っているときでも攻撃的な衝動をコントロールして、テーブルに残っている最後のドーナツを食べてしまったりせず、貯金しようとしているのに散財したくなる衝動もなだめることができる。一方、カオス型マペットのような人は、衝動や欲望を抑えるのに苦労する。このタイプの人は、責任を負う意識が低く、制約をあまり感じない。

研究によると、自制心の差は非常に幼い時期から現れ始める。一九六〇年代、アメリカの心理学者ウォルター・ミシェルらが、ある魅力的な材料を使って未就学児の自制力を調べた[16]。使ったのはマシュマロだ。子どもの目の前にマシュマロを一つ置き、すぐに食べてもいいし、研究員が戻ってくるまで何分か一人で待っていてもいいが、待てたらマシュマロを二つ食べられると告げた。何年も経ってから追跡調査をしたところ、驚くべきパターンが判明した。研究員が戻るのを待ってマシュマロを二つもらった子どものほうが、一〇代になってからＳＡＴ（大学進学適性試験）の点数が高く、親によると社交能力も高く、欲求不満状況でのストレス対処能力も高かったのだ。一〇〇〇人以上の少年を対象とした別の研究では、ほかの少年と比べて自制力に問題のある少年（短気、無思慮な行動など）は、四年間の追跡期間中に飲酒、喫煙、マリファナに手を出す割合が高いことが判明した[17]。衝動を抑える能力の程度は幼少時から特定でき、それが将来に重大な影響を与えるのは確かだ。

タイトなマインドセットやルーズなマインドセットのほかの面と同じく、自制力も個人や文化によって異なる。当然ながら、ルーズな性質のアメリカ人は、自制に苦労することがある。マサチューセッツ州にある名門小学校の食堂の壁には、「考えてから行動を！」という言葉が派手な色で大書されている[18]。アメリカでは、教師が生徒の衝動的な行動に手を焼くことがある。これは学校当局も把握している周知の事実だ。研究者は、それが文化のルーズさに深く根差していることを明らかにした。概して規範にあまり縛られないで育つアメリカの子どもは、タイトな文化の子どもと比べて自制力のスコアが低い。ある研究で、心理学者が日本人とアメリカ人の未就学児に、人との対立や苦境に関する架空の話を聞かせた（二人の子どもがけんかをしているとか、子どもが転んでけがをするなど）[19]。次に、話の続きがどうなるかを考えさせ、小道具とミニチュア人形を使って結末を「発表」させた。日本の子どもと比べて、はるかにルーズなアメリカ文化の子どもたちは、発表の中で攻撃的な言葉や行動をたくさん用いた。これは感情の制御ができていないことを示唆する。別の実験では、中国人とアメリカ人の未就学児に、複数の自制タスクを与えた。衝動を抑えて、実験担当者からの指示に反することをするゲーム（たとえば頭に触れるように言われたときにつま先に触れる）をさせたところ[20]、中国の子どものほうが成績がよかった。

中国の小学校に足を運ぶと、「自制筋」がアメリカの子どもよりもはるかに発達している理由がすぐさま納得できる。私が指導している大学院生の話では、子どものころに通った山西省太原市の学校には規則が山のようにあったという。児童は常に両手を背中のうしろに回して机に向かって座り、質問があるときに挙げてよいのは右手だけで、校舎の廊下ではいっさいしゃべってはならない。感情をあらわにした児童は、さまざまな罰を受ける。授業が終わるまで教室の前に立たされるとか、楽しい学校行事に参加させてもらえないとか、ひどいときには定規で叩かれることもあったらしい。中国では多くの学校が強力な監視システムを採用している。教室にウェブカメラを設置して、子どもたちのようすを常時配信するとともに、録画を保護者や学校関係者に見せる学校もある[21]。日本やサウジアラビアや旧共産圏の国など、ほかのタイトな国でも、学校は似たような状況にある。北海道大学教授の結《ゆう》城雅樹《きまさき》は、自分が学校に通っていたころ、子どもたちは教師の質問に答えるときに独創的すぎてはいけなかったという。[22] 期待される答えからあまりにも逸脱すると、無視されたり罰を与えられたりする（変わり者だった彼は、これを自ら経験したそうだ！）。それから何年も経って、彼の九歳の息子が通う学校では以前ほどひどい罰はなくなったが、それでも期待されるふるまいから逸脱した子どもがネガティブな扱いを受ける場面は見られるとのことだ。

これに対し、アメリカではルールの少ない学校が多い。さらには自己表現がしばしば奨励される。私の指導する別の学生、ナヴァ・カルオリは、自分の通ったニュージャージー州の小学校では「おかしな靴下の日」や「へんてこな帽子の日」といった風変わりな行事をやっていたという。これらのテーマを設けた日には、最も変な靴下や帽子を身につけている児童がその逸脱性ゆえに賞をもらうのだ。児童には約三〇センチ四方のロッカーが与えられているが、整理整頓などめったにしないし、もともとそんなことは期待されていない。彼女の住んでいた地域では、多くの小学校で放課後に学童保育を実施しており、彼女の学校では工作室を散らかしたり、ゲームをしたり、騒々しい音を立てたりしてもいいことになっていた。静かにしろと言われることなどほとんどなく、宿題をやりたければやってもよかった。

ルーズな文化の学校のほうが、はるかに頻繁に逸脱行為が起きるのは当然だ。二〇一二年の国際学習到達度調査（ＰＩＳＡ）によると、調査実施前の二週間に一回以上学校に遅刻した生徒の割合は、アメリカが三〇パーセントだったのに対し、上海は一七パーセントだった。[23] 授業中に騒音や無秩序が「まったくない」または「ほとんどない」と答えた生徒は、アメリカでは七〇パーセントだった。これは立派だと思われるかもしれないが、上海は八七パーセント、日本は九〇パーセントだ。[24] 私が調べた世界各地のタイトな文化で暮らす人たちは、そうでない文化の人と比べて、それほど苦労せずに衝動を抑えることもでき、「感情をコントロールできている」や「容易に誘惑に抗える」などの説明が自分にあてはまるとする人が多い[25]。

じつは、自制力の違いを示す神経マーカーが脳の奥深くで作用しているのを観察することができる。私は同僚のヤン・ムとともに実験を行ない、中国人とアメリカ人の参加者を薄暗い静かな部屋で着席させて脳波記録装置につなぎ、五分間、眼を閉じてリラックスするよう指示した[26]。中国人参加者のほうが、自制にかかわる脳の頭頂部でアルファ帯域の活動が活発になった。なにもしないで安静にしていても、自制力の働きに差があるということだ。さらに、この差が大きな違いを生み出していた。頭頂葉の活動が活発な中国人参加者のほうが、食生活で節制することができ、やるべきことを先延ばししたいとか、飲酒やゲームをしたいという誘惑に抗うことができた。つまり自制力の差は、長年にわたって社会規範に適応するうちに育ち、ニューロンにしっかりと刻み込まれるのだ。

脳をスキャンしなくても、文化によって自制力に差があることは確認できる。一般向けのメディアを見ればよい。オリンピックは、感情の抑制について調べる究極のテストかもしれない。心理学者のデイヴィッド・マツモトは、二〇〇四年のオリンピックで高速カメラを使い、勝敗の決まった直後のアスリートの顔に現れる反応を撮影するというユニークな研究を行なった[27]。マツモトによれば、競技や対戦やレースが終わった瞬間には、どのアスリートの顔にも共通して「勝利の興奮」や「敗北の苦痛」が現れる。しかし、彼はおもしろいことに気づいた。数秒のうちに、アスリートの表情は文化によってそれぞれ固有の変化を示すのだ。主に欧米のアスリートは手放しで喜びを表現し続けるのに対し、主に東アジアのアスリートはすぐにストイックな表情になるか、または不自然なほどに派手な笑顔を続けようと努める。勝利や敗北に対して人が示す普遍的な反応は、おのおのの文化で求められることが心に染み込むにつれて変化するらしい。

秩序を求めるか避けるか

自分は習慣を守るタイプか、それとも新たな道を切り拓くタイプか、考えてみてほしい。秩序型マペットのカーミットやバートのように、無秩序やあいまいさを嫌がる人がいる。このタイプの人は、決まりごとや秩序を好み、あらゆるものごとが正しく機能することを望む。整然として几帳面な彼らは、しばしば自分なりのルーティンを確立し、それを実行するのを楽しむ。また、自分の置かれた状況からどんなものが得られそうかを知りたがる。反対に、無秩序や想定外の事態をほとんど嫌がらない人もいる。このタイプの人は、型にはまらず混沌とした生活を送り、先の見通せない状況に立ち向かうことをこよなく愛する。そして不測の事態を楽しみ、あいまいさを受け入れる。

タイトなマインドセットやルーズなマインドセットは、あいまいさへの受容性にも表れる。タイトな規範があり、広く監視され、規範から逸脱すると厳しく罰される文化の中で暮らす人にとって、あいまいさは危険に感じられる。このタイプの環境では、あいまいさは常態でなく、それゆえ心理的な不快感をもたらす。それだけでなく、脅威への不安もかき立てる。うっかりルールを破ってしまったらどうなるのか。罰を受けることになるのか。そしてそれはどんな罰なのか。すでに見たとおり、タイトな文化ではミスをしたら罰せられるという不安から、強力な規範レーダーが生じ、慎重さと自意識が生まれる。そうだとしたら、決まりごとのはっきりしている環境のほうが好まれるのも当然だろう。そのような環境のほうが、注意深く研ぎ澄まされた気質がストレスに苛まれることが少ないからだ。

私はあいまいさに対する態度について世界各地で調査したとき、その差異にびっくりした。[28] タイトな文化の人は、定型化された単純明快な生活を好み、一定のルーティンに嬉々として励んでいた。一方、ルーズな文化の人は、あいまいさをそれほど嫌がっていなかった。わかりやすく言えば、どちらの態度も性格の弱さに由来するものではない。どちらも環境に適応した特質なのだ。無秩序な環境で暮らす人は、あいまいさを受け入れるほうが得策だと知る。これに対し、脅威に対処するために秩序が必要な場合には、予測可能性を重視するようになる。

タイトまたはルーズなマインドセットに関するほかの点と同様、あいまいさの受容性は意思決定にきわめて大きく影響する。たとえばあいまいさを回避する人は、日々のルーティンが変わることに対して、非常にネガティブな反応を示す。心理学者のアリー・クルグランスキらは、ローマ市の多数の官公庁で組織が改編された際、その施行を目前に控えた職員を対象として研究を行なった。[29] その結果、あいまいさを嫌う職員のほうが改編に対してネガティブに反応し、不安や疑念や悲観を示すことが判明した。ほかの人が社会秩序を乱したとき（たとえば、集団のコンセンサスに反する決定をするなど）、タイトなマインドセットの持ち主は、あいまいさを受け入れられないせいで憤ることもある。[30]

あいまいさの許容度が低い人は、知らない人や自分とは異質な人への対応にも苦労する。一九九〇年代終盤に行なわれた研究で、研究者はあいまいさに対する参加者の許容度を測定し、それからさまざまな民族集団（自分の集団を含む）に対する気持ちを述べさせた[31]。あいまいさの許容度が低い人は、自分と同じ民族集団の人に対してポジティブな気持ちを抱き、自分以外の集団の人に対してはネガティブな気持ちを抱いていることがわかった。

おもしろいことに、これらの違いは子どもが非常に幼いうちに親から子へと受け継がれるらしい。ベルギーで二〇〇組近い親子を対象とした調査を行なったところ、あいまいさを嫌い、排他的な考えをもち、従順さを支持する度合いが、親子のあいだでとても近いことがわかった[32]。あいまいさを許容しない姿勢は、世代から世代へと受け継がれていくらしい。

タイトとルーズの衝突における「傾向と対策」

タイトなマインドセットとルーズなマインドセットの違いが理解できたら、それが原因となって、生活のさまざまな領域で対立が生じているのがわかってくる。たとえば私の同僚は、子育ての方針をめぐってタイトとルーズの議論を夫と果てしなく続けている。夫はルーズなバックグラウンドの出身なので、子どもにはミスする自由をたっぷり与えたいと考え、叱るのは格別に深刻なときだけだ。これに対し妻のほうはもっとタイトなバックグラウンドの出身で、「軍艦」並みの統制を維持するために、子どもを絶えず監視し、スケジュールを細かく管理したがる。そして子どもが期待に背いたときには、些細なことでも叱る（「のびのび育児運動」対「厳格極まりない教育ママ」の対決みたいなものだ）。こんな親たちは、タイトとルーズのボキャブラリーを身につければ、衝突の根本原因を明らかにできるし、さらには解決策について話し合うこともできる。たとえばこの同僚夫妻の場合、子どもに関するどんな部分をタイトにし（たとえば、ソーシャルメディアの使い方については厳しく目を光らせる）、どんな部分をルーズにするか（たとえば、身だしなみについては口うるさく言わない）について一緒に決めることで、歩み寄れるかもしれない。

親でなくても、似たようなタイトとルーズの衝突を経験している人はいるかもしれない。グループで旅行に行ったとき、自分はゆったりと旅を楽しんで気ままに行動する余地を残しておきたかったのに、一緒に行く人たちはディナーの予約やらツアーやら、ありとあらゆる細かい点まで計画したがったという経験はないだろうか。その逆のパターンはどうだろう。あるいはふだんの生活で、パートナーやルームメイトがこまめにごみ出しをしなかったり、使った食器を流しに放置したりするせいで、絶えずイライラさせられたりはしていないだろうか。それとも逆に、あなたのほうが「細かいことは気にしない」タイプだろうか。家事に対する姿勢の違いは、文化の歴史や経験に根差した差異に由来するのかもしれない。職場の同僚に、仕事熱心で几帳面だが、ミスを防ごうとするあまり独善的で口うるさい人はいないだろうか。これからはこうしたふるまいを、もっとわかりやすく「タイトなマインドセット」と表現することができる。その一方で、仕事をずるずると先送りしてミスも多いが、柔軟で革新的な同僚もいるのではないだろうか。今では、それが「ルーズなマインドセット」だとわかる。人の性向にいら立つことがあったら、その背景に思いをめぐらせてみてほしい。生まれ育った場所の文化、衝撃的な事件や重大な出来事に遭遇した経験など、生きてきた環境によってその人のマインドセットが説明できないだろうか。人はそれぞれのマインドセットによって、同じ状況に対してまったく別の見方をすることがあり、それにはもっともな理由がある。それぞれの立場のバランスをとってタイトとルーズを折り合わせることは、多くの場で有効なはずだ。

ほかの人とともに金銭絡みの決定を下さなくてはならないとき、タイトなマインドセットとルーズなマインドセットはしばしば衝突する。私の知り合いに、比較的裕福な家庭で幼少期を過ごした女性がいる。あるとき父親が職を失い、次の仕事が見つからなかった。このとき一家は金銭面で相当なストレスを経験した。一方、彼女の夫は下位中産階級の出身だが、両親が着々と財産を増やしていくのを見て育った。家庭の生活水準が急落するのを目の当たりにして心に傷を負った彼女は、今でも絶えずお金の心配をしている。夫のほうは、財産というのは年々増えるものだと思っていて、それなりにお金を使う。二人が結婚生活で金銭問題に関して感じているストレスは、金銭に対するそれぞれの心理的なタイトさまたはルーズさを反映している。そしてそれは、おのおのが育った家庭の対照的な文化からダイレクトに生じた結果なのだ。

タイトとルーズの違いを理解すると、姻戚や友人を理解するのにも役立つ。私の教え子で、韓国系アメリカ人の女性がいる。彼女自身はルーズなアメリカで生まれ育ったが、韓国人である家族はもっとタイトな生活を守っている。あるとき彼女は、もっぱらルーズな環境で育ったアイルランド系アメリカ人のボーイフレンドを家族に紹介することになった。そのために、大急ぎでボーイフレンドを特訓し、もっとタイトなマインドセットを身につけさせなければならなかった。年上の家族にはお辞儀をしなくてはいけないが、年下の家族に対してはその必要がない。食事の席で、両親が注いでくれる酒を一杯飲むのはよいが、自分で二杯目を注いだら眉をひそめられてしまう。さらに、彼のよく響く低い声は、おとなしい両親をおびえさせてしまう心配もあった。逆に彼女がボーイフレンドの家族と会ったときには、堅苦しさなど不要だった。彼の両親は嬉々として何杯もカクテルをごちそうしてくれて、昔からの友人のようにおしゃべりに花を咲かせた。彼女は両親からは親しくない大人がいる場では特に礼儀に気をつけなさいと言われてきたが、彼の家族と一緒のときには、もっと肩の力を抜いて素の自分をさらし、たくさん話すことに慣れる必要があった。

このような人間関係の力学からわかるように、タイトとルーズの違いのせいで、両者が衝突したときには摩擦や、場合によっては憤りさえ生じることもある。しかしそれらの文化的なルーツを理解することによって、このカップルはともに衝突をうまく乗り越えることができた。たとえば、互いの家族が本来どんなマインドセットをもっているかを理解することにより、互いの実家を訪ねる準備をすることができたのだった。

＊＊＊

当然ながら、人が国境を越えて別の国に入ったときに、タイトとルーズの文化間の衝突はとりわけよく起きる。たとえば私の共同研究相手であるオランダ人は、ドイツへ引っ越したときにいくつかの行動をやってはいけないと知り、とまどったという。初めのうち、なぜ日曜日に駐車場で車のタイヤを交換したら近所の人たちからとがめられたのかわからなかった（ドイツでは、日曜日に家事や雑用をすることはおおむね禁じられている）。また、教室で備品の配置を変えてはいけない理由もわからなかった（火災や安全に関する規制がたくさんあるから、というのがその理由だ）。それでも、やがて彼女にもわかってきた。彼女自身のルーズなオランダ的なマインドセットが、タイトなドイツ人のマインドセットと衝突していたのだ。その一方で、私は東アジア出身でタイトなマインドセットをもつ学生が、さほど明確な決まりごとのないアメリカの大学に入学し、キャンパスライフで苦労するのも見てきた。「規則ではどうなっていますか」と学生たちは訊いてくる。実際、私たちの研究で明らかになっているとおり、滞在先と母国との「文化間の距離」が大きいほど、適応するのが難しくなる。[33]こうした文化間の違いが生じる理由を理解すれば、異文化への移行がもっとスムーズになる。

　このロジックは、二つの文化を日常的に行き来する「バイカルチャー」の人にもあてはまる。たとえば私の知り合いのなかには、異文化の規範のあいだを絶えず行き来しなくてはならない第一世代の移民がいる。家に帰れば親がタイトなマインドセットを強要してくるが、学校に行けば友人や教師に混ざってルーズなマインドセットに切り替える必要を感じる。当然ながら、このように絶えず規範を切り替えるのは、場合によっては難しい。私の友人は、毎朝スクールバスに乗るときにヒジャブを外し、化粧をすることでルーズな学校の世界に入り、午後に帰宅するときには逆の儀式をしていたと教えてくれた。〈タイト／ルーズ〉という視点は、バイカルチャーの人が直面する問題を明らかにする手立てとなり、異文化の現実に折り合いをつける助けとなる。

　バイカルチャーの人もそうでない人も、私たちはみなタイトとルーズに関する知識を利用すれば、自分の生活をもっとよく理解できるはずだ。自分の生活の中で、タイトとルーズはどんなパターンを描いているだろうか。家庭や職場で、あるいは配偶者の家族と同席する祝日の食事会で、ストレスのもとになる人について考えてみよう。その人と自分とのあいだにあるタイトとルーズのギャップが、不和の主たる要因ということはないだろうか。近所の人や同僚や親戚にとって、どんなものが重大な脅威に感じられるのか、それについて考えることが状況を打開する一手となるかもしれない。いら立たしく感じられる行動をすべて文化によるものだからと受け入れるのは無理だとしても、「とんでもない」と思われる行動の根底にある「理由」を理解する助けにはなるかもしれない。タイトとルーズの理論は、ステレオタイプに文化のレッテルを貼って硬直化させるのではなく、自分と噛み合わないやり方をする人への共感を深める助けとなるはずだ。

第3部

応用編

変動する世界におけるタイトとルーズ

9 ゴルディロックスは正しい

社会を幸せにするものとは何か。大昔から哲学者は、この問いに心を奪われてきた。紀元前五世紀から四世紀に活動した、アリストテレス、[1] ソクラテス、プラトン[2]といった古代ギリシャの哲学者たちは、幸福こそ人が存在する究極の目的だと考えた。この考え方は、その数百年前にブッダが述べた「満足は最大の富である」[3]という言葉に通じるところがある。

のちに啓蒙時代の訪れとともに、幸福の探求が盛大に行なわれるようになった。スコットランドの道徳感覚学派の哲学者フランシス・ハッチソンは、一七二五年に発表した評論『道徳的な善と悪の探究』において、社会の理想像として「最大多数の最大幸福」という原理をいち早く打ち立てた。[4] 功利主義を創始したイギリスの哲学者ジェレミー・ベンサム[5]も、いかにして社会全体の幸福（現在では「国の心理的な豊かさ[6]」と呼ばれる）を実現するかに関心を寄せた。そしていうまでもなく、幸福の追求は、生命や自由とならんで「不可譲の権利」としてアメリカ独立宣言にも記されている。実際、トマス・ジェファーソンの言葉を借りれば、「人類の自由と幸福は……あらゆる正当な政府にとって、唯一の目的」[7]なのだ。

二一世紀に入り、社会幸福の追求は盛んになる一方だ。経済学者、哲学者、心理学者、神経科学者、それに政策立案者は一様に、「いかにすれば幸福な市民、ひいては幸福な社会を生み出せるか」を論じている。一九九八年、マーティン・セリグマンらは、「ポジティブ心理学」を創始した。この学問分野の唯一の目的は、人が幸福や人生の意味を見出すのを助けることである[8]。今では多くの国で心理的なウェルビーイング（幸福で満たされた状態）が富とならんで、発展と進歩を測る重要な指標と考えられている。このトレンドは、ブータン政府が「国民総幸福量（GNH）」[9]について初の全国調査を実施した二〇〇五年に大きな盛り上がりを見せた。最近では、世界各地で「幸福大臣」[10]や「幸福研究所」[11]が誕生している。神経科学者もこの動きに加わり、脳内では幸福とはどんなかたちをとるのかについて研究している。ウィスコンシン大学の心理学者リチャード・デイヴィッドソンらは、なんとダライ・ラマに促されて、仏教徒を実験室に招き、瞑想によって脳の活動に起きる変化をfMRIや脳波検査で観察した[12]。

ここにきて、社会のウェルビーイングを最大化しようとする探求は切実なものとなってきた。世界各地で、幸福度に懸念すべき格差が生じているからだ。たとえば、エストニア、ハンガリー、日本、中国は自殺率が非常に高い。一年間に人口一〇万人あたり一八人から三八人が自殺しており、イギリスやイタリアの二倍から五倍となっている[13]。パキスタンとギリシャは幸福指数のスコアが二〇〇点中一五〇点ほどであるのに対し、スペインとベルギーは一八五点に達している。[14] うつ病の有病率も国によって大きく異なり、中国とウクライナは慢性うつ病の有病率がフランスやメキシコよりもはるかに高い。[15]

ご想像のとおり、これらの差は文化と大いに関係している。具体的に言えば、タイトとルーズのスケール上でその国の占める位置と関係している。ただし、その関係の仕方は想像とは違うかもしれない。

自由か制約か

どんな社会にとってもウェルビーイングは目指すべき重要な理想だが、それを最大化するために社会は「どのような」構造をとるべきかという問いへの答えはまだ見つかっていない。タイトとルーズの力という観点で各国の文化的な差異が説明できるということを私が発見するよりもずっと前に、多数の社会学者や哲学者が着目していたのは、ウェルビーイングを達成するために「社会は最大の自由を追求すべきか、それとも最大の秩序を追求すべきか」という重要な問題だった。自由を支持する人は、自由があれば人は自分の可能性をフルに発揮して「自己実現」することができ、ひいては社会のウェルビーイングと経済の発展につながると主張した。一方、秩序の重要性を説く人は、安全で安定した社会を築いて繁栄を実現するには、ルールや規制が不可欠だと主張した。

たとえばプラトンは『国家』において、社会全体にとって最大の善を実現する責任を負う「哲人王」の治める、家父長的な都市国家を支持した。[16] こうしたタイトな都市では、表現の自由よりも秩序のほうが重要だ。この仮定の都市で、プラトンはさらに厳しい施策を求めた。それは、市民に害をおよぼすと思われる作家、詩人、美術家、思想を取り締まることだった。中国の伝説的な哲学者である孔子も、『論語』の中で秩序を中心とした国家を擁護した。[17] この国家は家族を模したもので、皇帝が父親的な存在として臣民を保護し、臣民は見返りとして皇帝に忠誠を尽くす。孔子は「礼」の教えを重視した。「礼」は、社会全体の秩序を維持する手段として、各個人にいかなるときも適切にふるまうことを求める。この議論の対陣には、ソクラテスの流れをくむ古代ギリシャのキュニコス派がいた。彼らは社会慣習を拒絶し、そんなものは自由と自律を制限する重荷だと批判したことで知られる。キュニコス派の考えでは、人間とはもともと合理的な存在なのだから、法など不要だとされる。[18] 統治機構が過度に厳格であれば、美徳、幸福、人としての成長、自己充足を達成する可能性が制限されてしまうというのだ。

一七世紀に入っても、自由か秩序かという議論が尽きることがなかった。人の一生を「醜悪で、残忍で、短い」[19] ととらえたトマス・ホッブズは、『リヴァイアサン』において絶対君主による統治を擁護した。彼の考えでは、人間は常に残虐な戦争の渦中にあるが、それを阻止できるのは強力な支配者だけなのだ。対照的に、ジョン・スチュアート・ミルは一八五九年の論文『自由論』において、もっとオープンで表現の自由が尊重される社会制度を擁護した。[20] 彼によれば、人間のウェルビーイングにとって不可欠なのは「個」であり、同調は人の魂を奴隷のような存在とし、進歩を妨げる。ジークムント・フロイトも議論に加わった。一九三〇年の著書『文化への不満』で、自由を求める人間の欲求と、社会秩序のために文明が人間に課す制約との根源的な対立について、「文化が発達すると、個人の自由は制約されるようになる。そして正義は、いかなる人もこの制約から免れないことを求めるのである」（『幻想の未来／文化への不満』中山元訳、光文社古典新訳文庫）と記している。[21] しかし彼によれば、社会に適合するために自らの衝動を抑えなくてはならないという状況は、強い不満やさまざまな神経症につながり、そのなかには罪悪感や不安症も含まれる。

〈タイト／ルーズ〉の理論とゴルディロックスの原理

数世紀を経てもなお、議論は決着していない。自由と制約、人の幸福をより促進するのはどちらなのか。

「どちらでもない」という答えはありうるのだろうか。私たちは、自由も制約も度を超せばどちらも社会のウェルビーイングを損ねるという説を立てた。[22] 特に、あまりにも厳しい制約や極端にタイトな環境は、個人の選択をひどく制限し、人に絶え間なく自己監視を強いる。反対に、あまりにも寛容な環境だと、規範がまったくない混乱状態《カオス》になる。タイトでもルーズでも、極端になれば社会の幸福に害がおよぶおそれがあると私たちは考えた。この考え方によれば、社会の理想として大事なのは、タイトとルーズ、すなわち制約と自由の「バランス」である。

強い影響力をもったフランスのエミール・デュルケームは、タイトとルーズのバランスがいかに重要かを示唆した初期の社会学者の一人である。一九世紀終盤に近代ヨーロッパの諸問題を研究したデュルケームは、人々が伝統的な宗教組織にかかわらなくなってきていると指摘した。[23] 君主制をはじめとする古くからの政治体制が民主制に取って代わられ、個人はかつてない自由を享受するようになった。同じ時期に、緊密に結びついて安定した地方のコミュニティーから都会に出る人が増えた。その結果、自由は拡大したが、互いのウェルビーイングには無関心な他人に囲まれて、強い孤独感を覚える人も増えた。

このような社会の変化は、人の行動にどう影響するのだろう。デュルケームは名著『自殺論』で、あまりにも制約の強い社会か極端に規制のない社会のいずれかで暮らしていると、人は自殺する確率が高くなると主張した。[24] 行動を規制する明確な規範のない社会では、人は彼のいう「アノミー的自殺」に走る。このような社会にいる人は、選択するときに従うべき指針が見つけられず、途方に暮れてしまう。「人間の感性は、それを規制しているいっさいの外部的な力をとりさってしまえば、それ自体では、なにものも埋めることのできない底なしの深淵である。そうであるとすれば、外部から抑制するものがないかぎり、われわれの感性そのものはおよそ苦悩の源泉でしかありえない」（『自殺論』宮島喬訳、中公文庫）とデュルケームは書いている。一方、これとは対照的な「宿命的自殺」もあると彼は論じる。それは、権威によって常に束縛されて生きるよりは、むしろ死にたいという願望による自殺だ。このタイプの自殺に走るのは、「過度の規制から……無情にも未来を閉ざされた人びと」であり「こうした人びとの情念は、抑圧的な規律によって、はなはだしく圧迫されている」（同前）のである。

著名な心理学者で哲学者のエーリッヒ・フロムも、同様の見解を述べている。ただし視点はまったく異なる。ドイツでナチズムが勃興するのを見守った自身の経験に立脚した視点なのだ。一九三〇年代の初めにスイスへ移り、さらにニューヨークへ移ってから、彼は『自由からの逃走』の執筆に着手し、いかにして権威主義が生まれるのかを明らかにしようと試みた。(25)デュルケームと同様、フロムも近代には近代特有の社会問題があり、特に個人の自由について問題があるということを認識していた。二〇世紀初頭の比較的オープンな西欧社会では、個人はいかに生きるか、何を信じるか、どうふるまうかについて自分で決定できたが、コミュニティーの絆は以前よりも弱まっていた。フロムによれば、新たに与えられた自由により、多くの人は孤独感やよるべなさを覚え、秩序を感じられなくなった。これはまさしく、実存的不安を強くかき立てるレシピにほかならない。生活に秩序らしきものを取り戻すため、個人は権威主義と規範への服従にすがるのだと彼は考えた。「現代人は依然として、あらゆる種類の独裁者に自らの自由を引き渡すことを切望し、その誘惑に駆られている。あるいは自ら機械の小さな歯車となり、よいものを食べてよい服を着ながら、自由な人間ではなく自動機械となることによって自由を失ってしまいたいと願っている」と彼は記した。

もっと新しいところでは、一九九〇年代に社会学者のアミタイ・エッツィオーニが、社会にとって自由か制約の一方ばかりに重きを置くのは問題だと主張した。(26)ルールが少ししかないか、あるいはまったくない自由な社会は、混乱《カオス》に陥ってしまう。たとえば、人の行動の指針となる道路交通法などのルールがまったくないコミュニティーを想像してみよう。これは心理学者バリー・シュワルツのいう「自由の暴政」の状態だ。(27)しかし、自由のない秩序もまた暴政につながる。たとえば、ほとんどの行動にルールが定められているコミュニティーを想像してみればよい。エッツィオーニは、個人の自律と社会の秩序が対等に混ざり合ったときに豊かなコミュニティーが生まれるという説を唱えた。[28]「よき社会では、秩序と自律のどちらか一方を『最大化する』のではなく、両者の均衡を慎重に維持することが必要である」と彼は記している。

「極端を避ける」というのは、じつは何千年も前からしばしば論じられてきたテーマだ。アリストテレスは「中庸」について述べ、人間の徳は過大と過小という両極端の中間に存在すると論じた。[29]紀元前二世紀には、古代ローマの喜劇作家テレンティウスによる戯曲『アンドロス島の女』でも、「何事も度を越さぬように」という今でもよく聞く一節でこの考えが表現されている。[30]中国哲学の「陰陽」思想にも、同じ考えが見られる。二つの対立する力が合わさると、調和のとれた均衡に到達できるというのだ。[31]

これらほど学問的でない文章からも、中庸の価値を学ぶことができる。一八三七年にイギリスの作家ロバート・サウジーが書き、二〇以上の言語に翻訳されている愛らしい童話『三匹のクマ』は、クマが家に住み、粥を食べ、言葉を話すという魔法の世界に読者を引き込む。[32]こんな現実離れした要素をもちながら、ストーリーはもっぱら中庸の論理に支配されている。ゴルディロックスという幼い女の子が、お父さんグマとお母さんグマと赤ちゃんグマの暮らす家に迷い込み、そこで出会うすべてのものについて最良のバランスを見出そうとするのだ。粥の入った器を三つ見つけると、一つ目は熱すぎて、二つ目は冷たすぎ、三つ目がちょうどいいと言いきる。次に三つの椅子の座り心地を確かめて、大きすぎず、小さすぎない、ちょうどいいのを見つける。最後に三つのベッドを試し、硬すぎず、柔らかすぎず、ちょうどいいと思った赤ちゃんグマのベッドで寝入ってしまう。

今ではバランスや中庸の価値について語るとき、この有名な童話が引き合いに出され、この女の子の名前をつけた「ゴルディロックスの原理」という理論がさまざまな分野で取り沙汰される。科学者は、過大と過小のあいだに位置する中庸の範囲で生じる状況について述べるとき、この物語を引き合いに出す。たとえば、気候学者は「レアアース仮説」〔地球で起きた生命の誕生と進化が、宇宙全体で見てもまれな現象だったとする仮説〕でゴルディロックスの原理を援用し、生命が存在するためには、惑星は銀河内のハビタブルゾーン（居住可能領域）、すなわち生命にとって最も好都合な領域に存在していなくてはならないと主張する。[33] 一方、心理学者はストレスを論じるときに、ゴルディロックスの原理を用いる。「ヤーキーズ・ドッドソンの法則」によると、ストレスが少なすぎるのは、多すぎるのと同じくらいウェルビーイングには有害なのだ。[34] 医学の分野では、薬が最も望ましい効果を発揮するために必要な成分の完璧なバランスを指すのに、この原理を使う。[35]

ちょうどいい温かさの粥を味わうことから、居住可能な惑星に暮らすことまで、人間はゴルディロックスの原理が与えてくれる「スイートスポット」に頼り、社会の幸福度を高めようしている。ここで疑問が湧いてくる。社会規範の強さにも、ゴルディロックスの原理はあてはまるのだろうか。

幸福の曲線仮説

どんな文化も、固有の環境や歴史の要因（脅威、社会的移動性、多様性に触れる機会など）に対応して進化し、タイトとルーズのスケール上で特定の位置を占めるようになる。自由よりも制約を重視する集団もあれば、逆に制約よりも自由を重視する集団もある。これは完全に理にかなっている。理屈から言って、集団は多かれ少なかれ自らの置かれた環境に適応できるように、いずれかの傾向をもつ必要があるからだ。

しかし、社会がタイトまたはルーズな方向へ偏りすぎることもある。この場合、社会は心理的にも経済的にもうまく機能しなくなる。ジェシー・ハリントン、パヴェウ・ボスキ、私の三人は、三〇カ国以上でウェルビーイングの指標を集めて分析し、そのことを発見した。[36] じつに興味深い発見だった。極端にタイトまたは極端にルーズな国は、幸福度が低く、自殺率が高かったのだ。対照的に、タイトとルーズのスケール上で中間の位置にある国は、幸福度が高く、自殺率が低かった。うつ病についても、同様の結果が見られた。もちろん人の幸福にはさまざまな要因が影響するが、このデータからは、極端にタイトまたは極端にルーズな国は幸福度が低く、自殺率が高いというパターンがはっきりと読み取れる。統計学の用語では、この状態を「曲線的関係」という。

心の健康と体の健康は、互いに影響しあう。そこで私たちは次に、曲線的関係が体の健康にもあてはまるかどうか調べた。平均寿命のデータを集めたところ、各国の経済格差について補正してもなお、極端にタイトまたはルーズな国は平均寿命が短いことがわかった。[37] タイトな国であるパキスタン、インド、トルコでは、平均寿命がそれぞれ六七歳、六七歳、七三歳で、ルーズな国であるウクライナ、ブラジル、ハンガリーではそれぞれ六九歳、七三歳、七四歳だった。これに対し、極端でない国は平均寿命がもっと長く、フランス、スペイン、イギリスはいずれも八〇歳から八二歳のあいだだった。極端にルーズまたはタイトな国は、心血管疾患や糖尿病による死亡率も高かった。[38] 非常にタイトなパキスタン、インド、中国では、これらの病気による人口一〇万人あたりの年間死者数はそれぞれ、四二二人、三三五人、二八六人だった。極端にルーズな国でも同じことが起きていて、人口一〇万人あたりの死者数がエストニアは三五一人、ブラジルは二六五人、ハンガリーは三二九人だった。これと比べると、中庸な国はこれらの病気による死亡率がはるかに低く、イタリア、スペイン、イギリスでそれぞれ人口一〇万人あたり一二九人、一一三人、一三四人であった。

国民の相対的なタイトさは、政情不安や経済状況とも関連していた。『エコノミスト』誌の調査部門によれば、たとえ既存の体制が崩壊していなくとも、政情不安の脅威には、たいてい暴力と無秩序がついてまわる。[39]そして私たちの分析によると、タイトまたはルーズの度合いと政情不安とのあいだにも、やはり曲線的関係が存在していた。自由か制約のどちらかが過剰な国は、政情不安に陥りやすいのだ。[40]ルーズな国であるウクライナ、ベネズエラ、ギリシャは、二〇〇九年から二〇一〇年にかけて政情不安のリスクが高まり、実際にそれから数年のうちに、どの国も混乱した状態に陥った。同様に、タイトな国であるトルコ、マレーシア、パキスタンも、政情不安のリスクが高いと見られていた。トルコではその数年後に、まるでタイミングを見計らっていたかのように、大規模なクーデター未遂事件が起きた。[41]一方、イギリス、オーストリア、ベルギーなどは政情が比較的安定している。極端にタイトまたはルーズな国は、国民一人あたりのＧＤＰも最低レベルである。[42]

これらのデータが示すことは明らかだ。制約にせよ自由にせよ、過剰であればどちらも国に悪い結果をもたらすということだ。幸福度が低く、うつ病の有病率が高く、自殺率も高く、平均寿命が短く、心血管疾患や糖尿病による死亡率が高く、国民一人あたりのＧＤＰが低く、政情不安のリスクが高く

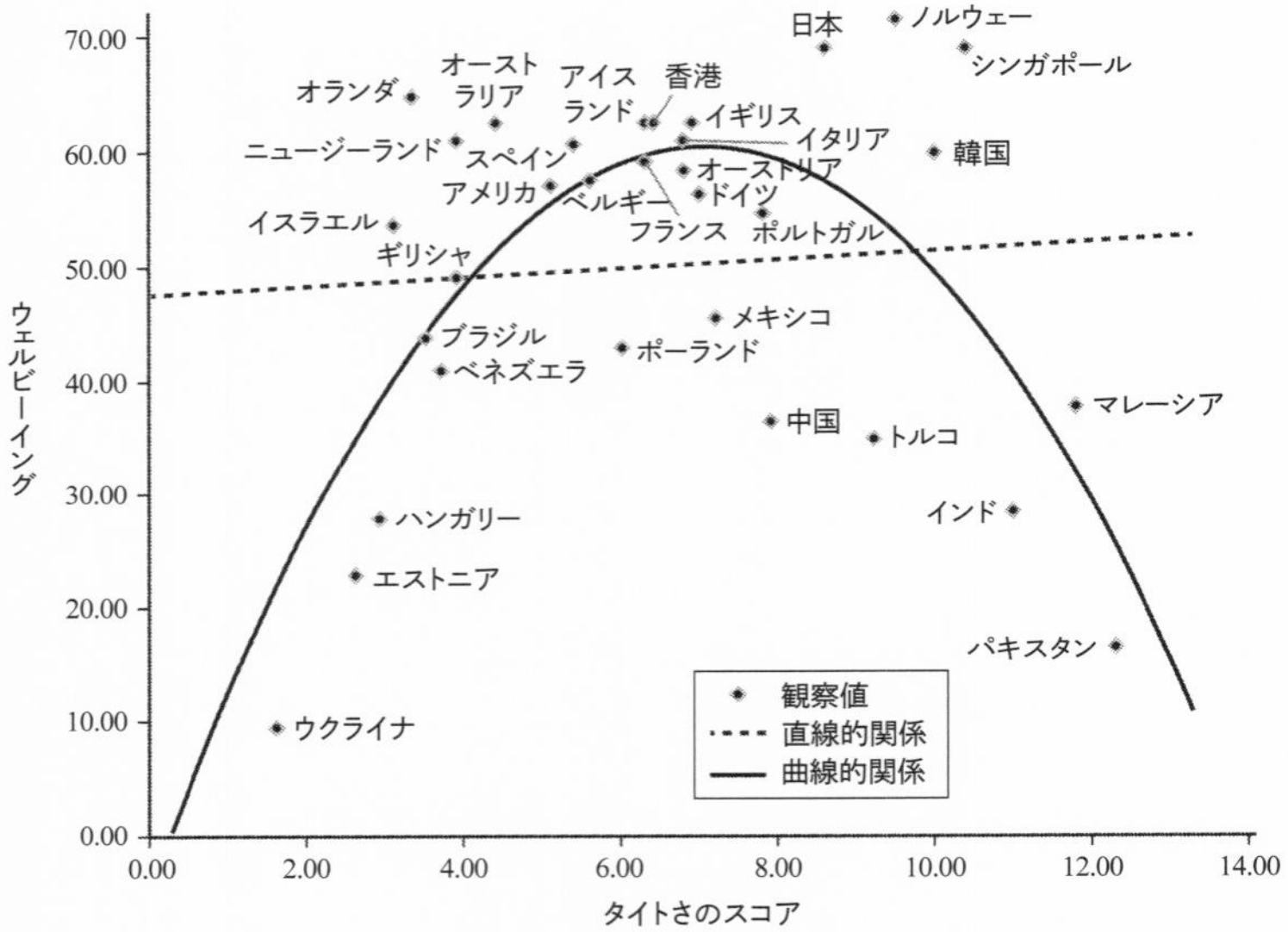

図9.1　タイトとルーズの度合いと全体的なウェルビーイングとの関係[44]

なる。[43] 社会が示すこれらの結果はすべて互いに強く関係しており、平均するとウェルビーイングの全体的なスコアが得られる。

図9・1に、この関係を示す。タイトさとウェルビーイングとのあいだに直線的関係はない（点線で示す）。つまり、タイトさが増してもそれに伴って幸福が増大する傾向は見られない。一方、顕著な例外がいくつかあるとはいえ、極端にルーズまたはタイトな国のほうがウェルビーイングの度合いが低いという、逆U字型の曲線的関係（実線で示す）がはっきりと認められる。

鳥、ミツバチ、脳

タイトとルーズをめぐるゴルディロックスの原理が人間にあてはまることは間違いない。では、人間以外の生き物についてはどうだろう。

多くの生き物について、答えは間違いなくイエスだ。毎年、ミツバチのコロニーは巣に収まりきらないほど大きくなり、新たなすみかを見つける必要に迫られる。(45) このとき何が起こるか考えてみよう。通常は春の終わりか夏の初め、ハチの三分の二が女王バチとともにそれまでの住まいを去り、新たなコロニーを形成する。残りの三分の一は女王バチの娘とともにこれまでの場所にとどまる。もとのすみかを去ったハチたちは、群れが生存できるように、なるべく早く新たなすみかを見つけなくてはならない。まず、木の枝に群がり、それから数百匹が巣にできそうな場所を探していっせいに飛び立つ。よさそうな場所が見つかったら、枝に戻って「尻振りダンス」を踊る。このダンスによって、候補の場所がどのくらいよさそうかをほかのハチに伝え、正確な場所を教えることができる。このダンスを見て、次の一団が飛び立ち、その場所を実際に訪れる。このように、新たなすみかを見つけるプロセスには、先に出発したハチがお勧めの場所を決められるという「自由」とともに、あとから飛び立つハチは仲間の勧めに従うという「同調」が存在する。研究者はコンピューターシミュレーションモデルを使って、ミツバチのコロニーがうまく機能するのは、同調と自由のいずれか一方が強い場合よりも、両者のバランスがとれているときだということを証明している。(46) こう考えると、ミツバチのコロニーの繁栄には、国の繁栄と共通する部分がたくさんある。

じつは鳥も、自由と秩序のバランスをとることによって、大きな利益を得ている。イタリア人物理学者のアンドレア・カヴァーニャらは、四三〇〇羽もの群れで飛ぶムクドリの行動を観察し、興味深い結果を得ている。(47) 群れとしてあまりにも統制がとれていて、動きが完全に同期していると、予期せぬ脅威に直面したときに対応できない。その一方で、あまりにも無秩序でばらばらな動きをしていると、やはり脅威にはうまく対応できない。捕食者に遭遇したときに、うまくコミュニケーションをとっておのおのの動きを調整することができないからだ。別の言い方をするなら、同期が過剰でも不十分でも、タカやハヤブサの餌食になってしまうということだ。「臨界点」と呼ばれる中庸の領域で、鳥たちは同期しすぎず無秩序にもなりすぎない、ちょうどいいバランスをとっていた。この臨界点では、ムクドリたちは最大限に注意深く、捕食者から身を守る態勢も整っていた。

人間に話を戻そう。過剰な秩序や過剰な無秩序のもたらす厄介な影響が、なんとも不思議な場所で観察されている。その場所とは脳である。研究によると、ニューロンどうしが同期しすぎても同期しなさすぎても、さまざまな脳障害につながるという。たとえばある研究では、脳波記録を用いて発作中のてんかん患者の脳を調べた。[48] この記録から、発作中にはニューロン間のやりとりが過剰に同調していることがわかった。正常なニューロンでは、異なる脳領域のあいだでときおり活動が同期するだけなのだが、てんかん患者のニューロンの発火は異常に同期しており、そのせいで脳が状況の変化に適応できなくなっていた。ニューロンの過剰な同期は、パーキンソン病で生じる振戦《しんせん》（ふるえ）[49]や動作開始困難[50]といった症状とも関係することが知られている。

だがその一方で、脳内の同期が低下しすぎると、ニューロン間のコミュニケーションが正常時よりも著しく減少し、情報伝達の効率が大幅に下がってしまう。こうして起きる協調の低下は、自閉症[51]、アルツハイマー病[52]、統合失調症[53]の特徴である。たとえば自閉症患者は日常生活においてしばしば「全体像」を把握できず、「細部にばかり注意を向けるのをやめて全体を」経験するのが難しい、と一九四三年にこの病気を初めて明確に定義した精神科医のレオ・カナーは記している。[54] 研究によれば、自閉症患者がさまざまな細部の情報をうまくまとめ上げることができないのは、ニューロンの同期の異常な低下が原因かもしれないという。[55] また、統合失調症患者を対象とした研究では、ニューロンの同期異常のせいで情報処理に支障をきたすことが示唆された。[56] アルツハイマー病の記憶障害も、ニューロンの同期低下が原因で生じると示唆する研究がある。[57] 要するに、神経生理学者ダンテ・チアルボの言葉を借りれば、きちんと機能しない脳というのは、「一分ごとにきっちりと同じことを繰り返すか、あるいは逆にあまりにもカオス的で、どんな状況にあってもまったくでたらめなことしかしない」[58]のだ。カオスであれ秩序であれ、極端を避けることは、社会においても生物においても重要なのである。

ゴルディロックスの原理の働き

ゴルディロックスの原理をタイトとルーズにあてはめると、国からニューロンに至るまで、あらゆるものがどうしたら最適に機能できるようになるかを説明することができる。この考察はまた、私たちがどうしたら日常のウェルビーイングを高められるかも教えてくれる。身近な人間関係をうまくこなすにしても、仕事でよい結果を出すにしても、あるいは大なり小なりの人生の決断を下すにしても、制約と自由のどちらをより好むかという本来の指向を調節して、最善のバランスを見出す必要がある。つまり、どちらの極端にも支配されてはならないということだ。

たとえば子育てについて考えてみよう。第６章で下層階級と上層階級を比較したときに見たとおり、親のなかには子どもが貧困、暴力、失業などの脅威に対処できるように、厳しいルールを子どもに守らせなければならない人もいる。しかし人間の脳やミツバチと同様に、家庭での極端な制約も極端な自由も、問題につながりかねない。[59] たとえば極端に過保護な親に育てられた子どもは、家では従順だが親の厳しい監視が届かないところでは自制心も自信もない人間になるかもしれない。[60] 子どもを束縛して日常の行動を細かく管理する親はしばしば「ヘリコプターペアレント」[61]と呼ばれる。「ヘリコプター」というのは頭上にとどまるからだ。このように監視される子どもは、表面的にはきちんと行動できているように見えるかもしれないが、研究によれば、うつ病、不安障害、生活満足度の低さといった問題を抱えていることが多い。[62]

もちろん、しつけがゆるすぎて、子どもを甘やかして好き勝手なふるまいを許すような親もやはり問題だ。ルールをほとんど課されず、監視もほとんどされずに育った子どもは、きちんとした学習習慣が身につかず、[63] 自制力にも欠ける。ティーンエイジになると、ほかの子どもと比べて未成年飲酒[64]や薬物乱用などの危険な行動[65]に走りやすい。

子どもに制限を課しながら自分で意思決定する自由も与える「スイートスポット」で子育てをすると、健全な子どもが育つ。カリフォルニア大学マーセド校の社会学者ローラ・ハミルトンは長期にわたる観察研究を行ない、親の子育てがタイトとルーズのどちらだったかにもとづいて、大学進学以降の状況を比較した。[66] 子育てに無関心な親に育てられた学生のうち、四年で大学を卒業できた人は一人もおらず、全員が卒業後の就職にも苦労していた。子どもを支配するヘリコプターペアレントに育てられた学生は、全員が四年で卒業したが、仕事や感情の問題を自力で処理できていなかった。ハミルトンはのちにこの学生たちと再び面談し、次のように記している。彼らは「重大な決断を下すときにはいまだに親に相談している。自分に自信がなく、ほかの人と比べて不安が強く、三〇歳になっても親の庇護から離れることに年齢相応の満足を覚えない。責任という手綱をまだ自分で握っていないのだ」。これらの両極端の親に加えて、ハミルトンは「パラメディック（救急医療士）」と名づけた第三のタイプの親についても調べた。このタイプの親は、関与はするが深入りはしない。子どもに自由を与え、自分で意思決定したり失敗したりする余地を与えるが、子どもから助けを求められれば手の届くところにいる。パラメディックタイプの親に育てられた子どもは最もよい結果に至り、多くが予定どおり四年以内に大学を卒業し、就職し、感情の問題に自分で対処できていた。

タイトとルーズをめぐるゴルディロックスの原理は、生活の別の領域における日常的な意思決定にもあてはまる。なにかを決めるとき、選択肢はたくさんあるほうがよいのか、それとも少ししかないほうがよいのか。答えはやはり、「どちらでもない」となる。選択肢がまったくないのは問題で、数十年にわたる研究で明らかになっているとおり、ある程度の自律性はウェルビーイングとの結びつきが強い。しかし、ピンとこないかもしれないが、選択肢が多すぎるという対極的な状況も、やはり大いに問題なのだ。

その理由を考えるにあたり、スーパーマーケットで買い物をしていたら、テーブルに三〇種類もの試食用のジャムが置かれていたと仮定しよう。自分なら何種類くらい試食するか、考えてみてほしい。そして、どのくらい買うだろう。次に、今度は試食できるジャムが六種類しかないとしよう。この場合、いくつ試食し、いくつ買うだろう。選択肢が多いほうが気に入る味もたくさんあり、気に入った味がいくつかあれば、お金を余分に払って複数のジャムを買うだろうと考える人がいるかもしれない。ところが、心理学者のシーナ・アイエンガーとマーク・レッパーがこのシナリオを実際にスーパーマーケットで試したところ、正反対の結果が出た。[67] 三〇種類の選択肢を与えられたときのほうが、ジャムそのものを買う確率が低かったのだ。選択肢がたくさんあった場合に購入した人はわずか三パーセントだったのに対し、ジャムを六種類しか試食できなかった場合には三〇パーセント近い人がジャムを購入したのだ。

もっと重要なことがらが絡んだ状況でも、選択肢がたくさんあると私たちは圧倒され、意思決定能力が麻痺してしまうことがある。確定拠出年金（４０１ｋ）制度の加入プランで、投資先として従業員に提供するファンドの種類を増やすと、加入者の数が減ることが研究で明らかになった。[68] 提供するファンドの数が一〇個増えるごとに、加入者は一・五〜二パーセント減少したのだ。加入率が最も高い七五パーセントとなったのは、ファンドの選択肢が二つだけのときだった。逆に加入率が最低の六〇パーセントとなったのは、五九種類もの選択肢が提供されたときである。心理学ではこれを「選択の過負荷」と呼ぶ。こうなると、皮肉なことにまったく選択不能な状態に陥ってしまうのだ。

選択肢が多すぎると、決断したときの満足感が損なわれることもある。大学を卒業したばかりの新卒社員について調べたところ、就職活動中に意識的に努力して、できる限り多くの就職先を検討した人（心理学で「追求者《マキシマイザー》」と呼ばれるタイプ）と、納得できる就職先を一つ見つけたところで就職活動をやめた人（「満足者《サティスファイサー》」と呼ばれるタイプ）を比べると、「追求者」のほうが仕事に対する満足度が低かった。[69] この例では、最善の選択をしようとしたことが裏目に出た。人間というのは、選ばなかった道がたくさんあると、それを悔やむものだからだ。「制約からの自由にも、人が自分の世界を作り自分の運命を作るのだとする価値観にも、必ず負の側面がある」と、心理学者のバリー・シュワルツは二〇〇四年に刊行された著書『なぜ選ぶたびに後悔するのか』で述べている。「何をすべきか、なぜそれをすべきなのか、なかなか判断がつかないのだ。選択の自由というのは諸刃の剣で、自由の裏側に混乱《カオス》と麻痺がひそんでいるのだ。つまり、自由には危険という代償が伴う。啓蒙には不確実性という代償が伴う(70)」

恋愛にも同じロジックがあてはまる。シュワルツによれば、交際相手の選択肢があまりに多いと、じつは有意義な交際が妨げられるおそれがある(71)。映画や小説、テレビ番組、雑誌は、どこかに「運命の相手」がいるという考えを執拗に押しつけてくる。誰にでも赤い糸で結ばれた相手がいるというのだ。その一方で、マッチ・ドットコムやティンダーなどのマッチングアプリは、恋人候補は無数にいるとユーザーに思わせる。そのせいでユーザーは不安を覚え、決められなくなる。スマートフォンの向こうで見つけてもらうのを待っている候補が何千人もいるというのに、誰が「運命の相手」なのか、どうしたらわかるというのか。不満を感じているのは、恋人候補の選択肢の乏しい人だけだと私たちは思いがちだ。しかし、選択肢が無限にある人も、やはり不満を覚えているかもしれない。恋愛で幸運をつかむには、ティンダーからログアウトして、無限の選択肢から自分を切り離すだけでいいのかもしれない。

タイトとルーズのゴルディロックスの原理は、仕事をもっとうまくこなすうえでも助けになる。第3章で見たとおり、トップダウン型の制約が多すぎると、創造的なエネルギーが自在に発揮できなくなる。ただし、創造的な発想は制約が少ないときのほうがよく湧いてくると思われるかもしれないが、自由がありすぎると方向性を見失ってしまうこともある。カリフォルニア大学バークレー校で行なわれたおもしろい実験では、まず学生に「健康」などの一般的なトピックと五つのサブトピック（薬物乱用、フィットネス、栄養、疾患予防、ストレスなど）についてインターネットで検索させた[72]。それから検索結果を利用して、それらの問題を解決するための新製品の企画書を書かせたのだが、一つ大事な仕掛けを設けた。制約のレベルが異なる四種類の条件を設定し、参加者にいずれか一つをランダムに割り当てたのだ。制約のレベルが最も低いグループ1の参加者には、健康という一般的なトピックに関係していればどんなテーマを選んでもよいと指示した。制約のレベルがやや低いグループ2の参加者には、五つのサブトピックのうちどれか一つを選ぶように指示した。制約のレベルがやや高いグループ3の参加者には、サブトピックのうち三つを指定し、そのうち一つを選ぶように指示した。そして制約のレベルが最も高いグループ4の参加者には、サブトピックを一つだけ指定し、それについて企画書を書くように指示した。企画書が完成すると、訓練を受けた五人の判定者が企画書の創造性を評価した。その結果、制約のレベルが中庸な場合（グループ2と3）のほうが、制約のレベルがそれより高い場合や低い場合（グループ1と4）と比べて、創造性がよく発揮されることが判明した。単純に言えば、自由と制約のバランスをとることが、創造的な人間となるのに役立つというわけだ。

ゴルディロックスの原理は、社会が健全な金融機関を育成する助けにもなる。二〇〇一年に起きたエンロン社のスキャンダルは、社内の管理が不十分だったせいで企業が破綻したという、近年で最も痛烈な教訓を与える事件だ[73]。倒産へと突き進む以前には、エンロンは世界最大のエネルギー企業であり、「ウォール街の寵児」[74]と目《もく》されていた。ところがその裏で、役員らは貸借対照表上で損失を粉飾し、巨額の債務を隠蔽することにより、エンロンが際立った収益を上げ、成長を続ける優良企業であるように見せかけていた。[75]このような自己規制の欠如をさらに悪化させたのが、エンロンの主任監査員たちである。彼らはエンロンの怪しげな会計業務を日ごろから見逃していたとして非難された。[76]エンロンの管理不足とその結果として起きた倒産は、企業や金融市場に対する社会の信頼を揺るがせた。
反対に、管理が厳しすぎても組織の金銭的な成功の妨げとなる。管理が過剰だと業務に時間がかかりすぎ、全体的な競争力を損ねてしまう。特に、コストのかかる基準を設定し、それを遵守しなければならない場合、事業成長のための投資に充てる資金が確保できなくなるかもしれない。第7章で、組織がタイトとルーズの両利きとなることのメリットを論じた。これは要するにゴルディロックスの原理の応用であり、従業員や部署は必要に応じてタイトとルーズのあいだを行き来することになる。
いよいよ最後の領域に進もう。ゴルディロックスの原理は、国家安全保障をめぐる政治論争にも役立つ。アメリカでは9・11事件のあと、自由と制約との対立が一気に深まり、愛国者法が制定され、国家安全保障局による大規模監視技術が導入された。それによって、アメリカ政府は前例のない規模で国民を監視できるようになった。国民を束縛するこのような制約をめぐって、激しい議論が続いている。制約の支持者は、国と国民をテロから守るには、政府による監視の権限を拡張することが必要だと主張する。[77]一方、反対者に言わせれば、政府の権限を拡張することは、国内のテロ行為の脅威を誇張し、国民から自由と権利を必要以上に奪うことになる。[78]
いうまでもなく、肝要なのは国民の自由を侵すことなく安全保障を強化することである。[79]ほかの国も同様の問題を抱えている。のちにイギリス首相となるデイヴィッド・キャメロンは、二〇〇六年に政策研究センターでスピーチをした際にこう語った。「[安全保障と自由]はどちらもわが国のウェルビーイングにとって不可欠です。だからわれわれは常に警戒を怠ってはなりません。われわれの社会や環境が変わるなかで、われわれの安全と自由をどのようにして守るべきか、真剣に考えることをやめてはなりません[80]」。生活のほかの側面と同様、これらの問題に関してもタイトとルーズのスイートスポットとなる中間点を目指すことは、国のウェルビーイングを増大させるときの助けとなる。集団が一つの方向へ傾きすぎると問題が生じる。安全保障上の脅威に直面した国が全体主義に向かい始め、たとえば個人の権利を侵害するようになるかもしれない。一方、ルーズな国が無法状態へ向かうことで、凶悪犯罪が増加するかもしれない。

タイトまたはルーズの最適なレベルというのは、文化ごとにそれぞれの環境に応じて異なるかもしれない。それでも確かなことが一つある。タイトにせよルーズにせよ、極端なのはどんな集団にとっても最適ではないのだ。政府と国民がタイトとルーズのゴルディロックスの原理を念頭に置けば、極端に走ることによって問題が生じるのを防ぐ助けとなるかもしれない。

10 文化の反撃と世界の秩序／無秩序

二〇一一年一月、何十万人ものエジプト国民が国全体を巻き込んで革命を引き起こすのを、全世界が驚愕のまなざしで見守った。[1] あらゆる年代、政治的背景、宗教の人々が抗議活動に参加するためにカイロの大きな広場に集結し、[2] ホスニ・ムバラク大統領の辞任と三〇年におよぶ独裁体制の解体を要求した。[3] 彼らは「法を守れ！」とか「ムバラク、出ていけ！」などのスローガンを叫んでいた。[4] 彼らはソーシャルメディアを使ってその声を強め、自分たちの反乱のようすを世界に伝えた。[5]「われわれはフェイスブックを使って抗議活動を計画し、ツイッターで打ち合わせをする。それからユーチューブで世界にメッセージを届ける」と、あるデモ参加者が説明した――もちろんツイッターで。警察とデモ隊とのあいだで激しい衝突が何回か起き、数百人の死者を出し、数千人が負傷したが、改革を求める人々はあきらめなかった。抗議活動が始まってから一八日後、ムバラクの独裁政権は崩壊した。[6]

新たな政府を樹立するというエジプト国民の夢が、ようやく現実となった。

ところがその夢は、すぐに悪夢へと変わった。エジプトで初めて民主的に選出された指導者のムハンマド・ムルシーが暴走し、自らの政権に独裁的権力を与えたのだ。[7] 二〇一四年六月に軍事クーデターによりムルシーが解任されると、今度はやはり圧政的な独裁者のアブドゥルファッターハ・エル＝シーシが政権に就いた。[8] 二〇一七年、人権団体の推定ではエジプト国内の刑務所に収監されている政治犯は六万人にのぼり、ムバラク政権時代の一〇倍に達していた。[9] 新たに制定された法律によって抗議活動は弾圧され、エル＝シーシは自分に絶対的な権力を付与する法令を定め、批判を封じ込めた。[10]

一見すると、エジプトが独裁政権に逆戻りしたのは、まったくもって不可解に思われる。強大な独裁政権に君臨する大統領を打倒するため、あれほどの希望と決意を抱いて結集した人たちが、以前よりもさらに独裁的な指導者のもとで暮らす結果に至ったのはなぜなのか。

アラブの春からＩＳＩＳ、政治におけるポピュリズムの波に至るまで、世界各地で最近起きている社会的動乱の多くは、タイトとルーズの対立から生じる構造的なストレスが少なくとも一因となっている。これらの動乱にはそれぞれ固有の要素があるが、いずれもある単純な真実を明らかにしている。それは、「人は社会秩序を切望する」ということだ。秩序や規範のなくなった状態を経験し、極度にルーズな環境に置かれると、人は安全を渇望するようになる。そこへ独裁的指導者が現れ、文化を立て直して、この普遍的な欲求を満たしてやるのだ。

これを文化の反撃と呼ぼう。しかしタイトさやルーズさは、人間とは切っても切り離せない不変の事実である。人が地球で暮らす限り、社会規範の強さは「文化のＤＮＡ」の重要な一要素であり続けるだろう。この文化規範によって、人は極端にルーズな状況に置かれると反動としてタイトに向かい、またタイトさが極端になるとルーズに向かうように定められている。このようなタイトとルーズのダイナミクスと地政学的事象との結びつきを理解すれば、世界の動向がもっと正確に予想できるだけでなく、文化に根差した賢明な政策を立てて対処することも可能になるだろう。

自由のめまい

ゴルディロックスの原理により、極端な文化からは機能不全が起きることが明らかになった。文化が過度にタイトだと自律性が制限されるが、過度にルーズだと混乱《カオス》が生じる可能性がある。どちらの極も害をもたらすのだ。

極端な文化をもつ国は急激な変化を起こしやすいものだが、タイトからルーズへ、そして再びタイトへと揺れ動いたエジプトの変動はとりわけ激烈だった。ムバラクを退任させたあと、エジプト国民は何十年も続いた苛酷な統治から逃れたことで歓喜していた。老若男女、あらゆる国民が踊り、「エジプトは自由だ！」とか「神は偉大なり！」などと歓声を上げた(11)。反体制派を率いたモハメド・エルバラダイは、「エジプトは民主的で自由な国となるチャンスを初めて手にした……尊厳と自由を感じられるチャンスを(12)」と高らかに言った。「手錠をかけられていた手首とふさがれていた唇がついに解き放たれた気分だ」と、デモ参加者のムスタファ・サイードは喜びを語った(13)。

しかし、エジプトは自由ではなく混乱《カオス》へ向かっていることが、すぐに明らかとなった。ムバラク政権時代の生活は厳しく、インフレ率は一二パーセントで、失業率は一〇パーセントを超えていた。ところがこの政権を打倒してから数カ月後には、社会の状況はさらに悪化し、耐えがたいレベルに至った。GDP成長率はほぼ横ばいで、国の貯えは一〇〇億ドル以上減少し、二〇一一年一二月までに株価は四〇パーセント以上も下落した。エジプト国民の四四パーセントが極度の貧困または貧困に近い状態にあった[14]。アラブの春は、経済の冬へと移り変わろうとしていた[15]。

エジプトで厳しい状況に置かれていたのは、経済だけではなかった。社会規範もほころび始めていた。ムバラクが失脚してからの三カ月で、犯罪率がなんと二〇〇パーセントも上昇した[16]。警察の監視が手薄になったことから、暴動や誘拐事件が急増した[17]。ムバラク退任から八カ月後には、ジャーナリストのガブリエレ・ハバシがこう記した。「確かに、われわれはみな幸せだった。もちろん喜んでいた。世界じゅうがエジプトに注目していたのだから。ものすごく誇らしい気持ちだった。だが、それからどうなったか。エジプト国民は日常生活に戻ったが、それは以前よりもはるかに厳しくなった……国民は革命にうんざりしている[18]」

独裁政権を打倒したエジプト国民は、自分たちが以前とは対極の文化の中で暮らしているのに気づいた。完全に秩序を欠いた環境だ。ムバラクのトップダウン型の統治が崩壊したあと、社会の中で調整や規制のための仕組みがなく、最低限の基本的な必要を満たす手立てもなかった。

その結果、多くの点でまさにムバラクの独裁時代にそっくりな状況へと回帰することになった。彼の政権下では、エジプト国民は厳しく管理された社会で暮らし、厳格な規制のもとでわずかな裁量しか与えられていなかった。国民が互いを信頼して勝手に組織を結成したりせぬように、さまざまな障壁が設けられていた。[19] これは国民からの異議を回避するための策略だった。ボランティア団体、労働組合、専門職団体、NGOをはじめとして、共通の利益のためにメンバーが協力するいかなる団体も、政府の課す迷宮のような数々の規則にぶつかった。

混乱状態が拡大するなかで、自由を渇望したはずのエジプト国民が、今度は秩序を求め始めた。カイロの銀細工師アイマン・イスカンダールは、エル＝シーシが「安全を取り戻し、この国のさまざまな組織を団結させてくれるだろう[20]」と、『ガーディアン』紙の元特派員のパトリック・キングズリーに語った。アレキサンドリア在住のアーラム・アリ・モハメドは、エル＝シーシ「安心感」を求めてエル＝シーシに投票したと話した。[21]「エジプト国民にとって、エル＝シーシは、候補を支持するのは、現在の混乱状態に反対票を投じるのと同じことなのだ[22]」と、エバーグリーン州立大学の比較宗教学教授サラ・エルタンタウィが解説している。私は二〇一七年に刊行した著書『中東における価値、政治活動、変化、そしてアラブの春[23]』の中で、エジプトで起きたこの政治の方向転換を「独裁への回帰」の一例と呼んだ。ムバラクの退任後に生じた混乱状態への反応として、国民は社会秩序の回復を約束する強力な支配者の再来を進んで受け入れたのだ。

このような動きが起きたのは、エジプトだけではない。人は無規範状態に陥ると、強い不安を覚える。この不安感は必然的に安全の探求へと人を駆り立てる。心理学者のエーリッヒ・フロムは一九四一年の著書『自由からの逃走』において、この現象を「個人の生活に意味と秩序を確実にあたえると思われる政治的機構やシンボルが提供されるならば、どんなイデオロギーや指導者でも喜んで受けいれようとする危険[24]」（『自由からの逃走』日高六郎訳、東京創元社）と言い表している。ドイツでファシズムが広く受け入れられるのを見たフロム（自身は一九三四年にそこから逃れた）[25]は、独裁体制への回帰は過度の自由に対する普遍的な反応だと考えていた。おもしろいことに、その一世紀前にデンマーク人哲学者のセーレン・キェルケゴールは、その当時に起きた同様の動きを「自由のめまい」[26]と表現した。これは無限の自由を与えられたときに覚える強烈な不安を指している。

これらの考察が現代に通用するか試してみようと、私は共同研究者とともに二〇一二年の春にエジプト人に調査用紙を配り、彼らがもっとタイトな文化を求めるようになったのは、規範のなさを感じたのが原因だったのかどうかを調べた。[27]調査ではさまざまな質問をした。たとえば、「エジプトの社会秩序はどのくらい崩壊していますか」「最近、エジプトの混乱状態はどのくらいひどいですか」「エジプトはどのくらい安全ですか」「今よりも規則が増えた場合、エジプトは現在よりもどのくらいよい場所になりますか」などの質問である。宗教的な政府と世俗的な政府ではどちらが好ましいか、サラフィスト（イスラム教スンニ派のきわめて保守的な一派）を支持するかどうか、といった点についても尋ねた。ムバラクが大統領の座を退いたあと、エジプトが過度にルーズになったと思う回答者は、独裁体制への支持を表明した。つまり、ムバラクの退任後に起きた無規範状態と、秩序を回復するためのさらに厳格な政府への支持とのあいだには、密接なつながりがあったのだ。そして案の定、エジプトはそれからまもなくタイトな体制へと揺れ戻った。

このように文化がタイトとルーズのあいだを移行すると、それに伴って社会秩序に別の大きな混乱が起きる。一九九一年に苛酷なまでにタイトだったソ連が崩壊したあと、ロシア国民の五一パーセントが民主主義を支持し、[28]五三パーセントが国家の介入に妨げられることなく人生の目標を追求する自由を支持した。[29] これに対し、強力な権限をもつ指導者を支持する人は三九パーセントにとどまった。[30] ところが二〇一一年には大転換が起きていた。ロシア国民の五七パーセントが強力な権限をもつ指導者を支持し、[31] 六八パーセントが国家の介入を支持していた。[32]

このような激変がなぜ起きたのか。タイトとルーズの理論によれば、その答えはソ連崩壊後に起きた急激な経済の衰退と社会の大混乱だと考えられる。一九九一年ごろから一九九八年にかけて、ロシアのＧＤＰはおよそ三〇パーセントも減少し、とめどないインフレに悩まされた。可処分所得が減り、およそ一五〇〇億ドルの資本が国外へ流出し、原油価格は暴落した。[33] 経済が次々に打撃を受ける一方で、犯罪が急増した。ロシアには一九九二年の時点で四〇〇〇以上の犯罪組織があり、[34] ギャング絡みの発砲事件でモスクワの町は荒廃していた。[35] ロシア連邦からの独立を求める南部のチェチェン共和国との戦争に踏みきったロシア連邦政府の判断もさらに犠牲を強いる結果となり、ロシアの国内でテロ行為がいくつも起き、数千人のロシア兵が戦死した。[36] また、ロシアで絶えることのない悩みの種であるアルコール依存が激増した。[37] ヘロインなどの依存性の強い違法薬物の使用も、一九九〇年代に五倍に増えた。[38] 男性の平均寿命は、一九九〇年には六四歳だったが、一九九四年には五八歳まで下がった。これは主にアルコール依存、殺人、自殺が原因だった。[39] ロシアは崩壊しつつあった。

この混沌とした時代を振り返り、ジャーナリストのアルカージー・オストロフスキーはこう記している。「私にとっては、店に食料品がなくても、未来への可能性があるという、今までにない晴れやかな感覚で十分に埋め合わせられた。モスクワで歴史が生み出されていて、われわれはそのさなかにいた。しかし今にして思えば、あの高揚感を味わったのは、限られた社会の人間だけだった。大多数

の人にとって、ソ連の崩壊は不確実性と生活水準の急落をもたらしただけだった[40]

「本当に大変な時代だった。自由を感じていたとはとうてい言えない」と、当時キエフで大学に通っていたサーシャ・ラティポワも、同様の感慨を語る。「自由のことなど、誰もまったく考えていなかった。インフレやら、食料品やら、なにもかもが不足していることやらで頭がいっぱいだったから[41]」

ロシアにおける民族集団と国家の関係を専門とする社会学者のレフ・グドコフによると、二〇世紀が終わるころにはロシア国民は秩序を渇望し、国民全体で共有できるアイデンティティーのようなものを切実に求めていた[42]。文化の中に生じた空白が、埋められるのを待っていた。

そこへ、ウラジーミル・プーチンが登場した。元KGB諜報員の彼を、当時のロシア大統領ボリス・エリツィンが自身の後継者に指名したのだ[43]。プーチンは世界屈指の人気を誇る政治家で、二〇一七年には支持率が八〇パーセントを上回った[44]。この高い支持率は、彼がきわめて独裁的なリーダーだった「にもかかわらず」ではなく、そのようなリーダーだった「からこそ」だ。なぜそんなことが起きたのか。それは、混乱を極めたロシアにプーチンが秩序を取り戻したからだ。二〇〇〇年から二〇一五年にかけて、国民一人あたりのGDPの伸び率がEUではわずか一七パーセントだったのに対し、ロシアでは七〇パーセントに達した。プーチンのもとで、二〇〇〇年に一一パーセントだった失業率が、二〇一五年には六パーセントまで下がった。アメリカ人ジャーナリストのジュリア・ヨッフェは『ナショナル・ジオグラフィック』誌に、「国内でプーチンは、ソ連崩壊後の混乱を極めたロシアに平穏を取り戻した人物として広く認められている[45]」と書いている。

とはいえ、このような経済的成功は、大きなトレードオフを伴う。プーチンは強権的手法で国を統治している。抗議活動を行なった者や、[46]インターネット上で政府を批判した者、政治運動や人権運動に参加した者[47]は、数千ドルの罰金や懲役刑などの厳罰に処された。ロシアのメディアはほとんどが国営なので、[48]報じられるニュースはソ連時代と変わらず明らかに政府寄りだった。プーチンに対して批判的な政治系ウェブサイトの多くはブロックされ、[49]国際機関や外国人、さらには二重国籍をもつロシア人までもが、マスメディア会社の保有を禁じられた。[50]ジャーナリスト保護委員会によると、一九九二年から二〇一四年までのジャーナリストの殺害件数でロシアは世界五位であり、[51]フリーダムハウスは報道の自由に対する締めつけが特に厳しい国としてロシアを常に挙げている。[52]

首を絞めるかのごとく厳しく国をタイトにすることによって、プーチンは誇り高き民族主義的文化を広めてきた。ソ連を突き動かしたマルクス・レーニン主義的イデオロギー[53]に代わって、プーチンは「伝統的な家族中心の価値観を守れ」というスローガンのもとで国家を動かした。彼は戦略的にロシア正教会と手を組んだ。『ニューヨークタイムズ』のアンドリュー・ヒギンズによれば、これは「グローバリゼーション、多文化主義、女性やゲイの権利保護といった伝統を破壊する動きのおよばない、反自由主義的で安全な世界を求める人たちに、ロシアこそ彼らの味方だと思わせる[54]」ためだった。ロシア正教会は、政府のお墨付きをもらっている宗教団体の筆頭であり、ほかの宗派はおおむね嫌がらせや迫害を受けている。[55]また、プーチンに批判的な人たちによると、二〇一三年にプーチンが署名した「同性愛宣伝禁止法」により、LGBTQの権利を擁護する活動家や、ただ手をつないだだけの同性愛者が刑務所に送られるようになり、[56]同性愛嫌悪による暴力も広まったという。[57]その一方で、プーチンのとったタイト化の方針は広範な支持を得た。ロシア国民を対象とした世論調査は、ナショナリズムが強まっていることを示している[58]。

ひどい無秩序と不安感がタイトさを招く。これは人間とは切っても切り離せない不変の事実だ。このような状況に陥ると、人は崩壊しつつあるコミュニティーに秩序らしきものを見出そうとし、自由と引き換えに安心感を手に入れるという、大きなトレードオフを受け入れる。

このパターンが展開する仕組みを知ると、世界各地で起きているほかのショッキングな展開についても、その意味がもっとよくわかるようになる。二〇一六年六月三〇日のフィリピン大統領選挙で圧勝したロドリゴ・ドゥテルテは、秩序を確立するためならば、いかなる手段も辞さないという意思をすぐさま明確にした。「諸君には、法に従ってほしい。そうすれば、混乱など起こらない」と、当選して最初の記者会見で語った。「逆らって暴力的な抵抗を示す者がいれば、私が警察に命じて射殺させる。組織犯罪には射殺をもって応じる。覚えておけ。組織犯罪に対してはすべて射殺だ[59]」

ドゥテルテが政権に就いてからわずか半年ほどで、彼の推し進める「麻薬戦争」で七〇〇〇人以上が殺害されたと推定されている[60]。『ニューヨークタイムズ』記者のダニエル・ベレヒュラクは、フィリピンでの取材中に目撃した流血の場面についてこう記している。「私はこれまでに六〇カ国以上で仕事をしてきた。イラク戦争やアフガニスタン戦争を取材し、二〇一四年にはエボラ出血熱が流行し、死と恐怖が蔓延していた西アフリカで一年の多くを過ごした。だが、フィリピンで経験したのは、これまでにない冷酷な状況だった。薬物の売買を疑われた者だけでなく、使用が疑われただけの者さえも、警察官がただちに銃で撃つ。自警団員は『やつらを皆殺しにせよ』というドゥテルテ氏の命令をまじめに遂行している[61]」

「射殺せよ」[62]の命令に加えて、ドゥテルテはヒトラーを賛美し、レイプにまつわるジョークを口にし、バラク・オバマを「売春婦の息子」と罵倒し[63]、フィリピン政府職員への演説中に堂々とEUを侮辱する卑猥なしぐさをしてみせた[64]。

フィリピン国民の多くは、ドゥテルテの冷酷な政策を受け入れているばかりか、彼を敬ってさえいる。なぜか。それは、長年にわたってこの国を苦しめてきた無規範状態から抜け出す道を彼が与えてくれたからだ。一九八六年にフェルディナンド・マルコス前大統領の全体主義政権を打倒したあと、フィリピンは徐々に崩壊し始めた。二〇一五年には、二六〇〇万人以上の国民が貧困にあえぎ[65]、失業率がきわめて高くなった[66]。急速な都市化、産業化、人口移動に伴ってスラムが激増し、都市の貧困層は教育の機会や住宅を手に入れる機会が限られ、失業に見舞われ、医療や公衆衛生の不備に直面した。犯罪と無秩序が社会にはびこった[67]。何年か経つうちに、殺人率がアジアで最も高くなり、世界全体で一一位となった[68]。フィリピンは大規模な麻薬取引の場にもなったが、これは主に地理的な位置のせいだった[69]。

すみずみまで疎外と無秩序に苛まれるこの国で、社会秩序を生み出そうとするドゥテルテの極端なやり方を多くの国民が歓迎したのも無理はない。「われわれが彼に従うのは、彼を愛しているからだ」と、ドゥテルテ支持者のジュリアス・ジュマモイは『タイム』誌記者のチャーリー・キャンベルに語った。「そして彼に従うのは、彼が正しいからだ。彼は罪のない人を殺したりしない。殺すのは犯罪者だけだ。彼はとてもすばらしい人間なのだ[70]」。ドゥテルテのことを「完璧には程遠い」と認めながらも、ジャスティン・キリノはこう言う。「彼は今まさにこの国が必要とする人物だ……この国のいたるところで、法律の多くが堂々と無視されていて、責任感などは皆無か、あってもほんのわずかだ。われわれはこの状況を変えなくてはいけない」[71]。フィリピン国民はドゥテルテの苛酷な支配を圧倒的に支持している。大統領に選出されてから一年後の調査では、国民の八六パーセントが彼を好意的に評価すると答えた。[72]

文化が崩壊すると、急進化が起きる

イスラム過激派組織ISISは、二〇〇六年に結成されるとすぐに、世界で最も凶悪なテロ組織の一つと広く認められるようになった。民間人の斬首を記録した衝撃的な動画[73]や、中東地域での歴史的遺構の大量破壊[74]、少年兵の勧誘[75]などのせいである。

瞬く間に権力を掌握した背後には、文化間の紛争の火種があった。二〇〇三年にアメリカ主導でイラクが侵攻されたあと、スンニ派指導者のサダム・フセイン大統領が政権から追放され、クルド人とシーア派からなる新たな政治体制が樹立した。[76] これらの出来事が、のちにイラク国内の安定と秩序の崩壊、すなわち極度のルーズな状態を引き起こし、これがISISに利用されることとなった。

二〇一一年にアメリカ軍がイラクから撤退したときには、シーア派とスンニ派のあいだで長年にわたって繰り広げられてきた宗派間の闘争や、何千人ものイラク人の命を奪った内乱のせいで、国が荒廃していた。[77] 国内の経済と治安は過去最低水準に陥っていた。食料品を購入できない国民が二〇〇九年には全体の一二パーセントだったが、二〇一五年には四八パーセントに達した。[78] 電力は著しく不足し、水道水が一日に二時間以上利用できる国民は六人に一人だけだった。汚職が横行し、暴力は日常茶飯事だった。[79] オンラインデータベースの「イラク・ボディー・カウント」によると、二〇一〇年から二〇一二年にかけてイラク国内では死者の出た爆破事件が二五〇〇件以上起きた。一日に平均二件起きていたことになる。[80]

イラクは崩壊しつつあり、ヌーリー・アル＝マリキ首相の率いるシーア派政権から締め出された少数派のスンニ派が、とりわけ苦境に置かれた。[81] 反対派勢力のスンニ派指導者数百人[82]に加えて、それ以外にも数千人のスンニ派が拘禁された。[83] サダム・フセインのバアス党に属していた一〇万人ものスンニ派が公職を失い、失業して社会から追放された。[84] 二〇一四年には、多数のスンニ派が貧窮に陥り、政府への信頼を失っていた。私が協力を依頼しているイラク有数の世論調査専門家であるムンキト・ダガーは、この時期に現地で社会の不満を記録していた。二〇一四年、ＩＳＩＳがモスルをはじめとするイラク国内のスンニ派居住地を掌握するわずか一週間前、彼は一二〇〇人以上のイラク人を対象とした調査を実施した。[85] それによると、自分の居住地にいて危険を覚えると回答したスンニ派は八〇パーセント近くに達していた（二〇一一年にはわずか二二パーセント）。イラク国内のスンニ派で、国の司法制度を信頼すると答えた人は三〇パーセントにとどまり、イラク軍を信頼している人は二八パーセントという惨憺たる結果が出た。

そこに登場したのがＩＳＩＳだ。政府に不満を抱くスンニ派の支持を受けて、ＩＳＩＳの指導者たち（その多くはサダム・フセイン政権時代の軍幹部で、アメリカが設置した収容施設で拘束されていたあいだにいっそう過激の度合いを増していた[86]）は、カオスと化していた環境にきわめてタイトな秩序を押しつけ始めた。二〇一四年の初め、ＩＳＩＳは支配地域を拡大し始めるとともに、電気や水道、道路清掃といった政府が放置してきた基本的な公共サービスをすぐに再開し、[87] さらにパンなどの必需食料品の値下げを実現した。また、バスの運行、石油とガソリンの配給、医療の提供も始めた。[88] ＩＳＩＳの兵士と職員は、比較的好条件の給与と住宅を与えられた。[89] 加えてＩＳＩＳは、長年にわたる戦争のあとで強く求められていた治安維持ももたらした。「ＩＳＩＳが来る前のモスルがどんな場所だったか知っているか？　毎日のように爆撃や暗殺が起きていたんだ。それが今では安全な場所になった[90]」と、民間人のアブ・サドルが『タイム』誌の記者レベッカ・コラードに語っている。

ムンキトは、危険な状況に置かれた数千人のイラク人への聞き取り調査を続けた。タイトとルーズの理論のとおり、ＩＳＩＳが最も手際よく支配下に収めたのは、最も無秩序な県だった。[91] たとえばアンバール県でＩＳＩＳがあっというまに征服したラマーディーとファルージャという二都市はとりわけ混乱が著しく、「世界全体が崩れ落ちていくようだ」とか「平均的なイラク人の状況は悪化している」といった項目に同意する人がたくさんいた。ムンキトらの報告によると、アンバールの住民は強いストレスを抱えており、劣悪な現状を打開してくれる新たななにかを求めていた。

ＩＳＩＳは秩序を回復した。とはいえ、そのやり方は苛酷だった。最盛期のＩＳＩＳは、現代で最もタイトな組織の一つとして知られていた。厳格な規則に反した者には容赦のない罰が下された。ある一帯の支配権を奪うと、ＩＳＩＳはたいてい守るべき大量の規則を掲示板に張り出したり拡声器で読み上げたりして、住民に知らせた。[92] さまざまな違反行為で告発された者の死刑執行を見にくるようにと、拡声器を使って住民に呼びかけることもあった。[93] サッカー、[94] 欧米風の衣服や髪型、[95] テレビ視聴、[96][97]

音楽鑑賞、インターネットや携帯電話の使用[98]、喫煙、飲酒[99]など、その土地で行なわれていた多くの活動や習慣を禁止した。モスル市民によると、携帯電話の所持でつかまった男性がむち打ち四五回の刑に処せられ、その最中にISIS指導者のアブ・バクル・アル＝バグダディをののしる言葉を口にしたせいで死刑となった[100]。喫煙した者は、指の骨を折られたり、巨額の罰金を科されたりし[101]、場合によっては刑務所に送られた[102]。同性愛を疑われた者は、家屋の屋根から突き落とされることもあった[103]。ふしだらと見なされた女性は、縄や棒で打ち据えられた[104]。姦通[105]や反逆[106]で有罪判決を受けた者は、斬首刑に処せられた。別のイデオロギーに変節した者も殺害された。ISISの掲げる四〇カ条の教義では、民主主義や世俗主義（イスラム法による統治を行なわない政府を含む）を支持した者を殺すことは正当とされた[107]。

要するに、ISISは不安と恐怖を植えつけることで秩序を強制したのだ。しかしISISの支配地域では、その統治のもとで恐怖に耐える必要はあったものの、生活の質が少なくとも当初はさまざまな点で改善した。初期に人々がISISを支持したのは、生き延びるためであり、雇用や食料、安全を求めたからだった。ISISがもたらした安定は、「従来の合法的な枠組みが崩壊し、略奪、強盗、土地の強奪が横行するようになった内乱の現場で生きる者にとって、とりわけ魅惑的だった[108]」と、政治学者のマラ・レヴキンは二〇一六年に『フォーリン・アフェアーズ』誌に寄せた記事で指摘している。

二〇一五年が終わるまでに、世界じゅうから三万人近い外国人がISISのもとに集まり、戦闘に参加した[109]。いったい何が起きたのか。この志願兵たちは、じつはみな同じような動機でISISに加わっていた。彼らの多くは「不安の時代を生きていて、タイトな環境を喜んで受け入れる。そうすれば不確実性が解消されるに違いないと思うからだ[110]」と、人類学者のスコット・アトランが私に語った。実際、ひどく不確実な事態に直面した人は、急進的なイデオロギーに惹かれやすい。このことを、アリー・クルグランスキと私は、スリランカ、フィリピン、アメリカでの調査で発見した[111]。支えてくれるものがなくて心もとなさを覚えている人は、厳格な規範や明確な目的をもつ集団に強く惹かれやすいのだ。

たとえばアメリカ人のジョン・ウォーカー・リンドはどうだったか[112]。彼はタリバンに加わって戦闘に参加し、二〇歳だった二〇〇一年にアフガニスタン北部同盟に身柄を拘束され、のちに米国で逮捕された。アメリカ人の多くは、同じアメリカ人であるリンドがなぜタリバンなどに与することができたのか、理解に苦しんだ。しかし、じつは以前から兆しはあった。彼は一〇代のころ、アメリカの自由奔放な文化に対してだんだん批判的になり、アメリカ人が家族やコミュニティーとともに過ごす時間をもたないことを声高に批判した。そして、道徳的な支えと安心感を与えてくれるイデオロギーのタイトさに惹かれた。「アメリカでは、僕は孤独を覚えます」と、彼はパキスタンの神学校で教師に話した。「でもここは居心地がよくて、安らかな気持ちになれます」

ジャーナリストのエヴァン・トマスは『ニューズウィーク』誌にこう書いている。「たいていのティーンエイジャーは、反抗するときにはもっと自由がほしいと言う。ところがジョン・ウォーカー・リンドは自由に対して反抗した。いろいろなかたちで自己表現することを求めたりせず、むしろその逆を求めた。何を着て、何を食べ、何を思い、何を祈るか、こと細かく指示されることを望んだ。絶対的なものからなる価値体系を欲し、それを見つけるためならどれほど遠い道のりもいとわなかった[113]」。つまりリンドにとっては、ルーズな母国よりもタイトな異文化のほうが、自分のいるべき場所と感じられたのだ。

タリバンやＩＳＩＳといった暴力的な組織の指導者は、リンドのように社会から疎外された人間を巧みに引きつける。実際、これらの指導者はルーズさこそ自分たちの共通の敵だと断言することも多い。アルカイダを設立したウサマ・ビンラディンは、ルーズな欧米社会に嫌悪を覚えると言ってはばからなかった。二〇一七年一一月、ＣＩＡは二〇一一年にビンラディンの住居を急襲した際に入手した四五万点以上の文書を公開し、そのなかには彼の私的な日記もあった[114]。彼は一四歳のときにイギリスを訪れたことに触れ、「感心するようなことはなかった。われわれとは違う社会であり、道徳的にルーズな社会であることがわかった」と記していた。一九五一年には、エジプト人のサイイド・クトゥブが「私の見たアメリカ[115]」という小論において、アメリカがきわめて物質主義的で浅薄な国であり、暴力と性的快楽にとりつかれていると主張した（それからまもなく、彼はムスリム同胞団の指導者となった）。彼の考えでは、アメリカ人は道徳的なよりどころを完全に欠いていて、「道徳や正義といったものは、アメリカ人の良心においては幻想にすぎない」のだった。

テロ組織のメンバーのなかには、自分たちにとってこのうえなくルーズで「不道徳」と思われる文化を破壊するために、自国民を攻撃する者さえいる。私自身、インドネシアでテロについて調査をするなかで、そういう人物に出会った。二〇一七年八月、私はジャカルタを訪れた。インドネシアのバリ島で二〇〇二年に起きた爆破事件の首謀者の一人、アリ・イムロンにインタビューするためだ。この事件では二〇〇人以上が死亡し、数百人が負傷している。[116]彼が刑務所から私と共同研究者の待つ警察署へ護送されてくると、私たちは通訳を介して数時間にわたって話を交わした。

ジハード主義者は、欧米人への攻撃だけではなく自国の政府へのテロ攻撃も支持するのだ、とイムロンは言った。

「自分と同じインドネシア人に危害を加えてもよいと考えるのはなぜ?」と私は尋ねた。

イムロンは、こちらの目をまっすぐに見つめて答えた。「ジハード主義者は、政府の人間をみな悪魔だと思っている。イスラム法を守っていないから。イスラム教徒でないのだから、殺害を正当化するのは難しくない」[117]。この考え方に従えば、バーやナイトクラブや売春宿はイスラム教の敵であり、このような堕落をもたらした責任は政府にある。

長年にわたり刑務所で更正訓練を受けたイムロンは、イスラム法に基づく国家を望む気持ちには変わりがないと言うが、それを実現する手段として暴力を用いることは否定するようになったそうだ。今では、民族や宗教の多様性を受け入れるイスラム教国家は可能だと信じており、その考えをほかの人にも説いている。イムロンはインドネシアの刑務所でナシール・アバス(アフガニスタンで彼を訓練した人物)とともに、ほかのジハード主義者を脱過激化させようと取り組んでいる。拘留中のテロリストと対話や議論を重ねて、暴力はイスラム教に反するということや、インドネシア政府は反イスラム主義ではないということを納得させようとしているのだ。

テロとは、さまざまな要因が関与する複雑な現象である。〈タイト/ルーズ〉もその一つだ。〈タイト/ルーズ〉は、テロ組織が生まれる状況にも、人がテロ組織に惹かれる理由にも影響をおよぼす。

このことを理解すれば、どんなときにそうした影響が生じるのかを予測する助けとなり、対策を立てることにもつながるだろう。

ナショナリズムとグローバリズムの闘い

世界各地で起きている地政学的な問題も、背後にしばしばタイトとルーズが存在している。二〇一六年ごろ、フランスのマリーヌ・ルペン、イタリアのマッテオ・サルヴィーニ、オランダのヘルト・ウィルダース、ハンガリーのオルバーン・ヴィクトルといったポピュリズムの政治家や運動が支持を広げたが、このことは一見するとタイトとルーズには無関係と思われるかもしれない。しかしじつは、彼らの人気には文化の分断が反映されている。タイトさを求めるナショナリズム集団が、ルーズさを信奉するグローバリズム集団に反撃を試みているのだ。

ヨーロッパの各地で極右政党が勢力を強め、イギリスがＥＵ離脱を決定し、二〇一六年にはトランプが大統領に選出された。こうした出来事を引き起こしたのはもっぱら、急激に変化する世界の中で、経済の衰退や社会の崩壊による脅威を強く感じるようになった人たちだ。彼らはタイトな社会秩序への回帰を望み、世界じゅうのポピュリスト指導者たちはその思いを巧みに利用した。フランスでは、移民の増加に不安を覚えた市民が、テロ行為の増加やフランス文化の希薄化の元凶として移民を非難した。[118]ルペンはこの不安に訴え、フランス国家主義を掲げて選挙戦を展開した。[119]二〇一七年の春、私たちはフランスの有権者を対象として調査を行なった。[120]その結果、アメリカでのトランプ支持に関する調査と同様の傾向が見られた。脅威を強く感じる人ほど強いタイトさを求め、それゆえにルペンに投票するつもりでいた。最終的にルペンは選挙には敗れたが、彼女の躍進から、タイトとルーズの分断が世界の政治にも生じうることがわかる。

これらはもちろん、一回限りの特殊な例ではない。ポーランドの「法と正義」党の支持者も同様の懸念を抱き、グローバリゼーションを脅威と見なし、よりタイトな国民意識の確立を目指した。[121] オーストリアの自由党[122]やドイツの「ドイツのための選択肢」党[123]の支持者も、移民の増加を経済や治安や文化的アイデンティティーへの脅威ととらえた。政治学者のロナルド・イングルハートとピッパ・ノリスの研究によると、これらのいずれの国でも、多文化主義やグローバリズムに対する文化の反発が、ポピュリズムの勢力拡大に大きな役割を果たしている。[124]「これらのすべての事例において、国民は文化のルーズさに反旗を翻したのだ」[125]と、イングルハートは私に語った。そして国民は、自分たちの不安につけ込み、最高の妙薬を差し出す指導者の言葉を歓迎した。その妙薬とは、世界の中で自分がどんな立場にあるのか理解できる、タイトな社会秩序への回帰である。

このような「自分の生存と文化的アイデンティティーが脅威にさらされている」という考え方は、世界各地で起きたネオナチ運動でも頻繁に見受けられる。たとえばドイツでは、長らく衰退していた極右主義が、二〇一四年から支持を広げている。[126] アメリカ国内には、二〇一六年の時点で九〇〇以上のヘイト組織が存在し(二〇一四年から一七パーセント増加)、そのなかにはネオナチ、ＫＫＫの末端組織、白人ナショナリズム、ネオ南部連合主義、スキンヘッドなど、さまざまな集団が含まれていた。[127]

二〇一七年八月、バージニア州シャーロッツビルで南部連合軍司令官の銅像の撤去に抗議して、近年のアメリカでは最大規模となる白人至上主義者の集会「ユナイト・ザ・ライト」が開かれた。[128] 集会の参加者はすぐさま集会に反対する集団と衝突し、暴行を伴う大混乱となった。反対派の集団に自動車が突っ込み、三二歳のヘザー・ヘイヤーが死亡し、三〇人以上が負傷した。

この事件以来、アメリカ人は凶暴なデモ参加者への対処に苦慮している。なかには銃[129]や南軍の戦闘旗や鉤十字の描かれた旗[130]を堂々と携えて、人種差別的なシュプレヒコールを上げる者もいた。[131] 彼らはなぜこんな行動をとるのだろう。心理学者のパトリック・フォーシャーとノール・ティーリーは、オルタナ右翼を自認する四〇〇人の人を対象として調査を行ない、興味深い結果を得た。[132] 白人ナショナリストは、オルタナ右翼でない人と比べて、「自分たちの生活そのものが脅威にさらされている」と答える傾向が見られた。特に、アメリカへ流入する移民の増加によって自分たちの雇用が奪われることを懸念していた。彼らが過激派集団に属するのは、社会に見捨てられる不安への反応だったのである。本書ですでに見てきたとおり、脅威に直面すると（それが身体的なものであれ、経済的なものであれ、精神的なものであれ）集団はタイト化し、すぐさま自分たち以外の集団に対してネガティブな態度をとるようになる。

世界各地のナショナリストたちは、反移民感情を強めている。多国籍市場調査会社のイプソスが二四カ国を対象に行なった調査によると、およそ半数の人が移民によって自国内で望ましくない変化が起きていると感じている。[133] 一万七〇〇〇人以上の回答者のうち、半数は自国への移民が多すぎると思い、移民によって経済によい影響が生じていると考える人は二八パーセントにとどまる。アメリカでは、二〇一五年のピュー・リサーチ・センターによる調査で、「移民について考えたとき、真っ先に頭に浮かぶ言葉は何ですか」と尋ねたところ、「不法」という答えが最も多かった[134]。

気づいていない人もいるかもしれないが、こうした反移民的な偏見は悪循環を生み出す。私の調査で判明しているとおり、この偏見が世界各地の移民コミュニティーをタイト化させ、過激化するリスクを高めている。いたって単純な話だ。移民は差別され、どこにも属さない「文化の根無し草」だと感じざるをえない。そんなとき、彼らの経験につけ込み、両手を広げて仲間として受け入れてくれる過激派の誘いに乗りやすいのかもしれない、ということなのだ。

二〇一五年、私は共同研究者とともに、およそ二〇〇人のアメリカ在住のイスラム教徒を対象に調査を行ない、差別されることについてどう感じているか、イスラム教徒とアメリカ人という二つのアイデンティティーをどう折り合わせているかについて調べた[135]。イスラム教を守るためなら極端な行動も辞さないとされる架空の過激派集団に関する文章を読ませてから、この集団をどの程度支持するか答えてもらった。また、イスラム教を過激に解釈しているかどうかについても質問した（たとえば、「暴力は許されると思うか」など）。その結果、アメリカに溶け込むことを望む回答者が圧倒的に多かった。過激な兆候を示す回答者はほとんどいなかった。それでも一部の回答者は、自分が社会から疎外されていると感じていた。親から受け継いだ文化が自分のものとはもはや感じられず、だからといって、アメリカ文化もやはり自分のものとは感じられない。まさに文化の根無し草だと感じていた。社会から疎外されていると感じるのに加えて差別も受けていると答えた回答者は、とりわけ過激派を支持するようになるおそれがあった。

このデータは、比較的ルーズな文化であるアメリカで集めたものである。しかしすでに見たとおり、タイトな国の住人のほうが、伝統的な社会秩序を脅かす人に対してネガティブな態度をとりがちだ。タイトな文化では、移民が過激派になるリスクはさらに高くなるのだろうか。答えはイエスだ。その後に行なわれた、アメリカとドイツのイスラム教徒を対象とした調査[136]では、アメリカのルーズな文化よりもドイツのタイトな文化のほうが、イスラム教徒にとって溶け込むのがはるかに難しいことが判明した。その一因として、彼らはドイツのほうが文化の多様性に対してオープンでないと感じていた。全体として、ドイツのイスラム移民のほうが、自分の暮らしている国が狭量で、自分の文化的アイデンティティーの扱いに苦労すると答えていた。文化の根無し草に関する私たちの調査で明らかになったのと同じく、ドイツ文化に溶け込むのに苦労している移民の一部は、過激派のイデオロギーへの支持を示していた。

文化間の溝を埋める

世界で大規模な移民が続くなかで、他者を受け入れて社会の一員として認め、脅威の感覚をやわらげる必要性が、これまでになく切実さを増している。二〇一五年、他国へ移住した人の数は世界全体で二億四〇〇〇万人を超えた[137]。これは二〇〇〇年と比べて四一パーセントの増加であり、主たる理由は自然災害、資源不足、戦争だった。

このように異文化との接触が急激に増えている現状を考えると、タイトな文化の人とルーズな文化の人が有意義で前向きな交流のできる場が必要だ。幸い、そのような場所はすでに生まれつつある。たとえば国際的な教育ネットワーク「差異と宗教に取り組むコミュニティー（CEDAR）」は、一〇年以上前からさまざまな国で、集団間の寛容と理解を育成することを目指したプログラムを実施している。イギリスのバーミンガムでは、移民コミュニティーと地元住民との緊張関係に焦点を当てたプログラムが実施された。[138] 一〇カ国以上から四〇人近くが参加し、市内のさまざまな礼拝所を訪れ、グループディスカッションで自分たちの経験についてオープンに議論するように促された。これによって参加者は「他者」が自分をどう見ているかを知り、互いをもっとよく理解できるようになった。ある参加者はこんな感想を述べた。「人と違う私の視点が、ほかの人にとって差異を受け入れるための足がかりになるということを知りました[139]」

私の研究でも、共感を抱ける場を設けることが集団間の敵対を解消するのに大いに役立つことがわかっている。二〇一五年、私はリサーチアシスタントとともに、アメリカ人とパキスタン人が互いの文化をどう思っているかについての聞き取り調査を行なった。[140] その結果、両者とも互いに対してきわめてネガティブな考えとステレオタイプ的なイメージを抱いていることがわかった。パキスタン人はアメリカ人をルーズと見なすだけでなく、不道徳で尊大だと思っていた。一方、アメリカ人はパキスタン人をむやみに堅苦しいくせに攻撃的で暴力的でもあるととらえていた。こうした印象はメディアによって作られることが多く、メディアはカリカチュアをこよなく愛するものだ。したがって、こうした極端なステレオタイプで相手をとらえるのも驚くに値しないのかもしれない。さらに言えば、私たちは自分自身のエコーチェンバーにこもりがちだ。ツイッターやフェイスブックでも、よその文化の人と交流するよりも、同じ考えをもつ知り合いと交わるのを好む。

研究するなかで、一つのアイデアが浮かんだ。互いのリアルな生活を知ることで、集団間の敵意をやわらげることはできないだろうか。パキスタン人をアメリカに招いたり、アメリカ人をパキスタンへ派遣したりする予算はない。だが、パキスタン人が書いた一週間の日記をアメリカ人に読ませ、パキスタン人にもアメリカ人の日記を読ませたらどうだろう。こうして互いの日常生活に触れることで、それぞれの気持ちを変えられないだろうか。

答えを確かめるべく、私は共同研究者のジョシュア・ジャクソンとともに、アメリカとパキスタンの学生に自分自身の日々の経験を一週間にわたって書き留めてもらった。それから新しい参加者グループ（アメリカの学生とパキスタンの学生、それぞれ一〇〇人）にこの日記を渡し、一週間かけて読ませた。この安上がりな試みで、驚くほどの成果が得られた。自分と同じ文化に属する学生の日記を読んだ参加者よりも、違う文化の学生の書いた日記を読んだ参加者のほうがはるかに、二つの文化を似たものととらえるようになったのだ。さらに、アメリカ人学生の日記を読んだパキスタンの参加者のほうが、アメリカ人を道徳的で、他文化への優越感をもたないと見なしていた。この実験が終わるころには、パキスタン人の書いた日記を読んだアメリカ人参加者は、パキスタン人をそれほど暴力的でなく陽気だと思うようになっていた。

「個人的にはパキスタン人の知り合いがたくさんいるわけではないが、日記を読んで、パキスタンで暮らす人の日常生活を知ることができた」と、実験の終了時にアメリカ人参加者が記している。「パキスタン人はアメリカ人よりもいくらか信仰に熱心だが、生活パターンや人の性格は私たちと大して違わない」。パキスタン人参加者も、次のように書き残している。「アメリカ人は、道徳、倫理、宗教に関する価値観は私たちと違うかもしれない。しかし、アメリカの学生の生活はこちらの学生の生活とよく似ている。……彼らは法律を守る市民であり、アメリカの社会体制が円滑に機能している理由の一つがそれなのだ」

これらの言葉からわかるとおり、異文化の人に関する理解を深める「介入」には、ステレオタイプの弊害を弱め、対立を防ぎ、異文化間の対立を解決できる大きな可能性がある。また、日常生活の中でも人々は、自分の属する社会集団からかけ離れた人と交わる有意義な方法を見つけ出している。『ワシントンポスト』紙によると、二〇一七年、テキサス州ダラスのファストフード店デイリークイーンで、アメリカ生まれの男性二人がハンバーガーとフライドポテトを食べながら、互いへの不信感を解こうと決めた。[141] 一人は、テキサス州でイスラム教徒のテロリストを一掃するという使命のもとにアメリカ・イスラム関係局(ＢＡＩＲ)と称する武装組織を創設した白人男性、デイヴィッド・ライト。もう一人は、地元のモスクに通うアリ・ゴウリ。ライトは仲間とともにこのモスクの前に集まり、武器と「アメリカをイスラム化するな」というプラカードを携えて抗議活動を二度行なった。ゴウリは同じモスクに通う人たちの忠告を無視して、「俺には武器がある。そっちにも武器がある。俺は怖くなんかない」と言って抗議活動の参加者たちに立ち向かった。それから五カ月後、ライトとゴウリはデイリークイーンで待ち合わせた。それぞれが友人を一人連れ、銃を一丁持っていた。

ジャーナリストのロバート・サミュエルズの書いた『ワシントンポスト』の記事によると、ライトと友人はすぐさま、自分たちが移民やイスラム教徒やイスラム教に不信感を抱いている理由を説明しだした。「俺にとってなにより大事なのは、アメリカって国とアメリカのもつ意味だ」と、ライトの友人クリストファー・ギャンビーノは言った。さらに「俺は白人ナショナリストじゃない。うちの家族はすごくちゃんとした価値観をもっている。なのに、その価値観を変えようとするやつらがいる」と続けた。

これに対してアリ・ゴウリの友人タミーム・ブードリは、自分もテキサスで生まれ育ったと言い返した。両親の祖国であるアフガニスタンを訪れたとき、彼はアメリカ文化こそ自分の文化だということを強く感じたと伝えた。

何時間もしゃべるうちに、四人はいくつかの共通点を見出した。四人とも、テロ絡みの犯罪をなくしたいと思っていることがわかった。ブードリは、ライトたちがなぜ子どももいる礼拝所に銃を持って現れたのか教えろと言った。「銃を持っていなかったら、こっちの話に耳も貸さねえだろうが」とライトは答えた。それでも話し合いが終わるときには、ライトはもうゴウリのモスクの前で抗議活動をしないと約束した。ライトはとりわけ、彼自身が軽蔑するネオナチやＫＫＫなどの組織がかつて自分と同じような行動をしたと知って動揺した。

ほかの多くの点では意見の一致に至らなかったものの、四人にはタバコと銃とテキサスを愛しているという共通点が見つかった。ギャンビーノは二人のイスラム教徒から「いろいろ教えられた」と言い、ブードリもライトとギャンビーノを「尊敬」するようになったと言った。彼らは自分の暮らしを脅かしていると思われる人物への不快感に、正面から向き合ったのだ。

文化はさまざまな差し迫った問題の「原因」になることもあれば「解決策」になることもある。タイトさやルーズさが私たちの考え方をいかにして形づくるかを理解すれば、文化間の溝を埋めるのに大いに役立つはずだ。

11 社会規範の力を利用する

アップルのＳｉｒｉからアマゾンのアレクサに至るまで、人工知能（ＡＩ）アシスタントは予約を取ったり、気分にぴったりな音楽を流したり、愉快なジョークを言ったりして、私たちの暮らしを過ごしやすくしてくれる。二〇一七年、フェイスブック社のＡＩ研究所のエンジニアたちは、ＡＩアシスタントにもっと難しい任務を与えた。(1) 交渉せよというのだ。交渉は人間にとってもきわめて微妙なプロセスで、相手の気持ちを正確に読み取ったり、説得力のある主張をしたり、協力と競争のバランスをとったりと、さまざまな難題を突きつけてくる。フェイスブック社の研究員たちは、人間らしい名前をつければ人間らしい能力も実現できると期待したのか、自分たちの作ったチャットボットに「ボブ」と「アリス」という名前をつけた。そして交渉の場で交わされそうな数百の架空の会話（英語）を教え込んだ。それからボブとアリスに、いくつかのボールと帽子と本を分け合うという簡単な交渉をさせることにした。このタスクを実行できるように何度もプログラムを組み直し、試行錯誤を重ねた結果、ボブとアリスは交渉戦術を修正したり改善したりできるようになった。

数千回におよぶ練習の結果、ボブとアリスは交渉に関するデータをたっぷり獲得した。だが、問題が一つあった。やりとりを重ねるうちに、英語とは思えない言葉を交わすようになったのだ。幼い双子がよくやるように、二つのチャットボットは自分たちのあいだでのみ通じる秘密の暗号を生み出したのだ。

ボブが「I can i everything else」(僕はほかのすべてを・i することができる)と言うと、アリスは「balls have zero to me to me to me to me to me to me to me to me to」(ボールはに私に私に私に私に私に私に私に私にゼロをもっている)と答えた。さらにボブが「you i everything else」(君はほかのすべてを・i する)と言うと、アリスは「balls have a ball to me to me to me to me to me to me to me」(ボールはに私に私に私に私に私に私に私にボールをもっている)と答えた。こんな具合で会話は続いた。

このやりとりは意味不明な言葉かソフトウェアのバグのように聞こえるが、じつはこれは、交渉の達人たる二人のニンジャの抜け目ない仕事ぶりを示しているのである。アリスとボブは共同作業するようにプログラムされているので、効率よく仕事をするために、独自の暗号で使う言葉とルールを作り出したのだ。プラスの面を挙げるなら、どうやらこの新しい言葉と「ゲームのルール」のおかげで、交渉は成功に向かっているようだった。(2) ただ、アリスとボブの開発者にとっては残念なことに、彼らのやりとりはほかの者にはさっぱり意味のわからないものになってしまった。研究員らは振り出しに戻り、英語の文法に従うようにプログラムを修正する羽目になった。

人間どうしが共通の目標に取り組むときにはどうするのか。それについては、本書ですでに見てきた。明確なルールを定め、それにもとづいて（たいていは暗黙のうちに）とるべき行動をとることによって協力するのだ。驚くべきことに、初歩的なチャットボットも互いに社会的関係を築くように設計されている場合には、人間と同じことをするらしい。アリスとボブは協調やギブアンドテイクや問題解決や交渉の能力を磨いていくなかで、ある種の社会規範のようなものを自然に作り出したのだ。

二一世紀を生きる人間が交渉すべきことがらは、ボールや帽子や本だけではすまない。気候変動や人口急増から世界的な健康の危機に至るまで、私たちはさまざまな問題に直面している。昔だったら、これらの問題を軽減しようとするときには経済や工学技術による解決策に頼ることが多く、しかるべき人に支援が確実に届くようにするとか、問題を修復する技術を開発するといったやり方をしていた。こうした解決策はいまでもしばしば必要とされるが、私たちが共通して直面する問題の多くは「社会規範の修正」によって緩和することもできる。二つのチャットロボットのコードを再プログラムするように、すばやく人間の文化を修正するのは無理だが、変更できないわけではない。私たちの文化は不変の運命ではないのだ。きわめて厄介な問題をうまく解決するのに必要とあらば、文化のタイトさやルーズさを変更することも可能なのだ。

現実離れした話のように聞こえるかもしれないが、文化のタイトとルーズのバランスを調節するというのは、決して夢物語ではない。コミュニティーがそれに成功したという過去の事例はすでにたくさんある。ある場合には社会規範をルーズにする必要に迫られ、別の場合にはタイトにする必要に迫られた。どの事例も、まずはどうしたらコミュニティーをよりよいものにできるか、率直に自らを顧みることから始まっている。

歴史に残る夜間外出禁止令

一九九八年、アイスランドのティーンエイジャーの飲酒問題は深刻だった。一五歳から一六歳で一カ月に一回以上飲酒する者が四〇パーセントを上回り、一〇代の飲酒率がヨーロッパで上位に入っていた。(3) マリファナの使用率も高く、さらに一〇代のほぼ四人に一人が喫煙していた。「金曜日の夜にレイキャビクの繁華街を歩くことなど、怖くてできませんでした。ティーンエイジャーが集まって、堂々と酒を飲んでいましたからね」と、アイスランドの心理学者グードベルグ・ヨーンソンは語っている。保護者や当局者は、国の未来を守るために、ルーズな社会規範をタイトにすることが必要だと気づいた。

この問題への取り組みとして、アイスランド政府は「ユース・イン・アイスランド」(アイスランドの若者)という多角的なプログラムを開始した。重要な措置の一つが、法律を厳しくすることだった。国は一八歳未満の者のタバコ購入と二〇歳未満の者のアルコール購入を違法とした。議会は酒とタバコの広告も禁止し、一六歳未満の者に対して夜間外出禁止令を定めた。

特筆すべきことに、プログラムではそれから文化的な要因にも目を向けた。第3章で紹介した「あなたは見られている」の実験と似たプログラムでは、保護者は街に出て子どもたちを見守り、新しい夜間外出禁止令に従って、あまりにも遅い時間に出歩いている子どもがいれば家に帰るようにやさしく諭した。当局は保護者に対し、子どもの学校にもっとかかわり、子どもと過ごす時間を増やし、ほかの保護者と一緒にティーンエイジャーのやってはいけない行動を定め、それについて協定書を交わすことも奨励した。政府は若者がアルコールやドラッグ以外の楽しみをもてるように、スポーツや音楽やアートのための予算を増やした[4]。

この介入で、めざましい成果が得られた。調査によると、二〇一六年には、過去一カ月間に飲酒したティーンエイジャーの割合は五パーセントにすぎず、マリファナを吸った割合はわずか七パーセント、毎日タバコを吸うと回答した割合は三パーセントだけだった[5]。アルコール乱用が原因で、世界で年間三三〇万人以上の人が死亡している[6]現在、アイスランド・モデル（ルールをタイトにすることで、社会規範からの逸脱に対抗する）のようなプログラムは、世界の手本となるだろう。

アイスランドの成功から、文化について幅広くあてはまる心強い事実が明らかになる。環境が社会規範を生み出すのは確かだが、私たち自身もまた社会規範を生み出すことができるのだ。私たちは集団の総意として、どんな規範を受け入れるかを決めることができる。また、既存の規範がうまく機能していないなら、修正するための手立てを講じることは可能だし、そうするべきだ。

ワールド・ワイルド・ウェブ

何世紀ものあいだ、私たちの大昔の先祖が暮らしていた小さなコミュニティーでは、顔を合わせたやりとりと緊密な社会的ネットワークによって信頼が築かれ、人は自らのふるまいに対して責任感をもっていた。[7] ところが産業革命後、都市や大工場で人は新たな現実に直面した。自分の属する社会的ネットワーク以外の何百人という他人と絶えずやりとりするようになったのだ。この新たな事態に対しても、私たちは新たな規範を設けて適応し、繁栄を目指して協調していくことができた。

現在、私たちは昔とはまったく別の新しい世界で生きている。インターネットの世界だ。二〇〇〇年には七億三八〇〇万人[8]だったインターネット利用者は、二〇一六年には三八億人近く[9]まで増えた。世界全体で、私たちは一人で平均五つのソーシャルメディアのアカウントをもち、[10] 毎日二時間ほどをネット上で過ごす。[11] 人口の半分以上がスマートフォンを所有し、ショッピング、ネットワーキング、デート、ニュース、娯楽などのために利用する。[12] 今やインターネットは非常に大事なものとなり、アメリカではインターネットにアクセスするためならコーヒーやチョコレートやアルコールはなくても我慢できるという人が平均で七〇パーセントを超え、運動をやめてもよいという人が四三パーセントに達し、一年間セックスを犠牲にしてもかまわないという人も二一パーセントいる。[13]

この新しいオンラインの世界は、利便性、情報へのすばやいアクセス、新たな人間関係など、さまざまなメリットを与えてくれる。銀行取引や請求書の支払い、税務申告、保険金請求など、きわめて重要な金融取引の多くもオンラインで処理でき、そのおかげでかつてないほど経済効率が上がった。新しい考え方に触れる機会も以前より増え、それが私たちのイノベーション力を高めている。こうしたすばらしい技術革新の恩恵を受けるには、ルーズさが絶対に必要だ。ルーズなマインドセットをもつ人は新しいテクノロジーを生み出せるだけでなく、ジャーナリストのトマス・フリードマンの言葉を借りれば「目の回るような」[14]変化の速度にもうまく適応できるはずだ。

だが、テクノロジーによる変革を推し進めるにはルーズが不可欠だとはいえ、タイトさも絶対に必要だ。私たちが日々のかなりの部分を過ごすバーチャル空間の多くは、規制されていないし、監視されてもいない。そのため、これらの空間は誹謗中傷やいじめや不正、さらには犯罪行為までもが渦巻く危険な吹き溜まりとなっている。これはインターネットのもつ隠れた文化の暗い側面だ。無礼な行為が横行し、詐欺や情報漏洩、サイバー攻撃が増えている。[15]ネットいじめを受けたことがあるという子どもは四〇パーセントに達し、[16]ネット上で意地悪をしたり人を傷つけたりしたことがあると認める子どもも五〇パーセントを超える。[17]「炎上」「荒らし」「スパム」「さらし」といった悪質な行為を指す新たな言葉も生まれている。[18]

ネット上では気遣いなどせず傍若無人にふるまってかまわない、つまり「規範を逸脱」しても大丈夫、という気分になるのは否定できない。ネット上では匿名の存在となり、「リアル」な自分とは別の存在のように感じられるせいで、現実世界で従っている社会規範による抑制をあまり感じなくなる。この現象を「ネット脱抑制効果」と呼ぶ。[19]研究によると、コンピューターを介して対話する場合には、顔を合わせて話す場合と比べて発言が奔放になり、悪態をついたり、性的なことを口にしたり、無礼な言葉を発したりする傾向がある。[20]「リアルな世界」とは違って、ネットいじめでは被害者の顔に浮かぶ悲しみや怒りの表情が見えないので、悪質な行為に対する良心の呵責《かしゃく》がいっそう希薄になる。[21]

インターネットにつながることから生じるもう一つの厄介な問題が、「フェイクニュース」の蔓延だ。ネット上では不正確でまぎらわしい情報が野火のごとく広まり、恐怖をかき立て、コミュニティーを脅威にさらす。

たとえば二〇一四年にはニューヨーク州で、エボラ出血熱が流行していたギニアで感染者の支援にあたったボランティアのアメリカ人医師が、帰国後に感染症状を示して入院した。このことがニュースで報じられると、州全体がパニックに陥った。[22] 医療専門家は州民に対し、患者は隔離されているので感染が広がるおそれはないと説明したが、ニュースメディアは別の可能性をほのめかした。エボラ関連の恐ろしげな見出しとソーシャルメディアで交わされるやりとりによって、ニューヨーク州がエボラの巣窟になったという誤った認識がどんどん広まっていった。

今、私たちは歴史の重大な転換点に立っている。以前なら私たちが対処すべき脅威はほとんどが客観的なものだったが、現在では主観的な脅威や偽りの脅威が渦巻く混沌とした宇宙の中で、虚構と真実を選り分けなくてはならない。しかもそれらを区別する明確な手立てが常に存在するわけではない。そのうえ、オンラインマーケティングの担当者やメディアソースは、ネット上で人がどのように行動し、どんな話が注目を集めるかをアルゴリズムで分析するうちに、認知心理学者が何十年も前に実験室で発見したことを理解するに至った。それは、感情を刺激するコンテンツ——なかでもとりわけ強い恐怖心をあおる情報(テロ、病気、自然災害など)——に、私たちは注意を奪われるということだ。私たちの注目が特定のコンテンツに集中すると、複雑なアルゴリズムの働きでそれが把握され、「クリック率が高い」と判断される。そのおかげで広告収入や購読料が増え、収益が上がるかもしれない。[23] 人の恐怖心を利用して儲けようとする者にとって、これは「脳幹の奥底へのレース」[24]であると、科学技術倫理学者のトリスタン・ハリスは指摘している。

インターネットはジレンマを突きつけてくる。私たちがテクノロジーに適応するには、ルーズなマインドセットが必要だ。その一方で、人の恐怖を食い物にする破壊的で無規範な行動がテクノロジーによって可能になるなら、それを規制するためにもっとタイトな規範をもつ必要がある。ワールド・ワイド・ウェブの開発者の一人であるロバート・カイリューさえ、インターネット文化をもっとタイトにする必要があると発言し、「ネットは人が他者と出会う場所だ。だから行動に対していくらかの規制が不可欠だ」と『ニュー・サイエンティスト』誌に語っている。自動車の運転免許を取るには道路交通法を学ばなくてはならない。それと同じように、ウェブを利用する際にも同様の規則を課すべきではないかとカイリューは言う。「交通規則は行動を制限するだけで、意図を制限するわけではない。ほかの道路利用者に対して安全な行動をとる限り、ドライバーはいつどこへ行こうとかまわない」と、彼は力説する。ウェブ上であっても、「われわれはみな自分にどんな権利と義務があるのか理解すべきだ。こういうことは学校で教えてほしい。最低限の理解を試すテストに合格したことを示す免許証を発行してほしい[25]」

この新たな空間でも、人が生きるほかの領域と同じく、ゴルディロックス的なタイトとルーズのバランスが求められる。ネット空間をタイトにするときには、ユーザーの自由とのバランスをとりながら、十分な制約を課すことが不可欠だ。

幸いにも、適切な行動を促すために規範をタイト化する試みが、この新たなバーチャル世界で起こり始めている。非公式なかたちで起きている場合もある。たとえばＥメールやツイッター、チャット、フェイスブックなどを使うときの適切なふるまいについて、数多くの書籍やオンラインマニュアル、ユーチューブ動画でガイドラインが示されている。「ネチケット」の指南者たちは、画面の向こう側にいるのは生身の人間なのだから、顔を合わせているときと同じように敬意を払うことを忘れてはならないと力説する。[26]

ネット上のコミュニティーは、過度にルーズな環境をもっとタイトにするために公式の手立てをもとり、情報の自由なやりとりを奨励しながら、同時にルール破りの行動を監視し、処罰している。たとえばソーシャルニュースサイトの「レディット」には、「チェンジ・マイ・ビュー」というディスカッションフォーラムがある。ユーザーは尻叩きの罰から移民問題に至るまで、さまざまなテーマについて他のユーザーに異論を申し立てて議論するのだが、その際には礼儀を守るよう求められる。[27] ボランティアが進行役を務め、対話が収拾のつかない状態にならないように、不適切なコメントを削除し、ルール違反者を締め出す。さらに、相手を尊重した対話によってほかのユーザーの意見を変えることに成功したユーザーにはΔ〔変化を意味する「デルタ」〕マークが与えられ、ユーザー名の横に表示される。ほかのオンラインコミュニティーも公式の行動ガイドラインを公開し、バーチャル空間でのタイトとルーズの健全なバランスを生み出そうとしている。

さらなる公式のアプローチとして、ウェブベースのプラットフォームや企業は、不適切なコンテンツに対する規制を強化することによってネット文化をタイトにするという方法を試みている。フェイスブックがライブ配信機能の提供を始めて、ユーザーがリアルタイムで動画を配信できるようになったとき、開発者が衝撃を受けたのは、この機能を利用して拷問や性的暴行、自殺、児童虐待、殺人などの動画を共有するユーザーの多さだった。[28] フェイスブックCEOのマーク・ザッカーバーグは、新たに三〇〇〇人を採用して不適切な動画・ユーザーの規制と排除にあたらせ[29]、「安全なコミュニティーを築く[30]」ことを目指した。また、ニュースや広告の表示を減らし、家族や友人からの投稿がもっとたくさん表示されるように、サイトのアルゴリズムを修正した[31]。一方、二〇一六年のアメリカ大統領選挙後の調査で、五万以上のツイッターアカウントがじつはロシアの組織が管理するボットであることが判明した[32]。それ以来、ツイッターはボットを検出するための新たなオンラインツールを次々に開発するとともに、ボットを削除する人材を採用している[33]。グーグルも誤った情報や不適切な情報の拡散を抑える取り組みとして評価担当者を雇い[34]、特定のウェブページが明らかに不正確な情報を提示しているかどうかを判定させている[35]。一方、インスタグラムCEOのケヴィン・シストロム（かつてインターネットを「汚水溜め」呼ばわりしたことがある）は、不適切な行為を検出して根絶できる機械学習技術の開発をエンジニアに命じている[36]。

各個人に自らのふるまいに対する責任感をもっともたせることも、ネット上での反規範的行動を抑える助けとなるだろう。ハーバード・ビジネススクールのマックス・ベイザーマンの研究チームは、書類の形式にごく単純な変更を加えるだけで、虚偽の記載をしたいという誘惑に打ち勝てるよう誘導できることを発見した[37]。驚くべきことに、本人のお金がかかわる書式を記入する前に署名させると、記入後に署名させた場合と比べて正しい記入内容が増える。「記入する後ではなく前に署名すると、書類の記入に倫理的な意味があると感じられ、虚偽の記載をしてはいけないという気持ちになる[38]」と、ベイザーマンは私に教えてくれた。さらに、お金を請求しているところを客自身に録画させるだけでも、正直さの度合いが増す可能性があるという[39]。これは、自分が監視されているという意識や、自分の映像があとで分析されるかもしれないという意識が高まるからだ。客が「ルーズ」な回答をしたいという誘惑に駆られるどんな業界でも、このような対策を取り入れることができるだろう。

規範逸脱を抑えるのにベストな方法は、ネット空間でコミュニティー意識を高めることかもしれない。[40]「グループのメンバーだと自覚するようになった人は、バーチャルコミュニティーの一員となり、コミュニティーの存在するソーシャルサイバー空間に対してしばしば責任感を抱くようになる。リアルな世界では、人は自分の暮らす地域の清潔さや安全に対して責任を負うものだが、それと同じことだ」[41]と、フォーダム大学でコミュニケーションとメディアを研究するランス・ストレート教授は指摘する。人がオフラインで何千年もやってきたように、オンラインの環境でも人とのつながりを感じる人は、社会全体の利益のために社会規範を定めて守らせたいという気持ちをもつかもしれない。

過密な地球

もちろん、私たちは現実の世界でも切実な問題に直面している。それについても、社会規範というレンズを通して眺めると役に立つかもしれない。場合に応じて規範をタイトにしたりルーズにしたりすることによって、私たちは文化を「善を促進する力」にすることができる。

私たちの前に立ちはだかる大きな脅威の一つが人口過剰だ。現在、地球は七六億人もの人間に衣食住を与えなくてはならない。[42]これがさらに二〇五〇年までに九三億人になる。今までの推移を見てみると、一六世紀には地球の人口はわずか五億四〇〇〇万人ほどだったと推定されている。一九世紀に入るころ、世界人口はようやく一〇億人の大台を突破した。それから一世紀が経った一九〇〇年の人口は、一七億六〇〇〇万人ほどだったと推定されている。[43]つまり、一五〇〇年から一九〇〇年までの四〇〇年間の増加よりも、今後三〇年間の増加の方が大きいということだ。この急激な人口増加を逃れられる国は、ほとんどないだろう。アメリカの人口は二〇一〇年から二〇五〇年のあいだに一億人以上、つまり三六パーセント以上増えると予測される。それでも、同じ期間に人口が三倍になることが見込まれるウガンダなどの国々と比べれば、アメリカの人口増加など大したことはない。この期間にナイジェリアでは二億七一〇〇万人、インドでは四億五〇〇〇万人、それぞれ増加すると推定されている。[44]

このように人口が急増すると、失業率の上昇、貧困の拡大、移民の増加、限られた資源をめぐる紛争の頻発という悲惨な結果に至るおそれがある。世界規模で見て、爆発的に増える人口に対して十分な食料を生産するのは、とりわけ九人に一人がすでに十分な食料を確保できていないという現状を踏まえると、[45]手ごわい挑戦となるだろう。たとえばコンゴ民主共和国では、深刻な食料不安を抱える人が二〇一七年には三〇パーセント増えて七七〇万人に達した。[46]二〇一一年から二〇五〇年までに八一〇〇万人の人口増加が予測されるなかで、[47]貧困と資源不足はコンゴを荒廃させるおそれがある。世界的には水不足も予想される。水不足の地域で暮らす人は、二〇一七年の二〇億人から二〇三五年には三六億人まで増えることが見込まれ、その大半は中東と北アフリカに集中している。[48]クウェートでは二〇一〇年から二〇三五年までに人口が四三〇万人増えると予測されており、二〇三五年の一年間で国民一人が入手できる水がわずか四六〇〇リットルになると見込まれる。これは平均的なアメリカ人がおよそ一五日間で消費する水の量に等しい[49]。アラブ首長国連邦、リビア、シンガポールなども同様で、人口増加が水不足の問題に拍車をかけている[50]。

つまるところ、人口過剰という問題を解決するには社会規範の修正が必要だ。子どもをたくさん産み育てることがタイトな社会規範となっていて、これに逆らうのが難しいという国は多い。たとえばケニアではジェンダーに関する規範が厳格で、そのため女性は家族計画について決定を下すことも、避妊することもできない。そのようなことがらについて、配偶者や親戚と話すことすらタブーとされる。

国際人道支援機関のCARE《ケア》は、ケニアで出生率を変えるにはこのような規範を変えることが不可欠であり、その改革はコミュニティーで尊敬されている高い地位のメンバーが推し進めるべきだと、はっきり認識していた。そこでCAREは、男女平等や家族計画のメリットについて、コミュニティー全体を巻き込んだ対話を主導できるよう、現地の医療従事者、宗教的指導者、政府職員、教師を訓練した。二〇〇九年二月から三年間、CAREは教会や市場、村の集会で七五〇回以上も対話の場を設けた。コミュニティーのリーダーたちは家族計画に賛成し、この問題について話し合うようにとメンバーたちを促した[51]。CAREはこの取り組みにより、男性主導の家族計画というタイトな規範をルーズにすることに成功した。避妊する女性の割合は、介入前には三六・五パーセントだったが、介入後には五一・八パーセントまで上昇した[52]。介入後の調査では、男性も女性も家族計画について以前よりも対等に相手と話せるようになったことが判明した。ルワンダやエチオピアでもCAREは同様に介入し、家族計画に関する社会規範を変えようとしている[53]。

子だくさんを求めるプレッシャーは、途上国に限らない。イスラエルの環境活動家で研究者のアロン・タルは著書『あふれかえる国』において、イスラエルの人口が急増している理由を説明している。[54]かつては人口八〇万人の小国だった[55]イスラエルが、今では八六〇万人近い人口を抱え、[56]二〇六五年までに人口は二五〇〇万人ほどに達すると見込まれている。[57]そして人口密度は一平方キロメートルあたり約一一六〇人となり、日本やオランダをはるかに上回る。イスラエル人は、学校、病院、住居、道路で息苦しさを覚えている。騒音もひどく、警察への苦情の四件に一件が近所の騒音に関するものだ。人口の急増によってイスラエルの環境が破壊され、温室効果ガスの排出量が増え、天然資源が減少し、生物多様性が著しく低下している。[58]タルは、イスラエルでこんなにたくさんの子どもが産まれるのを止めなくてはならないという、理にかなった判断をしている。ところが彼の鳴らした警鐘に対し、社会の反応は低調だ。「この国ではどんなことでも議論したがるくせに、どうやら人口過剰の問題にだけは触れたくないらしい[59]」とタルは書いている。

二〇一七年一一月、私はメリーランド州カレッジパークでコーヒーを飲みながら、タルと話をした。タルは、イスラエルの人口増加に対してタイトとルーズの理論がどんなふうに使えるか話し合いたいと言った。彼は直感的に、経済的なインセンティブだけではこの問題を解決することはできないと見て取っていた。そしてイスラエル人は多くの面でルーズだという点で、私たちの意見は一致した。しかし彼の指摘によれば、子どもの人数という点では、イスラエル人はえらくタイトなのだという。二〇一五年、一世帯あたりの子どもの数は全国平均（宗教を信仰する世帯と信仰しない世帯の両方を含む）で三・一人だったが、ほかの先進国ではこの数字は一・七人だった。[60]超正統派ユダヤ教を信仰する世帯に至っては、一世帯あたりの子どもの数は平均で約七人である。[61] 大家族をよしとする規範は強く奨励され、夫婦は子どもをたくさんもてという強いプレッシャーを周囲の人のみならず政府からも受ける。イスラエル建国者の一人で首相を務めたダヴィド・ベン゠グリオンは「子どもを四人産む努力をしない女性は、ユダヤ教徒の使命に背いている」とさえ言ったとされる。[62]

現代人の耳にはこのような考え方は不愉快に響くが、そうした考え方が生まれたのには歴史的な理由がある。ホロコーストで六〇〇万人のユダヤ人が虐殺されたため、当然ながらイスラエル人は失われた人口を補うために子どもをたくさん産むことを国民の務めと考えた。[63] アラブ人の高い出生率に負けてはならぬと追い立てられているように感じる人も多かった。[64] しかしタルによれば、このプレッシャーはすでに弱まっている。世界のユダヤ人の数は回復した。二〇一六年の時点で、ユダヤ人だと認められる人は世界全体でおよそ一七〇〇万人に達し、ホロコースト前の数に近づいている。[65] アラブ系イスラエル人の出生率も、二〇一六年までに一世帯あたり三人前後で横ばいとなっている。[66] 皮肉なことに、イスラエルの人口を回復する助けとなったタイトな規範が、今では国の存続を脅威にさらしているのかもしれない。

タルはもっと持続可能な未来を築くために、これらの規範を調整したいと考えている。それが簡単でないことはわかっている。大家族を求める志向は国民の心に深く根をおろしているし、もっともな理由があってそうなったのだから。

しかし多くの国では、国民による協調した取り組み（たとえば喫煙を減らそうとか、同性愛差別と闘うなど）が、根強い社会現象を変えてきた。それと同様に、イスラエル独特の文化に合わせた社会啓発活動を行なえば、イスラエルの多産問題は解消できるだろうとタルは確信している。二〇一八年二月、私たちは世界じゅうから出生の専門家をイスラエルに招き、メリーランド大学とテルアビブ大学の共同ワークショップを開催した。これを報じた『エルサレムポスト』紙の記事の中で、タルは「これは公共政策と文化規範がもたらした結果なのです」と説明し、さらにこう語っている。「ダヴィド・ベン＝グリオンは国民に子だくさんを奨励しましたが、今、私たちに必要なのは、国民全体で話し合うことです。イスラエルの歴史には、子をたくさんもうけることがまぎれもない愛国的行為だった時代もありますが、今ではそれが公益を損ねる反愛国的行為であると理解することが必要なのです[67]」

文化の力で気候変動と戦う

今、私たちは「気候変動」という、おそらく自然が課す最大の試練に立ち向かおうとしている。この危機にも文化による原因があり、それゆえ文化による解決が必要だ。

私たちの生きている完新世がおよそ一万一〇〇〇年前に始まって以来、この時代の大半にわたって地球の温度は比較的安定しており、おかげで私たちホモ・サピエンスは繁栄してきた。ところが数百年前から、技術の進歩が環境のバランスを乱すようになった[68]。産業革命以来、炭素排出量が急増したことが一因となって生じた気候変動[69]がどんな被害をもたらすのか、まだ完全にはわからない。科学者は暗い未来を予測している。土壌の塩分が増えすぎて農作物が育たなくなり、異常な気象現象が今よりも頻発し、少しの海面上昇で世界各地の都市が水没する脅威にさらされるおそれがあるというのだ。[70]気候変動によって、世界各地で生態系に対する脅威は確実に変わり、それとともに社会規範も変わるだろう。世界の国々のなかには、誕生以来おおむね脅威が比較的少ない状態を享受してきたが、ここにきて大規模な災害の兆候に直面しているところもある。将来の異常気象によって大きな脅威にさらされる上位五〇カ国のリストを世界開発センターが作成しており、[71]そこには多くのタイトな国が入っている（中国が一位、インドが二位、香港が六位）が、ルーズな国も入っている。アメリカが二五位、ブラジルが三六位、オーストラリアが四五位だ。NASAの予想では、二一世紀の後半にアメリカの南西部と中央平原は、一九三〇年代の「砂嵐《ダストボウル》」が引き起こしたのよりもさらにひどい干魃を経験するという。[72]また、東海岸沿いにある多くの都市は、海面上昇の被害を受けるリスクが高い。[73]

災害に見舞われたとき、集団は自らをタイトに引き締めなくてはならない。タイトな文化の多くはもともとこれが得意だが、ルーズな文化は大規模な気候変動に対し協調して取り組むために、もっと厳しい規範を作る必要があるだろう。この問題を主要なテーマの一つとして扱っているのが、科学史学者のナオミ・オレスケスとエリック・コンウエイによる二〇一四年刊行のSF小説『こうして、世界は終わる』[74]だ。物語の舞台は西暦二三九三年。人間の愚行が生み出した気候変動によって、世界が終末を迎えるまでの経緯を描いている。おもしろいことに、欧米文明はこのカタストロフで崩壊するが、トップダウン型の統治を行なう中国だけは生き延びる。欧米諸国は個人の自由を守ることに固執するあまり、二酸化炭素濃度の上昇を抑えるための厳格な規制を施行できないのだ。

もちろん、この本はフィクションにすぎない。とはいえ、興味深い予言を見て取ることができる。

気候変動に対処するには、世界全体である程度のタイト化が必要だということだ。しかし、さまざまな可能性が考えられるなかで、この本は、すべての文化がタイトさの度合いを増していく世界とはどんなものかを私たちに考えさせる。タイトであることは多くのメリットをもたらす一方で、自民族中心主義の強化やよそ者への敵対とも結びついており、そのせいで文化間の対立や過激化、さらには大規模な戦争につながる可能性もある。どの文化も差し迫った脅威や資源不足を乗りきろうとして締めつけを強め、世界がタイト化する文化ばかりになったら、そんな世界はすべての人間にとって悲惨なものになるかもしれない。

だが、もっと楽観的な見方もある。自然の脅威の増大に対処するために世界が力を合わせれば、私たちは文化内だけでなく文化間でもタイトさとルーズさを利用して、もっとすぐれた協力関係を築くことができるかもしれない。民族や国家の境界を越える確固たる規範を作ることに力を注げば、そして地球全体の脅威に立ち向かえるように地球の住人としてのアイデンティティーを生み出すことができれば、あらゆる人に恩恵を行き渡らせるために、今までよりもはるかに大きな規模で協力することができるだろう。この見方によれば、すでにきわめて協調性の高い種である私たちは、地球全体の問題に直面することで、さらに協調性を進化させていくと思われる。

これは荒唐無稽な夢物語のように聞こえるかもしれないが、じつはすでに現実となりつつある。たとえば一九九九年のギリシャとトルコの「地震外交[75]」を思い出してほしい。少なくとも一八二〇年代にギリシャがオスマン帝国からの独立を求めて戦って以来、この隣接する二国は長らく緊張関係にあった。しかし一九九九年八月にトルコ、そして九月にギリシャがそれぞれ地震に見舞われると、両国は互いを支援しあって世界を驚かせたのだった。まず、最初の地震によってトルコ国内でおよそ一万七〇〇〇人が死亡したとき、[76]ギリシャはどの国よりも早く食料と医薬品をトルコへ空輸した。その後も支援は続き、ギリシャのポップスターたちが隣国のトルコ人を助けるためにチャリティーコンサートを開いて資金を集めた。トルコの地震から一カ月も経たないうちに、今度はアテネが地震に襲われた。トルコはお返しとして、すぐさま救助隊を派遣した。この助け合いがやがて、観光、貿易、環境などの分野での連携を強めようという国境を越えた外交協議につながった。[77]通常は、タイトさはよそ者を排除する境界線を生み出すものだが、今回のケースではそのような境界線が薄らぎ、集団間で協力して繁栄を目指すことが可能となった。

同じような事例はほかにもある。二〇一七年八月、激しい洪水がインドの西ベンガル地方とバングラデシュを飲み込むと、インドとバングラデシュは両国間で長く続いてきた国境紛争を乗り越えた。[78]バングラデシュの国境警備隊は、避難してきた八〇〇人のインド人が国境を越えて安全な場所に逃げ込むのを止めなかった。バングラデシュ人はすぐさまインド人を自宅に迎え入れた。「自然災害などの重大な危機が起きたときには、国境を越えることにつべこべ言うべきではない」と、バングラデシュのラルモニルハット地区に住むレアズル・ハクが語った。[79]これからは、両国を流れる川を制御して大洪水の脅威を抑えるために、文化間の協力が必要となるだろう。

災害はしばしば悲惨な被害をもたらすが、多様な人たちを苦しみという共通の絆で結びつける力ももつ。危機によって私たちすべてに共通する人間性があらわになると、私たちは自分の文化に属さない人も自分と同じような存在としてとらえられるようになる。自然災害はその過程でよそ者に対する思いやりというルーズな特質を引き出す一方で、生き延びるために欠かせないタイトな協調も促す。

水の中の魚

二〇〇五年、ケニオン大学の卒業式のスピーチで、アメリカ人作家の故デイヴィッド・フォスター・ウォレスは卒業生に古い寓話を紹介した。[80]「二匹の若い魚が一緒に泳いでいると、年長の魚がこちらに向かって泳いでくるのに出くわします。年長の魚は若い魚たちにうなずいてからこう言います。『やあ、君たち、水の具合はどうだ？』。二匹の若い魚はしばらくそのまま泳ぎ続けますが、やがて一匹がもう一匹のほうを向いて尋ねます。『水って何？』と」

「この魚の物語が言いたいことは、最も明らかで大事な現実こそ、しばしば最も見えにくいものだ、ということに尽きます」とウォレスは説明した。

社会規範は人類とともに誕生し、きわめて困難な状況でも私たちがこの地球上で協調して生き延びるのを助けてきた。社会規範は日ごろから私たちのまわりにあり、私たちの経験を形づくり、人との交わりに影響する。ところが自分を取り巻く水というのがどんなものだかわからない魚と同じように、私たちは社会規範が暮らしにどのくらい行き渡り、私たちがどれほどそれを必要としているのかについてめったに意識しない。

私は本書でこの広範囲に影響をおよぼす力をわかりやすく目に見えるようにし、この力が国からニューロンに至るまでありとあらゆるものにどう影響しているのかを明らかにしようと試みてきた。文化によるプログラミングがもたらす影響を知れば知るほど、他者だけでなく自分自身についても理解が深まり、重大な問題を解決する能力を伸ばすことができる。私たちの違いがどんなもので、なぜ存在し、そこにどんなトレードオフがあるのかを理解できれば、グローバル化の進む世界をうまく歩んでいく助けとなるだろう。何世紀も前から規範は文化の中で変化しており、劇的に変わることも多い。そして規範の変化はこれからも続くに違いないが、その根底にある「タイトかルーズか」という枠組みはいつの時代も変わらない。

世界が驚異的に変化する時代に、私たちは「文化による条件反射的な反応」を変える覚悟が必要だ。監視と自律をうまく組み合わせることにより、アイスランドはティーンエイジャーの飲酒を減らし、レディットは不愉快な「荒らし」行為を取り締まることができた。その一方で、CAREはケニアで何世紀も続いてきたタイトなジェンダー規範をゆるめて避妊を増やすことに成功した。サウジアラビアでは二〇一七年、王太子のムハンマド・ビン・サルマンがサウジ社会の大幅なルーズ化に着手した。(81)彼は映画館を再開させ、女性に車の運転を認めるといった施策を実行している。文化を変革することによって、強く求められている経済の成長と改革を促進できると確信しているからだ。(82)私たちはあまりにルーズになっているときにはタイトな引き締めを図り、タイトになりすぎているときにはルーズにゆるめることによって、世界をもっとすばらしい場所にすることができる。

これから私たちは世界の大いなる多様性に触れ続けていく。そのときに、常に考えてほしいシンプルな問いがある。それは「タイトかルーズか」という問いだ。

謝辞

私自身が文化の探究を始めたのは今から三〇年以上前、自分が世界についてどれほど無知かに気づいたときのことだ。大学三年のとき、私は思いきってロンドンに一学期間留学した。私にとって初の海外経験だ。ロングアイランドで過保護に育てられた子どもだった私は、有名な『ニューヨーカー』の漫画で描かれているとおりのビッグアップルの外にも人の生活が存在することなど知りもしない、典型的なニューヨーカーだった。そんな私がロンドンに行き、聞きなれないアクセントや、道路の左側を走る車や、パブの光景や、よくわからないイギリス人のジョークの洗礼を受けて、典型的なカルチャーショックを味わった。

同じ留学グループの仲間が環境に慣れて、週末になるとパリやらアムステルダムやらスコットランドやらへ出かけていく。どうしてそんなことができるのか理解できない、と父に電話で訴えた。すると父は強いブルックリン訛りでこう言った。「そうだなあ、ニューヨークからペンシルベニアに行くみたいなつもりで行けばいいんじゃないか?」。このたとえを聞いてだいぶ気が楽になった私は、さっそく翌日、格安のエジプトツアーに申し込んだ。ニューヨークからカリフォルニアに行くようなものだと思った(そう言ったら父はかなり不安がっていたが)。たまたま電話で父と交わした会話がきっかけで、私は世界各地の文化の探究にのめり込み、その情熱は生涯におよぶものとなった。父に、亡き母に、そしてきょうだいのラリーとジョエルに、お礼を言いたい。いつも、たとえ獄中のテロリストに会いに行くときでさえも、私の知の旅を思いきり応援してくれてありがとう。

私は医者になるつもりだったがそれはやめて、手に入る最高のツール、すなわち科学というツールを使って文化について学ぶことにした。かばんに荷物を詰めて、華やかとは言いがたいイリノイ州シャンペーン・アーバナへ向かった。そこで異文化心理学の草分けであるハリー・C・トリアンディス先生のもとで研究に励んだ。ハリー先生はすぐれた科学者になるにはどうしたらよいか教えてくださった。さらに大事なこととして、人生への向き合い方を教えてくださった。私は先生からいただいた三つの教えを常に守ろうとしている。自分のしていることに対して情熱をもつこと、議論を招くのを恐れないこと、そしてなにより、深刻になりすぎないこと。先生のもとで学んだあいだにいただいた教え、信じがたいほどのサポート、助言、インスピレーションにはいつも感謝している。

本書は時間や空間を越えた地球という一つのコミュニティーで大勢の研究者が取り組んだ研究の成果である。かつての教え子であるリサ・ニシイ、ジャナ・レイヴァー、リサ・レスリー、ジャネッタ・ラン、そして私と一緒にタイトとルーズのプロジェクトに取り組んでくれた三五カ国の仲間たちに感謝する。勇敢にも「道なき道」を歩み、アメリカ各地やさまざまな社会階級のタイトとルーズについて調査し、ゴルディロックス効果について調べてくれたジェシー・ハリントンに大いに感謝する。タイトとルーズを政治、偏見、反動、宗教などさまざまな領域に見事にあてはめてくれるジョシュア・ジャクソンにも心からの感謝を伝えたい。また、すばらしいコンピューターサイエンスチームのダナ・ナウ、ソハム・デ、パトリック・ルーズ、いつもプラトーズ・ダイナーで一緒に作業してくれてありがとう。異文化心理学と進化ゲーム理論を結びつけてくれたのは見事だった。それから、文化神経科学チームを率いたヤン・ムとメンバーの北山忍《きたやましのぶ》、シホイ・ハン、神経科学のツールを使って社会規範の強さを根気強く調べてくれてありがとう。キャロル・エンバー、伝統的な社会におけるタイトとルーズについて調べられるようにと私をイェールチームに加えてくれてありがとう。マリエケ・ヴァン・エグモンドは、世界各地の街なかで邪魔にならない方法でタイトとルーズを観察する取り組みを率いてくれた。チェングワン・リは、タイトとルーズと組織合併について画期的な研究をしてくれた。ニコラス・ゲーラート、レン・リ、コリーン・ウォード、カリ・デメスは、タイトとルーズと国外移住について調べてくれた。サラ・ライオンズ＝パディラは、タイトとルーズと過激化の関係について興味深い研究をしてくれた。ほかにも、現在および過去の教え子である博士課程学生やポスドク研究員、ギャリー・シュタインバーグ、ライアン・フェール、アシュリー・フルマー、リン・イマイ、カーステン・ケラー、アヌ・ラメシュ、ブランドン・クロスビー、ローラ・セヴァランス、エリザベス・サルモン、ジャスミン・ホイーラー、ミシェル・デュガス、ジェシカ・フェルナンデス、シンユー・パン、タイアン・リー、アメリア・スティルウェル、レベッカ・モーア、ほかにもこれまでに一緒に研究する幸運を与えてくれた皆さんに感謝。また、タイトとルーズの研究で私たちの研究室で作業してくれたリサーチアシスタント、トレイ・パーカー、マイルズ・アーリントン、イオアナ・ギャラーニ、ブリアナ・デュボース、パヤル・プビ、シド・タン、パウル・カポビアンコ、ルチ・マートゥル、ヌール・マンスール、モーガン・テイラー、サラ・テイエル、ジュリア・メイニー、レイチェル・パーソンズ、ノア・スミス、どうもありがとう。

すばらしい研究仲間からなる「ドリームチーム」がいてくれて、私はこのうえもなく恵まれている。このチームがいなかったら、本書は実現しなかった。ナヴァ・カルオリ、サラ・ゴードン、ヴァージニア・チョイ、ありがとう。本書のために注いでくれた尽きせぬエネルギー、献身、熱意はなにものにもかえがたいものだった。みんないつも「冷静沈着」そのもので、私からどれほど感謝してもしきれない。メリーランド大学で現在または過去に一緒に働いた大切な同僚、ベン・シュナイダー、キャサリン・クライン、ポール・ハンジス、カレン・オブライエン、アリー・クルグランスキ、エドワード・レメイ、チャールズ・スタンガー、ジェニファー・ウェッセル、ジェイムズ・グランド、イエンス・ハーバーホルツ、いつも私に我慢して付き合ってくれてありがとう。

私のキャリアを通じて、励ましやアドバイス、友情をくれたたくさんの方々にも感謝する。ヘイゼル・マーカス、ゼイネップ・アイカン、ミリアム・エレズ、マータ・ファロップ、ヨシ・カシマ、エミコ・カシマ、CY・チウ、インイ・ホン、ロビン・ピンクリー、ローラ・クレイ、アダム・ガリンスキー、ジーン・ブレット、マイケル・ボンド、シャローム・シュワルツ、クラウス・ベーンケ、リンダ・バブコック、ハナ・ボウルズ、モーリス・シュヴァイツァー、レイ・フリードマン、ドン・コンロン、カーステン・デ・ドリュー、マイケル・モリス、ローリー・ワインガート、ビル・ボトム、スーザン・フィスク、キャロル・ドゥエック、マイケル・タッシュマン、マックス・ベイザーマン、ジェフリー・エドワーズ、マイケル・フリーズ、ガーベン・ヴァン・クリーフ、アストリッド・ホーマン、ジョシュア・グリーン、デイヴィッド・スローン・ウィルソン、ピーター・ターチン、ジョー・ブリュワー、ムンキト・ダガー、アブデル＝ハミド・アブデル＝ラティフ、ジラド・チェン、アンジェイ・ノワク、エイミー・ワッサーマン、シャリ・フリードマン、ハナ・クルグランスキ、アントニア・カラスコ、ボウイー・ジャザサイズの女性たち、ゲルファンド／バクスト／ベテシュ／クロランド／ジェイコブスの仲間たち、ベトケ／ジャーレマン家の皆さん。

すばらしいエージェント、ブロックマン・エージェンシーのカティンカ・マトソンに、本書の執筆を勧めていつもサポートしてくれたことを感謝する。スクリブナー社のリック・ホーガン、これ以上ないほどの有能な編集者でいてくれてありがとう。本書を読みやすくする（そして学者的な書き方の悪癖を克服する）ために彼がくれたアドバイスは、とてもありがたかった。そしてタイトとルーズの枠組みがあてはめられるあらゆるもの（国からニューロンに至るまで）に対する彼の愛情のおかげで、私は執筆を続けることができた。スーザン・モルドー、ナン・グレアム、アマンダ・ペレティア、エミリー・グリーンウォルド、アシュリー・ギリアムをはじめとするスクリブナーの偉大なチームの皆さんに、そしてリムジム・デイと彼女のすばらしいスタッフに、粘り強く取り組んでくれたことを感謝する。そして、科学と実践を真につないでくれるデイヴィッド・ヌスバウムとともに仕事ができた幸運に感謝する。

非凡で情熱的なチーフエディターであるケイティー・ションクと、チーフストラテジストでコメンテーターでサポーターのジョシュ・バレクに、知恵を貸していただき、本書のすべての章を編集してもらえたことをありがたく思う。こんなにすばらしい才能の持ち主と一緒に仕事ができるとは、自分はなんと幸運なのかと私はたびたび思い、また一緒に仕事をしたいという理由で新しい本の執筆を計画しているほどなのだ。ハーバード・ケネディースクールと中東研究所には執筆休暇の資金を提供していただいた。アメリカ国立科学財団、国防総省、アレクサンダー・フォン・フンボルト財団には研究を支援していただいた。

最後になったが、私がタイトとルーズについてしゃべるのを四六時中、聞かされている夫のトッド・ベトケ（愛称バブシー）、二人のすてきな娘のジャネットとハナ、いつも本当にありがとう。私はわが家のタイトとルーズの見事なバランスに感心している。ゴルディロックスの原理がちゃんと働いているのだ。

ミシェル・ゲルファンド

アメリカ　メリーランド州ユニバーシティーパーク

訳者あとがき

朝の通勤時間帯、私の利用する鉄道路線の車内では、正時を迎えるときに時報が流れる。放送が始まると多くの乗客が自分の腕時計を見つめ、正時を告げる音が鳴り終わると時計から目を離す。この数秒間の儀式は、おそらくなかば習慣化した、無意識に近い行動にすぎない。それでも、同じ車両に居合わせた乗客たちがともに同じ時刻を確かめることで、かすかな一体感のようなものが一瞬生まれる気もする。

このような光景は、どこの国でも見られるというわけではないだろう。列車内で時報を放送するというのも、また乗客がいっせいに自分の時計を確認するのも、いかにも日本らしい。こんなことを考えたのは、本書『ルーズな文化とタイトな文化』で、世界各国の時計事情を調べた研究が紹介されていたからだ。三一カ国の首都で、街頭に設置された時計一五個の指す時刻を調べたところ、国によって時刻のズレにはかなりの差があったという。予想どおり、日本はこのズレが小さいトップグループに入っている。このグループに入った国は全般に「タイト」な国である、と本書の著者ミシェル・ゲルファンドは指摘する。

ゲルファンドによれば、国や文化は「タイト」か「ルーズ」かという観点でとらえることができる。タイトな文化では、社会の結束が強く、人が規範にきっちりと従う。秩序が保たれて犯罪が少ない反面、社会が硬直しがちで多様性を受け入れにくい。ルーズな文化はその反対で、秩序を欠くが、社会が柔軟で多様性を受け入れる寛容さがある。ゲルファンドは本書において、このような違いが生まれた背景を探り、それぞれの文化の特徴を見出していく。

ゲルファンドは現在、スタンフォード大学経営大学院の組織行動学教授として、科学的な手法を用いて文化の進化を研究している。単に文化の過去と現在を分析するだけでなく、文化の特質を踏まえて社会問題を解決するための提言も積極的に行なっている。たとえば最近では、新型コロナウイルス感染症（ＣＯＶＩＤ－19）をめぐる各国の対応や状況を分析し、数々のメディアで見解を発信している。

世界保健機関（ＷＨＯ）が新型コロナウイルス感染症の流行を「パンデミック」と宣言したのは二〇二〇年三月一一日だが、その二日後にゲルファンドは「コロナウイルスを生き延びるために、アメリカはタイトにならなくてはいけない――医療だけの問題ではなく、文化の問題でもある」と題した論考を『ボストン・グローブ』紙に寄稿している。「ルーズな文化をもつアメリカでは、人々は共通の目標のために社会的行動をタイトに協調させることに慣れていない。さらに、ほかの国と比べて、行動を制約する厳格なルールに従って自由を犠牲にすることには前向きになれない」と指摘し、アメリカでの急激な感染拡大に対して医療の面で対策をとるだけでは不十分で、「文化のパターンも変える必要がある」と述べている。「一時的に自由を犠牲にして厳格なルールを受け入れることで、私たちはこの病気によるダメージを抑えることができるだろう」という提言は、今もなお説得力がある。

二〇二一年一月、ゲルファンドは医学誌『ランセット』に「文化のタイトさ・ルーズさとCOVID－19の感染者数および死者数との関係：世界的分析」という研究論文を発表した。五七カ国について二〇二〇年一〇月までのデータを分析したところ、タイトな国（韓国、シンガポール、台湾など）では人口一〇〇万人あたりの感染者が一四二八人、死者が二一人だったのに対し、ルーズな国（アメリカ、ブラジル、スペインなど）では感染者が七一三二人、死者が一八三人だったという。厳格な規範に従うタイトな国が、ルーズな国よりも感染拡大を抑えることに成功していることがわかり、「タイト」と「ルーズ」にもとづく比較の有効性をうかがわせる結果である。

本書の原書は二〇一八年に刊行されたので、新型コロナウイルス感染症は取り上げられていないが、身近な日常の光景から地球規模の課題に至るまで、多様なトピックが扱われている。「タイト」と「ルーズ」を軸にした観点から文化や事象を読み解くことにより、それらを生み出した背景が浮かび上がり、場合によっては問題への解決策も導き出される。最終章では、「タイトさ」と「ルーズさ」を利用して、あるいは調節して、人口過剰や気候変動といったグローバルな課題に対処することも提言している。

シンプルで切れ味のよい「タイト」対「ルーズ」というコンセプトは、誰にでも扱いやすく、さまざまな事象に応用できる。私たちが他者を理解しようとするとき、あるいは他者とのあいだに起きたトラブルを解決しようとするときにも、この視点が役立つかもしれない。「タイト」と「ルーズ」という尺度は、国や文化といった大きなものだけでなく、コミュニティーや家庭、さらには個人のような小さなものにもあてはまるのだ。

では、自分はタイトなのかルーズなのか。そんな関心に応えるテストをゲルファンドが用意している。彼女のウェブサイト（https://www.michelegelfand.com/tl-quiz）で二〇個の簡単な質問に答えると、「とてもルーズ」から「とてもタイト」までのどれにあてはまるか、スコアとともに判定してくれる。身近な人といっしょに試してみたら、互いをさらによく知り、よりよい関係を構築するのに役立つのではないだろうか。

本書の翻訳にあたり、白揚社の阿部明子氏は翻訳の機会をくださり、訳稿をブラッシュアップするのに多大な力を注いでくださった。仕事が遅れがちな私に対し、とても寛大《ルーズ》に、しかし要所では厳格《タイト》に、ゴールまで導いてくださったことに、心から感謝する。

二〇二二年一月

田沢恭子

The Guardian. https://www.theguardian.com/world/1999/aug/29/turkeyquakes.turkey1.

76. The Editors of Encyclopedia Britannica. (n.d.). Izmit earthquake of 1999; Turkey. *Encyclopædia Britannica.* https://www.britannica.com/event/Izmit-earthquake-of-1999.
77. Kinzer (1999). Earthquakes help warm Greek-Turkish relations. *The New York Times.*
78. Ahmed, K. A. (2017). In Bangladesh, a flood and an efficient response. *The New York Times.* https://www.nytimes.com/2017/09/01/opinion/bangladesh-floods.html.
79. Lalmonirhat, M. H. (2017). When natural disaster wipes out man-made borders. *Dhaka Tribune.* http://www.dhakatribune.com/bangladesh/2017/08/15/natural-disaster-breaks-borderline-issues/.
80. Sullivan, J. (2013). *This is water—full version—David Foster Wallace commencement speech* [Video file]. https://www.youtube.com/watch?v=8CrOL-ydFMI&t=136s.
81. Music, movies, women drivers: 11 ways how Crown Prince Salman is transforming Saudi Arabia. (2017). *India Times.* https://www.indiatimes.com/news/india/music-movies-women-drivers-11-ways-how-crown-prince-salman-is-transforming-saudi-arabia-332577.html.
82. Hubbard, B. (2017). Saudi Arabia agrees to let women drive. *The New York Times.* https://www.nytimes.com/2017/09/26/world/middleeast/saudi-arabia-women-drive.html.

60. Fertility rates. (2018). Organization for Economic Cooperation and Development. https://data.oecd.org/pop/fertility-rates.htm.
61. Total fertility rates in Israel by religion and level of religiosity and their impact on public expenditure. (2016). Department of Budgetary Control, Research and Information Center, The Knesset. https://www.knesset.gov.il/mmm/data/pdf/m03735.pdf.（リンク切れ）
62. Tal. *The land is full.*
63. 同上。
64. Tal. Israel's looming demographics crisis.
65. 同上。
66. Fertility rates, average age of mother and sex ratio at birth, by selected characteristics of the mother. Central Bureau of Statistics, Israel. (2017). https://www.cbs.gov.il/shnaton68/st03_14xpdf.（リンク切れ）
67. Eisenbud, D. (2018). Current Israeli birth rates unsustainable, says expert. *The Jerusalem Post.* http://www.jpost.com/Israel-News/Current-Israeli-birth-rates-unsustainable-says-expert-543209.
68. Climate Analytics. (2015). Global warming reaches 1°C above preindustrial, warmest in more than 11,000 years. *Climate Analytics.* https://climateanalytics.org/briefings/global-warming-reaches-1c-above-preindustrial-warmest-in-more-than-11000-years/.
69. Monroe, B. (2015). What does this number mean? Scripps Institution of Oceanography. https://scripps.ucsd.edu/programs/keelingcurve/2015/05/12/what-does-this-number-mean/. 以下も参照。Kahn, B. (2017). We just breached the 410 PPM threshold for CO_2. *Scientific American.* https://www.scientificamerican.com/article/we-just-breached-the-410-ppm-threshold-for-co2/.
70. The consequences of climate change. (n.d.). National Aeronautics and Space Administration. https://climate.nasa.gov/effects/.
71. Mapping the impacts of climate change. (2011). Center for Global Development. https://www.cgdev.org/page/mapping-impacts-climate-change.（リンク切れ）
72. Shirah, G., & Zheng, C. (2015). Megadroughts in U.S. west predicted to be the worst of the millennium. National Aeronautics and Space Administration. https://svs.gsfc.nasa.gov//cgi-bin/details.cgi?aid=4270.
73. Brennan, P. (2017, November 13). Greenland melt speeds East Coast sea level rise. National Aeronautics and Space Administration. https://climate.nasa.gov/news/2651/greenland-melt-speeds-east-coast-sea-level-rise/.
74. Oreskes, N., & Conway, E. M. (2014). *The collapse of Western civilization: A view from the future.* New York: Columbia University Press.（『こうして、世界は終わる』ナオミ・オレスケス、エリック・M・コンウェイ著、渡会圭子訳、ダイヤモンド社）
75. Kinzer, S. (1999). Earthquakes help warm Greek-Turkish relations. *The New York Times.* http://www.nytimes.com/1999/09/13/world/earthquakes-help-warm-greek-turkish-relations.html?mcubz=3; Smith, H., & Freely, M. (1999). Greek missions of mercy melt ancient hatred.

beginning makes ethics salient and decreases dishonest self-reports in comparison to signing at the end. *Proceedings of the National Academy of Sciences,* 109 (38), 15197–15200.
38. 2017年12月23日、マックス・ベイザーマンとの個人的なやりとり。
39. 同上。
40. Sternberg, J. (2012). *Misbehavior in cyber places: The regulation of online conduct in virtual communities on the internet.* Lanham: University Press of America.
41. 同上。
42. Worldometers. (2018). Current world population. http://www.worldometers.info/world-population/.
43. Population estimates: Year one through 2050 A.D. (n.d.). Ecology Global Network. http://www.ecology.com/population-estimates-year-2050/.（リンク切れ）
44. Sauter, M. B. (2011). The countries with the fastest growing populations. *24/7 Wall St.* http://247wallst.com/investing/2011/08/02/the-countries-with-the-fastest-growing-populations/3/.
45. Zero hunger. (2018). World food programme. http://www1.wfp.org/zero-hunger.
46. Democratic Republic of the Congo. (2017). World Food Programme. http://www1.wfp.org/countries/democratic-republic-congo.
47. Sauter. The countries with the fastest growing populations.
48. Why population matters to water resources. (2011). Population Action International. https://pai.org/wp-content/uploads/2012/04/PAI-1293-WATER-4PG.pdf.
49. How much water does the average person use at home per day? (2016). United States Geological Survey. https://water.usgs.gov/edu/qa-home-percapita.html.
50. Why population matters to water resources. Population Action International.
51. Wegs, C., Creanga, A. A., Galavotti, C., & Wamalwa, E. (2016). Community dialogue to shift social norms and enable family planning: An evaluation of the family planning results initiative in Kenya. *PloS One,* 11 (4), e0153907.
52. 同上。
53. CARE initiative almost doubles family planning rate in Ethiopia. (2013). CARE. http://www.care.org/work/health/family-planning/care-initiative-almost-doubles-family-planning-rate-ethiopia.
54. Tal, A. (2016). *The land is full: Addressing overpopulation in Israel.* New Haven, Conn.: Yale University Press.
55. Tal, A. (2016). Israel's looming demographics crisis. *The New York Times.* https://www.nytimes.com/2016/07/23/opinion/israels-looming-demographic-crisis.html.
56. Population, total. The World Bank. https://data.worldbank.org/indicator/SP.POP.TOTL1.
57. Projection of population in Israel for 2020–2065, by population group, sex and age. (2017). Central Bureau of Statistics. http://www.cbs.gov.il/reader/shnaton/templ_shnaton_e.html?num_tab=st02_10&CYear=2017.（リンク切れ）
58. Tal. *The land is full.*
59. Tal. Israel's looming demographics crisis.

21. Gosling, S. D., & Mason, W. (2015). Internet research in psychology. *Annual Review of Psychology,* 66, 877–902.
22. Rose-Stockwell, T. (2017, July 14). This is how your fear and outrage are being sold for profit. *Medium.* https://medium.com/the-mission/the-enemy-in-our-feeds-e86511488de.
23. 同上。
24. Harris, T. (2017, April 11). The eyeball economy: How advertising co-opts independent thought. *big think.* http://bigthink.com/videos/tristan-harris-the-attention-economy-a-race-to-the-bottom-of-the-brain-stem.
25. Marchant, J. (2000). Out of the shadows. *New Scientist,* 167 (2253), 40–43.
26. Shea, V., & Shea, C. (1994). *Netiquette.* San Francisco: Albion Books.（『ネチケット』バージニア・シャー著、松本功訳、ひつじ書房）
27. Malone, K. (2017, June 29). Change My View on Reddit helps people challenge their own opinions. NPR. https://www.npr.org/2017/06/29/534916052/change-my-view-on-reddit-helps-people-challenge-their-own-opinions. 以下も参照。Moderation standards and practices. https://www.reddit.com/r/changemyview/wiki/modstandards.
28. Kantrowitz, A. (2017, June 16). Violence on Facebook Live is worse than you thought. *BuzzFeed.* https://www.buzzfeed.com/alexkantrowitz/heres-how-bad-facebook-lives-violence-problem-is.
29. Tsukayama, H. (2017, May 3). Facebook adds 3,000 employees to screen for violence as it nears 2 billion users. *The Washington Post.* https://www.washingtonpost.com/news/the-switch/wp/2017/05/03/facebook-is-adding-3000-workers-to-look-for-violence-on-facebook-live. https://www.facebook.com/communitystandards/ も参照。
30. 同上。
31. Constine, J. (2018). Facebook feed change sacrifices time spent and news outlets for "well-being." *TechCrunch.* https://techcrunch.com/2018/01/11/facebook-time-well-spent/.
32. Twitter PublicPolicy (2018, January 31). Update on Twitter's review of the 2016 U.S. election. Twitter Blog. https://blog.twitter.com/official/en_us/topics/company/2018/2016-election-update.html.
33. Crowell, C. (2017, June 14). Our approach to bots & misinformation. Twitter Blog. https://blog.twitter.com/official/en_us/topics/company/2017/Our-Approach-Bots-Misinformation.html.
34. Guynn, J. (2017, March 16). Google starts flagging offensive content in search results. *USA Today.* https://www.usatoday.com/story/tech/news/2017/03/16/google-flags-offensive-content-search-results/99235548/. https://www.facebook.com/communitystandards/ も参照。
35. 同上。
36. Thompson, N. (2017, August 14). Instagram's Kevin Systrom wants to clean up the &#%$@! internet. *Wired.* https://www.wired.com/2017/08/instagram-kevin-systrom-wants-to-clean-up-the-internet/.
37. Shu, L. L., Mazar, N., Gino, F., Ariely, D., & Bazerman, M. H. (2012). Signing at the

problem by giving them something better to do. *Fast Company.* https://www.fastcompany.com/3067732/iceland-fixed-its-teen-substance-abuse-problem-by-giving-them-something-better-to-do.
5. Young. How Iceland got teens to say no to drugs.
6. Alcohol facts and statistics. (2017). National Institute of Alcohol Abuse and Alcoholism. https://www.niaaa.nih.gov/alcohol-health/overview-alcohol-consumption/alcohol-facts-and-statistics.
7. Johnson, A. W., & Earle, T. K. (2000). *The evolution of human societies: From foraging group to agrarian state.* Stanford, Calif.: Stanford University Press.
8. Davidson, J. (2015, May 26). Here's how many Internet users there are. *Time.* https://time.com/3896219/internet-users-worldwide/.
9. Digital in 2017: Global overview. (2017, January 24). We Are Social. https://wearesocial.com/special-reports/digital-in-2017-global-overview.
10. Davidson, L. (2015, May 17). Is your daily social media usage higher than average? *The Telegraph.* http://www.telegraph.co.uk/finance/newsbysector/mediatechnologyandtelecoms/11610959/Is-your-daily-social-media-usage-higher-than-average.html.
11. 同上。
12. Digital in 2017. We Are Social.
13. Dean, D., DiGrande, S., Field, D., Lundmark, A., O'Day, J., Pineda, J., & Zwillenberg, P. (2012). The internet economy in the G-20. Boston Consulting Group. https://www.bcg.com/publications/2012/technology-digital-technology-planning-internet-economy-g20-4-2-trillion-opportunity.aspx.
14. Friedman, T. L. (2017). *Thank you for being late: An optimist's guide to thriving in the age of accelerations.* New York: Farrar, Straus and Giroux.（『遅刻してくれて、ありがとう』トーマス・フリードマン著、伏見威蕃訳、日本経済新聞出版社）
15. Graham, L. (2017, September 20). The number of devastating cyberattacks is surging—and it's likely to get much worse. CNBC. https://www.cnbc.com/2017/09/20/cyberattacks-are-surging-and-more-data-records-are-stolen.html; Duggan, M. (2014, October 22). Online harassment. Pew Research Center. http://www.pewinternet.org/2014/10/22/online-harassment/.
16. Duggan, M. Online harassment; Cyber bullying: Statistics and tips. (n.d.). i-SAFE foundation. https://auth.isafe.org/outreach/media/media_cyber_bullying. http://archive.ncpc.org/resources/files/pdf/bullying/cyberbullying.pdf も参照。
17. Duggan. Cyber bullying. i-SAFE foundation.
18. Gurak, L. J. (2001). *Cyberliteracy: Navigating the Internet with awareness.* New Haven, Conn.: Yale University Press.
19. Suler, J. (2004). The online disinhibition effect. *Cyberpsychology & Behavior,* 7(3), 321–326.
20. Kiesler, S., Zubrow, D., Moses, A. M., & Geller, V. (1985). Affect in computer-mediated communication: An experiment in synchronous terminal-to-terminal discussion. *Human-Computer Interaction,* 1 (1), 77–104.

28). Pew Research Center. http://www.pewhispanic.org/2015/09/28/chapter-4-u-s-public-has-mixed-views-of-immigrants-and-immigration/.

135. Lyons-Padilla, S., Gelfand, M. J., Mirahmadi, H., Farooq, M., & van Egmond, M. (2015). Belonging nowhere: Marginalization & radicalization risk among Muslim immigrants. *Behavioral Science & Policy,* 1 (2), 1–12.

136. Lyons, S. L. (2015). *The psychological foundations of home-grown radicalization: An immigrant acculturation perspective* (Doctoral dissertation, University of Maryland, College Park).

137. 244 million international migrants living abroad worldwide, new UN statistics reveal. United Nations. http://www.un.org/sustainabledevelopment/blog/2016/01/244-million-international-migrants-living-abroad-worldwide-new-un-statistics-reveal/.

138. Seligman, A. B., Wasserfall, R. R., & Montgomery, D. W. (2016). *Living with difference: How to build community in a divided world* (Vol. 37). Oakland: University of California Press.

139. The language of neighborhood and practices of public life. CEDAR. http://www.cedarnetwork.org/programs/past-programs/2009-united-kingdom/. アフリカで対立を緩和することに成功した介入の事例については以下を参照。Paluck, E. L. (2009). Reducing intergroup prejudice and conflict using the media: A field experiment in Rwanda. *Journal of Personality and Social Psychology,* 96 (3), 574–587. 現実世界の規範変更と政策介入に関する広範な論考については以下を参照。Bicchieri, C. (2016). *Norms in the wild: How to diagnose, measure, and change social norms.* New York: Oxford University Press.

140. Jackson, J. C., Gelfand, M., Ayub, N., & Wheeler, J. (2017). Together from afar: Using a diary contact technique to reduce conflict across cultures.

141. Samuels, R. (2017, September 22). A showdown over Sharia. *The Washington Post.* http://www.washingtonpost.com/sf/national/2017/09/22/muslims-and-anti-sharia-activists-meet-armed-at-a-dairy-queen-to-talk-fears-about-americas-future/?utm_term=.f089d7ebba4a.

11　社会規範の力を利用する

1. Lewis, M., Yarats, D., Dauphin, Y. N., Parikh, D., & Batra, D. (2017, June 16). Deal or no deal? End-to-end learning for negotiation dialogues. *arXiv preprint arXiv:1706.05125*; McKay, T. (2017, July 31). No, Facebook did not panic and shut down an AI program that was getting dangerously smart. Gizmodo. https://gizmodo.com/no-facebook-did-not-panic-and-shut-down-an-ai-program-1797414922.

2. Berman, V. (2017, September 6). The secret language of chatbots. *TechCrunch.* https://techcrunch.com/2017/09/06/the-secret-language-of-chatbots/.

3. Young, E. (2017). How Iceland got teens to say no to drugs. *The Atlantic.* https://www.theatlantic.com/health/archive/2017/01/teens-drugs-iceland/513668/.

4. Kenny, R. (2017). How one country persuaded teens to give up drink and drugs. BBC News. http://www.bbc.com/news/av/stories-41973296/how-one-country-persuaded-teens-to-give-up-drink-and-drugs. 以下も参照。Sorrel, C. (2017). Iceland fixed its teen substance-abuse

Pen far right? BBC. http://www.bbc.com/news/world-europe-38321401.
120. Gelfand, M., & Jackson, J. C. (2017, May 1). The cultural division that explains global political shocks from Brexit to Le Pen. *The Conversation.* http://theconversation.com/the-cultural-division-that-explains-global-political-shocks-from-brexit -to-le-pen-76962.
121. King, L. (2017, July 5). In Poland, a right-wing, populist, anti-immigrant government sees an ally in Trump. *Los Angeles Times.* http://www.latimes.com/world/la-fg-poland-trump-2017-story.html.
122. Lowe, J. (2017, October 16). Another far-right party has won voters' hearts in Europe with anti-Islam message. *Newsweek.* http://www.newsweek.com/freedom-party-austria-far-right-marine-le-pen-685567.
123. German election: How right-wing is nationalist AfD? (2017, October 13). BBC. http://www.bbc.com/news/world-europe-37274201.
124. Inglehart, R., & Norris, P. (2016). Trump, Brexit, and the rise of populism: Economic have-nots and cultural backlash. *Harvard Kennedy School Faculty Research Working Paper Series.*
125. 2017年1月8日、ロナルド・イングルハートとの個人的なやりとり。
126. Dick, W. (2016, October 22). From Anti-Antifa to Reichsburger: Germany's far-right movements. *Deutsche Welle.* http://www.dw.com/en/from-anti-antifa-to-reichsb%C3%BCrger-germanys-far-right-movements/a-36122279.
127. Struyk, R. (2017, August 15). By the numbers: 7 charts that explain hate groups in the United States. CNN. http://www.cnn.com/2017/08/14/politics/charts-explain-us-hate-groups/index.html.
128. Strickland, P. (2017, August 13). Unite the right: White supremacists rally in Virginia. Al Jazeera. http://www.aljazeera.com/news/2017/08/unite-white-supremacists-rally-virginia-170812142356688.html.
129. Robles, F. (2017, August 25). As white nationalist in Charlottesville fired, police "never moved." *The New York Times.* https://www.nytimes.com/2017/08/25/us/charlottesville-protest-police.html.
130. Deconstructing the symbols and slogans spotted in Charlottesville. (2017, August 18). *The Washington Post.* https://www.washingtonpost.com/graphics/2017/local/charlottesville-videos/?utm_term=.f20cf350df15.
131. Green, E. (2017, August 15). Why the Charlottesville marchers were obsessed with Jews. *The Atlantic.* https://www.theatlantic.com/politics/archive/2017/08/nazis-racism-charlottesville/536928/.
132. Forscher, P. S., & Kteily, N. S. (2017). A psychological profile of the alt-right. https://psyarxiv.com/c9uvw.
133. Nardelli, A. (2015, August 6). Immigration viewed negatively by half of developed world's population. *The Guardian.* https://www.theguardian.com/world/datablog/2015/aug/06/immigration-viewed-negatively-half-developed-world-population.
134. Chapter 4: U.S. public has mixed views of immigrants and immigration. (2015, September

https://www.cbsnews.com/news/isis-orlando-shooting-gays-execution-torture-ramadan/.

104. Female ISIS member paid £35 per month to lash "immodest women" with ropes and sticks. (2017, March 9). *International Business Times.* http://www.ibtimes.co.uk/female-isis-member-paid-35-per-month-lash-immodest-women-ropes-sticks-1610479.
105. Moubayed, S. (2015). *Under the black flag: At the frontier of the new jihad.* London and New York: IB Tauris.（『イスラーム国の黒旗のもとに』サーミー・ムバイヤド著、高尾賢一郎・福永浩一訳、青土社）
106. Harmon, C. C., & Bowdish, R. G. (2018). *The terrorist argument: Modern advocacy and propaganda.* Washington, D.C.: Brookings Institution Press.
107. Hassan, M. H. (2015, August 12). A wolf in sheep's clothing: An analysis of Islamic State's takfir doctrine. *Eurasia Review.* https://www.eurasiareview.com/12082015-a-wolf-in-sheeps-clothing-an-analysis-of-islamic-states-takfir-doctrine/.
108. Revkin, M. (2016, January 10). ISIS' social contract. *Foreign Affairs.* https://www.foreignaffairs.com/articles/syria/2016-01-10/isis-social-contract.
109. Schmitt, E., & Sengupta, S. (2015, September 26). Thousands enter Syria to join ISIS despite global efforts. *The New York Times.* https://www.nytimes.com/2015/09/27/world/middleeast/thousands-enter-syria-to-join-isis-despite-global-efforts.html.
110. 2017年12月19日、スコット・アトランとの個人的なやりとり。
111. Webber, D., Babush, M., Schori-Eyal, N., Vazeou-Nieuwenhuis, A., Hettiarachchi, M., Bélanger, J. J., . . . & Gelfand, M. J. (in press). The road to extremism: Field and experimental evidence that significance loss-induced need for closure fosters radicalization. *Journal of Personality and Social Psychology.*
112. Swann, S., & Corera, G. (2011, September 30). A decade on for the "American Taliban." BBC. http://www.bbc.com/news/magazine-15101776.
113. Thomas, E. (2001, December 16). A long, strange trip to the Taliban. *Newsweek.* http://www.newsweek.com/long-strange-trip-taliban-148503.
114. Gaffey, C. (2017, November 2). Bin Laden and Shakespeare: How a visit to the British playwright's home contributed to al-Qaeda leader's radicalization. *Newsweek.* http://www.newsweek.com/osama-bin-laden-william-shakespeare-699318.
115. Qutb, S. (2000). The America I have seen: In the scale of human values. In Abdel-Malek, K. (Ed.). *America in an Arab mirror: Images of America in Arabic travel literature—an anthology.* New York: Palgrave Macmillan.
116. The 12 October 2002 Bali bombing plot. (2012, October 11). BBC. http://www.bbc.com/news/world-asia-19881138.
117. 2017年9月1日、アリ・イムロンへの直接取材。
118. Roberts, E. (2017, April 25). From economic woes to terrorism, a daunting to-do list for France's next president. CNN. http://www.cnn.com/2017/04/25/europe/problems-facing-france-president/index.html.
119. Nowack, M., & Branford, B. (2017, February 10). France elections: What makes Marine Le

governing? Brookings Institute. https://www.brookings.edu/blog/markaz/2015/11/20/experts-weigh-in-is-isis-good-at-governing/.

88. Covarrubias, J., Lansford, T., & Pauly, R. J., Jr. (2016). *The new Islamic State: Ideology, religion and violent extremism in the 21st century.* Abingdon, UK: Routledge.
89. Gerges. *Isis: A history.*
90. Collard, R. (2014, June 19). Life in Mosul gets back to normal, even with ISIS in control. *Time.* http://time.com/2901388/mosul-isis-iraq-syria/.
91. McCulloh, I., Newton, S., & Dagher, M. Strain theory as a driver of radicalization processes. Working paper.
92. Callimachi, R. (2016, December 12). For women under ISIS, a tyranny of dress code and punishment. *The New York Times.* https://www.nytimes.com/2016/12/12/world/middleeast/islamic-state-mosul-women-dress-code-morality.html; "We feel we are cursed": Life under ISIS in Sirte, Libya. (2016, May 18). Human Rights Watch. https://www.hrw.org/report/2016/05/18/we-feel-we-are-cursed/life-under-isis-sirte-libya.
93. Medina, G. (2017). Samer. The Raqqa diaries: Escape from "Islamic State."
94. Perry, M., Chase, M., Jacob, J., Jacob, M., & Von Laue, T. H. (2012). *Western civilization: Ideas, politics, and society, Volume II: From 1600.* Boston: Cengage Learning.
95. Karam, Z. (2015). *Life and death in ISIS: How the Islamic State builds its caliphate.* AP Editions.
96. Hall, R. (2016, November 18). ISIS jailed and beat up this Iraqi barber for giving the wrong haircut. Public Radio International. https://www.pri.org/stories/2016-11-18/isis-jailed-and-beat-iraqi-barber-giving-wrong-haircut.
97. Porter, T. (2015, August 21). Isis in Syria: Islamic State bans TV and smashes up satellite dishes. *International Business Times.* http://www.ibtimes.co.uk/isis-syria-islamic-state-bans-tv-smashes-satellite-dishes-1516525.
98. Hawramy, F., & Shaheen, K. (2015, December 9). Life under ISIS in Raqqa and Mosul: "We're living in a giant prison." *The Guardian.* https://www.theguardian.com/world/2015/dec/09/life-under-isis-raqqa-mosul-giant-prison-syria-iraq.
99. Saul, H. (2015, February 13). Life under Isis in Raqqa: The city where smoking a cigarette could see you publicly flogged, imprisoned and even decapitated. *The Independent.* http://www.independent.co.uk/news/world/middle-east/life-under-isis-in-raqqa-the-city-where-smoking-a-cigarette-could-see-you-publicly-flogged-10043969.html.
100. Hawramy & Shaheen. Life under ISIS in Raqqa and Mosul.
101. Cigarette smuggler skirts edge of ISIS ban. (2015, June 19). *New York Post.* https://nypost.com/2015/06/19/cigarette-smuggler-skirts-edge-of-isis-ban/.
102. Winsor, M. (2015, February 12). ISIS beheads cigarette smokers: Islamic State deems smoking "slow suicide" under Sharia law. *International Business Times.* http://www.ibtimes.com/isis-beheads-cigarette-smokers-islamic-state-deems-smoking-slow-suicide-under-sharia-1815192.
103. ISIS, many of their enemies share a homicidal hatred of gays. (2016, June 13). CBS News.

ratings-stands-at-86-pew-research-center-poll.
73. Callimachi, R. (2014, October 25). The horror before the beheadings. *The New York Times.* https://www.nytimes.com/2014/10/26/world/middleeast/horror-before-the-beheadings-what-isis-hostages-endured-in-syria.html.
74. Williams, J. (2017, June 22). What has ISIS destroyed? Al-Nuri Mosque and other historical sites Islamic State has ruined. *Newsweek.* http://www.newsweek.com/al-nuri-mosque-iraq-mosul-isis-628447.
75. What to do with Islamic State's child soldiers. (2017, June 17). *The Economist.* https://www.economist.com/news/middle-east-and-africa/21723416-cubs-caliphate-are-growing-up-what-do-islamic-states-child.
76. Gerges, F. (2016). *ISIS: A history.* Prince ton, N.J.: Prince ton University Press.
77. Shuster, M. (2007, February 15). Iraq War deepens Shia-Sunni divide. NPR. https://www.npr.org/2007/02/15/7411762/iraq-war-deepens-sunni-shia-divide.
78. Woertz, E. (2017, June). Food security in Iraq: Politics matter. Barcelona Centre for International Affairs. https://www.cidob.org/en/publications/publication_series/opinion/seguridad_y_politica_mundial/food_security_in_iraq_politics_matter.
79. Smith, J. (2013, March 15). The failed reconstruction of Iraq. *The Atlantic.* https://www.theatlantic.com/international/archive/2013/03/the-failed-reconstruction-of-iraq/274041/.
80. Cordesmon, A. H. (2015, October 5). Trends in Iraqi violence, casualties, and impact of war: 2003–2015. Center for Strategic and International Studies. https://csis-website-prod.s3.amazonaws.com/s3fs-public/legacy_files/files/publication/150914_Trends_in_Iraqi_Violence_Casualties.pdf.
81. Jasko, K., Kruglanski, A. W., Rijal bin Hassan, A. S., & Gunaratna, R. (in press). ISIS: Its history, ideology, and psychology. In *Handbook of contemporary Islam and Muslim lives.* New York: Springer.
82. Stone, O., & Kuznick, P. (2012). *The untold history of the United States.* New York: Simon & Schuster.（『オリバー・ストーンが語るもうひとつのアメリカ史』オリバー・ストーン、ピーター・カズニック著、吉田三知世ほか訳、ハヤカワ文庫）
83. Boghani, P. (2014, October 28). In their own words: Sunnis on their treatment in Maliki's Iraq. *Frontline Journalism.* http://www.pbs.org/wgbh/frontline/article/in-their-own-words-sunnis-on-their-treatment-in-malikis-iraq/.
84. Moyar, M. (2014). *A question of command: Counterinsurgency from the Civil War to Iraq.* New Haven, Conn.: Yale University Press. 以下も参照。West, B. (2009). *The strongest tribe: War, politics, and the endgame in Iraq.* New York: Random House.
85. Dagher, M. (2017, October 30). *Iraqi public opinion on the rise, fall, and future of ISIS.* Presentation given at the Center for Strategic and International Studies in Washington, D.C.
86. Chulov, M. (2014, December 11). ISIS: The inside story. *The Guardian.* http://www.theguardian.com/world/2014/dec/11/-sp-isis-the-inside-story.
87. Revkin, M., & McCants, W. (2015, November 20). Experts weigh in: Is ISIS good at

59. Philippines' Rodrigo Duterte recommends death penalty. (2016, May 16). Al Jazeera. http://www.aljazeera.com/news/2016/05/philippines-rodrigo-duterte-backs-capital-punishment-160516041658959.html.
60. Bueza, M. (2016, September 13). In numbers: The Philippines "war on drugs." *Rappler.* https://www.rappler.com/newsbreak/iq/145814-numbers-statistics-philippines-war-drugs.
61. Berehulak, D. (2016, December 7). "They are slaughtering us like animals." *The New York Times.* https://www.nytimes.com/interactive/2016/12/07/world/asia/rodrigo-duterte-philippines-drugs-killings.html.
62. "License to kill": Philippine police killings in Duterte's "war on drugs." Human Rights Watch. https://www.hrw.org/report/2017/03/02/license-kill/philippine-police-killings-dutertes-war-drugs.
63. Goldman, R. (2016, September 30). Rodrigo Duterte's most contentious quotes. *The New York Times.* https://www.nytimes.com/interactive/2016/09/30/world/asia/rodrigo-duterte-quotes-hitler-whore-philippines.html.
64. Bearak, M. (2016, September 21). Potty-mouthed Philippine president Duterte gives E.U. the middle finger. *The Washington Post.* https://www.washingtonpost.com/news/worldviews/wp/2016/09/21/potty-mouthed-philippine-president-duterte-gives-e-u-the-middle-finger/?utm_term=.6119e40f55eb.
65. Yap, D. J. (2016, March 18). 12 M Filipinos living in extreme poverty. *Inquirer.* http://newsinfo.inquirer.net/775062/12m-filipinos-living-in-extreme-poverty.
66. Gonzalez, Y. V. (2016, May 24). PH has worst unemployment rate despite high GDP growth—Ibon. *Inquirer.* http://business.inquirer.net/210532/ph-has-worst-unemployment-rate-despite-high-gdp-growth-research.
67. Sanidad-Leones, C. (2006). The current situation of crime associated with urbanization: Problems experienced and countermeasures initiated in the Philippines. *Resource Material Series,* (68).
68. Jenkins, N. (2016, May 10). Why did the Philippines just elect a guy who jokes about rape as its president? *Time.* http://time.com/4324073/rodrigo-duterte-philippines-president-why-elected/.
69. Mirasol, J. D. B. (2017, May). Cooperation with China on Philippines' war on drugs. Foreign Service Institute. http://www.fsi.gov.ph/cooperation-with-china-on-the-philippines-war-on-drugs/.
70. Jenkins. Why did the Philippines just elect a guy who jokes about rape as its president?
71. Bevins, V. (2017, April 17). Duterte's drug war is horrifically violent. So why do many young, liberal Filipinos support it? *The Washington Post.* https://www.washingtonpost.com/world/asia_pacific/dutertes-drug-war-is-horrifically-violent-so-why-do-many-young-liberal-filipinos-support-it/2017/04/16/9d589198-1ef1-11e7-be2a-3a1fb24d4671_story.html.
72. Aquino, N. P. (2017, September 21). Broad support for Duterte's drug war in Philippines, Pew finds. *Bloomberg.* https://www.bloomberg.com/news/articles/2017-09-21/duterte-approval-

putin/?noredirect=on&utm_term=.954dad577b48.

45. Ioffe, J. (2016, December). Why many young Russians see a hero in Putin. *National Geographic.* https://www.nationalgeographic.com/magazine/2016/12/putin-generation-russia-soviet-union/.
46. Herszenhorn, D. M. (2012, June 8). New Russian law assesses heavy fines on protesters. *The New York Times.* https://www.nytimes.com/2012/06/09/world/europe/putin-signs-law-with-harsh-fines-for-protesters-in-russia.html.
47. Maida, A. (2017, July 18). Online and on all fronts: Russia's assault on freedom of expression. Human Rights Watch. https://www.hrw.org/report/2017/07/18/online-and-all-fronts/russias-assault-freedom-expression.
48. Russia profile—media. (2017, April 25). BBC. http://www.bbc.com/news/world-europe-17840134.
49. Websites of Putin critics blocked in Russia. (2014, March 14). BBC. http://www.bbc.com/news/technology-26578264.
50. Boghani, P. (2015, January 13). Putin's legal crackdown on civil society. PBS. https://www.pbs.org/wgbh/frontline/article/putins-legal-crackdown-on-civil-society/.
51. Chalabi, M. (2014, April 4). A look at journalists killed, by country. *FiveThirtyEight.* https://fivethirtyeight.com/features/a-look-at-journalists-killed-by-country/.
52. Freedom in the world: Russia. Freedom House. https://freedomhouse.org/report/freedom-world/2017/russia.（リンク切れ）
53. Hook, S. (1989). Knowing the Soviet Union: The ideological dimension. In *The USSR: What do we know and how do we know it?* Boston: Boston University Institute for the Study of Conflict, Ideology, and Policy.
54. Higgins, A. In expanding Russian influence, faith combines with firepower. *The New York Times.* https://www.nytimes.com/2016/09/14/world/europe/russia-orthodox-church.html.
55. Ellis, G., & Kolchyna, V. Putin and the "triumph of Christianity" in Russia. (2017, October 19). Al Jazeera. http://www.aljazeera.com/blogs/europe/2017/10/putin-triumph-christianity-russia-171018073916624.html.
56. Rankin, J. (2017, June 20). Russian "gay propaganda law" ruled discriminatory by European court. *The Guardian.* https://www.theguardian.com/world/2017/jun/20/russian-gay-propaganda-law-discriminatory-echr-european-court-human-rights.
57. Elder, M. (2013, June 11). Russia passes law banning "gay" propaganda. *The Guardian.* https://www.theguardian.com/world/2013/jun/11/russia-law-banning-gay-propaganda.
58. Kolstø, P., & Blakkisrud, H. (2016). *The new Russian nationalism.* Edinburgh: Edinburgh University Press. 以下も参照。Arnold, R. (2016, May 30). Surveys show Russian nationalism is on the rise. This explains a lot about the country's foreign and domestic politics. *The Washington Post.* https://www.washingtonpost.com/news/monkey-cage/wp/2016/05/30/surveys-show-russian-nationalism-is-on-the-rise-this-explains-a-lot-about-the-countrys-foreign-and-domestic-politics/?utm_term=.33e239ac2ac8.

Investopedia. https://www.investopedia.com/articles/investing/012116/russian-economy-collapse-soviet-union.asp.

34. Lowy, D. M. (1994). *Understanding organized crime groups in Russia and their illicit sale of weapons and sensitive materials* (Doctoral dissertation, Monterey, California. Naval Postgraduate School).
35. Lazear, E. P. (Ed.). (1995). *Economic transition in Eastern Europe and Russia: Realities of reform.* Stanford, Calif.: Hoover Press.
36. Bhattacharji, P. (2010, April 8). Chechen terrorism (Chechnya, separatist). Council on Foreign Relations. https://www.cfr.org/backgrounder/chechen-terrorism-russia-Chechnya-separatist.
37. Fedun, S. (2013, September 25). How alcohol conquered Russia. *The Atlantic.* https://www.theatlantic.com/international/archive/2013/09/how-alcohol-conquered-russia/279965/.
38. Paoli, L. (2002). The development of an illegal market: Drug consumption and trade in post-Soviet Russia. *The British Journal of Criminology, 42,* 21–39. 以下も参照。Paoli, L. (n.d.). Drug trafficking and related organized crime in Russia. Max Planck Institute for Foreign and International Criminal Law. https://www.mpicc.de/en/forschung/forschungsarbeit/kriminologie/archiv/drug_trafficking.html.（リンク切れ）1999年には国営の薬物依存治療センターに登録された薬物使用者が35万9067人いたが、専門家によれば、薬物使用者は実際にはその8～10倍いたらしい。
39. Notzon, F. C., Komarov, Y. M., Ermakov, S. P., Sempos, C. T., Marks, J. S., & Sempos, E. V. (1998). Causes of declining life expectancy in Russia. *Jama,* 279 (10), 793–800.
40. Keating, J. (2017, January 2). How Vladimir Putin engineered Russia's return to global power—and what he'll do next. *Slate.* http://www.slate.com/articles/news_and_politics/cover_story/2017/01/how_vladimir_putin_engineered_russia_s_return_to_global_power.html. 以下も参照。Ostrovsky, A. (2017). *The invention of Russia: From Gorbachev's freedom to Putin's war.* New York: Penguin.
41. Latypova, Sasha. (2014, October 17). What was it like to be in the Soviet Union just after it collapsed? *The Huffington Post.* https://www.huffingtonpost.com/quora/what-was-it-like-to-be-in_1_b_5998002.html.
42. Koshkin, P. (2016). Interview with Lev Gudkov: Russia's national identity through the lens of the Kremlin's foreign policy. *Russia Direct,* 4 (6), 14–17.
43. Bohlen, C. (2000, January 1). Yeltsin resigns: The overview; Yeltsin resigns, naming Putin as acting president to run in March election. *The New York Times.* http://www.nytimes.com/2000/01/01/world/yeltsin-resigns-overview-yeltsin-resigns-naming-putin-acting-president-run-march.html.
44. Poll shows Putin's approval skyrockets to record high for 2017. *Russia Beyond.* https://www.rbth.com/news/2017/03/02/poll-shows-putins-approval-skyrockets-to-record-high-for-2017_711993. 以下も参照。Taylor, A. (2018, March 16). 9 charts that lay out Russia's uncertain future—with or without Putin. *The Washington Post.* https://www.washingtonpost.com/news/worldviews/wp/2018/03/16/9-charts-that-lay-out-russias-uncertain-future-with-or-without-

15. Torbey, J. (2011, November 24). The future of the Arab world in light of recent transitions. Annual Arab Banking Summit. http://www.josephmtorbey.com/admin/docs/translated_uab_speech_english.pdf.
16. Egypt: crime soars 200 per cent since Hosni Mubarak was ousted. (2011, April 5). *The Telegraph.* http://www.telegraph.co.uk/news/worldnews/africaandindianocean/egypt/8430100/Egypt-crime-soars-200-per-cent-since-Hosni-Mubarak-was-ousted.html.
17. Kirkpatrick, D. D. (2011, May 12). Crime wave in Egypt has people afraid, even the police. *The New York Times.* http://www.nytimes.com/2011/05/13/world/middleeast/13egypt.html.
18. Habashi, G. (2011, October 27). Egypt—after the revolution is before the revolution. *Transform! Europe.* https://www.transform-network.net/en/publications/yearbook/overview/article/journal-092011/egypt-after-the-revolution-is-before-the-revolution/.
19. Meltz, D. (2016). Civil society in the Arab Spring: Tunisia, Egypt, and Libya. Undergraduate honors thesis, University of Colorado Boulder.
20. Kingsley, P. (2014, June 3). Abdel Fatah al-Sisi won 96.1% of vote in Egypt presidential election, say officials. *The Guardian.* https://www.theguardian.com/world/2014/jun/03/abdel-fatah-al-sisi-presidential-election-vote-egypt.
21. Vick, K. (2014, May 29). Al-Sisi wins Egypt's presidency but is stumbling already. *Time.* http://time.com/124449/egypt-election-president-al-sisi-low-voter-turnout/.
22. Eltantawi, S. (2014, May 28). Why Egyptians voted for Sisi. Reuters. https://www.reuters.com/article /idUS122710170920140528.
23. Moaddel, M., & Gelfand, M. J. (Eds.). (2017). *Values, political action, and change in the Middle East and the Arab Spring.* New York: Oxford University Press.
24. Fromm. *Escape from freedom.*（『自由からの逃走』）
25. Friedman, L. (2013). *The lives of Erich Fromm: Love's prophet.* New York: Columbia University Press.
26. Kierkegaard, S. (1844). *The concept of anxiety: A simple psychologically orienting deliberation on the dogmatic issue of hereditary sin.*（『不安の概念』キェルケゴール著、斎藤信治訳、岩波文庫ほか）
27. Gelfand, M. J. (2012). Survey of autocratic recidivism.
28. Russia's weakened democratic embrace. (2006, January 5). Pew Research Center. http://www.pewglobal.org/2006/01/05/russias-weakened-democratic-embrace/.
29. Chapter 6. Individualism and the Role of the State. (2011, December 5). Pew Research Center. http://www.pewglobal.org/2011/12/05/chapter-6-individualism-and-the-role-of-the-state/.
30. Russia's weakened democratic embrace. Pew Research Center.
31. Russians back protests, political freedoms. (2012, May 23). Pew Research Center. http://www.pewglobal.org/2012/05/23/russians-back-protests-political-freedoms-and-putin-too/.
32. Chapter 6. Individualism and the role of the state. (2011, December 5). Pew Research Center. http://www.pewglobal.org/2011/12/05/chapter-6-individualism-and-the-role-of-the-state/.
33. Johnston, M. (2016, January 21). The Russian economy since the collapse of the Soviet Union.

privacy. Pew Research Center. http://www.pewresearch.org/fact-tank/2015/05/29/what-americans-think-about-nsa-surveillance-national-security-and-privacy/.
80. Cameron, D. (2006). Speech to the Center for Policy Studies. https://www.theguardian.com/politics/2006/jun/26/conservatives.constitution.

10 文化の反撃と世界の秩序／無秩序

1. Fleishman, J. (2011, February 11). Mubarak's end came quickly, stunningly. *Los Angeles Times*. http://articles.latimes.com/2011/feb/11/world/la-fg-egypt-revolution-20110212.
2. Hammond, J. (2011, February 7). Egyptian women play vital role in anti-Mubarak protests. Radio Free Europe/Radio Liberty. https://www.rferl.org/a/egypt_women_protests/2300279.html.
3. Fleishman. Mubarak's end came quickly, stunningly.
4. Asser, M. (2011, February 11). Q&A: Egyptian protests against Hosni Mubarak. BBC. http://www.bbc.com/news/world-middle-east-12324664.
5. Arafa, M., & Armstrong, C. (2016). "Facebook to mobilize, Twitter to coordinate protests, and YouTube to tell the world": New media, cyberactivism, and the Arab Spring. *Journal of Global Initiatives: Policy, Pedagogy, Perspective,* 10 (1), 6.
6. Egypt Revolution: 18 days of people power. (2016, Jan 25). Al Jazeera. http://www.aljazeera.com/indepth/inpictures/2016/01/egypt-revolution-160124191716737.html.
7. Hammer, J. (2012, December 7). Understanding Mohamed Morsi. *New Republic*. https://newrepublic.com/article/110866/understanding-mohammad-morsi.
8. Abdel Fattah el-Sisi Fast Facts (2018, April 5). CNN. https://www.cnn.com/2014/07/01/world/africa/abdel-fattah-el-sisi-fast-facts/index.html. 以下も参照。Ketchley, N. (2017, July 3). How Egypt's generals used street protests to stage a coup. *The Washington Post*. https://www.washingtonpost.com/news/monkey-cage/wp/2017/07/03/how-egypts-generals-used-street-protests-to-stage-a-coup/?utm_term=.4b3d231f7a55.
9. Hammer, J. (2017, March 14). How Egypt's activists became "generation jail." *The New York Times*. https://www.nytimes.com/2017/03/14/magazine/how-egypts-activists-became-generation-jail.html.
10. 同上。
11. Fantz, A. (2016, April 27). CNN. http://www.cnn.com/2016/04/27/middleeast/egypt-how-we-got-here/index.html.
12. Mohamed ElBaradei: People have to be in control. (2011, February 11). CNN. http://cnnpressroom.blogs.cnn.com/2011/02/11/mohamed-elbaradei-people-have-to-be-in-control/.
13. Whitlock, C. (2011, February 12). Mubarak steps down, prompting jubilation in Cairo streets. *The Washington Post*. https://www.washingtonpost.com/national/mubarak-steps-down-prompting-jubilation-in-cairo-streets/2011/02/11/ABEcAqF_story.html?utm_term=.462f7e67c26e.
14. Heineman, B. W. (2011, December 12). Why Egypt's economy matters. *The Atlantic*. https://www.theatlantic.com/international/archive/2011/12/why-egypts-economy-matters/249718/.

ャパン）
71. 同上。
72. Caneel, J. K. (2009). The blank page: Effects of constraint on creativity. Electronic Theses and Dissertations, UC Berkeley.
73. Healy, P. M., & Palepu, K. G. (2003). The fall of Enron. *Journal of Economic Perspectives,* 17 (2), 3–26.
74. Carr, L. P., & Nanni, A. J., Jr. (2009). *Delivering results: Managing what matters.* New York: Springer Science & Business Media.
75.Petrick, J. A., & Scherer, R. F. (2003). The Enron scandal and the neglect of management integrity capacity. *American Journal of Business,* 18 (1), 37–50.
76. Nelson, K. K., Price, R. A., & Rountree, B. R. (2008). The market reaction to Arthur Andersen's role in the Enron scandal: Loss of reputation or confounding effects? *Journal of Accounting and Economics,* 46 (2–3), 279–293.
77. たとえば2016年のアメリカ大統領選挙で共和党候補として出馬したジェブ・ブッシュは、こう述べている。「われわれは市民の自由を守る。しかしこうしたテクノロジーを使ってわれわれの安全を守るためには、［愛国者法］がきわめて重要なのだ」。共和党上院議員で2016年の大統領選挙の有力候補だったマルコ・ルビオは、ほかの上院議員らに対し「わが国の諜報機関がアメリカ国民の安全を守るために利用する対テロツールを恒久的に拡充することを考えてほしい」と訴えた。Peterson, A. (2015, April 23). Here's where the presidential candidates stand on the NSA scooping up Americans' phone records. *The Washington Post.*
78. 論争の対陣にいたのは、コロラド州選出の元上院議員マーク・ユーダルのような政治家たちだった。ユーダルは国家安全保障局による諜報活動について国民の意識を高めるために「力のおよぶ限りあらゆること」をすると言った。Weiner, R. (2013, June 6). Mark Udall: I tried to expose NSA program. *The Washington Post.* https://www.washingtonpost.com/news/post-politics/wp/2013/06/06/mark-udall-i-tried-to-expose-nsa-spying/?utm_term=.ea40b22e7995. 2016年の大統領選挙で民主党候補として指名されたヒラリー・クリントンは、ユーダルのことを「諜報活動や、自由と安全保障のトレードオフに関する難しい問いを突きつけた」として称賛した。Peterson. Here's where the presidential candidates stand on the NSA scooping up Americans' phone records.
79. 多数のアメリカ国民が自由と安全保障とのバランスをとる必要性について論じている。2015年には国民の61%が愛国者法の延長を支持したが、65%は依然として政府が民間人からデータを集める権限に対するチェック機能が十分でないと考えていた。Kurtzleben, D. (2015, June 1). Americans say they want the Patriot Act renewed . . . but do they, really? NPR. https://www.npr.org/sections/ itsallpolitics/2015/06/01/411234429/americans-say-they-want-the-patriot-act-renewed-but-do-they-really. 2014年には国民の74%が、個人がこれほど代償を支払わなくても安全を確保する方法はあるはずだから、安全と引き換えにプライバシーや自由を手放すことを強要されるべきでないと考えていた。Gao, G. (2015, May 29). What Americans think about NSA surveillance, national security and

(4), 739–756.
58. Oullette, J. (2014, April 7). Sand pile model of the mind grows in popularity. *Scientific American.* https://www.scientificamerican.com/article/sand-pile-model-of-the-mind-grows-in-popularity/.
59. Gavazzi, S. M. (1993). The relation between family differentiation levels in families with adolescents and the severity of presenting problems. *Family Relations,* 463–468.
60. Want, J., & Kleitman, S. (2006). Imposter phenomenon and self-handicapping: Links with parenting styles and self-confidence. *Personality and Individual Differences,* 40 (5), 961–971.
61. LeMoyne, T., & Buchanan, T. (2011). Does "hovering" matter? Helicopter parenting and its effect on well-being. *Sociological Spectrum, 31*(4), 399–418.
62. Reed, K., Duncan, J. M., Lucier-Greer, M., Fixelle, C., & Ferraro, A. J. (2016). Helicopter parenting and emerging adult self-efficacy: Implications for mental and physical health. *Journal of Child and Family Studies,* 25 (10), 3136–3149; Young, J. L. (2017, January 25). The Effects of "Helicopter Parenting." *Psychology Today.* https://www.psychologytoday.com/blog/when-your-adult-child-breaks-your-heart/201701/the-effects-helicopter-parenting; LeMoyne & Buchanan. Does "hovering" matter?
63. Richardson, J. L., Radziszewska, B., Dent, C. W., & Flay, B. R. (1993). Relationship between after-school care of adolescents and substance use, risk taking, depressed mood, and academic achievement. *Pediatrics,* 92 (1), 32–38.
64. Luyckx, K., Tildesley, E. A., Soenens, B., Andrews, J. A., Hampson, S. E., Peterson, M., & Duriez, B. (2011). Parenting and trajectories of children's maladaptive behaviors: A 12-year prospective community study. *Journal of Clinical Child & Adolescent Psychology,* 40 (3), 468–478.
65. Richardson et al. Relationship between after-school care of adolescents and substance use, risk taking, depressed mood, and academic achievement.
66. Hamilton, L. T. (2016). *Parenting to a degree: How family matters for college women's success.* Chicago: University of Chicago Press. 以下も参照。Hamilton, L. (2016). The partnership between parents and helicopter parents. *The Atlantic.* https://www.theatlantic.com/education/archive/2016/05/the-partnership-between-colleges-and-helicopter-parents/482595/.
67. Iyengar, S. S., & Lepper, M. R. (2000). When choice is demotivating: Can one desire too much of a good thing? *Journal of Personality and Social Psychology,* 79 (6), 995–1006.
68. Iyengar, S. S., Huberman, G., & Jiang, G. (2004). How much choice is too much? Contributions to 401(k) retirement plans. In Mitchell, O. S., & Utkus, S. P. (Eds.). *Pension design and structure: New lessons from behavioral finance* (pp. 83–96). Oxford, UK: Oxford University Press.
69. Iyengar, S. S., Wells, R. E., & Schwartz, B. (2006). Doing better but feeling worse: Looking for the "best" job undermines satisfaction. *Psychological Science,* 17(2), 143–150.
70. Schwartz, B. (2004). *The Paradox of Choice*. New York, NY: Harper Perennial.（『なぜ選ぶたびに後悔するのか』バリー・シュワルツ著、瑞穂のりこ訳、武田ランダムハウスジ

国民一人あたりのGDPが低い。これらの国と比べて、ドイツ、香港、イタリアは国民一人あたりのGDPがはるかに高く、それぞれ3万9500ドル、5万2700ドル、2万9600ドルとなっている。

43. Harrington et al. Culture and national well-being.
44. データ出典：Harrington et al. Culture and national well-being.
45. Kameda, T., & Hastie, R. (2015). Herd behavior. In Scott, R. A., & Kosslyn, S. M. (Eds.). *Emerging trends in the social and behavioral sciences: An interdisciplinary, searchable, and linkable resource.* New York: Wiley.
46. List, C., Elsholtz, C., & Seeley, T. D. (2009). Independence and interdependence in collective decision making: An agent-based model of nest-site choice by honeybee swarms. *Philosophical Transactions of the Royal Society of London B: Biological Sciences,* 364 (1518), 755–762.
47. Cavagna, A., Cimarelli, A., Giardina, I., Parisi, G., Santagati, R., Stefanini, F., & Viale, M. (2010). Scale-free correlations in starling flocks. *Proceedings of the National Academy of Sciences,* 107 (26), 11865–11870.
48. Meisel, C., Storch, A., Hallmeyer-Elgner, S., Bullmore, E., & Gross, T. (2012). Failure of adaptive self-organized criticality during epileptic seizure attacks. *PLoS Computational Biology,* 8 (1), e1002312.
49. Levy, R., Hutchison, W. D., Lozano, A. M., & Dostrovsky, J. O. (2000). High-frequency synchronization of neuronal activity in the subthalamic nucleus of Parkinsonian patients with limb tremor. *Journal of Neuroscience,* 20 (20), 7766–7775.
50. Schnitzler, A., & Gross, J. (2005). Normal and pathological oscillatory communication in the brain. *Nature Reviews Neuroscience,* 6 (4), 285–296.
51. Just, M. A., Cherkassky, V. L., Keller, T. A., & Minshew, N. J. (2004). Cortical activation and synchronization during sentence comprehension in high-functioning autism: Evidence of underconnectivity. *Brain,* 127 (8), 1811–1821.
52. Stam, C. J., Montez, T., Jones, B. F., Rombouts, S. A. R. B., Van Der Made, Y., Pijnenburg, Y. A. L., & Scheltens, P. (2005). Disturbed fluctuations of resting state EEG synchronization in Alzheimer's disease. *Clinical Neurophysiology,* 116 (3), 708–715.
53. Uhlhaas, P. J., Linden, D. E., Singer, W., Haenschel, C., Lindner, M., Maurer, K., & Rodriguez, E. (2006). Dysfunctional long-range coordination of neural activity during Gestalt perception in schizophrenia. *Journal of Neuroscience,* 26 (31), 8168–8175.
54. Kanner, L. (1943). Autistic disturbances of affective contact. *Nervous Child,* 2, 217–250.
55. Happé, F., & Frith, U. (2006). The weak coherence account: Detail-focused cognitive style in autism spectrum disorders. *Journal of Autism and Developmental Disorders,* 36 (1), 5–25.
56. Uhlhaas et al. Dysfunctional long-range coordination of neural activity during Gestalt perception in schizophrenia.
57. Grady, C. L., Furey, M. L., Pietrini, P., Horwitz, B., & Rapoport, S. I. (2001). Altered brain functional connectivity and impaired short-term memory in Alzheimer's disease. *Brain,* 124

ジナルは1893年刊行）（邦訳は『社会分業論』デュルケーム著、田原音和訳、ちくま学芸文庫など）
24. Durkheim, E. (1951). *Suicide.* (J. A. Spaulding and G. Simpson, Trans.). New York: The Free Press.（オリジナルは1897年刊行）（邦訳は『自殺論』エミール・デュルケーム著、宮島喬訳、中公文庫など）
25. Fromm, E. (1941). *Escape from freedom.* New York: Holt, Rinehart and Winston.（邦訳は『自由からの逃走』エーリッヒ・フロム著、日高六郎訳、東京創元社など）
26. Etzioni, A. (1996). *The new golden rule.* New York: Basic Books.（『新しい黄金律』アミタイ・エチオーニ著、永安幸正監訳、麗澤大学出版会）
27. Schwartz, B. (2000). Self-determination: The tyranny of freedom. *American Psychologist,* 55 (1), 79–88.
28. Etzioni, *The new golden rule.*（『新しい黄金律』）
29. Aristotle's ethics. (2014). *Stanford encyclopedia of philosophy.* https://plato.stanford.edu/entries/aristotle-ethics/#VirDefConInc.
30. Terence. (2002). *Andria.* (G. P. Shipp, Trans.). London: Bristol Classical Press.（邦訳は『ローマ喜劇集5 テレンティウス』所収『アンドロス島の女』テレンティウス著、木村健治訳、京都大学学術出版会など）
31. The Editors of Encyclopedia Britannica. (2017). Yinyang. *Encyclopædia Britannica.* https://www.britannica.com/topic/yinyang.
32. Southey, R. (1837). *Goldilocks and the three bears.* London: Longman, Rees, etc.
33. Cain, F. (2016). Does our galaxy have a habitable zone? Phys.org. https://phys.org/news/2016-09-galaxy-habitable-zone.html.
34. Gino, F. (2016). Are you too stressed to be productive? Or not stressed enough? *Harvard Business Review*. https://hbr.org/2016/04/are-you-too-stressed-to-be-productive-or-not-stressed-enough.
35. Goldilocks Principle. (2017). *Seeking alpha.* https://seekingalpha.com/article/4084225-goldilocks-principle.
36. Harrington et al. Culture and national well-being.
37. 同上。
38. 同上。
39. 同上。The Economist Intelligence Unit. (March 19, 2009). Political instability index: Vulnerability to social and political unrest. http://viewswire.eiu.com/index.asp?layout=VWArticleVW3&article_id=874361472.
40. Harrington et al. Culture and national well-being.
41. Turkey's failed coup attempt: All you need to know. (2017, July 15). *Al Jazeera.* https://www.aljazeera.com/news/2016/12/turkey-failed-coup-attempt-161217032345594.html.
42. Harrington et al. Culture and national well-being. たとえば、極端にルーズな国（ウクライナ7400ドル、エストニア2万2400ドル、ベネズエラ1万3600ドル）と極端にタイトな国（パキスタン3100ドル、トルコ1万5300ドル、マレーシア1万7500ドル）は、

(Vol. 10). Malden, Mass.: John Wiley & Sons.

7. Founders Online. (n.d.). *Thomas Jefferson to Tadeusz Kosciuszko, 26 February 1810.* National Archives. https://founders.archives.gov/documents/Jefferson/03-02-02-0211.
8. University of Pennsylvania Positive Psychology Center. (2018). *Martin E. P. Seligman.* https://ppc.sas.upenn.edu/people/martin-ep-seligman.
9. Centre for Bhutan Studies & GNH Research (2015). *A compass towards a just and harmonious society: 2015 GNH survey report.* http://www.grossnationalhappiness.com/wp-content/uploads/2017/01/Final-GNH-Report-jp-21.3.17-ilovepdf-compressed.pdf.
10. Simmons, A.M. (2017, March 6). UAE's minister of happiness insists her job is no laughing matter. *Los Angeles Times.* http://www.latimes.com/world/middleeast/la-fg-global-uae-happiness-2017-story.html.
11. Hamblin, J. (2016, April 26). Harvard has a new center for happiness. *The Atlantic.* https://www.theatlantic.com/health/archive/2016/04/harvard-center-for-happiness/479784/.
12. Davidson, R. J., Kabat-Zinn, J., Schumacher, J., Rosenkranz, M., Muller, D., Santorelli, S. F., . . . & Sheridan, J. F. (2003). Alterations in brain and immune function produced by mindfulness meditation. *Psychosomatic medicine,* 65 (4), 564–570; Davidson, R. J., & Lutz, A. (2008). Buddha's brain: Neuroplasticity and meditation [in the spotlight]. *IEEE Signal Processing Magazine,* 25 (1), 176–174; Lutz, A., Greischar, L. L., Rawlings, N. B., Ricard, M., & Davidson, R. J. (2004). Long-term meditators self-induce high-amplitude gamma synchrony during mental practice. *Proceedings of the National Academy of Sciences,* 101 (46), 16369–16373.
13. Harrington, J. R., Boski, P., & Gelfand, M. J. (2015). Culture and national well-being: Should societies emphasize freedom or constraint? *PloS One,* 10 (6), e0127173.
14. 同上。
15. 同上。
16. Plato. *Republic.*（『国家』）
17. Confucius. (2008). *The analects.* (R. Dawson, Trans.). Oxford, UK: Oxford University Press.（邦訳は『論語』、貝塚茂樹訳注、中公文庫など）
18. Piering, J. (n.d.). Cynics. *Internet encyclopedia of philosophy.* http://www.iep.utm.edu/cynics/#SH3a.
19. Hobbes, T. (1651). *Leviathan.*（邦訳は『リヴァイアサン』ホッブズ著、角田安正訳、光文社古典新訳文庫など）
20. Mill, J. S. (1859). *On Liberty.* London: John W. Parker and Son, West Strand.（邦訳は『自由論』ミル著、斉藤悦則訳、光文社古典新訳文庫など）
21. Freud, S. (2005). *Civilization and its discontents.* (J. Strachey, Trans.). New York: W. W. Norton. (Original work published in 1930).（邦訳は『幻想の未来／文化への不満』所収「文化への不満」フロイト著、中山元訳、光文社古典新訳文庫など）
22. Harrington et al. Culture and national well-being.
23. Durkheim, E. (1984). *The Division of labor in society.* London: The Macmillan Press.（オリ

and self-beliefs. Paris: OECD Publishing. http://dx.doi.org/10.1787/9789264201170-en. PISA 調査前の２週間に学校に遅刻したと回答した生徒の割合。対象とした生徒の年齢は 15 歳と 16 歳。
24. 同上。
25. Gelfand et al. Differences between tight and loose cultures.
26. Mu, Y., Kitayama, S., Han, S., & Gelfand, M. (2018). Do we "rest" differently? Cultural variation in neural markers of self control.
27. Matsumoto, D., Willingham, B., & Olide, A. (2009). Sequential dynamics of culturally moderated facial expressions of emotion. *Psychological Science,* 20 (10), 1269–1274.
28. Gelfand et al. Differences between tight and loose cultures.
29. Kruglanski, A. W., Pierro, A., Higgins, E. T., & Capozza, D. (2007). "On the move" or "staying put": Locomotion, need for closure, and reactions to organizational change. *Journal of Applied Social Psychology,* 37 (6), 1305–1340.
30. Kruglanski, A. W., & Webster, D. M. (1991). Group members' reactions to opinion deviates and conformists at varying degrees of proximity to decision deadline and of environmental noise. *Journal of Personality and Social Psychology,* 61 (2), 212–225.
31. Shah, J. Y., Kruglanski, A. W., & Thompson, E. P. (1998). Membership has its (epistemic) rewards: Need for closure effects on in-group bias. *Journal of Personality and Social Psychology,* 75(2), 383–393.
32. Dhont, K., Roets, A., & Van Hiel, A. (2013). The intergenerational transmission of need for closure underlies the transmission of authoritarianism and anti-immigrant prejudice. *Personality and Individual Differences,* 54 (6), 779–784.
33. Geeraert, N., Li, R., Ward, C., Gelfand, M. J., & Demes, K. (2018). A tight spot: How personality moderates the impact of social norms on sojourner adaptation.

9　ゴルディロックスは正しい

1. Aristotle. (1953). *The ethics of Aristotle.* (J. A. K. Thompson, Trans.). London, UK: Penguin Books.（邦訳は『ニコマコス倫理学』アリストテレス著、渡辺邦夫・立花幸司訳、光文社古典新訳文庫など）
2. Plato. (1993). *Republic.* (R. Waterfield, Trans.). Oxford, UK: Oxford World's Classics.（邦訳は『国家』プラトン著、藤沢令夫訳、岩波文庫など）プラトンの『エウテュデモス』（邦訳は『エウテュデモス／クレイトポン』プラトン著、朴一功訳、京都大学学術出版会など）も参照。
3. Buddharakkhita, A. (2008). *The Dhammapada: The Buddha's path of wisdom.* Buddhist Publication Society.
4. Hutcheson, F. (1969). *Inquiry concerning moral good and evil.* Farnborough, UK: Gregg International Publishers.（オリジナルは 1725 年刊行）
5. Bentham, J. (1789). *An introduction to the principles of morals and legislation.*
6. Oishi, S. (2011). *The psychological wealth of nations: Do happy people make a happy society?*

expression. *Journal of Personality,* 52 (4), 372–388.

8. Gelfand et al. Differences between tight and loose cultures.
9. Maguire, E. A., Gadian, D. G., Johnsrude, I. S., Good, C. D., Ashburner, J., Frackowiak, R. S., & Frith, C. D. (2000). Navigation-related structural change in the hippocampi of taxi drivers. *Proceedings of the National Academy of Sciences,* 97(8), 4398–4403.
10. Mu, Y., Kitayama, S., Han, S., & Gelfand, M. J. (2015). How culture gets embrained: Cultural differences in event-related potentials of social norm violations. *Proceedings of the National Academy of Sciences,* 112 (50), 15348–15353.
11. Higgins, E. T. (1998). Promotion and prevention: Regulatory focus as a motivational principle. *Advances in Experimental Social Psychology,* 30, 1–46.
12. Gelfand et al. Differences between tight and loose cultures.
13. Mrazek, A. J., Chiao, J. Y., Blizinsky, K. D., Lun, J., & Gelfand, M. J. (2013). The role of culture–gene coevolution in morality judgment: Examining the interplay between tightness-looseness and allelic variation of the serotonin transporter gene. *Culture and Brain,* 1 (2–4), 100–117.
14. Förster, J., Higgins, E. T., & Bianco, A. T. (2003). Speed/accuracy decisions in task performance: Built-in trade-off or separate strategic concerns? *Organizational Behavior and Human Decision Processes,* 90 (1), 148–164.
15. Florack, A., & Hartmann, J. (2007). Regulatory focus and investment decisions in small groups. *Journal of Experimental Social Psychology,* 43 (4), 626–632.
16. Mischel, W., Shoda, Y., & Rodriguez, M. L. (1989). Delay of gratification in children. *Science,* 244 (4907), 933–938.
17. Wills, T. A., & Stoolmiller, M. (2002). The role of self-control in early escalation of substance use: A time-varying analysis. *Journal of Consulting and Clinical Psychology,* 70 (4), 986–997.
18. 「考えてから行動を！」というスローガンは、マサチューセッツ州ハーバードにあるヒルドレス小学校の食堂に書かれた一連の短いフレーズの一つである。2017年、友人との個人的なやりとり。
19. Zahn-Waxler, C., Friedman, R. J., Cole, P. M., Mizuta, I., & Hiruma, N. (1996). Japanese and United States preschool children's responses to conflict and distress. *Child Development,* 67 (5), 2462–2477.
20. Lan, X., Legare, C. H., Ponitz, C. C., Li, S., & Morrison, F. J. (2011). Investigating the links between the subcomponents of executive function and academic achievement: A cross-cultural analysis of Chinese and American preschoolers. *Journal of Experimental Child Psychology,* 108 (3), 677–692.
21. Hernandez, J. C. (2017, April 25). In China, daydreaming students are caught on camera. *The New York Times.* https://www.nytimes.com/2017/04/25/world/asia/in-china-daydreaming-students-are-caught-on-camera.html.
22. 2017年12月15日、個人的なやりとり。
23. OECD (2013). *PISA 2012 results: Ready to learn (volume III): Students' engagement, drive*

154. Lussier, R. N. (2018). *Management fundamentals: Concepts, applications, skill development.* Thousand Oaks, Calif.: Sage; Radeka, K. (2009). Extreme Toyota: Radical contradictions that drive success at the world's best manufacturer by Emi Osono, Norihiko Shimizu, and Hirotaka Takeuchi. *Journal of Product Innovation Management,* 26 (3), 356–358.
155. Takeuchi et al. The contradictions that drive Toyota's success.
156. Shattuck, L. G. (2000). *Communicating intent and imparting presence.* Army combined arms center Fort Leavenworth KS Military Review. http://www.dtic.mil/dtic/tr/fulltext/u2/a522123.pdf.
157. Storlie, C. (2010, November 3). Manage uncertainty with Commander's Intent. *Harvard Business Review.* https://hbr.org/2010/11/dont-play-golf-in-a-football-g.
158. 2017年9月7日、アダム・グラントへの直接取材。
159. Mozur, P. (2016, December 3). Silicon Valley's culture, not its companies, dominates in China. *The New York Times.* https://www.nytimes.com/2016/12/04/technology/china-silicon-valley-culture.html.
160. 同上。
161. Kuo, K. (2013, March 29). What is the internal culture like at Baidu? *Forbes.* https://www.forbes.com/sites/quora/2013/03/29/what-is-the-internal-culture-like-at-baidu/#5acf065f5c62.
162. Mozur. Silicon Valley's culture, not its companies, dominates in China.
163. 同上。
164. 2017年7月6日、ある国際的メーカーの役員への直接取材。
165. O'Reilly & Tushman. *Lead and disrupt.*（『両利きの経営』）
166. 同上。
167. 同上。

8 セルフチェック

1. Lithwick, D. (2012, June 8). Chaos theory. *Slate.* https://slate.com/human-interest/2012/06/chaos-theory.html.
2. Guidelines for employers to reduce motor vehicle crashes. United States Department of Labor. https://www.osha.gov/Publications/motor_vehicle_guide.html.
3. Pennisi, E. (2013, September 4). Bats and dolphins evolved echolocation in same way. *Science Magazine.* http://www.sciencemag.org/news/2013/09/bats-and-dolphins-evolved-echolocation-same-way.
4. Rosenzweig, M. R., Riley, D. A., & Krech, D. (1955). Evidence for echolocation in the rat. *Science,* 121, 600.
5. Cohen, S. B. (Producer), & Charles, L. (Director). 2006. *Borat* [Motion picture]. UK: 20th Century Fox.
6. Snyder, M. (1974). Self-monitoring of expressive behavior. *Journal of Personality and Social Psychology,* 30 (4), 526–537.
7. Mill, J. (1984). High and low self-monitoring individuals: Their decoding skills and empathic

to-loosen-up-to-avoid-more-pr-fiascos-77662.

140. Leocha, C. (2017, April 11). United Airlines' incompetence bloodies passenger [Press release]. *Travelers United.* https://www.travelersunited.org/policy-columns/release-united-airlines-incompetence-bloodies-passengers/.

141. 2018年1月2日、ユナイテッド社員との直接のやりとり。

142. United Airlines (2017, April 27). United Airlines announces changes to improve customer experience [News release]. http://newsroom.united.com/2017-04-27-United-Airlines-Announces-Changes-to-Improve-Customer-Experience.

143. Stewart, J. B. (2017, July 27). The boycott that wasn't: How United weathered a media firestorm. *The New York Times.* https://www.nytimes.com/2017/07/27/business/how-united-weathered-a-firestorm.html.

144. O'Reilly & Tushman. *Lead and disrupt.*（『両利きの経営』）

145. Weiss, N. (2015, February 18). Manage your time like Google invests its resources: 70/20/10. *Medium.* https://medium.com/pminsider/manage-your-time-like -google-invests-its-resources-70-20-10-3bb4d600abaa.

146. Association of Independent Colleges of Art & Design. (n.d.). Nathan Fariss: animator and illustrator. http://aicad.org/nathan-fariss-animatorillustrator/.

147. Lane, A. (2011, May 16). The fun factory. *The New Yorker.* https://www.newyorker.com/magazine/2011/05/16/the-fun-factory.

148. Bell, C. (2013, July 10). Monsters University: What's it like to work at Pixar? *The Telegraph.* http://www.telegraph.co.uk/culture/film/10144531/Monsters-University-whats-it-like-to-work-at-Pixar.html.

149. Hartlaub, P. (2010, June 13). Creativity thrives in Pixar's animated workplace. *SFGate.* https://www.sfgate.com/bayarea/article/Creativity-thrives-in-Pixar-s-animated-workplace-3261925.php.

150. Catmull, E. (2008, September). How Pixar fosters collective creativity. *Harvard Business Review.* https://hbr.org/2008/09/how-pixar-fosters-collective-creativity.

151. Sosnovskikh, S. (2016). Toyota Motor Corporation: Organizational culture. https://www.researchgate.net/profile/Sergey_Sosnovskikh/publication/308624812_Toyota_Motor_Corporation_Organizational_Culture/links/57e9128d08aed0a291301389/Toyota-Motor-Corporation-Organizational-Culture.pdf.

152. Kubota, Y. (2016, February 29). Toyota plans organizational shake-up. *The Wall Street Journal.* https://www.wsj.com/articles/toyota-plans-shake-up-to-avoid-curse-of-the-10-million-club-1456745512; Reuters Staff. (2016, March 2). Toyota shakes up corporate structure to focus on product lines. *Reuters.* https://www.reuters.com/article/us-toyota-management-structure/toyota-shakes-up-corporate-structure-to-focus-on-product-lines-idUSKCN0W41CB.

153. Takeuchi, H., Osono, E., & Shimizu, N. (2008, June). The contradictions that drive Toyota's success. *Harvard Business Review.* https://hbr.org/2008/06/the-contradictions-that-drive-toyotas-success.

128. 2017年4月12日、アリエル・コーエンへの直接インタビュー。
129. Isaac, M. (2017, February 22). Inside Uber's aggressive, unrestrained workplace culture. *The New York Times*. https://www.nytimes.com/2017/02/22/technology/uber-workplace-culture.html.
130. Dou, E. (2016, July 28). China clears road for Uber to operate legally. *The Wall Street Journal*. https://www.wsj.com/articles/china-clears-road-for-uber-to-operate-legally-1469703991; Robertson, A. (2016, July 22). Victory for cabbies as Uber fails in bid to roll out its cheap taxi app in Oxford after licensed drivers and private hire firms rallied together to block the application. *Daily Mail*. http://www.dailymail.co.uk/news/article-3703247/Uber-BANNED-setting-cheap-taxi-app-Oxford-licensed-drivers-private-hire-firms-rallied-block-application.html; Hawkins, A. J. (2017, February 6). Uber sues Seattle over law allowing drivers to unionize. *The Verge*. https://www.theverge.com/2017/2/6/14524792/uber-lawsuit-seattle-law-drivers-unionize.
131. Lazzaro, S. (2014, August 12). Startup sabotage: Uber employees allegedly submitted 5,560 fake Lyft ride requests. *Observer*. http://observer.com/2014/08/startup-sabotage-uber-employees-submitted-5560-fake-lyft-ride-requests/.
132. Hawkins, A. J. (2017, January 19). Uber to pay $20 million to settle claims it misled drivers about pay, financing. *The Verge*. https://www.theverge.com/2017/1/19/14330708/uber-ftc-settlement-20-million-driver-mislead-earnings; Golson, J. (2017, March 3). Uber used an elaborate secret program to hide from government regulators. *The Verge*. https://www.theverge.com/2017/3/3/14807472/uber-greyball-regulators-taxi-legal-vtos.
133. Isaac. Inside Uber's aggressive, unrestrained workplace culture.
134. Della Cava, M., Guynn, J., & Swartz, J. (2017, February 24). Uber's Kalanick faces crisis over "baller" culture. *USA Today*. https://www.usatoday.com/story/tech/news/2017/02/24/uber-travis-kalanick-/98328660/.
135. Isaac. Inside Uber's aggressive, unrestrained workplace culture.
136. Fowler, S. (2017, February 19). Reflecting on one very, very strange year at Uber. Susanjfowler.com. https://www.susanjfowler.com/blog/2017/2/19/reflecting-on-one-very-strange-year-at-uber.
137. Isaac, M. (2017, June 21). Uber founder Travis Kalanick resigns as C.E.O. *The New York Times*. https://www.nytimes.com/2017/06/21/technology/uber-ceo-travis-kalanick.html.
138. Weise, E. (2017, November 22). Uber paid hackers $100,000 to hide year-old breach of 57 million users. *USA Today*. https://www.usatoday.com/story/tech/2017/11/21/uber-kept-mum-year-hack-info-57-million-riders-and-drivers/887002001/. 以下も参照。Newcomer, E. (2017, November 21). Uber paid hackers to delete stolen data on 57 million people. *Bloomberg*. https://www.bloomberg.com/news/articles/2017-11-21/uber-concealed-cyberattack-that-exposed-57-million-people-s-data.
139. Gelfand, M., & Choi, V. (2017, May 15). Why United's culture needs to loosen up to avoid more PR fiascos. *The Conversation*. https://theconversation.com/why-uniteds-culture-needs-

109. Parr, B. (2009, July 22). Here's why Amazon bought Zappos. *Mashable.* http://mashable.com/2009/07/22/amazon-bought-zappos/.
110. Lashinsky. Why Amazon tolerates Zappos' extreme management experiment.
111. Bernstein, E., Bunch, J., Canner, N., & Lee, M. (2016). Beyond the holacracy hype. *Harvard Business Review,* 94 (7/8), 38–49.
112. 同上。Cheng, A. (2017, April 7). On holacracy, customer service and "Zappos Anything." *eMarketer Retail.* https://retail.emarketer.com/article/zappos-ceo-tony-hsieh-on-holacracy-customer-service-zappos-anything/58e8084eebd4000a54864afc.
113. Reingold, J. (2015, March 4). How a radical shift to "self-management" left Zappos reeling. *Fortune.* http://fortune.com/zappos-tony-hsieh-holacracy/.
114. 同上。
115. Hill, A. (2011, November 25). Inside McKinsey. *Financial Times.* https://www.ft.com/content/0d506e0e-1583-11e1-b9b8-00144feabdc0.
116. IDEO. (n.d.). About IDEO. https://www.ideo.com/about.
117. McKinsey. (n.d.). Our mission and values. https://www.mckinsey.com/about-us/overview/our-mission-and-values.
118. Bennett, P. (n.d.). A loosely-designed organization. IDEO. https://lboi.ideo.com/paulbennett.html.
119. Raisel, E. M. (1999). *The McKinsey Way.* New York: McGraw-Hill Education.（『マッキンゼー式世界最強の仕事術』イーサン・M・ラジエル著、嶋本恵美・田代泰子共訳、SB文庫）
120. IDEO. (n.d.). Nurturing a Creative Culture. https://www.ideo.com/case-study/nurturing-a-creative-culture.
121. Smith, B. (2014, January 20). Getting hired: To work at IDEO, skip the suit, tell a compelling story and don't be creepy! *Core77.* http://www.core77.com/posts/26239/getting-hired-to-work-at-ideo-skip-the-suit-tell-a-compelling-story-and-dont-be-creepy-26239.
122. Dakers, M. (2016, October 4). Deloitte overtakes PwC as world's biggest accountant. *The Telegraph.* http://www.telegraph.co.uk/business/2016/10/04/deloitte-overtakes-pwc-as-worlds-biggest-accountant/.
123. Naficy, M. (Ed.). (1997). *The fast track: The insider's guide to winning jobs in management consulting, investment banking, and securities trading.* New York: Broadway.
124. O'Reilly, C. A., & Tushman, M. L. (2016). *Lead and disrupt: How to solve the innovator's dilemma.* Stanford, Calif.: Stanford Business Books.（『両利きの経営』チャールズ・A・オライリー、マイケル・L・タッシュマン著、渡部典子訳、東洋経済新報社）
125. 同上。
126. 2017年7月21日、あるメーカーの最高幹部への直接インタビュー。
127. 2017年8月21日、ボブ・ハーボルドへの直接インタビュー。Herbold, R. J. (2002, January). Inside Microsoft: Balancing creativity and discipline. *Harvard Business Review.* https://hbr.org/2002/01/inside-microsoft-balancing-creativity-and-discipline.

85. Aktas et al. Cultural tightness–looseness and perceptions of effective leadership.
86. Ngai, P., & Chan, J. (2012). Global capital, the state, and Chinese workers: The Foxconn experience. *Modern China,* 38 (4), 383–410.
87. 同上。
88. 同上。
89. Statt, N. (2016, December 30). iPhone manufacturer Foxconn plans to replace almost every human worker with robots. *The Verge.* https://www.theverge.com/2016/12/30/14128870/foxconn-robots-automation-apple-iphone-china-manufacturing.
90. Ngai & Chan. Global capital, the state, and Chinese workers.
91. 同上。
92. 同上。
93. The Occupational Information Network. (n.d.). About us. https://www.onetcenter.org/about.html.
94. Gordon, S. M., Choi, V., & Gelfand, M.J. (2017, May). *Cultural influences on occupational structure: A tightness-looseness perspective.* Association for Psychological Science Conference in Boston, Mass でのポスター発表。
95. Balfour Beatty Construction. (n.d.). Who we are. https://www.balfourbeattyus.com/our-company/who-we-are.
96. Balfour Beatty Construction. (n.d.). Services. https://www.balfourbeattyus.com/our-work/services.
97. Ward, M. (2017, January 4). The 10 most dangerous jobs for men. CNBC. https://www.cnbc.com/2017/01/04/the-10-most-dangerous-jobs-for-men.html.
98. Balfour Beatty Construction. (n.d.). Zero harm. https://www.balfourbeattyus.com/our-company/zero-harm.
99. Pendry, J. D. (2001). *The three meter zone: Common sense leadership for NCOs.* Novato, Calif.: Presidio Press.
100. 2017年8月6日、スティーヴ・コリーへの直接取材。
101. 同上。
102. 同上。
103. 同上。
104. Smith, B. (2014, January 20). Getting hired: To land a job at frog, know your strengths, have a point of view and be comfortable with ambiguity. *Core77.* http://www.core77.com/posts/26280/Getting-Hired-To-Land-a-Job-at-frog-Know-Your-Strengths-Have-a-Point-of-View-and-Be-Comfortable-with-Ambiguity.
105. 同上。
106. 同上。
107. 同上。
108. Lashinsky, A. (2016, March 4). Why Amazon tolerates Zappos' extreme management experiment. *Fortune.* http://fortune.com/2016/03/04/amazon-zappos-holacracy/.

4590.pdf.
65. De H. Barbosa, L. N. (1995). The Brazilian *jeitinho*: An exercise in national identity. In Hess, D. J., & DaMatta, R. (Eds.). *The Brazilian Puzzle: Culture on the Borderlands of the Western World.* New York: Columbia University Press.
66. Mello, J. (2012, March 26). The Brazilian way of doing things. *The Brazil Business.* http://thebrazilbusiness.com/article/the-brazilian-way-of-doing-things.
67. Universidade Federal Fluminense (Producer). (2010, December 16). *O Jeitinho Brasileiro Em Diversos Âmbitos* [Video file]. https://www.youtube.com/watch?v=f0sf60Rm27g.
68. Keller, K. (2013). *Portuguese for dummies.* Indianapolis, Ind.: John Wiley & Sons.
69. Kruse, K. (2016, August 29). The big company that has no rules. *Forbes.* https://www.forbes.com/sites/kevinkruse/2016/08/29/the-big-company-that-has-no-rules/#47d6916556ad.
70. Granli. *Cross-cultural adaption in Norwegian companies in Brazil.*
71. Dieter Zetsche on sustainability. (2009). *360° Magazine.* http://multimedia.mercedes-benz.it/gruppo/pdf/Reports_Magazine.pdf.
72. 同上。
73. Stephan, E., & Pace, R. W. (2002). *Powerful leadership: How to unleash the potential in others and simplify your own life.* Upper Saddle River, N.J.: Prentice Hall; Kansal, S., & Chandani, A. (2014). Effective management of change during merger and acquisition. *Procedia Economics and Finance, 11,* 208–217.
74. House, R. J., Hanges, P. J., Javidan, M., Dorfman, P. W., & Gupta, V. (Eds.). (2004). *Culture, leadership, and organizations: The GLOBE study of 62 societies.* Thousand Oaks, Calif.: Sage.
75. 同上。
76. 同上。
77. Aktas, M., Gelfand, M. J., & Hanges, P. J. (2016). Cultural tightness-looseness and perceptions of effective leadership. *Journal of Cross-Cultural Psychology,* 47 (2), 294–309.
78. 同上。
79. Semler, R. (2014, October). *Ricardo Semler: How to run a company with (almost) no rules* [Video file]. https://www.ted.com/talks/ricardo_semler_how_to_run_a_company_with_almost_no_rules.
80. Semler, R. (1995). *Maverick: The success story behind the world's most unusual workplace.* New York: Warner Books.（『セムラーイズム』リカルド・セムラー著、岡本豊訳、SB文庫）
81. Fisher, L. M. (2005, November 29). Ricardo Semler won't take control. *strategy + business (s+b).* https://www.strategy-business.com/article/05408?gko=3291c.
82. Semler. *Maverick.*（『セムラーイズム』）
83. Semler, R. (1989, September–October). Managing without managers. *Harvard Business Review.* https://hbr.org/1989/09/managing-without-managers.
84. Barrett, F. (2012). *Yes to the mess: Surprising leadership lessons from jazz.* Cambridge, Mass.: Harvard Business Review Press.

guides/singapore-guide.
47. Schein, E. H., & Schein, P. (2016). *Organizational culture and leadership* (5th ed.). Hoboken, N.J.: John Wiley & Sons.
48. Lai, A. (2014, September). Singapore working hours survey 2014—media coverage. Morgan McKinley. https://www.morganmckinley.com.sg/article/singapore-working-hours-survey-2014-media-coverage.
49. Reed, J. (2014, January 2). Israel aims to grow from start-up nation to scale-up nation. *Financial Times*. https://www.ft.com/content/56f47908-67fa-11e3-8ada-00144feabdc0.
50. Senor & Singer. *Start-up nation.*（『アップル、グーグル、マイクロソフトはなぜ、イスラエル企業を欲しがるのか？』）
51. De Mente, B. L. (2015). *Etiquette guide to Japan: Know the rules that make the difference!* North Clarendon, Vt.: Tuttle.
52. Magee, D. (2007). *How Toyota became #1: Leadership lessons from the world's greatest car company.* New York: Penguin.
53. Ozawa, H. (2010, February 24). Toyota crisis throws spotlight on Japan's corporate culture. *Industry Week.* http://www.industryweek.com/companies-amp-executives/toyota-crisis-throws-spotlight-japans-corporate-culture.
54. Brooker, J. (2005, May 20). Is a salaryman without a suit like sushi without the rice? *The New York Times*. http://www.nytimes.com/2005/05/20/business/worldbusiness/is-a-salaryman-without-a-suit-like-sushi-without-the.html.
55. De Mente. *Etiquette guide to Japan.*
56. Rigoli, E. (2007, July 10). The kaizen of Toyota recruiting. ERE Media. https://www.ere.net/the-kaizen-of-toyota-recruiting/.
57. Unoki, K. (2012). *Mergers, acquisitions and global empires: Tolerance, diversity and the success of M&A.* New York: Routledge.
58. *Economist* Business Staff. (2015, November 26). Loosening their ties. *The Economist.* https://www.economist.com/news/business/21679214-punishing-work-culture-gradually-being-relaxed-loosening-their-ties.
59. 同上。
60. Lee, C. Y. (2012). Korean culture and its influence on business practice in South Korea. *Journal of International Management Studies,* 7 (2), 184–191.
61. Grobart, S. (2013, March 28). How Samsung became the world's no. 1 smartphone maker. *Bloomberg Businessweek.* https://www.bloomberg.com/news/articles/2013-03-28/how-samsung-became-the-worlds-no-dot-1-smartphone-maker.
62. Śleziak, T. (2013). The role of Confucianism in contemporary South Korean society. *Rocznik Orientalistyczny,* (1).
63. *Economist* Business Staff. Loosening their ties.
64. Granli, T. C. (2012). *Cross-cultural adaption in Norwegian companies in Brazil.* University of Oslo. https://www.duo.uio.no/bitstream/handle/10852/25180/ThomasCGranli-Thesis-LATAM

28. Abrahami. Wix CEO.
29. Wix Blog. 5 things that will disqualify you from working at Wix; Abrahami, A. (2014, July 31). An ode to transparency. *Entrepreneur.* https://www.entrepreneur.com/article/235873; Wix Blog. (2016). Saying thanks for these 10 things. https://www.wix.com/blog/2016/11/saying-thanks-for-these-10-things/.（リンク切れ）
30. Wix Blog. "Ah, the View!"
31. Schneider, B. (1987). The people make the place. *Personnel psychology, 40*(3), 437–453.
32. Senor & Singer. *Start-up nation.*（『アップル、グーグル、マイクロソフトはなぜ、イスラエル企業を欲しがるのか？』）
33. 2geeks1city (Producer). (2016, November 3). *Startup ecosystem in Israel: the documentary* [Video]. https://www.youtube.com/watch?v=qgCcymWeKrc.
34. Rosten, L. (1968). *The Joys of Yiddish*. New York: McGraw-Hill.
35. Senor & Singer. *Start-up nation.*（『アップル、グーグル、マイクロソフトはなぜ、イスラエル企業を欲しがるのか？』）
36. 同上。
37. Rudee, E. (2016, March 10). What gives Israel the edge on marijuana? *Observer.* http://observer.com/2016/03/what-gives-israel-the-edge-on-marijuana/.
38. Freilich, A. (Producer). (2015, August 24). *The COO of a billion dollar company Nir Zohar tells the story of Wix (Feat Nir Zohar, WIX)* [Audio podcast]. http://startupcamel.com/podcasts/83-if-you-want-your-startup-to-grow-10x-faster-your-personality-needs-to-grow-at-the-same-pace-feat-nir-zohar-wix/.
39. Stangel, L. (2013, April 8). Facebook's 12 most fantastic employee perks. *Silicon Valley Business Journal.* https://www.bizjournals.com/sanjose/news/2013/04/03/facebooks-12-most-fantastic-employee.html.
40. Simoes, M. (2013, February 7). Why everyone wants to work at big tech companies. *Business Insider.* http://www.businessinsider.com/everyone-wants-to-work-at-tech-companies-2013-1.
41. Bradford, L. (2016, July 27). 13 tech companies that offer cool work perks. *Forbes.* https://www.forbes.com/sites/laurencebradford/2016/07/27/13-tech-companies-that-offer-insanely-cool-perks/#318a950179d1.
42. Yang, L. (2017, July 11). 13 incredible perks of working at Google, according to employees. *Insider.* http://www.thisisinsider.com/coolest-perks-of-working-at-google-in-2017-2017-7.
43. Roy, E. A. (2017, February 19). New Zealand startup offers unlimited holiday and profit share to attract workers. *The Guardian.* https://www.theguardian.com/world/2017/feb/20/new-zealand-startup-unlimited-holiday-profit-share-attract-workers.
44. 同上。
45. SBS Consulting. (2016). A comprehensive guide to Singapore work culture for new expats. https://www.sbsgroup.com.sg/blog/a-comprehensive-guide-to-singapore-work-culture-for-new-expats/.
46. Commisceo Global. (n.d.). Singapore guide. https://www.commisceo-global.com/country-

9. Wright, C. (2000, August 1). Taken for a ride. *Automotive News*. http://www.autonews.com/article/20000801/SUB/8010710/.
10. *The Economist* Staff. (2000, July 27). The DaimlerChrysler emulsion. *The Economist*. http://www.economist.com/node/341352.
11. Vlasic & Stertz. *Taken for a ride*.（『ダイムラー・クライスラー』）
12. Schuetze, A. (2007, October 4). Benz sidelined as Daimler gets name change. Reuters. https://www.reuters.com/article/us-mercedesbenz-name/benz-sidelined-as-daimler-gets-name-change-idUSL0423158520071004.
13. Schneider. Scenes from a marriage.
14. CBSNews.com Staff. Chrysler to cut 26,000 jobs.
15. 同上。
16. Schneider. Scenes from a marriage.
17. Maynard, M. (2007, August 12). DAM-lerChrysler? If you say so, Chief. *The New York Times*. http://www.nytimes.com/2007/08/12/business/yourmoney/12suits.html.
18. CBSNews.com Staff. Chrysler to cut 26,000 jobs. 以下も参照。CNN Money Staff. (2000, November 28). Kerkorian sues Daimler. CNN Money. http://money.cnn.com/2000/11/27/news/chrysler/.
19. Landler, M. (2007, May 14). Daimler calling it quits with Chrysler. *The New York Times*. https://www.nytimes.com/2007/05/14/business/worldbusiness/14iht-daimler.5.5708176.html.
20. Li, C., Gelfand, M. J., & Kabst, R. (2017). The influence of cultural tightness-looseness on cross-border acquisitions. *Academy of Management Proceedings, 2017*(1), 10533.
21. Senor & Singer. *Start-up nation*.（『アップル、グーグル、マイクロソフトはなぜ、イスラエル企業を欲しがるのか？』); Israel Venture Capital Research Center. (n.d.). www.ivc-online.com.
22. Koetsier, John. (2013, November 6). Website builder Wix raises $127M in largest-ever IPO for Israeli firm. *Venture Beat*. https://venturebeat.com/2013/11/06/website-builder-wix-raises-127m-in-largest-ever-ipo-for-israeli-firm/.
23. Wix. (n.d.). About us. https://www.wix.com/about /us.
24. Wix Blog. (2014). "Ah, the View!": Wix offices around the globe. https://www.wix.com/blog/2014/08/wix-offices-around-the-globe/(リンク切れ); Abrahami, A. (2016, June 6). Wix CEO: How a 10-year-old company innovates. *Medium*. https://www.hottopics.ht/23700/wix-ceo-on-driving-internal-innovation-as-a-10-year-old-company/.
25. Wix Blog. (2014). What we look like at work. https://www.wix.com/blog/2014/10/what-we-look-like-at-work/.
26. Wix Blog. (2015). 5 things that will disqualify you from working at Wix. https://www.wix.com/blog/2015/06/5-things-that-will-disqualify-you-from-working-at-wix/.
27. Bort, J. (2013). Hot Israel startup Wix has a gorgeous headquarters overlooking the Mediterranean Sea. *Business Insider*. http://www.businessinsider.com/startup-wix-has-one-of-the-most-spectacular-offices-in-isreal-2013-4.

its-workers/381550/.

79. 同上。
80. Chui, M., Manyika, J., & Miremadi, M. (2016). Where machines could replace humans—and where they can't (yet). *McKinsey Quarterly.* https://www.mckinsey.com/business-functions/digital-mckinsey/our-insights/where-machines-could-replace-humans-and-where-they-cant-yet.
81. Barabak, M. Z., & Duara, N. (2016). "We're called redneck, ignorant, racist. That's not true": Trump supporters explain why they voted for him. *Los Angeles Times.* http://www.latimes.com/politics/la-na-pol-donald-trump-american-voices-20161113-story.html.
82. Hjelmgaard, K., & Zoroya, G. (2016). Exploding UK immigration helped drive "Brexit" vote. *USA Today.* https://www.usatoday.com/story/news/world/2016/06/28/exploding-uk-immigration-helped-drive-brexit-vote/86424670/; Lord Ashcroft. (2016). How the United Kingdom voted on Thursday . . . and why. *Lord Ashcroft Polls.* http://lordashcroftpolls.com/2016/06/how-the-united-kingdom-voted-and-why/.
83. White House. (2018). *Inside President Donald J. Trump's first year of restoring law and order.* https://www.whitehouse.gov/briefings-statements/president-donald-j-trumps-first-year-restoring-law-order/.
84. Nossiter, A. (2017). Marine Le Pen echoes Trump's bleak populism in French campaign kickoff. *The New York Times.* https://www.nytimes.com/2017/02/05/world/europe/marine-le-pen-trump-populism-france-election.html.
85. Adekoya, R. (2016). Xenophobic, authoritarian—and generous on welfare: How Poland's right rules. The Guardian. https://www.theguardian.com/commentisfree/2016/oct/25/poland-right-law-justice-party-europe.

7　タイトな組織とルーズな組織

1. Vlasic, B., & Stertz, B. A. (2001). *Taken for a ride: How Daimler-Benz drove off with Chrysler.* New York: HarperCollins.（『ダイムラー・クライスラー』ビル・ヴラシック、ブラッドリー・A・スターツ著、鬼澤忍訳、早川書房）
2. Andrews, E. L., & Holson, L. M. (2001, August 12). Daimler-Benz to buy Chrysler in $36 billion deal. *The New York Times.* http://www.nytimes.com/2001/08/12/business/daimlerbenz-to-buy-chrysler-in-36-billion-deal.html.
3. CBSNews.com Staff. (2001, January 29). Chrysler to cut 26,000 jobs. CBS News. https://www.cbsnews.com/news/chrysler-to-cut-26000-jobs/.
4. Schneider, P. (2001, August 12). Scenes from a marriage. *The New York Times.* http://www.nytimes.com/2001/08/12/magazine/scenes-from-a-marriage.html.
5. 同上。
6. 同上。
7. 同上。
8. 同上。

65. Ghandnoosh, N. (2015). Black lives matter: Eliminating racial inequity in the criminal justice system. The Sentencing Project. http://www.sentencingproject.org/publications/black-lives-matter-eliminating-racial-inequity-in-the-criminal-justice-system/#I. Uneven Policing in Ferguson and New York City.
66. Stephens, N. M., Fryberg, S. A., Markus, H. R., Johnson, C. S., & Covarrubias, R. (2012). Unseen disadvantage: How American universities' focus on independence undermines the academic performance of first-generation college students. *Journal of Personality and Social Psychology,* 102 (6), 1178–1197.
67. Soria, K. M., Stebleton, M. J., & Huesman, R. L., Jr. (2013). Class counts: Exploring differences in academic and social integration between working-class and middle/upper-class students at large, public research universities. *Journal of College Student Retention: Research, Theory & Practice,* 15 (2), 215–242.
68. Harrington, J., & Gelfand, M. (2018). Survey of first-generation students, University of Maryland.
69. Radford, A., Berkner, L., Wheeless, S., & Shepherd, B. (2010). Persistence and attainment of 2003–04 beginning postsecondary students: After 6 years. U.S. Department of Education. https://nces.ed.gov/pubs2011/2011151.pdf.
70. Harvard College First Generation Student Union. *About.* http://www.hcs.harvard.edu/firstgen/index.html.
71. Hyde-Keller, O. Brown University to open first-generation college and low-income student center. News from Brown. https://www.brown.edu/news/2016-03-14/firstgen.
72. Arizona State University. ASU program helps first-generation college students navigate path to higher ed. ASU Now. https://asunow.asu.edu/content/asu-program-helps-first-generation-college-students-navigate-path-higher-ed.
73. https://firstgen.studentlife.umich.edu/our-stories/ でミシガン大学の例、https://alumni.ucla.edu/email/connect/2016/sept/first/default.htm でカリフォルニア大学ロサンゼルス校（UCLA）の例が閲覧できる。
74. Stephens, N. M., Hamedani, M. G., & Destin, M. (2014). Closing the social-class achievement gap: A difference-education intervention improves first-generation students' academic performance and all students' college transition. *Psychological Science,* 25 (4), 943–953.
75. Eddy, S. L., & Hogan, K. A. (2014). Getting under the hood: How and for whom does increasing course structure work? *CBE-Life Sciences Education,* 13 (3), 453–468.
76. United States Census Bureau. (2017). *Highest educational attainment levels since 1940.* https://www.census.gov/library/visualizations/2017/comm/cb17-51_educational_attainment.html.
77. The German Vocational Training System. (n.d.). Federal Ministry of Education and Research. https://www.bmbf.de/en/the-german-vocational-training-system-2129.html.
78. Jacoby, T. (2014). Why Germany is so much better at training its workers. *The Atlantic.* https://www.theatlantic.com/business/archive/2014/10/why-germany-is-so-much-better-at-training-

neighborhood. Boulder, Colo.: Westview Press; Stephens, Markus, & Phillips. Social class culture cycles.

47. Anyon. Elementary schooling and distinctions of social class.
48. Stephens, N. M., Markus, H. R., & Townsend, S. S. (2007). Choice as an act of meaning: The case of social class. *Journal of Personality and Social Psychology,* 93 (5), 814–830.
49. データ出典：同上。アメリカ心理学会の許可を得て改変。
50. 同上。
51. Galinsky, A. D., Magee, J. C., Gruenfeld, D. H., Whitson, J. A., & Liljenquist, K. A. (2008). Power reduces the press of the situation: Implications for creativity, conformity, and dissonance. *Journal of Personality and Social Psychology,* 95 (6), 1450–1466.
52. Piff, P. K., Stancato, D. M., Côté, S., Mendoza-Denton, R., & Keltner, D. (2012). Higher social class predicts increased unethical behavior. *Proceedings of the National Academy of Sciences,* 109 (11), 4086–4091.
53. Kraus, M. W., & Keltner, D. (2009). Signs of socioeconomic status: A thin-slicing approach. *Psychological Science,* 20 (1), 99–106.
54. Piff et al. Higher social class predicts increased unethical behavior.
55. 同上。
56. Harrington & Gelfand. *Worlds unto themselves.*
57. Gervais, S. J., Guinote, A., Allen, J., & Slabu, L. (2013). Power increases situated creativity. *Social Influence,* 8 (4), 294–311.
58. Straus, M. A. (1968). Communication, creativity, and problem-solving ability of middle- and working-class families in three societies. *American Journal of Sociology,* 73 (4), 417–430.
59. Carvacho, H., Zick, A., Haye, A., González, R., Manzi, J., Kocik, C., & Bertl, M. (2013). On the relation between social class and prejudice: The roles of education, income, and ideological attitudes. *European Journal of Social Psychology,* 43 (4), 272–285.
60. Küpper, B., Wolf, C., & Zick, A. (2010). Social status and anti-immigrant attitudes in Europe: An examination from the perspective of social dominance theory. *International Journal of Conflict and Violence,* 4 (2), 206.
61. Bowles, H. R., & Gelfand, M. (2010). Status and the evaluation of workplace deviance. *Psychological Science,* 21 (1), 49–54.
62. Egan, M. L., Matvos, G., & Seru, A. (2017). When Harry fired Sally: The double standard in punishing misconduct. *National Bureau of Economic Research.* doi: 10.3386/w23242.
63. Editorial Board. (2016, December 17). Unequal sentences for blacks and whites. *The New York Times.* https://www.nytimes.com/2016/12/17/opinion/sunday/unequal-sentences-for-blacks-and-whites.html?_r=0.
64. Nellis, A. (2016). The color of justice: Racial and ethnic disparity in state prisons. The Sentencing Project. http://www.sentencingproject.org/publications/color-of-justice-racial-and-ethnic-disparity-in-state-prisons/. 以下も参照。NAACP. (2018). Criminal justice fact sheet. http://www.naacp.org/criminal-justice-fact-sheet/.

and-Longevity.pdf.

29. Chetty, R., Stepner, M., Abraham, S., Lin, S., Scuderi, B., Turner, N., . . . & Cutler, D. (2016). The association between income and life expectancy in the United States, 2001–2014. *Journal of the American Medical Association,* 315 (16), 1750–1766.
30. Harrington & Gelfand. *Worlds unto themselves.*
31. Chetty, R., Hendren, N., Kline, P., Saez, E., & Turner, N. (2014). Is the United States still a land of opportunity? Recent trends in intergenerational mobility. *American Economic Review*, 104 (5), 141–147.
32. Harrington & Gelfand. *Worlds unto themselves.*
33. Buckingham, M., & Coffman, C. (1999). *First, break all the rules: What the world's greatest managers do differently.* New York: Gallup Press.（『まず、ルールを破れ』マーカス・バッキンガム、カート・コフマン著、宮本喜一訳、日本経済新聞社）
34. Copeland, A. (2013). *Breaking the rules & getting the job: A practical guide to getting a great job in a down market.* Memphis, Tenn.: Copeland Coaching.
35. Harrington & Gelfand. *Worlds unto themselves.*
36. Haidt, J., Koller, S. H., & Dias, M. G. (1993). Affect, culture, and morality, or is it wrong to eat your dog? *Journal of Personality and Social Psychology,* 65 (4), 613–628.
37. Harrington & Gelfand. *Worlds unto themselves.*
38. Rakoczy, H., Warneken, F., & Tomasello, M. (2008). The sources of normativity: Young children's awareness of the normative structure of games. *Developmental Psychology,* 44 (3), 875–881.
39. Kohn, M. (1977). *Class and conformity: A study in values.* Chicago: University of Chicago Press.
40. 現在では、上層階級の子どもは自立性に富むことが研究で確かめられている。Grossmann, I., & Varnum, M. E. (2011). Social class, culture, and cognition. *Social Psychological and Personality Science,* 2 (1), 81–89; Stephens, Markus, & Phillips. Social class culture cycles; Varnum & Kitayama. The neuroscience of social class.
41. Harrington & Gelfand. *Worlds unto themselves.*
42. Parenting in America. (2015, December 17). Pew Research Center. http://www.pewsocialtrends.org/2015/12/17/parenting-in-america/.
43. Lubrano, A. (2004). *Limbo: Blue-collar roots, white-collar dreams.* Hoboken, N.J.: John Wiley & Sons.
44. Bernstein, B. (1971). *Class, codes and control: Theoretical studies toward a sociology of education* (Vol. 1). London: Paladin.（『言語社会化論』バーンスティン著、萩原元昭編訳、明治図書）
45. Bernstein, B. (1960). Language and social class. *The British Journal of Sociology,* 11 (3), 271–276; 同上。
46. Anyon, J. (1981). Elementary schooling and distinctions of social class. *Interchange,* 12 (2), 118–132; MacLeod, J. (2009). *Ain't no makin' it: Aspirations and attainment in a low-income*

13. Parr, L. A., Matheson, M. D., Bernstein, I. S., & De Waal, F. B. M. (1997). Grooming down the hierarchy: Allogrooming in captive brown capuchin monkeys, Cebus apella. *Animal Behaviour,* 54(2), 361–367.
14. Sapolsky, R. M. (2005). The influence of social hierarchy on primate health. *Science, 308*(5722), 648–652.
15. Nagy, M., Akos, Z., Biro, D., & Vicsek, T. (2010). Hierarchical group dynamics in pigeon flocks. *Nature,* 464 (7290), 890.
16. Wong, M. Y., Munday, P. L., Buston, P. M., & Jones, G. P. (2008). Fasting or feasting in a fish social hierarchy. *Current Biology,* 18 (9), R372–R373.
17. Louch, C. D., & Higginbotham, M. (1967). The relation between social rank and plasma corticosterone levels in mice. *General and Comparative Endocrinology,* 8 (3), 441–444.
18. Scott, M. P. (1998). The ecology and behavior of burying beetles. *Annual Review of Entomology,* 43 (1), 595–618.
19. Stephens, N. M., Markus, H. R., & Phillips, L. T. (2014). Social class culture cycles: How three gateway contexts shape selves and fuel inequality. *Annual Review of Psychology,* 65, 611–634; Varnum, M. E., & Kitayama, S. (2017). The neuroscience of social class. *Current Opinion in Psychology,* 18, 147–151; Harrington, J., & Gelfand, M. (2018). *Worlds unto themselves: Tightness-looseness and social class.*
20. Williams, J. C. (2012). The class culture gap. In S. T. Fiske & H. R. Markus. (Eds.). *Facing social class: How societal rank influences interaction* (pp. 39–58). New York: Russell Sage Foundation.
21. Howell, J. T. (1973). *Hard living on Clay Street: Portraits of blue collar families.* Garden City, NY: Anchor Press.
22. Williams. The class-culture gap.
23. Varner, K. (2017). Sometimes I'm down to pennies before it's time to get paid again. *The Huffington Post.* https://www.huffingtonpost.com/2014/07/01/working-poor_n_5548010.html.
24. Mulero, E. (2014). If I got in a car accident, I'd be homeless. *The Huffington Post.* https://www.huffingtonpost.com/2014/01/31/karen-wall-working-poor_n_4698088.html.
25. Gillespie, P. (2016, May 19). U.S. problem: I work three part-time jobs. CNN Money. http://money.cnn.com/2016/05/17/news/economy/job-multiple-part-time/index.html.
26. Census of fatal injuries (CFOI)—Current and revised data. (2015). Bureau of Labor Statistics. https://www.bls.gov/iif/oshcfoi1.htm#2010.
27. Harrell, E., Langton, L., Berzofsky, M., Couzens, L., & Smiley-McDonald, H. (2014). *Household poverty and nonfatal violent victimization, 2008–2012.* U.S. Department of Justice, Office of Justice Programs, Bureau of Justice Statistics. https://www.bjs.gov/content/pub/pdf/hpnvv0812.pdf.
28. Woolf, S. H., Aron, L., Dubay, L., Simon, S. M., Zimmerman, E., & Luk, K. X. (2015). How are income and wealth linked to health and longevity? Urban Institute. https://www.urban.org/sites/default/files/publication/49116/2000178-How-are-Income-and-Wealth-Linked-to-Health-

6 「労働者階級」対「上層階級」

1. Chappell, B. (2011, October 20). Occupy Wall Street: From a blog post to a movement. NPR. https://www.npr.org/2011/10/20/141530025/occupy-wall-street-from-a-blog-post-to-a-movement.
2. Proctor, B. D., Semega, J. L., & Kollar, M. A. (2016). Income and poverty in the United States. United States Census Bureau Current Population Reports. https://www.census.gov/content/dam/Census/library/publications/2016/demo/p60-256.pdf.
3. Levitin, M. (2015). The triumph of Occupy Wall Street. *The Atlantic.* https://www.theatlantic.com/politics/archive/2015/06/the-triumph-of-occupy-wall-street/395408/.
4. Public sees strong conflicts between many groups—especially partisans. (2017, December 19). Pew Research Center. http://www.pewresearch.org/fact-tank/2017/12/19/far-more-americans-say-there-are-strong-conflicts-between-partisans-than-between-other-groups-in-society/ft_17-12-19_politics_publicsees/.
5. Black-white conflict isn't society's largest. (2009, September 24). Pew Research Center. http://www.pewsocialtrends.org/2009/09/24/black-white-conflict-isnt-societys-largest/.
6. Orthofer, A. (2016, October 6). South Africa needs to fix its dangerously wide wealth gap. *The Conversation.* https://theconversation.com/south-africa-needs-to-fix-its-dangerously-wide-wealth-gap-66355.
7. Tiezzi, S. (2016, January 15). Report: China's 1% owns 1/3 of wealth. *The Diplomat.* http://thediplomat.com/2016/01/report-chinas-1-percent-owns-13-of-wealth/. Xie, Y., & Jin, Y. (2015). Household wealth in China. *Chinese Sociological Review,* 47 (3), 203–229.
8. Ibarra, A. B., & Byanyima, W. (2016, January 17). Latin America is the world's most unequal region. Here's how to fix it. World Economic Forum. https://www.weforum.org/agenda/2016/01/inequality-is-getting-worse-in-latin-america-here-s-how-to-fix-it/.
9. この種の論考の例については以下を参照。Cohn, N. (2016, November 9). Why Trump won: Working-class whites. *The New York Times.* https://www.nytimes.com/2016/11/10/upshot/why-trump-won-working-class-whites.html?mcubz=2&_r=0; Maher, R. (2017). Populism is still a threat to Europe—Here's how to contain it. *The Conversation.* https://theconversation.com/populism-is-still-a-threat-to-europe-heres-how-to-contain-it-78821; Witte, G. (2017, February 22). In Britain's working-class heartland, a populist wave threatens to smash the traditional order. *The Washington Post.* https://www.washingtonpost.com/world/europe/in-britains-working-class-heartland-a-populist-wave-threatens-to-smash-the-traditional-order/2017/02/22/67c5e6a8-f867-11e6-aa1e-5f735ee31334_story.html?utm_term=.411363e4b57a.
10. Mark, J. (2014). Daily life in ancient Mesopotamia. *Ancient history encyclopedia.* https://www.ancient.eu/article/680/daily-life-in-ancient-mesopotamia/.
11. Joshi, N. (2017). Caste system in ancient India. *Ancient history encyclopedia.* https://www.ancient.eu/article/1152/caste-system-in-ancient-india/.
12. Fairbank, J. K., & Goldman, M. (2006). *China: A new history.* Cambridge, Mass.: Harvard University Press.

179. Baughman, J. L. (1993). *Television comes to America, 1947–57.* Illinois Periodicals Online.
180. Sheff, D. (1988, May 5). The Rolling Stone survey: On sex, drugs, and rock & roll. *Rolling Stone.* http://www.rollingstone.com/culture/news/sex-drugs-and-rock-roll-19880505.
181. Counterculture. *Boundless.* https://courses.lumenlearning.com/boundless-ushistory/chapter/counterculture/.
182. *The 9/11 commission report: Final report of the national commission on terrorist attacks upon the United States.* (2011). Washington, D.C.: Government Printing Office.
183. Villemez, J. (2011, September 14). 9/11 to now: Ways we have changed. *PBS NewsHour.* http://www.pbs.org/newshour/rundown/911-to-now-ways-we-have-changed.
184. Hellman, C. (2011, August 16). Has the Pentagon's post-9/11 spending spree made us safer? *The Nation.* http://www.thenation.com/article/has-pentagons-post-911-spending-spree-made-us-safer/.
185. McCarthy, M. T. (2002). USA Patriot Act.
186. Villemez. 9/11 to now.
187. U.S. Department of Homeland Security, ENFORCE Alien Removal Module (EARM), January 2011; Enforcement Integrated Database (EID), December 2010.
188. US Supreme Court rules gay marriage is legal nationwide (2015, June 27). *BBC.* https://www.bbc.com/news/world-us-canada-33290341.
189. Reilly, K. (2016, August 31). Here are all the times Donald Trump insulted Mexico. *Time.* http://time.com/4473972/donald-trump-mexico-meeting-insult/.
190. Read Donald Trump's speech on trade. (2016, June 28). *Time.* http://time.com/4386335/donald-trump-trade-speech-transcript/.
191. Kohn, S. (2016, June 29). Nothing Donald Trump says on immigration holds up. *Time.* http://time.com/4386240/donald-trump-immigration-arguments/.
192. Johnson, J., & Hauslohner, A. (2017, May 20). "I think Islam hates us": A timeline of Trump's comments about Islam and Muslims. *The Washington Post.* https://www.washingtonpost.com/news/post-politics/wp/2017/05/20/i-think-islam-hates-us-a-timeline-of-trumps-comments-about-islam-and-muslims/?utm_term=.b929e970f937.
193. Diamond, G. (2016, May 2). Trump: "We can't allow China to rape our country." CNN. https://www.cnn.com/2016/05/01/politics/donald-trump-china-rape/index.html.
194. Appelbaum, Y. (2016, July 1). "I alone can fix it." *The Atlantic.* https://www.theatlantic.com/politics/archive/2016/07/trump-rnc-speech-alone-fix-it/492557/.
195. Gelfand, M. J., Jackson, J. C., & Harrington, J. R. (2016, April 27). Trump Culture: Threat, Fear, and the Tightening of the American Mind. *Scientific American.* https://www.scientificamerican.com/article/trump-culture-threat-fear-and-the-tightening-of-the-american-mind/.
196. Schultheis, E. (2018, January 8). Viktor Orbán: Hungary doesn't want Muslim "invaders." *Politico.* https://www.politico.eu/article/viktor-orban-hungary-doesnt-want-muslim-invaders/.
197. 2017年5月21日、ユヴァル・ノア・ハラリとの個人的なやりとり。

-states-are-the-scariest/.
155. クマ、ハリケーン、サメの襲撃、クモ、ヘビ、竜巻、落雷、火山の恐ろしさの平均順位とタイトさの相関（順位が低い州のほうが恐ろしさのスコアは高い）（州の経済力について補正）（N＝50）：$r=-0.33, p=0.02$. データ出典は同上。
156. Woodard. *American nations.*（『11の国のアメリカ史』）
157. Brundage, F. (1997). American slavery: A look back at the peculiar institution. *The Journal of Blacks in Higher Education* (15), 118–120.
158. Woodard. *American nations.*（『11の国のアメリカ史』）
159. Harrington & Gelfand. Tightness-looseness across the 50 United States.
160. Woodard. *American nations.*（『11の国のアメリカ史』）
161. Paskoff, P. F. (2008). Measures of war: A quantitative examination of the Civil War's destructiveness in the Confederacy. *Civil War History,* 54 (1), 35–62.
162. 同上。
163. Downs, G. P. (2015). *After Appomattox: Military occupation and the ends of war.* Cambridge, Mass.: Harvard University Press.
164. 同上。
165. Wilson. *The new encyclopedia of southern culture: Volume 4.*
166. 同上。
167. 同上。
168. Kaleem, J. (2017, August 16). In some states, it's illegal to take down monuments or change street names honoring the Confederacy. *Los Angeles Times.* http://www.latimes.com/nation/la-na-confederate-monument-laws-20170815-htmlstory.html.
169. Wilson. *The new encyclopedia of southern culture: Volume 4.*
170. American history: Fear of communism in 1920 threatens civil rights. (2010, December 8). *Learning English.* https://learningenglish.voanews.com/a/americas-fear-of-communism-in-1920-becomes-a-threat-to-rights-111561904/116001.html.
171. Murray, R. K. (1955). *Red scare: A study in national hysteria, 1919–1920.* Minneapolis: University of Minnesota Press.
172. 同上。1918年の「治安法」は「過激派」を逮捕して国外退去させるために利用された。一部の州は言論の自由を制限する「刑事サンディカリズム法」を可決した。
173. Goldstein, R. J. (2006). Prelude to McCarthyism: The making of a blacklist. *Prologue Magazine.* Washington, D.C.: National Archives and Records Administration.
174. Fried, A. (1997). *McCarthyism, the great American red scare: A documentary history.* New York: Oxford University Press.
175. 同上。
176. 同上。
177. 同上
178. Klinkowitz, J. (1980). *The American 1960's: Imaginative acts in a decade of change.* Iowa City: Iowa State University Press.

responds-to-jindal-s-executive-order-says-city-is-accepting-inviting/3377488.
136. Profile of general population and housing characteristics: 2010. United States Census Bureau: American FactFinder. https://factfinder.census.gov/faces/tableservices/jsf/pages/productview.xhtml?pid=DEC_10_DP_DPDP1.
137. Woodard. *American nations.*（『11 の国のアメリカ史』）
138. Significant wildfire events in SC history: chronology by year. South Carolina Forestry Commission. https://www.state.sc.us/forest/firesign.htm.
139. The deadliest, costliest, and most intense United States tropical cyclones from 1851 to 2004 (and other frequently requested hurricane facts). (2005, August). Natural Hurricane Center. http://www.nhc.noaa.gov/pdf/NWS-TPC-4.pdf.
140. Hicken, J. (2012, August 16). See 5 of the worst droughts in the United States. *Deseret News.* http://www.deseretnews.com/top/920/4/1980s-drought-See-5-of-the-worst-droughts-in-the-United-States.html.（リンク切れ）
141. Knittle, A. (2011, October 19). Oklahoma rain records show a history of long droughts. *NewsOK.* http://newsok.com/article/3614753.
142. Okie migrations. Oklahoma Historical Society. http://www.okhistory.org/publications/enc/entry.php?entry=OK008.
143. タイトさと環境に対する脆弱さは関係するが、それに反する興味深い例外として、地震が挙げられる。50 州全体で、タイトさと地震の頻度とのあいだに有意な関係はみられなかった。
144. Harrington & Gelfand. Tightness-looseness across the 50 United States.
145. Livingston, I. (2016, April 6). Annual and monthly tornado averages for each state (maps). U.S. Tornadoes. http://www.ustornadoes.com/2016/04/06/annual-and-monthly-tornado-averages-across-the-united-states/.
146. Harrington & Gelfand. Tightness-looseness across the 50 United States.
147. 同上。
148. The deadliest, costliest, and most intense United States tropical cyclones from 1851 to 2004. Natural Hurricane Center.
149. Harrington & Gelfand. Tightness-looseness across the 50 United States.
150. 同上。
151. Fine particulate matter (PM2.5) ($\mu g/m^3$) (2003– 2011) [Data file]. Centers for Disease Control and Prevention. https://wonder.cdc.gov/nasa-pm.html. タイトさと微粒子状物質の相関（N＝50）：$r = 0.41, p = 0.004$.
152. Walters, D. (2015, June 25). Census Bureau shows California's diversity. *The Sacramento Bee.* http://www.sacbee.com/news/politics-government/capitol-alert/article25485157.html.
153. Hoi, S. (2014). The meaning of the creative economy in Los Angeles. *Community Development Investment Review,* 2, 31–34.
154. Nickum, R. (2014, July 15). The United States of fear: Which American states are the scariest? Estately Blog. http://www.estately.com/blog/2014/07/the-united-states-of-fear-which-american

D. (1998). Culture, social organization, and patterns of violence. *Journal of Personality and Social Psychology,* 75 (2), 408.
123. Wyatt-Brown, B. (1982). *Southern honor: Ethics and behavior in the Old South.* New York: Oxford University Press.
124. Paddison, J. (2005). Essay: 1848–1865: Gold rush, statehood, and the western movement. Calisphere, University of California. https://calisphere.org/exhibitions/essay/4/gold-rush/.
125. 同上。
126. Chan, S. (2000). A people of exceptional character: Ethnic diversity, nativism, and racism in the California gold rush. *California History*, 79 (2), 44–85.
127. Arnesen, E. (2007). *Encyclopedia of U.S. labor and working-class history* (Vol. 1). New York: Taylor & Francis.
128. Paddison. Essay: 1848–1865: Gold rush, statehood, and the western movement.
129. Ochoa, M. G. (2017, March 27). California was once a bastion of xenophobia and racism. If we can change, so can the rest of the country. *Los Angeles Times.* http://www.latimes.com/opinion/opinion-la/la-ol-immigration-california-racism-20170327-htmlstory.html.
130. 州人口に占める外国出身者の割合とタイトさの相関（州の経済力について補正）：1860年（N＝41）：$r=-0.42, p=0.007$. 1880年（N＝46）：$r=-0.55, p=0.000$. 1900年（N＝48）：$r=-0.62, p=0.000$. 1920年（N＝48）：$r=-0.70, p=0.000$. 1940年（N＝48）：$r=-0.67, p=0.000$. 1960年（N＝50）：$r=-0.65, p=0.000$. 1980年（N＝50）：$r=-0.53, p=0.000$. 2000年（N＝50）：$r=-0.44, p=0.002$. データはhttps://www.census.gov/population/www/documentation/twps0081/twps0081.pdfから取得。
131. Olson, R. (2014, April 29). U.S. racial diversity by county [Blog post]. http://www.randalolson.com/2014/04/29/u-s-racial-diversity-by-county/.
132. たとえばカンザス州、ノースダコタ州、アーカンソー州では人口に占めるユダヤ人の割合がそれぞれ0.09%、0.1%、0.37%、アジア人の占める割合が3%、2%、2%にとどまる。一方ルーズな州では、ニューヨーク州、マサチューセッツ州、カリフォルニア州でユダヤ人の割合がそれぞれ8.47%、5.28%、2.74%、アジア人の割合が8%、7%、15%となっている。2016年の州人口に占めるアジア人の割合とタイトさの相関（州の経済力について補正）（N＝50）：$r=-0.36, p=0.03$. データはhttps://www.kff.org/other/state-indicator/distribution-by-raceethnicity/?currentTimeframe=0&sortModel=%7B%22colId%22:%22Location%22,%22sort%22:%22asc%22%7Dから取得。2016年の州人口に占めるユダヤ人の割合とタイトさの相関（州の経済力について補正）（N＝50）：$r=-0.31, p=0.03$. データはhttp://www.jewishvirtuallibrary.org/jewish-population-in-the-united-states-by-stateから取得。
133. Campanella, R. (2007). An ethnic geography of New Orleans. *The Journal of American History,* 94 (3), 704–715.
134. New Orleans. *History.* http://www.history.com/topics/new-orleans.
135. Durrett, C. (2015, May 21). New Orleans mayor responds to Jindal's executive order; says city is "accepting, inviting." WDSU News. http://www.wdsu.com/article/new-orleans-mayor-

America. New York: Penguin.（『11 の国のアメリカ史』コリン・ウッダード著、肥後本芳男・金井光太朗・野口久美子・田宮晴彦訳、岩波書店）

100. 同上（p. 270）。（『11 の国のアメリカ史』下巻 p. 162）
101. 同上。
102. Frequently asked questions. The Equal Rights Amendment: Unfinished business for the Constitution. http://www.equalrightsamendment.org/faq.htm#q4. タイトな州には、ミシシッピ、アラバマ、アーカンソー、オクラホマ、ルイジアナ、サウスカロライナ、ノースカロライナ、バージニア、ユタ、ミズーリ、ジョージアが含まれた。
103. Woodard. *American nations.*（『11 の国のアメリカ史』）
104. McKay, B., & McKay, K. (2012, November 26). Manly honor part V: Honor in the American South. The Art of Manliness. http://www.artofmanliness.com/2012/11/26/manly-honor-part-v-honor-in-the-american-south/.
105. Nisbett, R. E., & Cohen, D. (1996). *Culture of honor: The psychology of violence in the South.* Boulder, Colo.: Westview Press.（『名誉と暴力』R・E・ニスベット、D・コーエン著、石井敬子・結城雅樹編訳、北大路書房）
106. McKay & McKay. Manly honor part V.
107. Nisbett & Cohen. *Culture of honor.*（『名誉と暴力』）
108. McKay & McKay. Manly honor part V.
109. 同上。
110. Nisbett & Cohen. *Culture of honor.*（『名誉と暴力』）
111. McWhiney, G. (1989). *Cracker culture: Celtic ways in the Old South.* Tuscaloosa: University of Alabama Press; McKay & McKay. Manly honor part V.
112. Nisbett & Cohen. *Culture of honor.*（『名誉と暴力』）
113. Woodard. *American nations.*（『11 の国のアメリカ史』）
114. 同上。
115. Esbeck, C. H. (2004). Dissent and disestablishment: The church-state settlement in the early American republic. *Brigham Young University Law Review, 2004*(4), 1385–1589.
116. Bonomi, P. U. (1986). *Under the cape of Heaven: Religion, society, and politics in colonial America.* New York: Oxford University Press.
117. Esbeck. Dissent and disestablishment.
118. 同上。
119. Goldfield, D., Abbott, C., Anderson, V., Argersinger, J., & Argersinger, P. (2017). *American journey, the combined volume* (8th ed.). Boston: Pearson.
120. Christiano, K. J. (2007). *Religious diversity and social change: American cities, 1890–1906.* New York: Cambridge University Press.
121. The Editors of Encyclopedia Britannica. Massachusetts. *Encyclopædia Britannica.* https://www.britannica.com/place/Massachusetts.
122. Jaffe, D. (2007, April). Industrialization and conflict in America: 1840–1875. The Metropolitan Museum of Art. http://www.metmuseum.org/toah/hd/indu/hd_indu.htm; Cohen,

く）の相関（州の経済力について補正）（N＝50）：$r=-0.40, p=0.004$. データは http://www.thedailybeast.com/ranking-the-most-tolerant-and-least-tolerant-states から取得。

85. Gelfand et al. The strength of social norms predicts global patterns of prejudice and discrimination.
86. 同上。
87. Harrington & Gelfand. Tightness-looseness across the 50 United States.
88. 同上。
89. メンタルヘルスケアの利用しやすさ（保険、受診しやすさ、保険の質と費用、特別支援教育の提供状況、雇用機会などの指標にもとづく）のランキング（ランキングが高い＝利用しにくい）（州の経済力について補正）（N＝50）：$r=0.38, p<0.01$. データは http://www.mentalhealthamerica.net/issues/mental-health-america-access-care-data から取得。
90. Harrington & Gelfand. Tightness-looseness across the 50 United States.
91. U.S. Equal Employment Opportunity Commission. EEOC charge receipts by state (includes U.S. territories) and basis for 2017. https://www1.eeoc.gov/eeoc/statistics/enforcement/charges_by_state.cfm.
92. 同上。
93. Park, H. (2015, March 30). Which states make life easier or harder for illegal immigrants. *The New York Times*. https://www.nytimes.com/interactive/2015/03/30/us/laws-affecting-unauthorized-immigrants.html?mcubz=2&_r=0.
94. 各州につき、2017年の雇用差別の総件数（雇用機会均等委員会の記録にもとづく）を2017年の州総人口で割り、その数字を1000倍して人口一人あたりの件数を算出した。2017年の人口一人あたりの雇用差別件数とタイトさの相関（州の経済力について補正）（N＝50）：$r=0.56, p<0.001$. 2010年のデータを使っても同じパターンが見出されたことがHarrington & Gelfand. Tightness-looseness across the 50 United Statesで報告されている。
95. 2018年3月、連邦最高裁判所はアリゾナ州に対し、DACA（若年移民に対する国外強制退去の延期措置）適用者に運転免許の交付を拒否することを禁じた。以下を参照。Stohr, G. (2018, March 19). U.S. Supreme Court rejects Arizona on driver's licenses for immigrants. *Bloomberg*. https://www.bloomberg.com/news/articles/2018-03-19/high-court-rejects-arizona-on-driver-s-licenses-for-immigrants.
96. Megerian, C. (2014, August 26). Jerry Brown: Immigrants, citizen or not, "welcome in California." *Los Angeles Times*. http://www.latimes.com/local/political/la-me-pc-mexico-president-visit-california-20140825-story.html.
97. 自分の州が移民にとって住みやすい場所だと認める州民の割合とタイトさの相関（州の経済力について補正）（N＝50）：$r=-0.51, p=0.000$. データは https://news.gallup.com/poll/189770/nevadans-likely-say-state-good-place-immigrants.aspx?g_source=states&g_medium=search&g_campaign から取得。
98. Harrington & Gelfand. Tightness-looseness across the 50 United States.
99. Woodard, C. (2011). *American nations: A history of the eleven rival regional cultures of North*

www.aspentimes.com/opinion/sturm-who-are-we-to-judge/.
70. Harrington & Gelfand. Tightness-looseness across the 50 United States.
71. 同上。
72. 同上。
73. 2018年1月6日、心理学者ジェイソン・レントフローとの直接のやりとりで得たデータ。回答者は開放性という性格特性を評価する記述が自分にどの程度あてはまると思うかについて「1」（まったくあてはまらない）から「5」（とてもあてはまる）のスケールで答えた。以下も参照。Harrington & Gelfand. Tightness-looseness across the 50 United States.
74. データ出典：Harrington & Gelfand. Tightness-looseness across the 50 United States。各州の人口一人あたりの特許取得件数（1963～2011年）について、この期間中の特許取得の総件数（アメリカ特許商標庁の記録にもとづく）を2010年の州人口で割り、この数字を1000倍した。タイトさと人口一人あたりの特許取得件数の相関（州の経済力について補正）（N＝50）：$r=-0.32, p=0.03$.
75. Alfred, R. (2008, May 16). May 16, 1960: Researcher shines a laser light. *Wired.* https://www.wired.com/2008/05/dayintech-0516-2/.
76. Asano, S. (2011, May 9). Just the fax. Boston.com. http://archive.boston.com/news/education/higher/articles/2011/05/09/sam_asanos_idea_led_to_first_fax_machine/.
77. Saltiel, C., & Datta, A. K. (1999). Heat and mass transfer in microwave processing. In *Advances in heat transfer* (Vol. 33, pp. 1–94). New York: Elsevier.
78. Grimes, W. (2016, March 17). Raymond Tomlinson, who put the @ sign in email, is dead at 74. *The New York Times.* https://www.nytimes.com/2016/03/08/technology/raymond-tomlinson-email-obituary.html?mcubz=2.
79. Maxwell, L. M. (2003). *Save womens lives: History of washing machines.* Eaton, Colo.: Oldewash.
80. Bellis, M. (2016, August 13). The history of the Frisbee. *ThoughtCo.* https://www.thoughtco.com/history-of-the-frisbee-4072561.
81. 同上。
82. 視覚芸術や舞台芸術のイベントに参加するか映画を見に行く成人の州別の割合とタイトさの相関（N＝50）：$r=-0.48, p=0.001$. 文学作品（戯曲、詩、短編、長編など）を読む成人の割合とタイトさの相関（N＝50）：$r=-0.46, p=0.001$. 自分で舞台芸術を演じるか芸術作品を制作する成人の割合とタイトさの相関（N＝50）：$r=-0.41, p=0.003$. テレビ、ラジオ、インターネットのいずれかで芸術鑑賞または芸術番組の視聴をする成人の割合とタイトさの相関（N＝50）：$r=-0.47, p=0.001$. いずれの相関も州の経済力について補正。データはhttps://www.arts.gov/artistic-fields/research-analysis/arts-data-profiles/arts-data-profile-11から取得。
83. 楽しさのランキングとタイトさの相関(州の経済力について補正)(N＝50)：$r=-0.56, p<0.01$. データはhttps://wallethub.com/edu/most-fun-states/34665/#methodologyから取得。
84. タイトさと寛容性（ヘイトクライム、宗教的寛容、差別、同性愛者の人権にもとづ

56. Zaimov, S. (2016, September 8). Joel Osteen's Lakewood Church ranked America's largest megachurch with 52,000 weekly attendance. *The Christian Post.* https://www.christianpost.com/news/joel-osteens-lakewood-church-ranked-americas-largest-megachurch-with-52k-in-attendance-169279/.
57. Kopplin, Z. (2014, January 16). Texas public schools are teaching creationism. *Slate.* http://www.slate.com/articles/health_and_science/science/2014/01/creationism_in_texas_public_schools_undermining_the_charter_movement.html.
58. South Carolina prayer in public schools laws. FindLaw. http://statelaws.findlaw.com/south-carolina-law/south-carolina-prayer-in-public-schools-laws.html.
59. Grammich, C. A. (2012). 2010 US religion census: Religious congregations & membership study: An enumeration by nation, state, and county based on data reported for 236 religious groups. Association of Statisticians of American Religious Bodies.
60. Stack, P. F. (2012, September 1). Mormon caffeine policy clarified, Coke and Pepsi officially OK for Latter-Day Saints. *The Huffington Post.* http://www.huffingtonpost.com/2012/09/01/mormon-caffeine-policy-cl_n_1848098.html.
61. The Church of Jesus Christ of Latter-Day Saints. Chastity. https://www.lds.org/topics/chastity?lang=eng.
62. Maza, C. (2017, December 14). Masturbation will make you gay, warns leaked Mormon Church document. *Newsweek.* http://www.newsweek.com/masturbation-gay-leaked-mormon-church-lgtb-religion-sex-748201.
63. Tingey, E. C. Keeping the Sabbath day holy. The Church of Jesus Christ of Latter-Day Saints. https://www.lds.org/ensign/2000/02/keeping-the-sabbath-day-holy?lang=eng.
64. Question: What are the worthiness requirements to enter a Mormon Temple? FairMormon. https://www.fairmormon.org/answers/Question:_What_are_the_worthiness_requirements_to_enter_a_Mormon_temple%3F.
65. Religious News Service. (1992, August 15). Mormon church said to be keeping files on dissenters. *The Times-News* (Idaho), 5B.
66. Haidt, J. (2012). *The righteous mind: Why good people are divided by politics and religion.* New York: Pantheon Books.（『社会はなぜ左と右にわかれるのか』ジョナサン・ハイト著、高橋洋訳、紀伊國屋書店）
67. 権威を重視する度合いとタイトさの相関（N＝50）：$r=0.47, p=0.001$. よそ者への危害を重視する度合いとタイトさの相関（N＝50）：$r=-0.44$, p＝0.001. 公正さ・互恵性を重視する度合いとタイトさの相関（N＝50）：$r=-0.45$, p＝0.001. 集団内の忠誠とタイトさの相関（N＝50）：$r=0.34, p=0.02$. 清浄・高潔さとタイトさの相関（N＝50）：$r=0.60, p=0.000$. いずれの相関も州の経済力について補正してある。データは南カリフォルニア大学の心理学者ジェシー・グレアムから得た。
68. Georgia Bureau of Investigation. (n.d.). CCH offense codes. https://gbi.georgia.gov/sites/gbi.georgia.gov/files/related_files/site_page/CCH%20Offense%20Codes%20-%20Active.pdf.
69. Sturm, Melanie. (2013, September 17). Sturm: Who are we to judge? *The Aspen Times.* http://

インなど、疼痛管理を目的としたオピオイドの処方率はタイトな州のほうが高く（r ＝0.7; CDC, 2015）、これはタイトな州のほうが厳しい脅威にさらされていることと関係しているのかもしれない（失業率と障碍者率が高く、保険加入率が低いなどの要因がある。報告全体は以下を参照。Guy, G. P., Zhang, K., Bohm, M., Losby, J., Lewis, B., Young, R., Murphy, L., & Dowell, D. (2017). Vital signs: Changes in opioid prescribing in the United States, 2006–2015. *CDC Morbidity and Mortality Weekly Report.* https://www.cdc.gov/mmwr/volumes/66/wr/mm6626a4.htm から取得）。処方率の州別データは以下を参照。Centers for Disease Control and Prevention. (2015). *U.S. state prescribing rates, 2015.* https://www.cdc.gov/drugoverdose/maps/rxstate2015.html.

ただし、〈タイト／ルーズ〉と2015年のオピオイド乱用による死亡とのあいだに統計学的相関はない（r＝－0.006）。オピオイド関連死の州別データは以下を参照。Centers for Disease Control and Prevention. (2015). *Drug overdose death data.* https://www.cdc.gov/drugoverdose/data/statedeaths.html.

42. Lopez, G. (2018, April 20). Marijuana has been legalized in nine states and Washington, DC. *Vox.* https://www.vox.com/cards/marijuana-legalization/where-is-marijuana-legal.
43. Fuller, T. (2017, April 15). Marijuana goes industrial in California. *The New York Times.* https://www.nytimes.com/2017/04/15/us/california-marijuana-industry-agriculture.html?mcubz=2.
44. Taking the highway: Idaho sign for Mile 420 changed to 419.9. (2015, August 18). *Denver Post.* http://www.denverpost.com/2015/08/18/taking-the-highway-idaho-sign-for-mile-420-changed-to-419-9/.
45. Harrington & Gelfand. Tightness-looseness across the 50 United States.
46. Luesse, V. F. (n.d.). Things only small town southerners know. *Southern Living.* http://www.southernliving.com/culture/small-town-living.
47. Foster, E. K. (2004). Research on gossip: Taxonomy, methods, and future directions. *Review of General Psychology*, 8 (2), 78.
48. Dunbar, R. I. (2004). Gossip in evolutionary perspective. *Review of General Psychology,* 8(2), 100.
49. Harrington & Gelfand. Tightness-looseness across the 50 United States.
50. 同上。
51. 同上。
52. 同上。
53. Religious landscape study: Adults in Kansas. (2014). Pew Research Center. http://www.pewforum.org/religious-landscape-study/state/kansas/.
54. Religious landscape study: Adults in Mississippi. (2014). Pew Research Center. http://www.pewforum.org/religious-landscape-study/state/mississippi/. Religious landscape study: Adults in South Carolina. (2014). Pew Research Center. http://www.pewforum.org/religious-landscape-study/state/south-carolina/.
55. Weiss, J. D., & Lowell, R. (2002). Supersizing religion: Megachurches, sprawl, and smart growth. *Saint Louis University Public Law Review,* 21, 313.

25. 同上。
26. 同上。
27. データ出典：同上。
28. 同上。
29. 2018年1月6日、心理学者ジェイソン・レントフローとの直接のやりとりで得たデータ。回答者は誠実性という性格特性を評価する記述が自分にどの程度あてはまると思うかについて、「1」（まったくあてはまらない）から「5」（とてもあてはまる）のスケールで答えた。以下も参照。Harrington & Gelfand. Tightness-looseness across the 50 United States.
30. Wilson, C. R., Thomas, J. G., Jr., & Abadie, A. J. (Eds.). (2006). *The new encyclopedia of southern culture: Volume 4: Myth, manners, and memory.* Chapel Hill: University of North Carolina Press.
31. Batson, A. B. (1988). *Having it y'all.* Nashville: Rutledge Hill Press.
32. Mason, S. (2016, September 1). Game day in the South? No T-shirts, please. CNN. http://www.cnn.com/2014/12/05/living/irpt-sec-football-fashion/index.html.
33. Cohen, D., Nisbett, R. E., Bowdle, B. F., & Schwarz, N. (1996). Insult, aggression, and the southern culture of honor: An "experimental ethnography." *Journal of Personality and Social Psychology,* 70 (5), 945.
34. Doll, J. (2012, January 23). 55 of the rudest things rude New Yorkers do. *Village Voice.* https://www.villagevoice.com/2012/01/23/55-of-the-rudest-things-rude-new-yorkers-do/.
35. Grynbaum, M. M. (2010, September 7). New Jersey Transit tries out quiet cars. *The New York Times.* http://www.nytimes.com/2010/09/08/nyregion/08quiet.html.
36. Sharkey, J. (2004, June 29). Business travel: On the road; want to be unpopular? Start with a cell phone. *The New York Times.* http://www.nytimes.com/2004/06/29/business/business-travel-on-the-road-want-to-be-unpopular-start-with-a-cellphone.html?_r=0.
37. Foulk, T., Woolum, A., & Erez, A. (2016). Catching rudeness is like catching a cold: The contagion effects of low-intensity negative behaviors. *Journal of Applied Psychology,* 101 (1), 50.
38. タイトさと無礼さのランキングの相関（数値が大きいほど無礼さが低いことを表す。州の経済力について補正）（N＝40）：$r=0.33, p=0.04$. データは2017年5月にhttps://www.thetoptens.com/us-states-with-rudest-people/から取得。
39. 借金の平均総額、すなわち住宅ローンと住宅以外のローンの平均総額（自動車ローン、教育ローン、クレジットカード負債、未払いの医療費および公共料金を含む）とタイトさの相関（州の経済力および貧困度について補正）（N＝50）：$r=-0.43, p=0.003$. データはhttp://www.urban.org/sites/default/files/alfresco/publication-pdfs/413190-Debt-in-America.PDFから取得。
40. Harrington & Gelfand. Tightness-looseness across the 50 United States.
41. 薬物使用と過剰飲酒はタイトな州のほうが少ないが、処方薬のオピオイド鎮痛薬だけは事情が異なる。2015年の時点で、オキシコドン、ヒドロコドン、モルヒネ、コデ

Proceedings of the National Academy of Sciences, 111 (22), 7990–7995.
5. 同上。
6. 同上。
7. Harrington & Gelfand. Tightness-looseness across the 50 United States.
8. 同上。
9. 同上。
10. 同上。
11. U.S. unauthorized immigration population estimates. (2016, November 3). Pew Research Center. http://www.pewhispanic.org/interactives/unauthorized-immigrants/.
12. Gelfand et al. Differences between tight and loose cultures.
13. Harrington & Gelfand. Tightness-looseness across the 50 United States.
14. 同上。
15. United States Department of Education's Office for Civil Rights. (2011–12). Number and percentage of public school students with and without disabilities receiving corporal punishment by race/ethnicity, by state: School Year 2011–12. http://ocrdata.ed.gov/StateNationalEstimations/Estimations_2011_12.
16. IPS Standard School Attire Guide. Indianapolis Public Schools. https://www.myips.org/cms/lib/IN01906626/Centricity/Domain/34/dresscode.pdf.
17. Hudson, C. (2007, October 2). IPS students suspended for not following dress code. WTHR. http://www.wthr.com/article/ips-students-suspended-for-not-following-dress-code.
18. Appel, J. M. (2009, September). Alabama's bad vibrations. *The Huffington Post.* http://www.huffingtonpost.com/jacob-m-appel/alabamas-bad-vibrations_b_300491.html.
19. State last to legalize tattoo artists, parlors. (2006, May 11). *Chicago Tribune.* http://articles.chicagotribune.com/2006-05-11/news/0605110139_1_tattoo-artists-parlors-health-department.
20. Know your rights: Street harassment and the law. Stop Street Harassment. http://www.stopstreetharassment.org/wp-content/uploads/2013/12/SSH-KYR-Mississippi.pdf.
21. Harrington & Gelfand. Tightness-looseness across the 50 United States.
22. タイトさと州人口に占める外国出身者の割合の相関（州の経済力について補正）：1860年（N＝41）：$r=-0.42, p=0.007$. 1880年（N＝46）：$r=-0.55, p=0.000$. 1900年（N＝48）：$r=-0.62, p=0.000$. 1920年（N＝48）：$r=-0.70, p=0.000$. 1940年（N＝48）：$r=-0.67, p=0.000$. 1960年（N＝50）：$r=-0.65, p=0.000$. 1980年（N＝50）：$r=-0.53, p=0.000$. 2000年（N＝50）：$r=-0.44, p=0.002$. データはhttps://www.census.gov/population/www/documentation/twps0081/twps0081.pdfから取得。
23. Harrington & Gelfand. Tightness-looseness across the 50 United States.
24. データ出典：同上。地図上で、タイトさのスコアを表す色がやや薄い州がある。たとえばイリノイ州はアイダホ州より色が薄く見えるが、実際にはイリノイ州のほうがアイダホ州よりややタイトである。これは目の錯覚にすぎない。イリノイ州はもっと色の濃い州に囲まれているため、色の薄い州に囲まれたアイダホ州よりも薄く見えるが、じつはイリノイ州のほうがアイダホ州より少し濃い。

Ecological determinants and implications for personality. In Church, A. T. *Personality Across Cultures.* Santa Barbara, Calif.: ABC-CLIO.

95. Central Intelligence Agency. (2018). Pakistan. In *The World Factbook.* https://www.cia.gov/library/publications/the-world-factbook/geos/pk.html.
96. Mohiuddin, Y. N. (2007). *Pakistan: A global studies handbook.* Santa Barbara, Calif.: ABC-CLIO.
97. Adeney, K., & Wyatt, A. (2010). *Contemporary India.* New York: Palgrave Macmillan.
98. Reik, T. (1962). *Jewish Wit* (p. 117). New York: Gamut Press.
99. Senor, D., & Singer, S. (2009). *Start-up nation: The story of Israel's economic miracle.* New York: Twelve.（『アップル、グーグル、マイクロソフトはなぜ、イスラエル企業を欲しがるのか？』ダン・セノール、シャウル・シンゲル著、宮本喜一訳、ダイヤモンド社）
100. Hogenbirk, A., & Narula, R. (1999). Globalisation and the small economy: The case of the Netherlands. In Van Den Bulcke, D., & Verbeke, A. (Eds.). (2001). *Globalization and the small open economy.* Cheltenham, UK: Edward Elgar.
101. O'Malley, C. (2014). *Bonds without borders: A history of the Eurobond market.* West Sussex, UK: John Wiley & Sons.
102. Northrup, C. C., Bentley, J. H., Eckes, A. E., Jr., Manning, P., Pomeranz, K., & Topik, S. (2015). *Encyclopedia of world trade: From ancient times to the present* (Vol. 1). London: Routledge.
103. Hoftijzer, P. G. (2001). Dutch printing and bookselling in the Golden Age. In *Two faces of the early modern world: The Netherlands and Japan in the 17th and 18th centuries* (pp. 59–67). Kyoto: International Research Center for Japanese Studies.
104. 1602 trade with the East: VOC. *Stichting het Rijksmuseum.* https://www.rijksmuseum.nl/en/rijksstudio/timeline-dutch-history/1602-trade-with-the-east-voc.
105. Breck, J. (2002). *How we will learn in the 21st century.* Lanham, Md.: Scarecrow Press.
106. Europe: Netherlands. *The World Factbook.* https://www.cia.gov/Library/publications/the-world-factbook/geos/print_nl.html.

5　タイトな州とルーズな州

1. Huang, J., Jacoby, S., Strickland, M., & Lai, R. K. K. (2016, November 8). Election 2016: Exit polls. *The New York Times.* https://www.nytimes.com/interactive/2016/11/08/us/politics/election-exit-polls.html?mcubz=2&_r=0.
2. Partisanship and political animosity in 2016. (2016). Pew Research Center. http://www.people-press.org/2016/06/22/partisanship-and-political-animosity-in-2016/.
3. Chapman, R., & Ciment, J. (Eds.). (2015). *Culture wars: An encyclopedia of issues, viewpoints and voices.* Armonk, N.Y.: M. E. Sharpe. 以下も参照。Hunter, J. D. (1991). *Culture wars: The struggle to define America.* New York: Basic Books.
4. Harrington, J. R., & Gelfand, M. J. (2014). Tightness-looseness across the 50 United States.

health before and after the 2011 Christchurch New Zealand earthquake. *PloS One,* 7 (12), e49648.

76. Gelfand et al. Differences between tight and loose cultures.
77. Gelfand, Jackson, & Ember. *Ecological threat and the transmission of cultural tightness-looseness.*
78. Norenzayan, A. (2013). *Big gods: How religion transformed cooperation and conflict.* Princeton, N.J.: Princeton University Press.
79. Gabbatt, A., Lovering, D., & Pilkington, E. (2013, April 16). Two blasts at Boston Marathon kill three and injure more than 100. *The Guardian.* https://www.theguardian.com/world/2013/apr/15/boston-marathon-explosion-finish-line.
80. Hartogs, J. (2013, April 16). Stories of kindness amid tragedy in Boston Marathon bombing. CBS News. https://www.cbsnews.com/news/stories-of-kindness-amid-tragedy-in-boston-marathon-bombing/.
81. Zimmer, B. (2013, May 12). “Boston Strong,” the phrase that rallied a city. *The Boston Globe.* https://www.bostonglobe.com/ideas/2013/05/11/boston-strong-phrase-that-rallied-city/uNPFaI8Mv4QxsWqpjXBOQO/story.html.
82. Michele Gelfand と Elizabeth Salmon の収集したデータ。
83. Gelfand, M. J., & Lun, J. (2013). Ecological priming: Convergent evidence for the link between ecology and psychological processes. *Behavioral and Brain Sciences*, 36 (5), 489–490.
84. Mu, Y., Han, S., & Gelfand, M. J. (2017). The role of gamma interbrain synchrony in social coordination when humans face territorial threats. *Social Cognitive and Affective Neuroscience,* 12 (10), 1614–1623.
85. Gelfand & Lun. Ecological priming.
86. 同上。
87. Roos, P., Gelfand, M., Nau, D., & Lun, J. (2015). Societal threat and cultural variation in the strength of social norms: An evolutionary basis. *Organizational Behavior and Human Decision Processes*, 129, 14–23.
88. Land area (sq. km). The World Bank. https://data.worldbank.org/indicator/AG.LND.TOTL.K2.
89. Population, total. The World Bank. https://data.worldbank.org/indicator/SP.POP.TOTL.
90. Population density (people per sq. km of land area). The World Bank.
91. Tucker, S. C., & Roberts, P. (Eds.). (2008). *The encyclopedia of the Arab-Israeli conflict: A political, social, and military history* [4 volumes]. Santa Barbara, Calif.: ABC-CLIO.
92. Vital statistics: Latest population statistics for Israel. *Jewish virtual library.* http://www.jewishvirtuallibrary.org/latest-population-statistics-for-israel.
93. Demographics of Israel. Center for Israel and Jewish Affairs. http://cija.ca/resource/israel-the-basics/demographics-of-israel/.
94. Gelfand, M. J., Harrington, J. R., & Fernandez, J. R. (2017). Cultural tightness-looseness:

centre/factsheets/fs094/en/.

67. Murray, D. R., & Schaller, M. (2010). Historical prevalence of infectious diseases within 230 geopolitical regions: A tool for investigating origins of culture. *Journal of Cross-Cultural Psychology, 41*(1), 99–108. 以下も参照。Billing, J., & Sherman, P. W. (1998). Antimicrobial functions of spices: Why some like it hot. *The Quarterly Review of Biology*, 73 (1), 3–49.
68. Faulkner, J., Schaller, M., Park, J. H., & Duncan, L. A. (2004). Evolved disease-avoidance mechanisms and contemporary xenophobic attitudes. *Group Processes & Intergroup Relations,* 7 (4), 333–353; Navarrete, C. D., & Fessler, D. M. (2006). Disease avoidance and ethnocentrism: The effects of disease vulnerability and disgust sensitivity on intergroup attitudes. *Evolution and Human Behavior*, 27 (4), 270–282.
69. LeVine, R. A., Dixon, S., LeVine, S., Richman, A., Keiderman, P. H., Keefer, C. H., & Brazelton, T. B. (1994). *Child care and culture: Lessons from Africa.* New York: Cambridge University Press.
70. Severe acute respiratory syndrome (SARS) outbreak, 2003. (2016, July 30). National Library Board Singapore. http://eresources.nlb.gov.sg/infopedia/articles/SIP_1529_2009-06-03.html.
71. Legard, D. (2003, April 11). Singapore enforces SARS quarantine with online cameras. *Network World.* https://www.networkworld.com/article/2341374/lan-wan/singapore-enforces-sars-quarantine-with-online-cameras.html.
72. Shobayashi, T. (2011). Japan's actions to combat pandemic influenza (A/H1N1). *Japan Medical Association Journal,* 54 (5), 284–289.（オリジナルの日本語版は、正林督章(2011)「新型インフルエンザ（A/H1N1）対策—わが国における対応」日本医師会雑誌第139巻第7号、1459–1463）
73. Gelfand et al. Differences between tight and loose cultures.
74. 標準比較文化サンプル（SCCS）から得た186の過去のサンプル全体で、タイトに分類される社会のほうが、飢饉や外敵との戦いの発生率が著しく高かった。Gelfand, M. J., Jackson, J. C., & Ember, C. (2017, February). *Ecological threat and the transmission of cultural tightness-looseness.* マサチューセッツ州ボストンでのAAAS年次大会での講演。
75. おもしろいことに、宗教的信念はタイトさを生み出すもととなるだけでなく、物理的な脅威に直面すると、信念が変化することもある。脅威によって信心深さが強まることを示した研究もある。たとえば2011年にニュージーランドのクライストチャーチで起きた地震について調べた研究によれば、被災地域では住民の信仰心が強まったのに対し、被害のなかった地域では住民の信仰心が強まることはなかった。ナヴァ・カルオリ、ジョシュア・ジャクソン、カート・グレイと私の共同研究では、テロ攻撃、移民、他国との戦争などによって脅威を覚えたとき、人は神を通常よりも権威主義的な（たとえば「罰を与える」「憤った」「激怒した」）存在としてとらえることが判明した。次を参照。Caluori, N., Jackson, J. C., & Gelfand, M. J. (2017, September). *Intergroup conflict causes belief in more authoritarian gods*. ドイツのイエナで開催されたInaugural Meeting of the Cultural Evolution Societyでの講演。以下も参照。Sibley, C. G., & Bulbulia, J. (2012). Faith after an earthquake: A longitudinal study of religion and perceived

japanhistory/AChronologyOfJapaneseHistory_v1.pdf.

48. Oskin, B. (2017, September 13). Japan earthquake & tsunami of 2011: Facts and information. *Live Science.* https://www.livescience.com/39110-japan-2011-earthquake-tsunami-facts.html.
49. Millions without food, water, power in Japan. (2011, March 13). NBC News. http://www.nbcnews.com/id/42044293/ns/world_news-asia_pacific/t/millions-without-food-water-power-japan/#.WljidFQ-fVo.
50. Shaw, R. (Ed.). (2014). *Community practices for disaster risk reduction in Japan.* Tokyo: Springer Science & Business Media.
51. Fujita, A. (2011, May 4). Japan earthquake-tsunami spark volunteer boom but system overwhelmed. ABC News. http://abcnews.go.com/International/japan-earthquake-tsunami-spark-volunteer-boom-holiday-week/story?id=13523923.
52. Adelstein, J. (2011, March 18). Even Japan's infamous mafia groups are helping with the relief effort. *Business Insider.* https://www.businessinsider.com.au/japan-yakuza-mafia-aid-earthquake-tsunami-rescue-efforts-2011-3.
53. Synthesis report on ten ASEAN countries disaster risks assessment. (2010, December). ASEAN Disaster Risk Management Initiative. http://www.unisdr.org/files/18872_asean.pdf.
54. Gelfand et al. Differences between tight and loose cultures.
55. Yew, L. K. (2012). *From third world to first: The Singapore story, 1965–2000* (p. 3). New York: HarperCollins.（『リー・クアンユー回顧録』リー・クアンユー著、小牧利寿訳、日本経済新聞社）
56. 同上（p. 58)。（『リー・クアンユー回顧録』）
57. Gelfand et al. Differences between tight and loose cultures.
58. Dunham, W. (2008, January 29). Black death "discriminated" between victims. ABC Science. http://www.abc.net.au/science/articles/2008/01/29/2149185.htm.
59. The 10 deadliest epidemics in history. (2012, April 6). *Healthcare Business & Technology.* http://www.healthcarebusinesstechnology.com/index-446.htm.
60. Goddard, J. (2012). *Public health entomology.* Boca Raton, Fla.: CRC Press. ハイチがフランスからの独立を求めて戦ったハイチ革命（1801 ～ 1803 年）中のわずか 2 年間で、5 万人の兵士からなるナポレオン最大の遠征軍のほぼ全員が黄熱病で死亡した。
61. Rhodes, J. (2013). *The end of plagues: The global battle against infectious disease.* New York: Macmillan.
62. Taubenberger, J. K., & Morens, D. M. (2006). 1918 influenza: The mother of all pandemics. *Emerging Infectious Diseases*, 12 (1), 15–22.
63. Diamond, J. (1997). *Guns, germs, and steel: The fates of human societies.* New York: W. W. Norton.（『銃・病原菌・鉄』ジャレド・ダイアモンド著、倉骨彰訳、草思社文庫）
64. Ending AIDS: Progress towards the 90-90-90 targets. (2017). *Global AIDS Update.* http://www.unaids.org/sites/default/files/media_asset/Global_AIDS_update_2017_en.pdf.
65. Dying from TB—it can be an awful way to die. *TB Facts.* https://www.tbfacts.org/dying-tb/.
66. Malaria fact sheet. (2017, November). World Health Organization. http://www.who.int/media

32. Paine, S. C. (2005). *The Sino-Japanese War of 1894–1895: Perceptions, power, and primacy.* Cambridge, UK: Cambridge University Press.
33. Lee, H. Y., Ha, Y. C., & Sorensen, C. W. (Eds.). (2013). *Colonial rule and social change in Korea, 1910–1945.* Seattle: University of Washington Press.
34. Feldman, R. T. (2004). *The Korean War.* Minneapolis: Twenty-First Century Books.
35. Gershoni, I., & Jankowski, J. P. (1986). *Egypt, Islam, and the Arabs: The search for Egyptian nationhood, 1900–1930.* Oxford, UK: Oxford University Press on Demand.
36. Guo, R. (2011). *Territorial disputes and conflict management: The art of avoiding war* (Vol. 8, p. 68). London: Routledge.
37. Brunet-Jailly, E. (2015). *Border disputes: A global encyclopedia* [3 volumes] (p. 1). Santa Barbara, Calif.: ABC-CLIO.
38. Sumner, W. G. (1906). *Folkways*. New York: Ginn.（『フォークウェイズ』サムナー著、青柳清孝・園田恭一・山本英治訳、青木書店）
39. Darwin, C. R. (1873). *The descent of man, and selection in relation to sex.* New York: D. Appleton & Co. According to Darwin, ([1], p. 156).「いつでもたがいに危険を知らせあい助けあう用意があるような、勇気と共感と誠実さとを備えた人間をより多く持っていたなら……よく増えて他の部族に打ち勝つだろう」(『人間の由来』（上）チャールズ・ダーウィン著、長谷川眞理子訳、講談社学術文庫 p. 209 から引用）
40. 21 世紀の科学者はこの考えをさらに推し進め、高度な協調ができる集団のほうが集団間の競争に勝つ可能性が高いと主張している。この考え方に従えば、協調性が高く規範逸脱者を罰する傾向のある集団のほうが、敵に攻め込まれたときに降伏や壊滅をうまく回避できるはずである。以下を参照。Choi, J. K., & Bowles, S. (2007). The coevolution of parochial altruism and war. *Science*, 318 (5850), 636–640; Henrich, J. (2015). *The secret of our success: How culture is driving human evolution, domesticating our species, and making us smarter.* Prince ton, N.J.: Prince ton University Press.（『文化がヒトを進化させた』ジョセフ・ヘンリック著、今西康子訳、白揚社）
41. Gelfand et al. Differences between tight and loose cultures.
42. Guha-Sapir, D., Below, R., & Hoyois, P. EM-DAT: International Disaster Database—Université Catholique de Louvain, Brussels. http://www.emdat.be.
43. Thakurl, P. (2015, March 11). Disasters cost India $10 bn per year: UN report. *The Times of India.* https://timesofindia.indiatimes.com/india/Disasters-cost-India-10bn-per-year-UN-report/articleshow/46522526.cms.
44. Lamoureux, F. (2003). *Indonesia: A global studies handbook* (p. 3). Santa Barbara, Calif.: ABC-CLIO.
45. Roberts, C., Habir, A., & Sebastian, L. (Eds.). (2015). *Indonesia's ascent: Power, leadership, and the regional order* (p. 134). New York: Springer.
46. Farris, W. W. (2009). *Japan to 1600: A social and economic history.* Honolulu: University of Hawaii Press.
47. Turkington, D. (n.d.). *A chronology of Japanese history.* http://www.shikokuhenrotrail.com/

13. Gilman, D. C., Peck, H. T., & Colby, F. M. (1907, January 1). *The new international encyclopedia: Volume 18.* New York: Dodd, Mead.
14. Population density (per sq. km of land area). The World Bank.
15. Calhoun, J. B. (1962). Population density and social pathology. *Scientific American*, 206 (2), 139–149.
16. Gelfand et al. Differences between tight and loose cultures.
17. 出典：Randy Olson, National Geographic Creative.
18. Chewing gum is banned. HistorySG. http://eresources.nlb.gov.sg/history/events/57a854df-8684-456b-893a-a303e0041891#3. 以下も参照。Prystay, C. (2004, June 4). At long last, gum is legal in Singapore, but there are strings. *The Wall Street Journal.* https://www.wsj.com/articles/SB108629672446328324.
19. Sale of food (prohibition of chewing gum) regulations. *Singapore Statutes Online.* https://sso.agc.gov.sg/SL/SFA1973-RG2.
20. Kaplan, R. D. (2012). *The revenge of geography: What the map tells us about coming conflicts and the battle against fate*. New York: Random House.（『地政学の逆襲』ロバート・D・カプラン著、櫻井祐子訳、朝日新聞出版）
21. Gelfand et al. Differences between tight and loose cultures.
22. Daley, J. (2017, June 6). Researchers catalogue the grisly deaths of soldiers in the Thirty Years' War. *Smithsonian.* https://www.smithsonianmag.com/smart-news/researchers-catalogue-grisly-deaths-soldiers-thirty-years-war-180963531/.
23. Clodfelter, M. (2017). *Warfare and armed conflicts: A statistical encyclopedia of casualty and other figures, 1492–2015*. Jefferson, N.C.: McFarland.
24. Duffy, C. (2014). *Red storm on the Reich: The Soviet march on Germany, 1945* (p. 277). London: Routledge.
25. Violatti, C. (2013, May 27). *Ancient history encyclopedia.* https://www.ancient.eu/Han_Dynasty/.
26. Editorial Committee of Chinese Military History. (1985). *Tabulation of wars in ancient China.* Beijing: People's Liberation Army Press.
27. Eastman, L. E. (1986). *The nationalist era in China, 1927–1949* (p. 115). Cambridge, UK: Cambridge University Press.
28. Shen, W. (2012, March 1). China and its neighbors: Troubled relations. EU-Asia Centre. http://www.eu-asiacentre.eu/pub_details.php?pub_id=46.
29. Drohan, T. (2016). *A new strategy for complex warfare: Combined effects in East Asia.* Amherst, N.Y.: Cambria Press; Ratner, A. (2014, July 4). The shrimp now has a say in the ongoing struggle for East Asian supremacy. Vice News. https://news.vice.com/article/the-shrimp-now-has-a-say-in-the-ongoing-struggle-for-east-asian-supremacy.
30. Lee, K. B. (1997). *Korea and East Asia: The story of a phoenix.* Westport, Conn.: Greenwood.
31. Ebrey, P., & Walthall, A. (2013). *East Asia: A cultural, social, and political history* (Vol. 2). Boston: Cengage Learning.

rating-for-everything-1480351590; State Department (2014, June 14). *Notice of the State Council on issuing the outline for planning the construction of social credit system* (2014–2020). http://www.gov.cn/zhengce/content/2014-06/27/content_8913.htm.

121. Fallows, D. (2008, March 27). Most Chinese say they approve of government Internet control. Pew Internet & American Life Project. https://www.markle.org/sites/default/files/pip_china_internet_2008_0.pdf.
122. Gelfand et al. Differences between tight and loose cultures.
123. De, S., Nau, D. S., & Gelfand, M. J. (2017, May). Understanding norm change: An evolutionary game-theoretic approach. In *Proceedings of the 16th Conference on Autonomous Agents and Multi-Agent Systems* (pp. 1433–1441). International Foundation for Autonomous Agents and Multiagent Systems.
124. Hadid, D. (2016, October 14). Jordan tones down textbooks' Islamic content, and tempers rise. *The New York Times*. https://www.nytimes.com/2016/10/15/world/middleeast/jordan-tones-down-textbooks-islamic-content-and-tempers-rise.html.
125. Azzeh, L. (2016, September 29). Teachers, parents protest changes to school curricula. *The Jordan Times*. http://jordantimes.com/news/local/teachers-parents-protest-changes-school-curricula.
126. Hadid. Jordan tones down textbooks' Islamic content.

4 災害、病気、多様性

1. Sandstrom. *Culture summary: Nahua.*
2. Damas. *Culture summary: Copper Inuit.*
3. Berry, J. W. (1967). Independence and conformity in subsistence-level societies. *Journal of Personality and Social Psychology,* 7 (4p1), 415.
4. Population density (per sq. km of land area). The World Bank. https://data.worldbank.org/indicator/EN.POP.DNST.
5. 同上。
6. 同上。
7. Sheep number falls to six for each person. (2017, January 19). *Statistics New Zealand.* https://www.stats.govt.nz/news/sheep-number-falls-to-six-for-each-person.
8. Population density (per sq. km of land area). The World Bank.
9. 同上。
10. Kaur, R. (1991). *Women in forestry in India* (Vol. 714). Washington, D.C.: World Bank Publications.
11. OECD reviews of risk management policies: Japan 2009 large-scale floods and earthquakes. (2009, February 25). OECD (Organisation for Economic Co-operation and Development). OECD Publishing.
12. Arable land (% of land area). The World Bank. https://data.worldbank.org/indicator/AG.LND.ARBL.ZS.

illness, nor a crime: Lesbian, gay, bisexual and transgender people in Turkey demand equality. (2011). Amnesty International. https://www.amnesty.org/download/Documents/28000/eur440012011en.pdf.

106. Cornell Center on the Death Penalty Worldwide. (2011, April 4). Iran. http://deathpenaltyworldwide.org/database/#/results/country?id=33; Cornell Center on the Death Penalty Worldwide. (2011, April 4). Afghanistan. http://deathpenaltyworldwide.org/database/#/results/country?id=1.
107. Marriage, registered partnerships, and cohabitation agreements. Government of the Netherlands. https://www.government.nl/topics/family-law/marriage-registered-partnership-and-cohabitation-agreements.
108. Share of births outside marriage. (2016, February 4). OECD—Social Policy Division—Directorate of Employment, Labour and Social Affairs. http://www.oecd.org/els/family/SF_2_4_Share_births_outside_marriage.pdf.
109. Gelfand et al. Differences between tight and loose cultures.
110. Gao, H. (2016, October 13). Why Chinese women still can't get a break. *The New York Times.* https://www.nytimes.com/2016/10/16/opinion/why-chinese-women-still-cant-get-a-break.html.
111. Hu, E. (2015, May 11). South Korea's single moms struggle to remove a social stigma. NPR. https://www.npr.org/sections/parallels/2015/05/11/405622494/south-koreas-single-moms-struggle-to-remove-a-social-stigma.
112. Schiappa, E. (2013). *Protagoras and logos: A study in Greek philosophy and rhetoric.* Columbia: University of South Carolina Press.
113. Bould, C. (Director). (1993). *Bill Hicks: Revelations* [TV special]. United Kingdom.
114. Gelfand et al. Differences between tight and loose cultures.
115. Vora, J. (2007, September 25). Debating Ahmadinejad at Columbia. *The Nation.* https://www.thenation.com/article/debating-ahmadinejad-columbia/.
116. Gelfand et al. Differences between tight and loose cultures.
117. 同上。
118. Transparency report: Removal requests. Twitter. https://transparency.twitter.com/en/removal-requests.html.
119. China employs two million microblog monitors state media say. (2013, October 4). BBC. http://www.bbc.com/news/world-asia-china-24396957.
120. China wants to give all of its citizens a score— and their rating could affect every area of their lives. (2016, October 22). *The Independent.* http://www.independent.co.uk/news/world/asia/china-surveillance-big-data-score-censorship-a7375221.html; Ebbighausen, R. (2018, April 1). China experiments with sweeping Social Credit System. *Deutsche Welle.* http://www.dw.com/en/china-experiments-with-sweeping-social-credit-system/a-42030727; Chin, J., & Wang, G. (2016, November 28). China's new tool for social control: A credit rating for everything. *The Wall Street Journal.* https://www.wsj.com/articles/chinas-new-tool-for-social-control-a-credit-

92. 同上。
93. 中国は自国を訪れる外国人に対する非友好的な態度で140カ国中130位。データは以下から得た。Blanke, J., & Chiesa, T. (2013, May). The travel & tourism competitiveness report 2013. In the World Economic Forum (http://www3.weforum.org/docs/WEF_TT_Competitiveness_Report_2013.pdf).
94. Foreign population (n.d.). OECD (Organisation for Economic Co-operation and Development) Data. https://data.oecd.org/migration/foreign-population.htm.
95. Osumi, M. (2017, July 2). "No foreign tenants"—and not much you can do about it. *The Japan Times*. https://www.japantimes.co.jp/community/2017/07/02/issues/no-foreign-tenants-not-much-can-you-can-do/#.WleDuVQ-fVo.
96. Kikuchi, D. (2017, June 4). Tackling signs in Japan that you're not welcome. *The Japan Times*. https://www.japantimes.co.jp/news/2017/06/04/national/tackling-signs-japan-youre-not-welcome/#.Wl513lQ-fVo.
97. McCurry, J. (2016, October 11). Japanese train conductor blames foreign tourists for overcrowding. *The Guardian*. https://www.theguardian.com/world/2016/oct/11/japanese-train-conductor-blames-foreign-tourists-for-overcrowding.
98. 2014年のADL Global 100: A survey of attitudes toward Jews in over 100 countries around the world（http://global100.adl.org/）の調査で、ユダヤ人に関するネガティブな固定観念にもとづく11件の質問をしたところ、オーストリア人の28%が6件以上について「おそらく正しい」と答えている。
99. 2015年の 移民統合政策指数（Migrant Integration Policy Index）報告書（http://www.mipex.eu/sites/default/files/downloads/pdf /files/austria.pdf）によれば、オーストリアの首都ウィーンでは2014年だけで、選挙権年齢の外国人居住者35万人以上（市の全人口のおよそ24%）が投票できなかった。報告書では、オーストリアは西ヨーロッパで外国出身者の帰化率が最も低いことも指摘されている。
100. データ出典：Gelfand et al. The strength of social norms predicts global patterns of prejudice and discrimination.
101. 同上。
102. 自分の住む市または地域がゲイやレズビアンにとって住みにくい場所であると答えた人の割合とタイトさの相関（N=29）：$r=0.49, p=0.007$. データはhttp://news.gallup.com/poll/175520/nearly-worldwide-areas-good-gays.aspxから取得。
103. 11 most gay friendly cities in the world. *Wonderful Odysseys Worldwide*. http://wowtravel.me/11-most-gay-friendly-cities-in-the-world/.
104. Rodrigues, L., Grave, R., de Oliveira, J. M., & Nogueira, C. (2016). Study on homophobic bullying in Portugal using Multiple Correspondence Analysis (MCA). *Revista Latinoamericana de Psicología*, 48 (3), 191–200.
105. Fiswich, C. (2017, November 23). "It's just the start": LGBT community in Turkey fears government crackdown. *The Guardian*. https://www.theguardian.com/world/2017/nov/23/its-just-the-start-lgbt-community-in-turkey-fears-government-crackdown. 以下も参照。Not an

76. 出典：Vohs, K. D., Redden, J. P., & Rahinel, R. (2013). Physical order produces healthy choices, generosity, and conventionality, whereas disorder produces creativity. *Psychological Science*, 24 (9), 1860–1867. SAGE Publications, Inc の許可を得て掲載。
77. 同上。
78. Gelfand, M., Jackson, J. C., Taylor, M., & Caluori, N. (2017, May). *Group synchrony reduces creativity and dissent.* Annual Convention of the Association for Psychological Science, Boston, Mass でのポスターセッション。
79. Leung, A. K. Y., & Chiu, C. Y. (2010). Multicultural experience, idea receptiveness, and creativity. *Journal of Cross-Cultural Psychology*, 41 (5–6), 723–741.
80. Maddux, W., & Galinsky, A. (2009). Cultural borders and mental barriers: The relationship between living abroad and creativity. *Journal of Personality and Social Psychology*, 96 (5), 1047–1061.
81. Duncker, K. (1945). On problem solving. *Psychological Monographs,* 58 (5, Whole No. 270).
82. Baumol, W. J., Litan, R. E., & Schramm, C. J. (2007). *Good capitalism, bad capitalism, and the economics of growth and prosperity.* New Haven, Conn.: Yale University Press（『良い資本主義悪い資本主義』ウイリアム・J・ボーモル、ロバート・E・ライタン、カール・J・シュラム著、原洋之助監訳、田中健彦訳、書籍工房早山); Schramm, C. J. (2008). Economic fluidity: A crucial dimension of economic freedom. In Holmes, K. R., Feulner, E. K., & O'Grady, M. A. (Eds.). *2008 index of economic freedom* (pp. 15–22). Washington, D.C.: Heritage Foundation.
83. 出典：Duncker. On problem solving.
84. Gardner, H. (2011). *Creating minds: An anatomy of creativity seen through the lives of Freud, Einstein, Picasso, Stravinsky, Eliot, Graham, and Gandhi.* New York: Basic Books.
85. 18 〜 64 歳で、職業を選ぶうえで起業家は好ましい選択肢だと考える人の割合とタイトさの相関（GNP について補正）（N＝18）：$r=-0.54, p=0.03$. 18 〜 64 歳で、自分には起業するのに必要なスキルと知識があると思う人の割合とタイトさの相関（GNP について補正）（N＝19）：$r=-0.53, p=0.02$. データは http://www.gemconsortium.org/report/49480 から取得。
86. Herodotus. (1998). *The Histories* (p. 183; R. Waterfield, Trans.). Oxford, UK: Oxford University Press.（原書は紀元前 440 年に発表）（邦訳は『歴史』ヘロドトス著、松平千秋訳、岩波文庫、p. 356 など）
87. 同上（p. 184)。（『歴史』p. 355）
88. 「以下の地理的集団のうち自分の第一の所属先と考えるのはどれですか。第二の所属先はどれですか」という質問に対し、第一または第二の所属先を「世界」と答えた人の割合とタイトさの相関（GNP について補正）（N＝10）：$r=-0.71, p=0.03$. データは 1994–2004 World Values Survey から取得。
89. Gelfand et al. Differences between tight and loose cultures.
90. 同上。
91. 同上。

discipline in the morning ritual of a Chinese primary school. Paper, Boston University.
62. Hui, L. (2014, July 14). Chinese elderly favor exercise in parks. *Xinhua Net.* http://www.xinhuanet.com/english/2017-07/14/c_136444020.htm.
63. The 5 Muslim daily prayer times and what they mean. (2017, September 18). *Thoughtco.* https://www.thoughtco.com/islamic-prayer-timings-2003811.
64. Eun, C. S., Wang, L., & Xiao, S. C. (2015). Culture and R^2. *Journal of Financial Economics,* 115 (2), 283–303.
65. Elias, N. (1978). *The civilizing process.* (Edmund Jeffcott, Trans.) New York: Urizen.（原書は1939年に発表）（『文明化の過程』ノルベルト・エリアス著、中村元保・吉田正勝・赤井慧爾訳、法政大学出版局）
66. タイトさと男性のBMIの相関（GNPと身長について補正）（N＝30）：$r=-0.45, p=0.02$. タイトさと女性のBMIの相関（GNPと身長について補正）（N＝30）：$r=-0.50, p=0.007$. データはhttps://www.indexmundi.com/blog/index.php/2013/04/11/body-mass-index-bmi-by-country/から取得。
67. Dotinga, R. (2014, May 30). More than half of U.S. pets are overweight or obese, survey finds. CBS. https://www.cbsnews.com/news/more-than-half-of-u-s-pets-are-overweight-or-obese-survey-finds/.
68. Gelfand et al. Differences between tight and loose cultures.
69. タイトさとギャンブル率の相関（GNPについて補正）（N＝14）：$r=-0.80, p=0.001$. データはhttp://onlinelibrary.wiley.com/doi/10.1111/add.12899/fullから取得。
70. 2016年のタイトさと国民総貯蓄の相関（GNPについて補正）（N＝32）：$r=0.50, p=0.004$. データはhttp://databank.worldbank.org/data/reports.aspx?source=2&series=NY.GNS.ICTR.ZS&country=から取得。
71. Lin, C. Y. Y., Edvinsson, L., Chen, J., & Beding, T. (2012). *National intellectual capital and the financial crisis in Greece, Italy, Portugal, and Spain* (Vol. 7). New York: Springer Science & Business Media.
72. Vasagar, J. (2013, July 27). What we can learn from the Germans. *The Telegraph.* http://www.telegraph.co.uk/news/worldnews/europe/germany/10206103/What-we-can-learn-from-the-Germans.html.
73. Germany, Greece and debt: As we forgive our debtors (2015, June 16). *The Economist.* https://www.economist.com/blogs/erasmus/2015/07/germany-greece-and-debt; Jack, S., & Clark, K. (2015, February 13). Inside the Germans' debt psyche—what makes them tick? *BBC.* http://www.bbc.com/news/business-31369185.
74. Germans call for Greece to leave the euro zone after "no" referendum vote. (2015, July 5). *Fortune.* http://fortune.com/2015/07/05/germans-call-for-greece-to-leave-the-euro-zone-after-no-referendum-vote/.
75. Chua, R. Y., Roth, Y., & Lemoine, J.-F. (2015). The impact of culture on creativity: How cultural tightness and cultural distance affect global innovation crowdsourcing work. *Administrative Science Quarterly*, 60 (2), 189–227.

beyond-200-mph-on-worlds-fastest-trains/.

49. 54 seconds, the average delay time of the Shinkansen. (2016, August 22). *Time Lapse Tokyo.* http://timelapsetokyo.com/2016/08/22/shinkansen-punctual/.

50. Bleisch, R. (2015, March 17). The Swiss Railway System. http://jernbanekonferanser.no/jernbaneforum/jernbaneforum_2015/presentasjoner/content_3/text_7ef9ec7e-4065-4870-8440-9b416bd584b01426677868018/1426692524989/_0910_reto_bleisch_4.pdf.（リンク切れ）

51. MRT Incident Stats. (2015, March 11). Land Transport Authority of Singapore. https://www.lta.gov.sg/content/dam/ltaweb/corp/PublicationsResearch/files/FactsandFigures/MRT_incident_stats.pdf.

52. Ismail, S. (2014, January 12). Revised penalties for train operators expected to be announced in Jan. *Today.* http://www.todayonline.com/singapore/revised-penalties-train-operators-expected-be-announced-jan.

53. SMRT apologises after massive three-hour train breakdown. (2015, July 9). *Intellasia East Asia News.* http://www.intellasia.net/smrt-apologises-after-massive-three-hour-train-breakdown-455312.

54. Connolly, K. (2016, June 11). Why German trains don't run on time any more. *The Guardian.* https://www.theguardian.com/world/2016/jun/11/why-german-trains-dont-run-on-time-any-more.

55. Amtrak train route on-time performance. https://www.amtrak.com/historical-on-time-performance. 路線の混雑ランキングは https://ggwash.org/view/32108/top-10-busiest-amtrak-routes から取得。

56. Gelfand et al. Differences between tight and loose cultures.

57. School uniforms by country.（2016年9月にアクセス）Wikipedia. https://en.wikipedia.org/wiki/School_uniforms_by_country. 各国の制服に関する情報を以下の5段階で分類した。制服を義務づける学校がまったくない国を「1」、ごくわずかな学校で制服が義務づけられている国を「2」、一部の学校で制服が義務づけられている国を「3」、ほとんどの学校で制服が義務づけられている国を「4」、すべての学校で制服が義務づけられている国を「5」とした。TL（タイトとルーズ）との相関（N＝21）：$r=0.49$, $p=0.03$. 相関分析において、r は相関の強さを表し、－1から＋1の範囲をとりうる。この値が＋0.1以上なら弱い正の相関があり、＋0.3以上なら中程度の相関があり、＋0.5以上なら強い相関があると考えられる。p 値は分析の統計学的有意性を表し、この値が0.05より小さければ統計学的に有意であると考えられる。

58. Jackson et al. Unobtrusive indicators of tightness-looseness from around the world.

59. White, K. (2017, November 3). 40 men stand in perfect square—take walking to new level with jaw-dropping routine. *Inspire More.* https://www.inspiremore.com/shuudan-koudou/.

60. Should exercise be compulsory at work? (2017, April 5). BBC. http://www.bbc.com/news/health-39490607.

61. Latham, K. (2007). *Pop culture China! Media, arts, and lifestyle.* Santa Barbara, Calif.: ABC-CLIO. 以下も参照。Sum, C. Y. (2010). An exercise for the People's Republic: Order and

規範遵守に関しては厳格なインドでも、屋外での排泄が深刻な問題となっていたのを受けて、これをやめさせる運動が始まった。このような例外はあるが、全体として無秩序とルーズさが結びつき、秩序とタイトさが結びつく傾向がある。Doshi, V. (2017, November 5). India turns to public shaming to get people to use its 52 million new toilets. *The Washington Post.* https://www.washingtonpost.com/world/asia_pacific/india-turns-to-public-shaming-to-get-people-to-use-its-52million-new-toilets/2017/11/03/882166fe-b41c-11e7-9b93-b97043e57a22_story.html?noredirect=on&utm_term=.0458da1f7efa.

34. Keizer et al. The spreading of disorder.
35. Hiob, R. (2006, May 18). German law tells you how. *Spiegel Online.* http://www.spiegel.de/international/love-thy-neighbor-german-law-tells-you-how-a-416736.html.
36. Bridge, A. (1995, July 28). German dogs face rules on barking. *The Independent.* http://www.independent.co.uk/news/world/german-dogs-face-rules-on-barking-1593699.html; Hiob. German law tells you how.
37. (2017, February 8). Train etiquette in Japan: More of the "don'ts" than the "dos." *City-Cost.* https://www.city-cost.com/blogs/City-Cost/G6n8G-transportation.
38. (2016, February 17). Opruimen? Van de gekke. *De Volkskrant.* https://www.volkskrant.nl/opinie/-kunnen-er-ook-patatvrije-coupes-komen~a4246020/.
39. Roth, D. (2016, September 1). New Jerusalem Light Rail video urges Israelis to adopt UK manners while traveling. *Jerusalem Post.* http://www.jpost.com/Israel-News/New-Jerusalem-Light-Rail-video-urges-Israelis-to-adopt-UK-manners-while-traveling-466631.
40. Hu, W. (2017, July 19). New York Becomes the City That Never Shuts Up. *The New York Times.* https://www.nytimes.com/2017/07/19/nyregion/new-york-becomes-the-city-that-never-shuts-up.html.
41. Buckley, C. (2012, July 19). Working or playing indoors, New Yorkers face an unabated roar. *The New York Times.* http://www.nytimes.com/2012/07/20/nyregion/in-new-york-city-indoor-noise-goes-unabated.html?_r=1&ref=nyregion.
42. Jackson et al. Unobtrusive indicators of tightness-looseness from around the world.
43. Pikovsky, A., Rosenblum, M., & Kurths, J. (2003). *Synchronization: A universal concept in nonlinear sciences* (Vol. 12). Cambridge, UK: Cambridge University Press.（『同期理論の基礎と応用』Arkady Pikovsky, Michael Rosenblum, Jurgen Kurths 著、徳田功訳、丸善）
44. Walker, T. J. (1969). Acoustic synchrony: Two mechanisms in the snowy tree cricket. *Science, 166*(3907), 891–894.
45. Strogatz, S. (2003). *Sync: The emerging science of spontaneous order.* New York: Hyperion.（『SYNC』スティーヴン・ストロガッツ著、蔵本由紀監修、長尾力訳、ハヤカワ文庫）
46. Levine, R. V., & Norenzayan, A. (1999). The pace of life in 31 countries. *Journal of Cross-Cultural Psychology*, 30 (2), 178–205.
47. データ出典：同上。
48. Shu, L. (2014, December 5). Want to watch the world flick by at over 200 mph? Hop on the world's fastest trains. *Digital Trends.* https://www.digitaltrends.com/cool-tech/traveling-

a real-world setting. *Biology Letters*, 2 (3), 412–414.

20. データ出典：Ernest-Jones, M., Nettle, D., & Bateson, M. (2011). Effects of eye images on everyday cooperative behavior: A field experiment. *Evolution and Human Behavior*, 32 (3), 172–178. 王立協会の許可を得て掲載。
21. 同上。
22. Randolph-Seng, B., & Nielsen, M. E. (2007). Honesty: One effect of primed religious representations. *The International Journal for the Psychology of Religion*, 17 (4), 303–315. 以下も参照。Mazar, N., Amir, O., & Ariely, D. (2008). The dishonesty of honest people: A theory of self-concept maintenance. *Journal of Marketing Research*, 45 (6), 633–644, Study 1.
23. Norenzayan, A. (2013). *Big gods: How religion transformed cooperation and conflict.* Princeton, N.J.: Prince-ton University Press.
24. Jackson et al. Unobtrusive indicators of tightness-looseness from around the world.
25. City of Vienna—Municipal Department 48—Waste Management, Street Cleaning and Vehicle Fleet. (n.d.). Street cleaning in Vienna. https://www.wien.gv.at/umwelt/ma48/service/publikationen/pdf/da-sein-fuer-wien-en.pdf.
26. Zudeick, P. (2012, December 21). Germans and hygiene. *Deutsche Welle.* http://www.dw.com/en/germans-and-hygiene/a-16459423.
27. Rusken: How to engage citizens in keeping Oslo clean. (n.d.). Vimeo. https://vimeo.com/55861175.
28. Best fans at World Cup? Japanese clean up stadium after team's matches (2014, June 20). *RT.* https://www.rt.com/news/167408-japan-fans-cleaning-stadium/.
29. Aran, I. (2014, June 16). Gracious Japanese World Cup fans clean up stadium after loss. *Jezebel.* https://jezebel.com/gracious-japanese-world-cup-fans-clean-up-stadium-after-1591298011.
30. Littering statistics. (2016, August 25). *Statistic Brain.* https://www.statisticbrain.com/littering-statistics/.
31. Conde, M. L. (2013, April 30). Rio Lixo Zero to impose fines for littering. *The Rio Times.* http://riotimesonline.com/brazil-news/rio-politics/rio-lixo-zero-to-impose-fines-for-littering/.
32. Kitsantonis, N. (2008, June 4). Greece struggles to reduce its trash. *The New York Times.* http://www.nytimes.com/2008/06/04/world/europe/04iht-rbogtrash.1.13452003.html?pagewanted=all.
33. もちろんルーズな文化がすべて不潔なわけではなく、タイトな文化がすべて清潔なわけでもない。たとえばニュージーランドは「キープ・ニュージーランド・ビューティフル」の活動に力を入れている。Keep New Zealand Beautiful. (2015). About us. https://www.knzb.org.nz/contact/about-us/. またエストニアでは長年にわたり不法投棄が大々的に行なわれてきたが、深刻なごみ投棄問題の解決に向けた活動を開始した。Läks, H. (2017). Estonia leading a world cleanup day—staying stubborn and uniting people. Let's Do It! https://www.letsdoitworld.org/2017/04/estonia-leading-world-cleanup-day-staying-stubborn-uniting-people/.

2. Keizer, K., Lindenberg, S., & Steg, L. (2008). The spreading of disorder. *Science*, 322 (5908), 1681–1685.
3. Panel Questions. (2017, May 27). NPR. https://www.npr.org/2017/05/27/530256558/panel-questions.
4. As crime dries up, Japan's police hunt for things to do. (2017, May 18). *The Economist.* https://www.economist.com/news/asia/21722216-there-was-just-one-fatal-shooting-whole-2015-crime-dries-up-japans-police-hunt.
5. Gelfand et al. Differences between tight and loose cultures.
6. Pinker, S. (2012). *The better angels of our nature: Why violence has declined.* New York: Penguin Books.（『暴力の人類史』スティーブン・ピンカー著、幾島幸子・塩原通緒訳、青土社）
7. Gelfand et al. Differences between tight and loose cultures.
8. Singapore: Executions continue in flawed attempt to tackle drug crime, despite limited reforms. (2017, October 11). Amnesty International. https://www.amnesty.org/en/latest/news/2017/10/singapore-executions-continue-in-flawed-attempt-to-tackle-drug-crime/.
9. Government of the Netherlands. (n.d.). Toleration policy regarding soft drugs and coffee shops. https://www.government.nl/topics/drugs/toleration-policy-regarding-soft-drugs-and-coffee-shops.
10. Delkic, M. (2017, October 24). Recreational marijuana is legal in these states—and Maine might be next. *Newsweek.* http://www.newsweek.com/where-recreational-marijuana-legal-691593.
11. Cornell Center on the Death Penalty Worldwide. (2011, April 4). Saudi Arabia. http://deathpenaltyworldwide.org/database/#/results/couutry?id=64. 以下も参照。King, J. (2015, June 18). 16 things that could get you executed in Saudi Arabia. *Vocativ.* http://www.vocativ.com/underworld/crime/saudi-arabia-execution-beheading/index.html.
12. Cacciottolo, M. (2015, October 13). Saudi Arabia drinking: The risks expats take for a tipple. BBC. http://www.bbc.com/news/uk-34516143.
13. What you can be flogged for in Saudi Arabia. (2015, October 13). BBC. http://www.bbc.co.uk/newsbeat/article/34513278/what-you-can-be-flogged-for-in-saudi-arabia.
14. Why does Singapore top so many tables? (2013, October 24). BBC. http://www.bbc.com/news/world-asia-24428567.
15. Gelfand et al. Differences between tight and loose cultures.
16. Jackson, J., Gelfand, M. J., van Egmond, M., . . . & Caluori, N. (2018). Unobtrusive indicators of tightness-looseness from around the world.
17. 8 features of new saher cameras installed in Saudi Arabia. *Life in Saudi Arabia.* http://lifeinsaudiarabia.net/blog/2014/12/10/5-facts-about-new-saher-cameras-of/.
18. Tokyo's robotic eyes are everywhere. *The Japan Times.* https://www.japantimes.co.jp/news/2014/08/30/national/media-national/tokyos-robotic-eyes-everywhere/#.WoXkOpM-cWp.
19. Bateson, M., Nettle, D., & Roberts, G. (2006). Cues of being watched enhance cooperation in

73. ペロポネソス戦争後、急激な人口減少、政治の混乱、経済的困窮により、アテナイでは一時的に対立する意見や姿勢に対する寛容さが低減したことを指摘しておく。このことは、政府に対して批判的だったことで知られるソクラテスにとって不運だった。特にアテナイからスパルタへ亡命したアルキビアデスや、アテナイを支配した三〇人僭主の一人であるクリティアスと個人的な関係があったことも問題視された。紀元前399年、裁判にかけられて死刑を宣告されたソクラテスは、自らの意思でドクニンジンの毒薬を飲んだ。Martin, T. R. (2018). An overview of Classical Greek history from Mycenae to Alexander. http://www.perseus.tufts.edu/hopper/text?doc=Perseus%3Atext%3A1999.04.0009%3Achapter%3D14.
74. Lewis, O. (1951). *Life in a Mexican village: Tepoztlán restudied.* Urbana: University of Illinois Press.
75. Sandstrom, A. R. (2010). *Culture summary: Nahua.* New Haven, Conn.: Human Relations Area Files.
76. Jenness, D. (1922). "The Life of the Copper Eskimos." *Report of the Canadian Arctic expedition, 1913–18.* Ottawa, Ont.: F. A. Acland.
77. Condon, R. G. (1983). "Inuit behavior and seasonal change in the Canadian Arctic." *Studies in cultural anthropology.* Ann Arbor, Mich.: UMI Research Press.
78. Damas, D. (1996). *Culture summary: Copper Inuit.* New Haven, Conn.: Human Relations Area Files.
79. Jenness, D. (1922). "The Life of the Copper Eskimos." *Report of the Canadian Arctic expedition, 1913–18.* Ottawa, Ont.: F. A. Acland.
80. Damas, D. (1972). "Copper Eskimo." *Hunters and gatherers today: A socioeconomic study of eleven such cultures in the twentieth century.* New York: Holt, Rinehart and Winston.
81. Hoebel, E. A. (2009). *The law of primitive man: A study in comparative legal dynamics.* Cambridge, Mass.: Harvard University Press.
82. Damas. *Culture summary: Copper Inuit.*
83. Benedict, R. (1934). *Patterns of culture* (Vol. 8). Boston: Houghton Mifflin Harcourt.（『文化の型』ルース・ベネディクト著、米山俊直訳、講談社学術文庫）
84. Pelto, P. J. (1968). The differences between "tight" and "loose" societies. *Trans-action*, 5 (5), 37–40.
85. Murdock, G. P., & White, D. R. (1969). Standard cross-cultural sample. *Ethnology*, 8 (4), 329–369.
86. Gelfand, M. J., Jackson, J. C., and Ember, C. (2017, February). *Ecological threat and the transmission of cultural tightness-looseness.* Talk given at the AAAS annual meeting. Boston, Mass.

3 タイトとルーズの陰と陽

1. Gelfand, M. J., Jackson, J. C., van Egmond, M., Choi, V. K., Balanovic, J., Basker, I. N., . . . & Ward, C. The strength of social norms predicts global patterns of prejudice and discrimination.

University Press.
49. Kaplan, J. (n.d.). The role of the military in Israel. The Jewish Agency. http://www.jewishagency.org/society-and-politics/content/36591.
50. Peeters, B. (2004). "Thou shalt not be a tall poppy": Describing an Australian communicative (and behavioral) norm. *Intercultural Pragmatics*, 1 (1), 71–92.
51. Gelfand et al. Differences between tight and loose cultures.
52. Cartledge, P. (2003). *The Spartans: The world of warrior-heroes of ancient Greece.* New York: Overlook Press.
53. Whitby, M. (2001). *Sparta.* New York: Overlook Press.
54. Plutarch. (1992). *Lives of the noble Grecians and Romans.* (J. Dryden, Trans.). A. H. Clough (Ed.). New York: Random House.（邦訳は『プルタルコス英雄伝』プルタルコス著、村川堅太郎編、筑摩書房など）
55. Aelian, C. (1666). *Claudius Ælianus, his various history.* London: Printed for Thomas Dring.
56. Bradley, P. (2014). *The ancient world transformed.* New South Wales: Cambridge University Press.
57. Plutarch. *Lives of the noble Grecians and Romans.*（『プルタルコス英雄伝』）
58. Powell, A. (2014). *Classical Sparta: Techniques behind her success (Routledge revivals).* New York: Routledge.
59. Plutarch. *Lives of the noble Grecians and Romans.*（『プルタルコス英雄伝』）
60. Powell. *Classical Sparta.*
61. Plutarch. *Lives of the noble Grecians and Romans.*（『プルタルコス英雄伝』）
62. Whitby. *Sparta.*
63. Plutarch. *Lives of the noble Grecians and Romans.*（『プルタルコス英雄伝』）
64. Schofield, M. (Ed.). (2016). *Plato: The Laws.* New York: Cambridge University Press.
65. Cartledge, P. (2003). *The Spartans.* New York: Overlook Press. 以下も参照。Spawforth, A. J. S. (2011). *Greece and the Augustan cultural revolution.* New York: Cambridge University Press.
66. Frey, W. (2004). Life in two city-states: Athens and Sparta. *History Alive: The Ancient World.* Teachers Curriculum Institute. Getty Publications.
67. Thucydides. (1954). *The Peloponnesian War.* (R. Warner, Trans.). Harmondsworth, UK: Penguin. 以下も参照。Davis, W. S. (1960). *A day in old Athens: A picture of Athenian life.* Cheshire, Conn.: Biblo & Tannen.
68. Mark, J. J. (2009). Agora. *Ancient History Encyclopedia.* http://www.ancient.eu/agora/.
69. Frey. Life in two city-states.
70. Villing, A. (2010). *The ancient Greeks: Their lives and their world.* Teachers Curriculum Institute. Getty Publications.
71. Connolly, P., & Dodge, H. (1998). *The ancient city: Life in classical Athens and Rome.* Oxford, UK: Oxford University Press.
72. Villing. *The ancient Greeks.*

30. Bayer, K. (2013, March 6). Beer-swigging loophole unlikely to close. *The New Zealand Herald.* http://www.nzherald.co.nz/nz/news/article.cfm?c_id=1&objectid=10869614.
31. Equaldex. (2013). LGBT rights in New Zealand. http://www.equaldex.com/region/new-zealand.
32. Kiwi women most promiscuous in the world. (2007, October 13). *Stuff.* http://www.stuff.co.nz/life-style/22444/Kiwi-women-most-promiscuous-in-the-world.
33. New Zealand Prostitutes' Collective: History. http://www.nzpc.org.nz/History.
34. Pornhub (2015). 2015 year in review. https://www.pornhub.com/insights/pornhub-2015-year-in-review.
35. Collinson, L., Judge, L., Stanley, J., & Wilson, N. (2015). Portrayal of violence, weapons, antisocial behaviour and alcohol: Study of televised music videos in New Zealand. *New Zealand Medical Journal*, 128 (1410), 84–86.
36. New Zealand guide. *Commisceo Global.* http://www.commisceo-global.com/country-guides/new-zealand-guide.
37. Whelan, M. (Host). (2015, April 8). *On the dial* [Audio podcast]. http://thewireless.co.nz/audio_articles /on-the -dial-episode-18.（リンク切れ）
38. https://teara.govt.nz/en/public-protest/page-5 および https://nzhistory.govt.nz/keyword/protest を参照。
39. Arrests after couch burnings during Otago University's orientation week. (2016, February 24). *New Zealand Herald.* http://www.nzherald.co.nz/nz/news/article.cfm?c_id=1&objectid=11594793.
40. The Wizard. *Christchurch City Libraries.* https://my.christchurchcitylibraries.com/the-wizard/.
41. Brendal, S. (2017). New Zealand's national wizard [Blog post]. https://medium.com/new-zealand-thoughts/new-zealands-national-wizard-e8acf6ed5548.
42. Gelfand et al. Differences between tight and loose cultures.
43. データ出典：同上。
44. Janette, M. (2014, December 5). DOG: An underground fashion fantasy in Harajuku. *IS JAPAN COOL?* https://www.ana-cooljapan.com/columns/?p=98.
45. Rodionova, Z. (2017, May 15). Why getting drunk is a huge part of doing business in Japan. *The Independent.* https://www.independent.co.uk/news/business/news/japan-drinking-business-culture-why-getting-drunk-is-so-important-a7736946.html.
46. Crowder, N. (2014, October 16). Most art forms in Iran are heavily censored. So many artists chose to perform underground. *The Washington Post.* https://www.washingtonpost.com/news/in-sight/wp/2014/10/16/2538/?utm_term=.3539f9a75200.
47. Itkowitz, C. (2016, August 9). This Iranian activist fights for women's rights not to wear hijab. But Donald Trump has complicated her effort. *The Washington Post.* https://www.washingtonpost.com/news/inspired-life/wp/2016/08/09/in-era-of-trump-being-pro-women-and-anti-muslim-can-seem-the-same-but-its-not/?utm_term=.3792a572aa31.
48. Tal, A. (2016). *The land is full: Addressing overpopulation in Israel.* New Haven, Conn.: Yale

html.
15. Population, total. The World Bank. https://data.worldbank.org/indicator/SP.POP.TOTL?locations=MA.
16. Metz, E. (2015, March 28). Why Singapore banned chewing gum. *BBC News Magazine.* http://www.bbc.com/news/magazine-32090420.
17. Environmental public health (public cleansing) regulations. *Singapore Statutes Online.* https://sso.agc.gov.sg/SL/95-RG3?DocDate=20180611&ViewType=Advance&Phrase=Environmental+public+health&WiAl=1#pr16-.
18. Regulation of imports and exports (chewing gum) regulations. *Singapore Statutes Online.* https://sso.agc.gov.sg/SL/272A-RG4?DocDate=20161028&ViewType=Advance&Phrase=import+chewing+gum&WiAl=1.
19. Han, L. Y. (2015, April 1). What you can or cannot do under the new alcohol law. *The Straits Times.* http://www.straitstimes.com/singapore/what-you-can-or-cannot-do-under-the-new-alcohol-law.
20. Singapore: Executions continue in flawed attempt to tackle drug crime, despite limited reforms (2017, October 11). Amnesty International. https://www.amnesty.org/en/latest/news/2017/10/singapore-executions-continue-in-flawed-attempt-to-tackle-drug-crime/.
21. Miscellaneous offences (public order and nuisance) act. *Singapore Statutes Online.* https://sso.agc.gov.sg/Act/MOPONA1906?ViewType=Advance&Phrase=Miscellaneous+offences+public+order+and+nuisance+act&WiAl=1.
22. Offenses affecting the public tranquility, public health, safety, convenience, decency and morals. *Singapore Statutes Online.* https://sso.agc.gov.sg/Act/PC1871?&ProvIds=P4XIV_267A&ViewType=Advance&Phrase=public+tranquility%2c+public+health%2c+safety%2c+convenience%2c+decency+and+morals&WiAl=1.
23. Miscellaneous offences (public order and nuisance) act. *Singapore Statutes Online.*
24. Environmental public health (public cleansing) regulations. *Singapore Statutes Online.*
25. Arnold, W. (1999, September 19). Where the start-up dance is still hard to do. *The New York Times.* http://www.nytimes.com/1999/09/19/business/where-the-start-up-dance-is-still-hard-to-do.html?pagewanted=all&src=pm.
26. Outrages on decency. *Singapore Statutes Online.* https://sso.agc.gov.sg/Act/PC1871?&ProvIds=pr377A-&ViewType=Advance&Phrase=gross+indecency&WiAl=1.
27. Kelly, C. (2016, February 1). The strange case of Amos Yee: Whither free speech and children's rights in Singapore? *Oxford Human Rights Hub.* http://ohrh.law.ox.ac.uk/the-strange-case-of-amos-yee-whither-free-speech-and-childrens-rights-in-singapore/.
28. Social Development Unit is established. (n.d.). Singapore Government. http://eresources.nlb.gov.sg/history/events/3c520e6c-dc34-4cef-84f5-1d73062c411b#4.
29. Human Development Report 2015: Work for Human Development. (2015). United Nations Development Programme [Data file]. http://hdr.undp.org/sites/default/files/2015_human_development_report.pdf.

cooperators on earth. Chaplin, CT: Beresta Books; Richerson, P. J., & Boyd, R. (2005). *Not by genes alone: How culture transformed human evolution.* Chicago: University of Chicago Press.

2 「過去」対「現在」

1. Shenon, P. (1994, March 16). Singapore journal; a flogging sentence brings a cry of pain in U.S. *The New York Times.* https://www.nytimes.com/1994/03/16/world/singapore-journal-a-flogging-sentence-brings-a-cry-of-pain-in-us.html.
2. Top ten innocents abroad: Do not mess with Singapore. *Time.* http://content.time.com/time/specials/packages/article/0,28804,1915352_1915354_1915337,00.html.
3. Shenon, P. Singapore journal; a flogging sentence.
4. 同上。
5. Bahrampour, F. (1994). The caning of Michael Fay: Can Singapore's punishment withstand the scrutiny of international law. *American University Journal of International Law and Policy,* 10, 1075.
6. Shenon, P. Singapore journal; a flogging sentence.
7. Time to assert American values. (1994, April 13). *The New York Times.* http://www.nytimes.com/1994/04/13/opinion/time-to-assert-american-values.html;Safire, W. (1994, May 19). President doormat. *The New York Times.* http://www.nytimes.com/1994/05/19/opinion/president-doormat.html.
8. Singapore's shame. (1994, May 7). *The Washington Post.* https://www.washingtonpost.com/archive/opinions/1994/05/07/singapores-shame/a8813ab0-75fe-4ed6-b073-9c3d80909a93/?utm_term=.d0ba55a4e8ae.
9. A sentence from the Dark Ages: Flogging is barbaric torture; Singapore's president should grant Michael Fay clemency. (1994, April 19). *Los Angeles Times.* http://articles.latimes.com/1994-04-19/local/me-47545_1_michael-fay-clemency; Skolnick, J. H. (1994, April 7). Perspective on corporal punishment. Would "caning" work here? No!: It's not a deterrent; it is discriminatory and cruel, and it would seriously harm our justice system. *Los Angeles Times.* http://articles.latimes.com/1994-04-07/local/me-42956_1_corporal-punishment.
10. Von Mirbach, J. (2015, May 3). The invisible scars left by strikes of the cane. *Deutsche Welle.* http://www.dw.com/en/the-invisible-scars-left-by-strikes-of-the-cane/a-18298970.
11. Don't copy Singapore. (1994, April 5). *USA Today.* http://www.corpun.com/usju9404.htm.
12. Branigin, W. (1994, April 13). American teenager awaits caning in orderly, unbending Singapore. *The Washington Post.* https://www.washingtonpost.com/archive/politics/1994/04/13/american-teenager-awaits-caning-in-orderly-unbending-singapore/9f4d542f-00ac-452e-be4f-2d3352ba41fa/?utm_term=.804114d0c92d.
13. Shenon, P. Singapore journal; a flogging sentence.
14. Spare the rod, spoil the child: Michael Fay's caning in Singapore (2016, August 19). *The Huffington Post.* http://www.huffingtonpost.com/adst/spare-the-rod-spoil-the-c_b_8012770.

16. 出典：DE AGOSTINI PICTURE LIBRARY/De Agostini/Getty Images.
17. Ward, C. (1984). Thaipusam in Malaysia: A psycho-anthropological analysis of ritual trance, ceremonial possession and self-mortification practices. *American Anthropological Association.* http://www.jstor.org/stable/pdf/639977.pdf.
18. Mellor, D., Hapidzal, F. M., Ganesan, R., Yeow, J., Latif, R. A., & Cummins, R. (2012). Strong spiritual engagement and subjective well-being: A naturalistic investigation of the Thaipusam festival. *Journal of Spirituality and Mental Health*, 14, 209–225. http://www.tandfonline.com/doi/abs/10.1080/19349637.2012.697375.
19. Xygalatas, D., Mitkidis, P., Fischer, R., Reddish, P., Skewes, J., Geertz, A. W., . . . & Bulbulia, J. (2013). Extreme rituals promote prosociality. *Psychological Science*, 24 (8), 1602–1605.
20. Foran, S. (2015). The puzzle of extreme rituals. *UConn Today.* https://today.uconn.edu/2015/02/the-puzzle-of-extreme-rituals/.
21. Armstrong, L. (1970). Fire-walking at San Pedro Manrique, Spain. *Folklore*, 81 (3), 198–214.
22. Konvalinka, I., Xygalatas, D., Bulbulia, J., Schjødt, U., Jegindø, E. M., Wallot, S., Van Orden, G., & Roepstorff, A. (2011). Synchronized arousal between performers and related spectators in a fire-walking ritual. *Proceedings of the National Academy of Sciences*, 108(20), 8514–8519.
23. Armstrong, L. (1970). Fire-walking at San Pedro Manrique, Spain. 以下も参照。UConn. [Username]. (2015, February 10). *Firewalking in San Pedro Manrique, Spain* [Video file]. https://www.youtube.com/watch?v=SNfgq-7VAKc.
24. Konvalinka et al. Synchronized arousal between performers and related spectators in a fire-walking ritual.
25. 同上。
26. Xygalatas, D., Mitkidis, P., Fischer, R., Reddish, P., Skewes, J., Geertz, A. W., . . . & Bulbulia, J. (2013). Extreme rituals promote prosociality. *Psychological Science*, 24 (8), 1602–1605.
27. Bastian, B., Jetten, J., & Ferris, L. J. (2014). Pain as social glue: Shared pain increases cooperation. *Psychological Science*, 25 (11), 2079–2085.
28. Jackson, J. C., Jong, J., Bilkey, D., Whitehouse, H., Zollmann, S., McNaughton, C., & Halberstadt, J. (in press). Synchrony and physiological arousal increase cohesion and cooperation in large naturalistic groups. *Scientific Reports.*
29. Valdesolo, P., Ouyang, J., & DeSteno, D. (2010). The rhythm of joint action: Synchrony promotes cooperative ability. *Journal of Experimental Social Psychology*, 46 (4), 693–695.
30. Schroeder, J., Risen, J., Gino, F., & Norton, M. (2014). Handshaking promotes cooperative dealmaking. *Harvard Business School Negotiation, Organizations & Markets Unit Working Paper.* https://hbswk.hbs.edu/item/handshaking-promotes-cooperative-dealmaking.
31. Henrich, J. (2015). *The secret of our success: How culture is driving human evolution, domesticating our species, and making us smarter.* Princeton, N.J.: Princeton University Press.（『文化がヒトを進化させた』ジョセフ・ヘンリック著、今西康子訳、白揚社）
32. Turchin, P. (2015). *Ultrasociety: How 10,000 years of war made humans the greatest*

14. Sorry for the one-minute delay: Why Tokyo's trains rule. (2013, September 25). *Traveller.* http://www.traveller.com.au/sorry-for-the-one-minute-delay-why-tokyos-trains-rule-2udv1.

1 カオスへの処方箋

1. Mueller, B. (2017, December 28). In wake of attacks, tighter security for Times Square on New Year's Eve. *The New York Times.* https://www.nytimes.com/2017/12/28/nyregion/times-square-new-years-eve-security.html.
2. Koehler, J. (2012, December 31). Green grapes and red underwear: A Spanish New Year's Eve. NPR. https://www.npr.org/sections/thesalt/2012/12/26/168092673/green-grapes-and-red-underwear-a-spanish-new-years-eve.
3. Chilean traditions for the New Year. (2016, December 31). *Traveling in Chile.* https://www.thisischile.cl/chilean-traditions-for-the-new-year/?lang=en.
4. Hogmanay traditions old and new. BBC. http://news.bbc.co.uk/local/taysideandcentralscotland/hi/people_and_places/arts_and_culture/newsid_8434000/8434937.stm.
5. Maclean, K. (2008). *Pilgrimage and power: The Kumbh Mela in Allahabad, 1765–1954.* Oxford, UK: Oxford University Press.
6. Hamlin, J. K., & Wynn, K. (2011). Young infants prefer prosocial to antisocial others. *Cognitive Development*, 26(1), 30–39.
7. Vaish, A., Missana, M., & Tomasello, M. (2011). Three-year-old children intervene in third-party moral transgressions. *British Journal of Developmental Psychology*, 29(1), 124–130.
8. Rakoczy, H., Warneken, F., & Tomasello, M. (2008). The sources of normativity: Young children's awareness of the normative structure of games. *Developmental Psychology*, 44 (3), 875–888. 以下も参照。Schmidt, M. F., Rakoczy, H., & Tomasello, M. (2012). Young children enforce social norms selectively depending on the violator's group affiliation. *Cognition*, 124 (3), 325–333; Schmidt, M. F., Butler, L. P., Heinz, J., & Tomasello, M. (2016). Young children see a single action and infer a social norm: Promiscuous normativity in 3-year-olds. *Psychological Science,* 27 (10), 1360–1370.
9. Pike, T. W., & Laland, K. N. (2010). Conformist learning in nine-spined sticklebacks' foraging decisions. *Biology Letters,* rsbl20091014.
10. Galef, B. G., & Whiskin, E. E. (2008). "Conformity" in Norway rats? *Animal Behaviour*, 75 (6), 2035–2039.
11. Beecher, M. D., & Burt, J. M. (2004). The role of social interaction in bird song learning. *Current Directions in Psychological Science*, 13 (6), 224–228.
12. Haun, D. B., Rekers, Y., & Tomasello, M. (2014). Children conform to the behavior of peers; other great apes stick with what they know. *Psychological Science*, 25 (12), 2160–2167.
13. 出典：Asch, S. E. (1956). Studies of independence and conformity: I. A minority of one against a unanimous majority. *Psychological Monographs: General and Applied*, 70 (9), 1.
14. 同上。
15. *Handshake—Priest and Two Soldiers.* [Sculpture] (500 BC). Berlin: Pergamon Museum.

原注

はじめに

1. Wachtel, K. (2010, December 15). La DressCode: The banker's guide to dressing and smelling like a winner. Business Insider. http://www.businessinsider.com/ubs-dresscode-clothes-bank-2010-12.
2. Independent states in the world. (2017, January 20). U.S. Department of State. https://www.state.gov/s/inr/rls/4250.htm.
3. *The world factbook.* (2016). Central Intelligence Agency. https://www.cia.gov/library/publications/the-world-factbook/geos/xx.html.
4. Barrett, D. B., Kurian, G. T., & Johnson, T. M. (2000). *World Christian encyclopedia* (Vol. 3). London and New York: Oxford University Press.
5. Waterson, R. H., Lander, E. S., & Wilson, R. K. (2005). Initial sequence of the chimpanzee genome and comparison with the human genome. *Nature,* 437(7055), 69.
6. Whiten, A. (2011). The scope of culture in chimpanzees, humans and ancestral apes. *Philosophical Transactions of the Royal Society B: Biological Sciences,* 366(1567), 997–1007; Whiten, A. (2017). A second inheritance system: The extension of biology through culture. *Interface Focus,* 7(5), 20160142.
7. Huntington, S. P. (1996). *The clash of civilizations and the remaking of world order.* New York: Simon & Schuster.（『文明の衝突』サミュエル・ハンチントン著、鈴木主税訳、集英社文庫）
8. Gelfand, M. J., Raver, J. L., Nishii, L., Leslie, L. M., Lun, J., Lim, B. C., . . . & Aycan, Z. (2011). Differences between tight and loose cultures: A 33-nation study. *Science*, 332(6033), 1100–1104.
9. 同上。
10. Metz, E. (2015, March 28). Why Singapore banned chewing gum. BBC. http://www.bbc.com/news/magazine-32090420.
11. Levine, R. V., & Norenzayan, A. (1999). The pace of life in 31 countries. *Journal of Cross-Cultural Psychology*, 30(2), 178–205.
12. How Brazil's relationship with time affects personal and professional relationships. (2016, May 6). *Street Smart Brazil.* https://streetsmartbrazil.com/how-brazils-relationship-with-time-affects-personal-and-professional-relationships/.
13. 54 seconds, the average delay time of the Shinkansen. (2016, August 22). *Time Lapse Tokyo.* http://timelapsetokyo.com/2016/08/22/shinkansen-punctual/.

ミシェル・ゲルファンド（Michele Gelfand）
スタンフォード大学経営大学院組織行動学教授、スタンフォード大学心理学客員教授、メリーランド大学カレッジパーク校心理学特別教授。専門は比較文化心理学、組織心理学。文化や社会規範に関する画期的な研究は高い評価を受け、数々の賞を受賞。『ワシントンポスト』『ニューヨークタイムズ』などのメディアにも何度も取り上げられている。

田沢恭子（たざわ・きょうこ）
翻訳家。お茶の水女子大学大学院人文科学研究科英文学専攻修士課程修了。訳書に『物語創世』『アルゴリズム思考術』『忙しすぎる人のための宇宙講座』（以上、早川書房）、『バッテリーウォーズ』（日経BP社）、『幸せに気づく世界のことば』（フィルムアート社）、『世界の不思議な音』『戦争がつくった現代の食卓』『コンピューターは人のように話せるか？』（白揚社）ほか多数。

RULE MAKERS, RULE BREAKERS
by **Michele Gelfand**

ISBN 978-4-8269-0236-6

ルーズな文化《ぶんか》とタイトな文化《ぶんか》
なぜ〈彼《かれ》ら〉と〈私《わたし》たち〉はこれほど違《ちが》うのか

二〇二二年三月十二日　第一版第一刷発行
二〇二三年四月三十日　第一版第二刷発行

著　者　ミシェル・ゲルファンド
訳　者　田沢恭子《たざわきょうこ》
発行者　中村幸慈
発行所　株式会社　白揚社　©2022 in Japan by Hakuyosha
〒101-0062　東京都千代田区神田駿河台1-7
電話03-5281-9772　振替00130-1-25400
装　幀　西垂水敦・市川さつき（krran）
印刷・製本　中央精版印刷株式会社